名家视点 第6辑

移动图书馆服务的现状与未来

《图书情报工作》杂志社　编

海洋出版社

2015 年 · 北京

图书在版编目（CIP）数据

移动图书馆服务的现状与未来/图书情报工作杂志社编. —北京：海洋出版社，2015.5

（名家视点. 第6辑）

ISBN 978 - 7 - 5027 - 9140 - 7

Ⅰ.①移…　Ⅱ.①图…　Ⅲ.①图书馆服务 - 文集　Ⅳ.①G252 - 53

中国版本图书馆 CIP 数据核字（2015）第 082234 号

责任编辑：杨海萍
责任印制：赵麟苏

海洋出版社　出版发行

http://www. oceanpress. com. cn

北京市海淀区大慧寺路8号　邮编：100081
北京旺都印务有限公司印刷　　新华书店北京发行所经销
2015 年 5 月第 1 版　2015 年 5 月第 1 次印刷
开本：787 mm × 1092 mm　1/16　印张：27.5
字数：488 千字　定价：48.00 元
发行部：62132549　邮购部：68038093　总编室：62114335
海洋版图书印、装错误可随时退换

《名家视点丛书》编委会

序

　　由《图书情报工作》编辑部编选的《名家视点：图书馆学情报学理论与实践丛书》第6辑即将由海洋出版社出版发行与广大读者见面。这是一件值得高兴的事情。从期刊的角度，这是编者从大量的已经发表的文章中精心挑选出来的专题文章，虽然均在本刊发表过，但以专题的形式集中出版，是期刊内容与论文内容的一种增值，体现期刊价值的再利用；对作者而言，这是另外一种传播途径，增强研究成果再次被阅读、被利用的机会，实现论文再次得到关注和充分利用；对读者而言，通过专辑而阅读到多篇同一专题的文章，可以高效率地了解和跟踪该领域的研究进展，深化对该领域的认识，对于开展深度的研究或应用到实践工作奠定良好的基础。

　　本专辑共有4册。第一册是《机构知识库的建设与服务推广》，共收录32篇文章，涉及到机构知识库从基本概念、政策、技术、应用、服务的各个方面，也基本涵盖了机构知识库建设与服务的各个方面的问题，也是有关机构知识库国内重要作者研究成果的大汇聚。机构知识库作为开放获取的重要内容和学术机构自主知识资产的管理与服务系统，是知识管理的重要体现形式，也是图书馆业务与服务新的增长点，具有良好的发展前景和战略意义。对图书馆而言，开发、管理、维护机构知识库并提供基于机构知识库分析的情报分析与科研布局咨询，对图书馆业务与服务的转型发展具有十分重要的意义。

　　第二册是《移动图书馆服务的现状与未来》共收录37篇文章，涉及移动互联网用户阅读行为、移动图书馆服务模式、移动图书馆服务质量控制、国外移动图书馆服务实践进展、移动图书馆需求与评估等方面。移动图书馆服务在国内图书馆界研究成果不少，学界和业界也高度认同，但由于收到诸多因素的制约，实践上的发展并不够普及和深入。随着移动互联网技术的发展和相关设施的普及，移动图书馆建设仍然是一个值得重视并加大投入的一个领域，其发展前景将十分广阔。

　　第三册是《馆藏资源聚合研究与实践进展》共收录32篇文章，涉及馆藏聚合模式、数字资源语义关联、关联数据与本体、协同推荐、知识图谱、面向下一代的知识整合检索等。馆藏资源聚合是一个前沿性命题，也是图书馆从资源建设走向基于资源的挖掘与服务的必然过程。这些方面的研究对于深度地利用馆藏数字资源，实现馆藏资源价值的最大化，具有十分重要的现实意义和应用前景。

第四册是《知识网络研究的进展与创新》共收录31篇文章，涉及科研合作的网络分析、共词分析、主题演化分析、学科知识结构探测、研究热点聚类、科研合作网络等，体现了学界业界对这些领域的最新探索和应用性研究成果。为科研提供深度的前沿热点揭示和发现服务，对图书馆服务能力的提升具有重大的意义。图书馆（特别是大学图书馆和专业图书馆）需要加大这一领域的研究、研发和应用的投入，加快图书馆向知识服务的转变。

虽然本专辑的这4本书只是从《图书情报工作》近年来发表的文章精选出来的，但也可基本上代表国内学界对相关问题的最新研究成果和图书馆界实践上的探索与创新，具有学术上的引领和实践上的示范作用。尽管研究者还不够多，研究水平也还有待提升，实践应用也处于探索阶段，但也能显示作者们对这些领域的贡献以及潜在的广泛应用价值。

期待这些研究成果能通过这一专辑的出版，对推动国内的学术和实践产生应有的作用，引起更多的图书情报机构的重视，引发更多的研究人员的后续研究，并不断走向深化。在此也感谢所有作者的智慧和贡献，感谢海洋出版社的倾心出版，感谢编辑部同仁所付出的努力。

初景利

《图书情报工作》杂志社社长、主编

中国科学院文献情报中心教授，博士，博士生导师

2015 年 4 月 23 日 于北京中关村

目　次

专　题　篇

理　论　篇

实 践 篇

用 户 篇

专题篇

专题1：移动图书馆技术创新与服务拓展

序

姜爱蓉

研究馆员，清华大学图书馆副馆长，兼任中国图书馆学会数字图书馆建设与研究专业委员会委员，北京市高等教育学会图书馆工作研究会理事长，北京市高等教育学会图书馆工作研究会数字图书馆委员会主任，《现代图书情报技术》第七届编委，《数字图书馆论坛》第二届编委。主要研究领域包括数字图书馆、图书馆自动化系统、数字资源整合、元数据标准规范、数字资源建设。在国内外学术期刊和会议上发表论文60余篇。联系方式：jiangar@lib. tsinghua. edu. cn。

移动互联网的发展给图书馆带来新一轮的挑战和机遇。近几年来，国内外图书馆纷纷关注在移动设备大量增长的环境中，如何提供"移动"的读者服务和信息资源；如何发挥移动技术的优势拓展图书馆服务；如何满足读者在移动环境中的信息获取和互动需求。尤其是近两年来，移动图书馆应用正在进入一个快速发展期。国内许多图书馆开始采用移动图书馆平台为读者提供多层面的移动服务，也有更多图书馆正在思考移动图书馆的作用、关注移动图书馆的应用效果、探讨移动图书馆的未来发展。

本期专题基于2012年秋季在清华大学图书馆举办的"移动图书馆技术创新与服务拓展"研讨会上各位专家的报告组稿。内容包括：移动技术在图书馆的应用、移动图书馆的特点与解决方案、移动图书馆的用户体验与应用效果、新一代移动技术助力图书馆增值服务等。

移动互联网与移动设备相结合，正在给网络应用插上翅膀。基于移动互联网涌现的许多新应用是传统互联网所不具备的。移动设备嵌入感应器、照相机和地理位置等工具，在电子出版、搜索技术、位置应用、动作感应、增强现实等方面凸显优势，正在无缝地创建一个全功能的信息体验环境。移动互联网有力地促进着互联网的应用，使其更普遍、更深入、更便捷、更无所不在、更随时随地、更社交化和个性化、更富有趣味性。图书馆作为信息服务机构，需要根据移动环境和用户多元化需求的特点，将图书馆的资源和服务延伸到用户身边，开创图书馆信息服务的新天地。本专题汇集的 6 篇文章不仅从不同角度阐述了近年来公共图书馆和大学图书馆在移动互联网技术与图书馆服务结合、构建移动图书馆服务体系、推进图书馆服务创新等方面的研究、探索和实践，而且还描绘了移动互联网给图书馆发展带来的美好前景。基于移动互联网建立的移动图书馆进一步拓宽了图书馆服务的时空范围，提高了图书馆服务的深度和广度，为读者提供了一种无所不在的图书馆服务方式，这将对图书馆的发展产生重大影响，并能更好地体现图书馆的核心价值。在未来的移动互联网环境中，以资源优势提供服务的图书馆将大有作为。

移动互联网和数字图书馆技术的应用，不是简单地将传统图书馆的资源和功能搬到网上。未来资源从产生到组织方式上的"革命"，信息装置从专业性到普适性的"变革"，将给图书馆带来更大的一波冲击。当信息可以随时随地通过移动互联网和移动装置获得，图书馆如何发挥信息枢纽和信息中心的作用？图书馆需要保持对技术的敏感度，在新信息环境下积极应用新技术，产生新的生长点，形成新的服务能力和竞争力。

移动数字图书馆服务体系研究[*]

谢强　牛现云　赵娜

国家图书馆

近年来移动互联网发展迅速，手机等移动终端已经成为人们获取信息和服务的重要媒介。《第 30 次中国互联网络发展状况统计报告》显示，截至 2012 年 6 月底，我国手机网民规模达到 3.88 亿，手机成为了我国网民的第一大上网终端[1]。国内外图书馆早在 2000 年左右就已经开始通过手机短信等方式为读者提供图书馆服务，随着移动互联网的快速发展，各馆提供的移动服务都有不同程度的变化。

1　国内外图书馆移动服务的现状

1.1　国外图书馆移动服务的发展现状

国外图书馆基于手机的服务应用开始于 2000 年左右，芬兰、日本、英国、韩国等国先后推出了基于短信和无线网络的服务。日本富山大学图书馆于 2000 年 9 月开发出 i-mode 手机书目查询系统[2]；芬兰 Portalify 公司将开发的 Liblet™ 系统应用到 Helsinki 技术大学图书馆，提供 SMS 短信服务和 WAP 及其他接入技术的服务[3]。韩国西江大学 2001 年 7 月推出用手机可以查阅图书馆资料的移动图书馆[3]。

2008 年以来，移动互联网高速发展，苹果手机及其手机应用程序商店逐渐盛行，国外图书馆将移动服务的重点转移到手机应用程序开发和手机网站用户体验优化上面。2011 年，第三次国际移动图书馆会议在澳大利亚布里斯班市召开[4]，会上来自 20 多个国家的图书馆代表介绍了各自在移动服务方面的最新进展。

1.2　国内图书馆移动服务的发展现状

国内图书馆从 2005 年开始建设并提供移动服务，目前我国省级图书馆中

　　* 本文系国家科技支撑计划课题"文化资源服务平台解决方案及标准研究"（项目编号：2012AH01F01）研究成果之一。

开通移动服务的有上海图书馆、吉林省图书馆、浙江省图书馆等，服务模式主要包括短信、WAP网站和手持阅读器服务。其中，上海在2010年底推出苹果手机应用程序，地市级图书馆中深圳、济南、东莞、厦门、武汉、苏州、杭州等市馆分别于2008年前后推出移动服务，以短信和WAP网站为主。在高校图书馆中，截至2010年9月，44所"985"高校中有11所开通了手机图书馆服务，以短信服务、WAP网站形式为主。

上海图书馆于2005年开通"手机图书馆"，近年来，陆续推出了手机短信服务、数字移动阅读器、手机二维码应用、手机网站、手机应用程序等服务。其短信服务内容包括讲座预定、问答咨询、文献请求、活动互动等；2009年，上海图书馆向社会推出了数字移动电子书阅读器外借服务，可下载上海图书馆购买的10万种约24万册电子图书；同年正式对外推出手机图书馆网站，包括书目检索、RSS订阅、图书馆简介、图书馆利用一百问、联系我们等栏目。2010年，上海图书馆尝试开通手机应用程序服务[5]。

清华大学图书馆自2007年起开发并运行了清华大学移动数字图书馆系统，向读者提供基于短信和移动互联网的各种手机图书馆服务。目前手机图书馆服务的主要内容包括短信服务与彩信服务、WAP服务、客户端应用、音视频服务等[6]。

国家图书馆的移动服务主要包括短信服务、手机门户（WAP网站）、离线服务（国图漫游）、手机应用程序商店服务（读者服务与电子书）、手持阅读器服务等[7]。

1.3 图书馆移动服务发展中存在的问题

目前，各图书馆移动服务基本上利用了最新的移动技术，提供多样性的移动服务，但不同程度地存在一些问题，主要是：

- 资源揭示深度不够，展现形式不丰富。图书馆大量特色馆藏资源是读者渴求的，但受制于移动终端的特点和移动带宽，对象数据展示比较困难，在图书馆移动服务发展初期对资源的揭示不够深入，往往停留在文献检索阶段。另外更缺乏资源的动态关联，缺乏对知识的组织和挖掘。

- 标准规范缺失，阻碍持续发展。目前各个图书馆都是根据各自的特点进行移动服务建设，缺乏系统的规划，也没有建立标准规范，难以构成完整的移动服务体系，对今后图书馆间的移动服务互联互通构成障碍。

- 建设渠道单一，缺乏开放合作。各图书馆在建设移动服务的过程中，往往采取自己建设、自己运营的方式，而在面对移动技术发展日新月异和移动应用商业成熟、繁荣的局面时，往往不能打破陈规，和优秀商业平台合作，迅速将图书馆的优秀资源和服务提供给大众。

综上所述，无论是国外图书馆还是国内图书馆，其移动服务还没有形成体系，建设质量和服务效果还有待进一步提高。

2 移动数字图书馆服务体系

移动互联网和移动技术已经改变了图书馆的服务和业务。在读者需求日益增长、移动互联网和移动技术高速发展的情况下，图书馆的移动服务不能仅仅提供检索、预约、续借等传统图书馆服务，而必须从服务内容、服务形式、标准规范等多方面进行全方位建设，形成体系，图书馆的移动服务建设就是移动数字图书馆服务体系的建设。

2.1　移动数字图书馆

图书馆移动服务的建设在很大程度上依赖于数字图书馆的建设。笔者认为，图书馆移动服务实际上就是移动数字图书馆，从移动互联网环境下图书馆的服务形式、承载服务的媒介以及服务特点等方面出发，将移动数字图书馆的定义总结如下：移动数字图书馆作为现代数字图书馆信息服务中一种崭新的服务系统，是指依托目前比较成熟的无线移动网络、国际互联网以及多媒体技术，使人们突破时间和空间的限制，通过各种移动终端方便灵活地获取图书馆的服务和资源以及利用移动技术对图书馆业务流程的改善和创新[7]。

2.2　移动数字图书馆服务体系的架构

移动数字图书馆服务体系包括基础支撑层、内容层、技术实现层和用户层，其结构框架如图1所示：

基础支撑层是移动数字图书馆服务体系的基础，也是移动数字图书馆服务体系与图书馆业务系统和数字图书馆系统连接的接口，为图书馆移动服务提供硬件支撑、标准规范和资源基础；内容层则是移动数字图书馆服务体系的核心层，在基础支撑层的支持下设计、建设多样的服务形式、丰富的资源内容以及新型图书馆业务；技术实现层将利用移动技术实现内容层，并通过用户层的各种移动终端展示给最终用户。

2.3　移动数字图书馆服务体系的建设内容

2.3.1　基础支撑层　移动数字图书馆服务体系的基础支撑层主要完成图书馆移动服务所需硬件环境建设、标准规范建设以及与图书馆业务系统、数字图书馆系统的接口实现。

标准规范是目前移动数字图书馆建设的薄弱环节。各类图书馆在构建移动服务时，没有可以遵循的统一标准，造成系统不兼容、资源无法共享等问

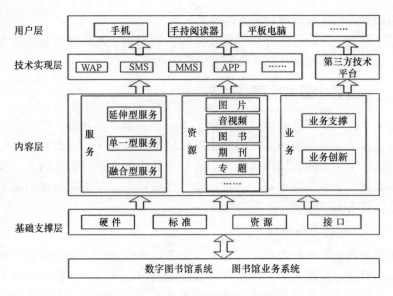

图 1　移动数字图书馆服务体系架构

题。移动数字图书馆服务体系的标准规范建设应该包括服务标准、资源对象标准、资源元数据标准等，这些标准与数字图书馆标准规范体系有相同的地方，也有其基于移动终端特点的特殊之处，需要加大建设力度。

2.3.2　内容层　内容层主要从服务、资源和业务三个方面完成移动数字图书馆服务体系建设。

● 服务。移动数字图书馆的服务可以概括为延伸型服务、单一型服务和融合型服务三种类型。服务建设需以用户需求为导向，提供多种服务形式，满足不同终端用户的需要。

延伸型服务是基于图书馆传统业务在移动终端延伸的移动服务，如图书馆最初的移动服务就是利用手机短信为用户提供图书催还、预约等传统业务服务。具有代表性的延伸型图书馆移动服务有借阅服务、检索服务等。

单一型服务是基于移动互联网特点产生的服务，侧重于资源的获取，使用户通过移动终端可以方便、快捷地获取图书馆的各种资源，包括图书、期刊、音视频及各种信息类服务（如书刊推荐）等。具有代表性的单一型图书馆移动服主要有多屏同步的移动阅读服务、全媒体在线展览服务、定制化信息推送服务等。

融合型服务主要实现传统互联网、移动通信网及广播电视网的无缝链接服务，包括基于物联网的手机一卡通服务、三网融合的跨屏服务等。

8

● 资源。资源是读者对图书馆移动服务的重要需求之一，是目前移动数字图书馆服务体系的重点建设内容。资源建设主要包括资源展示和资源知识化加工。

移动数字图书馆服务体系的资源建设首先要通过移动终端尽可能多地向读者展示资源，包括图书、图片、音视频、期刊。这一环节涉及资源的选取和格式转换等工作，需要充分考虑移动终端屏幕较小、移动互联网带宽较小、流量费用较高等因素。

调查显示用户使用移动终端主要还是利用碎片时间，在短时间内获得有益、有用的信息，因此数字资源的知识化加工成为移动数字图书馆服务体系建设的重要方向。资源的知识化加工主要指资源整合和专题化建设。资源专题化建设是要提供开放式的、深层次的知识服务。资源的专题化建设可以从专题资源建设、行业（专业）资源建设、群体差异化资源建设等方面入手。

● 业务。移动技术应用于图书馆业务，实现业务支撑和业务创新，是移动互联网和移动技术发展的必然结果，是移动数字图书馆服务体系建设的重要内容。业务支撑是指利用移动技术为图书馆的业务开展提供技术支持，例如利用短信实现图书馆自动化系统、信息环境的实时监控；利用手机应用程序或者手机网页实现图书馆办公自动化，提供随时随地办公的便捷。业务创新则是利用移动互联网和移动技术实现图书馆业务的创新，例如编目的移动化等。

2.3.3 技术实现层 技术实现层主要利用各种移动技术实现移动数字图书馆服务，目前常用的技术主要包括 WAP、手机短/彩信、手机应用程序等。相关技术已经在图书馆移动服务中大量使用，本文不一一赘述。随着移动互联网和移动技术的发展，技术实现层会逐步扩展。

技术实现层是图书馆移动服务的关键层次，移动技术的实现方式不同，为用户提供的服务内容、资源展示以及业务支撑多有所不同。在移动数字图书馆服务体系中，根据移动技术的特点，采取不同的技术手段，为用户提供相互补充、相互联系的移动数字图书馆服务，从而使服务体系更加具有灵活性、便捷性，覆盖不同层次、不同背景的人群。其中手机网站的优化和借助商业技术平台是目前图书馆移动服务的技术实现中需要重点考虑的两个环节。

在当前的移动互联网环境下，基于浏览器的信息获取依然是移动终端获取信息的主要渠道。美国皮尤研究中心所发布的报告显示，60%的平板电脑新闻读者和61%的智能手机新闻读者在使用这些设备时，主要通过网络浏览器获取新闻[8]。优化手机网站的设计，以便能够提供良好的用户体验，依然是图书馆移动服务的重要建设内容。

图书馆并不是最先使用移动技术的行业。市场中有较为成熟的移动服务平台，且具有较大的用户群体。图书馆可以采用联合建设等方式，发挥自己的资源优势，利用商业技术平台为大多数用户提供高质量移动服务和海量数字资源，从而减少技术开发成本和时间成本。

2.3.4 用户层 用户是图书馆移动服务建设和发展的驱动力量。在移动数字图书馆设计、建设中，一方面要考虑用户的需求，另一方面要考虑用户所使用设备的特点。

跟踪调查用户需求是移动数字图书馆建设的重要依据。国家图书馆、清华大学图书馆、西北工业大学图书馆在这方面做了很多工作，包括通过问卷调查、服务项目反馈、论坛等形式，了解用户需求，分析用户特点，有的放矢地调整移动服务的内容和形式。

用户所使用设备的特点是用户层设计和建设的重要依据因素。目前，智能手机已经成为移动终端获取信息的主要设备，此外平板电脑、手持阅读器等都占据一定的市场份额。根据这些设备的特点设计移动数字图书馆的服务形式，改善用户体验是尤为重要的。

3 国家图书馆的移动数字图书馆服务体系建设实践

国家图书馆于 2007 年年初建立了读者短信服务系统，开始了国家图书馆的移动服务建设进程，2008 年推出"掌上国图"移动数字图书馆服务品牌。截至 2010 年，国家图书馆已初步建成了以资源和服务为基础，以手机、手持阅读器、平板电脑等移动终端为媒介，以 WAP 网站、手机客户端、应用程序、个性化图书资源、在线咨询为服务形式的移动数字图书馆服务体系，满足了读者随时随地检索国家图书馆书目，查询图书借阅信息、读者服务信息、讲座展览信息，在线或离线全文阅览一些图书、馆藏老照片、国家图书馆讲座视频等资源的需求[7]。

3.1 服务建设

"掌上国图"的服务建设首先从图书馆传统服务向移动互联网的延伸开始，利用短信方式，为读者提供续借、预约、挂失等服务，利用 WAP 网站为读者提供移动 OPAC 检索，可检索国家图书馆书目数据和自建数字资源元数据，并阅读学位论文的摘要。同时"掌上国图"着眼于移动技术的特点，提供基于移动互联网的服务和多网络融合的服务。基于移动互联网的服务主要包括在线展览、在线阅读、在线流媒体讲座等服务；基于多网融合的服务主要有移动参考咨询、文津经典诵读等，这些服务实现了移动互联网与 Internet

的同步。利用移动技术，"掌上国图"还提供二维码识别和检索功能以及位置服务——"国图漫游"和"公共文化导航服务"，提供阅览室导引服务。在业务支撑方面，"掌上国图"利用短信平台提供各业务系统的认证、提醒等服务。

在多终端服务方面，"掌上国图"开展了基于手持阅读器和平板电脑的服务。在定制手持阅读器中搭建手持阅读器立法决策服务平台，提供立法决策行业服务。在平板电脑方面，通过资源预装以及全媒体知识组织形式为用户提供服务，实现实体展览与全媒体展览同步发布。

3.2 资源建设

"掌上国图"2009 年起开始进行资源建设，首先根据读者需求，将图书馆特藏图书、图片、音视频等数字资源以移动终端适用的格式展现给读者；建设分布式手机视频资源加工系统、移动资源元数据导入发布系统等资源展示系统；注重资源的多终端显示和标准化建设，形成了从资源搜集整理到资源格式转化，再到资源发布展示的相对标准化的流程。目前在移动终端展示的图片资源超过 3 万张，音视频资源超过 1 200 小时，学位论文摘要超过 10 万条。

随着移动服务资源建设的深入，2010 年起"掌上国图"逐步实现资源深度组织、动态增加专题，以满足用户高端信息需求。为读者提供"国图选粹"应用程序，实现资源关联检索、使用。在 WAP 网站上先后建设传统节日专题、"艰难与辉煌"专题、辛亥革命专题、文津经典诵读专题等内容。

3.3 实现方式

"掌上国图"利用短/彩信、WAP、应用程序等技术手段和终端定制、合作共建等模式，实现各项服务内容和资源的展示。

短/彩信服务采用自建平台，实现移动运营商短信网关接入，支持全部运营商手机用户接入服务。WAP 网站采用 2.0 标准建设，通过自适应屏幕设计，提供适用主流手机屏幕的多个版本，以提升用户体验效果；采用标准接口设计，具备良好移植性。"国图漫游"等手机客户端软件基于 J2EE 架构开发，适配 Symbian 和 Windows 操作系统。

手机应用程序则按照 iOS 和 Android 系统要求设计，适用于主流智能手机终端和 iPad 平板电脑。在应用程序建设中，分别开发了服务类应用程序和资源类应用程序。2010 年推出的"国家图书馆读者服务"应用，实现了全国联合编目检索，引入豆瓣书评；2011 年又推出"年画撷英"、"艰难与辉煌"、"国图选粹"等资源类应用程序，将馆藏优秀资源推送到全世界。

11

3.4 标准建设

在标准规范方面，"掌上国图"已制定了"平板电脑数字资源转换加工规范"、"手机电视资源制作规范"，正在着手研制图书馆移动服务中资源对象标准、资源元数据标准以及移动服务标准规范，并将申报其为行业标准。

经过几年的发展，"掌上国图"已经形成了以馆藏资源、外购资源为基础，以短/彩信、WAP网站、应用程序等服务形式为载体，涵盖图书馆传统服务及新媒体创新服务的移动数字图书馆服务体系，用户已经覆盖中国、美国、日本、韩国、加拿大等42个国家，WAP网站访问量超过百万人次。

4 结语

图书馆的移动服务建设涉及服务内容、资源展示、实现形式等诸多方面，与数字图书馆的发展、其他行业移动应用平台建设等因素密切关联，已经成为一个体系，需要用系统化的理念设计和建设。

技术是实现手段，借助新技术、新网络，丰富和完善服务形式是图书馆移动服务的重要任务。随着移动互联网技术和智能终端的发展，基于iPhone、iPad、iTouch的应用、ePub格式的应用以及二维码的应用正成为目前图书馆移动服务较为热点的方向。部分国家4G已经投入商业运行，中国移动也将加速TD-LTE的组网速度。4G具有更大的带宽和更好的稳定性，移动视频或许将成为移动服务的下一个热点。

发挥图书馆资源优势，将更多的原生数字资源及知识化、整合化的数字资源通过移动终端提供给读者，也是未来移动数字图书馆服务体系建设的重要内容。在资源建设中应该重点考虑全媒体资源建设，实现跨屏、多网融合服务。资源建设和服务建设中的标准规范建设也将成为近期移动数字图书馆服务体系建设的重点。

本文提出了移动数字图书馆服务体系的建设思路和架构，并按照基础支撑层、内容层、技术实现层和用户层的逻辑关系分析了图书馆移动服务的建设内容。未来一段时间，移动数字图书馆服务体系建设既要考虑移动互联网和移动技术发展的热点与趋势，也要在知识化资源建设、业务创新和标准规范建设方面加大力度。

参考文献：

[1] 中国互联网信息中心. 第30次中国互联网络发展状况统计报告[R]. 北京：中国互联网信息中心，2012.

［2］ 茆意宏，吴政，黄水清. 手机图书馆的兴起与发展［J］. 大学图书馆学报，2008（1）：3 －6，27.

［3］ 茆意宏. 基于手机移动通信网络的图书馆服务研究述评［J］. 图书馆理论与实践，2008（2）：22－24.

［4］ 第三届国际移动图书馆会议主页［EB/OL］.［2012－09－26］. http://www. usq. edu. au/m－libraries.

［5］ 张磊，王晔斌，杨佳，等. 上海图书馆的移动服务［J］. 数字图书馆论坛，2010（11）：8 －16.

［6］ 清华大学图书馆［EB/OL］.［2012－09－28］. http://lib. tsinghua. edu. cn/m/.

［7］ 魏大威，谢强，牛现云，等. 下一代移动互联网图书馆服务模式研究报告［R］. 北京：国家图书馆，2012.

［8］ 皮尤：美移动新闻读者超60% 使用浏览器阅读［EB/OL］.［2012－10－08］. http:// tech. sina. com. cn/i/ 2012－10－08/11497680651. shtml.

作者简介

谢强，国家图书馆工程师，硕士研究生，E-mail：xieq@nlc. gov. cn；牛现云，国家图书馆工程师，硕士研究生；赵娜，国家图书馆高级工程师，博士。

上海图书馆移动服务实践与创新[*]

张磊

上海图书馆

1 引言

移动计算的时代已经到来，近几年移动技术正以科技发展史中从未有过的速度飞速发展。来自世界银行的《2012 信息与通信发展报告》[1]中指出，2003 年手机信号只覆盖了全球人口的 63%，而到了 2010 年已达到了 90%，全球 75% 的地区覆盖了移动信号；全球近 70 亿的人口中，手机用户总数超过 3/4，达到了 60 亿，其中有 50 亿部手机是在发展中国家使用。我国工业和信息化部最新数据显示[2]，2012 年 4 月，我国手机用户突破 10 亿户大关。同样来自于世界银行的报告[1]，到 2015 年移动手机数量就将超过世界人口的数量，随着移动设备价格的日益降低以及功能的不断增强，移动网络的带宽每18 个月就会翻一翻，并正在从城市向农村延伸。全球已经进入移动时代，著名的调研机构 Nielsen[3]在 2012 年 5 月发布的报告中指出，iOS 和 Android 用户数量逼近 10 亿，移动应用下载超过 500 亿；Facebook、Twitter 等越来越多的主流互联网服务的移动用户超过 50%[4]；中国已经成为全球最大的移动互联网市场，旅游、交通、金融等行业都已迅速移动化。在这样的环境下，面对如此庞大的用户群，对于图书馆而言，这既是一个挑战也是一个机遇，如何走近用户，如何更好地为用户提供移动服务，让用户在移动终端上能感受到图书馆无所不在的服务，就成为了图书馆人努力思考与不断探索的重要课题。

2 国内外图书馆移动服务的发展

在各行各业无一不紧跟移动潮流的背景下，图书馆行业也不甘落后，国

　＊ 本文系 2011 年度国家文化科技提升计划项目"城市公共文化移动服务集成平台建设与研究"研究成果之一。

内外的图书馆都纷纷推出了自己的移动服务，服务形式有移动网站、移动客户端应用、短信服务等；服务内容有信息公告、逾期提醒、参考咨询等，服务所支持的设备也几乎覆盖了智能手机、平板电脑、电子书阅读器等目前热门的移动设备。

国外图书馆已有基于短信的参考咨询服务，例如覆盖北美多所高校的 Info Quest 短信参考咨询项目[5]。2011 年就有研究表明，美国研究图书馆协会（ARL）有接近 20% 的成员已经拥有移动网站或移动应用程序，加拿大大学联合会（AUCC）成员馆中这一比例则为 14%；利用这些移动网站或移动应用程序，图书馆已经可以通过移动终端向用户提供基本的图书馆服务，如书目查询，地图服务、开放时间查询以及借阅信息查询等[6]。国外很多图书馆正在开发针对移动设备的客户端应用，将当前的移动网站功能移植到移动终端上，并且开始考虑如何将位置服务与社会化网络功能融入图书馆移动服务，充分利用移动终端的特性提供新形态的图书馆服务。例如伊利诺伊大学的 J. Hahn 提出了一个根据用户位置进行图书推荐的构想，并设计出了应用程序原型[7]。

国内图书馆移动服务虽然起步比国外图书馆晚，但近几年发展非常快。从 2005 年开始，一些大学图书馆相继开通了以短信为主的手机图书馆服务[8]，如清华大学、北京理工大学、浙江大学、同济大学、南京财经大学、华南理工大学、重庆大学等。功能主要包括短信提醒（图书到期、预约、催还、续借）、短信查询（馆藏目录查询、个人借阅信息查询、电子资源和数据库查询）、短信宣传（图书馆导引帮助、图书馆公告），实现方式是基于手机短信，WAP 服务模式与短信服务互为补充。从 2008 年开始，各高校图书馆相继推出了 WAP 方式的手机网站，国家图书馆在 2008 年年底推出移动数字图书馆[9]，上海图书馆在 2009 年也推出了自己的手机网站[10]。随着读者需求以及技术的发展，WAP 形式的网站已经不能满足需求，近几年 WAP 2.0 方式的手机网站开始流行起来，特别是超星[11]与书生[12]两家电子资源厂商提供的手机网站解决方案已有不少图书馆采用。客户端应用方面，在苹果的 iTunes Store 上正式发布的有上海图书馆、国家图书馆、清华大学图书馆、深圳市图书馆、重庆图书馆、贵阳图书馆等 20 余个图书馆的应用，其中国家图书馆与上海图书馆是在国内起步较早，也是做得不错的两家图书馆，2010 年两馆先后推出了分别基于 iOS 与 Android 平台的客户端应用，它们的共同特点既是充分利用了智能手机的特性，又集成了众多图书馆服务，更注重用户体验。

随着移动技术的快速发展，国内外图书馆会更加重视并加大投入，越来越多的图书馆移动个性化服务将会出现。上海图书馆一直在国内图书馆移动服务上处于领先地位，服务包含短信、手机网站、移动客户端应用等各种模式，并将移动技术与图书馆服务相融合，不断创新。

3　上海图书馆的移动服务实践

上海图书馆（以下简称"上图"）很早就开始了移动服务的尝试，在服务模式、新技术应用方面进行了多项探索，2005 年的短信服务，之后的二维码、手机图书馆网站以及 2010 年分别推出的基于 iOS 与 Android 平台的客户端等为读者提供的各种不同模式、不同应用、不同系统的移动服务组成了上图的移动服务平台。

2005 年上图推出了基于短信的移动服务，一开始主要以知识问答、讲座预订等为主，以后逐步增加了图书逾期、图书预约的提醒。从图 1 中可以看出 2009 年到 2012 年，每月的短信发送量已经翻了好几倍，说明越来越多的读者开始通过手机来使用这项服务。但在移动终端迅猛发展的当下，短信显然已经不能满足读者的需求，于是上图开始探索手机网站、手机客户端等更多元化的移动服务。

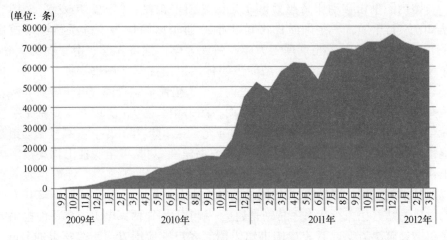

图 1　上图移动服务每月短信发送量

2009 年上图首次推出了手机图书馆网站，并在 2010 年 4 月进行了版本升级。该网站是利用 WAP 2.0 技术，根据读者的需求整合了上图已有的网上服务，例如续借、续证、到期提醒等，并根据手机显示和数据传输的特点，改造了图书馆书目查询系统，使之能够提供较好的手机使用体验。如图 2 所示：

如大家所知，如果照搬原始的 IPAC 页面直接放到手机上，就会造成页面

16

图 2　上图手机网站 IPAC 查询页面

信息量大、结构复杂，用户需要巨大的流量来使用，而手机屏幕过小也不适合阅读这样的页面。上图通过研究与实验，通过定制原始的 IPAC 显示页面，去除了不必要的图片与内容，来达到手机 IPAC 信息简洁实用、便于手机屏幕显示的效果。手机 IPAC 查询只是上图手机网站较有特点的功能之一，在网站的第二版中集成了上图更多的网上服务，包含了上海与世博、讲座、我的图书馆等个性化的服务。

到了 2010 年，随着智能手机和移动客户端应用的逐渐普及，上图开始尝试新的技术与服务模式。上图针对流行的智能手机系统 Android、iOS 分别发布了手机客户端，通过手机客户端向读者提供了许多个性化、创新性的功能，将上图的移动服务更向前推进了一步。上图的移动客户端应用已在苹果 App Store 中发布，读者只要通过 iPhone 或者 iPad 查询上海图书馆就能找到这个应用，并免费下载安装。

上图手机客户端应用首先包含了上图手机网站上的功能，例如书目查询、有效期查询等，然后增加了讲座查询、展览查询的功能，读者可以方便地查询当月的讲座和展览信息，并能进行无线订票服务，从而免去了读者亲自到馆领取门票的麻烦。与此同时，在客户端软件中提供了阅览室开放时间、楼层以及所需要的读者证功能等多种信息，做到了随时随地无需联网即可查询开馆时间。在客户端上集成了"我的图书馆"的个性化服务，读者只要输入读者证号和身份证就能登录到系统中，进行续证、查阅借书历史、续借等操作。利用手机的随身携带、位置导航、拍照、语音输入等特点和多媒体功能，上图在手机客户端应用中融入了更多个性化服务，例如在 IPAC 查询中增加语音以及条码号扫描检索，将上图的"网上知识导航站"搬到手机上让读者能够随时随地地进行提问，并且提供全市图书馆的位置导航服务等。

从 2010 年发布以来，客户端保持着每几个月就会更新一次的频率，不断增加新功能以及改进用户体验。在图 3 中，深色线条代表累计下载量，浅色线条代表更新量，可以看出移动客户端应用非常受读者欢迎，用户下载量不断上升，每一次发布新版本后都会有大量的用户紧跟着进行版本升级，说明活跃用户也不在少数。

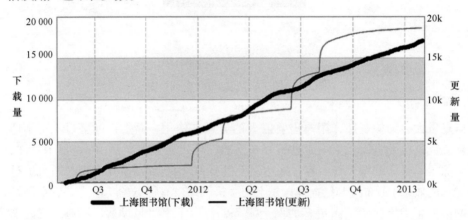

图 3　上图移动客户端下载与升级累计增长趋势

4　移动技术与图书馆服务的融合与创新

几年来的移动服务实践说明，并不是简单地采用移动技术就能实现图书馆移动服务，只有将技术与服务相融合才能使图书馆的传统服务变成真正的移动服务；也不是使用的技术新才是创新，而是要真正为读者提供他们最想要的移动服务。上图通过新技术创造了受读者欢迎的新服务，这才是上图成功的创新。

4.1　二维码技术的应用

二维码[13]的使用在生活中已经非常常见，在电视上、宣传册上或者是地铁站的广告上都能看到。二维码最早发明于日本，它是用某种特定的几何图形按一定规律在平面分布的黑白相间的小方块中记录数据符号信息的，通过图像输入设备或光电扫描设备自动识读以实现信息自动处理。它既具有条码技术的一些共性，也具有一定的校验功能等，同时还具有对不同行的信息自动识别功能及处理图形旋转变化等功能特点。

　　首先，上图将二维码应用在了图书馆馆藏的展示服务中。在2009年一次"上图馆藏家谱精品展"上，上图尝试了二维码的技术，用于向读者和参观人员推出数字展览信息服务。在展览中参观者可以利用手中任何一款可拍照手机读取二维码，以获取展品的信息介绍和照片，手机上不仅可以立刻显现出展品的相关信息，而且可以利用该链接定位到上图的家谱网站，浏览丰富的家谱内容。后来，上图又在2011年最新出版的上海市中心图书馆地图册上印制了二维码，为每一个分馆街镇服务点制作一个二维码的图标（见图4），内容包含地图坐标、地址、开放时间、联系电话等，并配合上图的手机客户端应用，使用户可以直接用手机拍摄地图册上任何一个图书馆的二维码，并获得该馆相关信息以及在地图上直接定位该馆。二维码技术在图书馆工作和服务中的这两个应用场景不仅充分发挥了其技术优势和特点，还比较好地满足了图书馆服务需求，也满足和引领了广大年轻读者的时尚需求。

图4　上海市中心图书馆地图册

4.2　智能手机全媒体功能的应用

　　智能手机的出现和迅猛发展，已经在人们的生活中起着举足轻重的作用。作为一种集成了GPS、陀螺仪、RFID、摄像头等功能的现代移动通讯终端，智能手机也不再仅仅用于打电话，人们往往以之作为发短信、播放各种媒体、阅读、拍照、摄像、上网搜索浏览、收发邮件、进行地图导航的工具。美国市场研究公司 Canalys[14] 在 2012 年 2 月 3 日发布报告称，去年全球智能手机和平板电脑的出货量首次超过了 PC 出货量，而且差距在迅速扩大。在全媒体时代，如何利用好智能手机所提供的新功能、新技术，将之融入到图书馆服务中，应该是图书馆研究实践的重点。笔者认为，图书馆最核心的服务是阅读，所面临的最关键和迫切的挑战是如何为广大读者提供良好的智能手机阅读体验。然而，对于大型城市公共图书馆而言，当前的移动技术能力、出版产业格局和知识产权现实都还难以让其有太大的空间作为——即使尝试，"性价比"可能也不高。因此，上图首先就如何把智能手机与图书馆的其他一些服务功能有机结合进行了探索。

首先是图书馆地图导航服务。上海市中心图书馆联盟拥有近 300 家各种层级的公共图书馆成员，不仅在城域内早已实现了对传统阅读的"通借通还"支持，同时形成了一个国内用户覆盖面最广的图书馆服务系统。在中心图书馆联盟平台的基础上，利用手机随身携带性、位置导航性的特点，提供上海市中心图书馆导航功能。分馆导航可以首先在手机上展现遍布全市的近 300 个基层服务点，提供图片、电话、地址和开放时间等信息的查询；然后通过手机上的地图插件，直接通过电子地图的方式浏览每个馆的位置信息；最后，通过手机的 GPS 或者 Wi-Fi 连接，利用手机的地理位置定位，获得当前读者所在的位置信息，并与近 300 家公共图书馆的位置信息相匹配，显示出周边一定距离（如 500 或 1 000 米等不同范围内）的公共图书馆信息，再通过地图插件进行直观的展现，可以让读者按图行路，找到离自己当前位置最近的图书馆（见图 5）。在手机上实现图书馆地图导航功能是上图充分利用移动计算新技术带来的便利，是图书馆服务上的一个创新，也为读者带来了很大的便利与新的体验。

其次，在手机书目检索中融入手机的拍照与语音识别功能。据统计，读者目前使用较多的手机服务还是书目检索，上图对书目检索的内容也根据手机的屏幕大小以及上网流量进行了优化，使之更适合手机使用，并且引入了豆瓣的封面与书评，还能显示中心图书馆联盟的近 300 家基层服务点的馆藏情况，为读者找书借书提供便利。根据读者的使用反馈，检索内容的输入是手机书目检索中体验相对较差的一环，尽管智能手机的中文输入较之非智能手机数字键盘的中文输入已经有很大的提升，但在输入比较长的书名或者繁体字时仍旧非常麻烦，费时费力。于是上图通过参考其他行业的移动应用，结合了智能手机的拍照与语音识别功能，让读者可以通过扫描书的 ISBN 条码

20

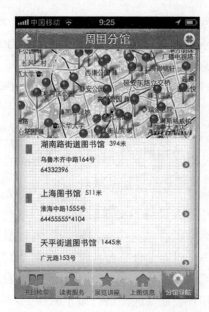

图 5　上海市中心图书馆地图导航

与语音输入的方式直接进行检索，简化了检索输入的过程，也让读者找书查书更加直观与方便。

　　第三，通过手机的 Wi-Fi 或 3G 上网实现随身的在线读者服务。对于图书馆主要的服务之一——参考咨询服务，上图也将它延伸到了手机上，读者只要通过手机就可以随时随地地提问并获取图书馆员的答复。另外，上图的讲座与展览也有悠久的历史与特色，故上图也将相关信息放到了手机上，读者通过手机能够查看当前的讲座与展览信息，并能够直接进行订票。除了以上这些，上图还将图书馆的一些传统服务如续借服务移植到手机上，读者在手机上就能查看所借的图书，立即进行续借，还能够查看借阅历史。这些功能背后都利用了手机能够上网的特性，让读者能够及时获取他们想要的信息，当然这些信息都需要一个平台来整合和定制，这样才能用于手机服务。

5　图书馆移动服务的挑战与展望

　　对于图书馆来说，移动服务还只是刚刚起步，面对着不少挑战和困难。从战略上看，发展移动服务是传统图书馆迎接信息化挑战，由数字图书馆向复合型图书馆转型进程中的一个阶段性任务，是数字图书馆建设的一个重要组成部分，因此必须进一步完善数字图书馆建设的顶层设计，把移动服务创

21

新纳入复合型图书馆建设总体战略，在"实体、数字和移动"之间形成有机、互动的而非割裂的联系。由于主客观的多种因素，对于传统图书馆而言，上述的战略思考和设计还是巨大的挑战。

从战术上看，上图在移动服务实践中也遇到了不少难点，其中最突出的是如何支持各种各样的移动设备以及它们五花八门的系统，而在另一端又如何来整合图书馆不同的服务系统，使它们能够既安全又稳定地支持移动服务。上图正在通过调研以及总结长期的实践经验，探索采用一个类似中间件的移动服务平台来解决这个难题。

上图搭建的平台需要具有以下三个主要特点：首先，要为不同的移动应用、不同的终端与后台的大量应用交互数据提供标准化的统一接口，无论是移动网站还是客户端都可以通过这一接口来与图书馆联盟各服务系统进行交互；其次，平台应是一个内容整合平台，整合图书馆联盟中不同的服务系统，通过各种技术方式实现数据交互；最后，平台还应具有管理功能，能够对手机网站、手机客户端和各类移动应用进行版本升级、发布、统计的统一管理。有了这样一个移动服务平台，才能使得移动服务不断优化，增加新的功能与体验，也使服务更加稳定。

上图遇到的另一个难点是如何丰富与拓展移动服务的内容资源[15]。单个图书馆的资源、拥有的读者量以及服务能力始终有限，但图书馆联盟拥有丰富的资源，可以突破地理位置的局限，拥有广泛的覆盖面。鉴于此，上图利用移动互联网技术与图书馆联盟结合，发挥上海市中心图书馆联盟资源共享、分布广的特点，以中心图书馆联盟为基础，借助移动服务平台的技术支撑，在服务内容的选择、系统构架的设计以及联盟中实施的策略与方法等方面进行了大胆的实践与创新，使读者能够使用到功能更齐全、覆盖面更广、内容更丰富的移动服务。

经过这几年的移动服务实践可以发现，虽然为读者提供了各式各样以及个性化的移动服务，但读者最迫切想要的还是阅读——移动阅读。图书馆本身只拥有不多的电子资源，更多的资源都在资源厂商手里，并且移动阅读对资源的要求更高，需要符合流量小、能够重排版等条件，所以上图在 2012 年启动了市民数字阅读推广计划，目标是要打造一个面向数字阅读的资源整合平台，整合上图已购买的电子资源，通过与厂商的接口实现单点认证以及资源的全文浏览。将推出 PC（或 PAD）与手机两个版本，读者不管在馆内还是馆外只要通过认证即可进行阅读，目前网站（http：//e. library. sh. cn）已经推出。笔者相信移动阅读将成为图书馆移动服务的主流趋势。

参考文献:

[1] The World Bank. 2012 information and communications for development maximizing mobile [EB/OL]. [2012 – 12 – 20]. http://go. worldbank. org/0J2CTQTYP0.

[2] 中华人民共和国工业和信息化部. 2012 年 9 月通信业运行状况[EB/OL]. [2012 – 10 – 24]. http://www. miit. gov. cn/n11293472/n11293832/n11294132/n12858447/14872278. html.

[3] Nielsen[EB/OL]. [2013 – 01 – 31]. http://blog. nielsen. com/nielsenwire/.

[4] State of the Appnation-A year of change and growth in U. S. smartphones[EB/OL]. [2012 – 12 – 20]. http://blog. nielsen. com/nielsenwire/online_mobile/state-of-the-appnation-%E2%80%93-a-year-of-change-and-growth-in-u-s-smartphones/.

[5] Luo Lili. Text reference service: Delivery, characteristics, and best practices[J]. Reference Services Review, 2011, 39(3): 482 – 496.

[6] Canuel R, Crichton C. Canadian academic libraries and the mobile Web[J]. New Library World, 2011, 112(3/4):107 – 120.

[7] Hahn J. Location-based recommendation services in library book stacks[J]. Reference Services Review, 2011, 39(4): 654 – 674.

[8] 洪文,魏成光. 高校图书馆短信服务平台构建模型的研究[J]. 农业图书情报学刊, 2012,24(7):44 – 47.

[9] 国家图书馆. 移动图书馆[EB/OL]. [2012 – 10 – 26]. http://mobile. nlc. gov. cn/.

[10] 上海图书馆. 移动服务[EB/OL]. [2012 – 10 – 26]. http://www. library. sh. cn/mobile/down/index. htm.

[11] 超星[EB/OL]. [2012 – 10 – 26]. http://www. chaoxing. com/.

[12] 书生[EB/OL]. [2012 – 10 – 26]. http://www. sursen. com/.

[13] 二维码[EB/OL]. [2012 – 10 – 26]. http://baike. baidu. com/view/132241. htm.

[14] Canalys[EB/OL]. [2013 – 01 – 31]. http://www. canalys. com/.

[15] 张磊,朱雯晶. 支撑图书馆联盟的移动服务平台建设[C]//上海图书馆. 智慧城市与图书馆服务. 上海:上海科学技术文献出版社,2012:215 – 221.

作者简介

张磊,上海图书馆系统网络中心研发部主任, E-mail: zhanglei@libnet. sh. cn。

北京大学图书馆移动服务
的探索与实践

聂华　朱本军

北京大学图书馆

互联网的发展，经历了从静止到移动的变迁，信息社会亦随之向着泛在化和智慧化的形态演进。随着人们获取信息的途径和方式的变化，人们的阅读行为和习惯也在与传统决裂。北京大学（以下简称"北大"）图书馆一直致力于追踪信息环境和用户需求的变迁，自 2005 年开始，对移动服务经历了近 8 年的探索与实践。本文将对其进行概括与总结，并对北大图书馆移动服务的现状、存在的问题及未来可能的趋势进行探讨与展望，以与业内同行交流。

1 "移动图书馆"概念的形成

早在 2005 年，北大图书馆即尝试利用手机这种移动终端开展"短信提醒"服务。考虑到手机智能化程度以及智能手机持有率不高等因素，北大图书馆早期推出的"短信提醒"服务在功能方面主要是围绕图书馆集成管理系统馆藏书刊目录提供图书到期催还提醒、预约到书提醒等进行开发。这项服务试运行近一年，受到读者的青睐，成为图书馆常规服务的一项内容。短信催还等服务，可谓移动服务的雏形。

随着移动技术的进步和手持终端的多样化、智能化，北大图书馆于 2009 年开始对适用于手持终端的移动服务进行重新审视、研究和评估。在评估中，北大图书馆通过观察，认为未来若干年内移动技术发展的趋势、移动终端的持有率以及读者获取知识的途径和习惯，将发生如下一些较大的变化：①伴随着互联网技术的进步，网络将逐步由静止变为可移动，而且将会形成一个泛在的、可以在任何时间、地点有各种移动终端互联的网络；②通过移动终端访问图书馆信息和资源的读者数目会逐年升高，甚至可能超过通过桌面个人电脑接入互联网的读者数[1]；③读者阅读行为不断演变，由传统阅读转向数字阅读，"在线"、"碎片"、"轻松"、"多媒体"、"多样化"和"小众化"

的趋势凸现。基于以上环境变迁，特别是考虑到移动终端的多元性，"短信服务"、"手机服务"或"手机图书馆"已经不能概括和承载图书馆移动服务的全貌，移动图书馆的概念逐渐成熟。

移动图书馆概念的形成，归因于移动互联网的发展所带来的变革，在图书馆的读者持有并使用大量而且飞速增长的移动终端的环境中，如何兑现"读者为中心"的理念，如何提供适合"移动"的资源与服务，如何构建依托移动互联网平台的移动数字图书馆，是图书馆顺应读者新的信息获取和阅读行为需求变化所必须要研究和解决的问题。

2 北大移动图书馆的探索与实践

在对宏观环境有所把握的基础上，为了推出切合实际需求的移动服务，北大图书馆根据本馆的实情进行了三个阶段的探索与实践：①对影响北大移动图书馆实施的因素进行分析；②对实施北大移动图书馆服务的可行性进行调研；③部署和推出"正是读者需要"的移动服务。

2.1 对北大图书馆推出移动服务现状的评估

截至 2010 年 4 月，北大图书馆通过评估给出三个可能影响移动服务研发的因素。

首先，北大图书馆自动化系统（Unicorn 系统）正在升级，升级后的系统自带手持移动终端版的用户界面。也就是说，升级后，高端智能手机用户（如 iPhone）可以直接下载使用该手机软件，或者直接通过浏览器软件（如 UC 浏览器等）访问图书馆网站来进行操作。这意味着等待自动化系统自动升级后，无需单独开发，北大图书馆的部分用户即能享受馆藏查询、续借、预约等服务。

其次，北大图书馆正在调研采购下一代发现系统（如 Primo、SUMMON 等）。相较于传统的图书馆自动化系统，下一代发现系统的资源搜索范围扩大了很多，除书目数据外，还可囊括北大图书馆古籍、特藏、多媒体、电子期刊等不能在传统图书馆自动化系统中被揭示的资源。北大移动服务系统的开发需要确定是在现有传统图书馆自动化系统的基础上研发，还是等待采购下一代发现系统后再进行开发。

再者，通过对手持终端设备相关技术发展的跟踪，可以观察到在短时间内从"制作特定的内容以适合于手持终端"向"手持终端访问任何内容"转型的趋势。比如，只有 Wap 浏览器的低端手机只能通过 Wap 浏览器访问网站，因此需要单独开发一套基于 WAP 协议的适合低端手机访问的网站。但是，在可预见的未来，手持终端将向中端智能（特点是可安装 Java 手机软件）和高端智能手机（如 iPhone 等，相当于手持电脑）普及。为了评估北大馆花费大量人力物力研发推出一套独立的、适合所有手持终端设备的移动服务系统是否必要，北大图书馆对通过手持移动终端在北大图书馆网站（http://www.lib.pku.edu.cn）实现续借、预约、图书查询等功能进行测评。测评中，选取了三个级别的手持移动终端：

——对于低端手持移动设备，选用国产 MALATA 手机和诺基亚低端手机作为测试设备。低端手持移动设备的特点是：可发短信和接打电话，不具备安装 Java 程序的功能，如不能装手机版 QQ、MSN 等，访问网站只能通过手机 Wap 浏览器访问基于 WAP 协议的网站。测试结果发现：因为这类手机浏览器只能解析遵循 WAP 协议的代码，故不能访问北大图书馆主页和书目查询页面。

——对于中端手机，选用诺基亚 E63（带 S60V3 操作系统）作为测试设备。中端手持移动设备的特点是：可接受和发送短信/彩信、可接打电话，用户还可以根据需要选择安装 Java 版软件，如 Web 浏览器、QQ 等软件。在测试中，安装了不同的移动终端 Web 浏览器软件。测试结果：①对于 UC Web 手机浏览器 7.2 版本（下载地址：http://www.uc.cn/product_ucthunder.shtml），测试结果：（a）屏幕布局乱；（b）图书查询、续借、预约等功能都可以实现；（c）访问速度快。②对于 Opera Mini 5 手机浏览器（下载地址：http://www.operachina.com/mini/download/），测试结果：（a）屏幕布局正常（如同 IE 浏览器），可根据需要对内容进行缩放；（b）图书查询、续借、预约等功能都可以实现；（c）访问速度快。这意味着，北大图书馆可以通过引导用户下载合适的浏览器软件实现图书查询、续借、预约等目的，而毋需做任何开发。

——对于高端智能手机，选用 iPhone 作为测试设备。测试结果：智能手机可以像 PC 机上网一样，实现读者所需的所有功能，与用电脑访问一样，除界面文字因手机屏幕相应变小外，感觉不到其他差别，速度快。这意味着，一旦用户全部使用高端智能手机，北大图书馆毋需进行任何研发。

通过测评，笔者发现：如果要为低端手持移动用户提供移动服务，可以考虑单独开发基于 WAP 协议的移动服务系统；而对于手持中端和智能用户提供移动服务，可以通过引导用户安装合适的浏览器软件来引导用户进行续借、预约、图书查询等。

2.2 北大移动图书馆实施的可行性调研与思考

为了了解北大师生手持移动设备的低、中、智能分布情况和研发移动图书馆的成本，北大图书馆分别于 2010 年 4 月、2010 年 10 月对已经开始实施手机图书馆服务的北京师范大学图书馆和清华大学图书馆相关负责人进行了访谈调研，并采用网络问卷调查和读者访谈的形式对北大读者进行了需求调研。问卷调查共收回样本数据 134 份和访谈数据 6 份。根据对所回收的问卷和访谈数据的整理，笔者得出了一些具体和清晰的结论来指导"北大移动图书馆"服务的设计和实施：

结论之一：提供移动服务是必要的和迫切的。支撑这一结论的数据：①大多数被调查对象(88.37%)使用移动设备上网。在这些使用移动设备上网的被调查对象中，59.30% 的被调查对象每天都会使用移动设备上网，29.07% 的被调查对象偶尔会上网。曾经上过网但现在已经不上（2.33%）和从来不用移动设备上网今后也不打算用（9.30%）的被调查对象，合起来仅占 11.63%。②大多数被调查对象使用移动设备上网时间控制在 60 分钟以内。调查中有 51.32% 的被调查对象使用移动设备上网时间在 30 分钟以内，35.53% 的被调查对象的上网时间在 30 - 60 分钟，超过 60 分钟者只占被调查对象的 11.84%。③大多数被调查对象认为北大图书馆应该提供移动服务，其中，52.22% 被调查对象认为非常有必要，42.22% 被调查对象认为可有可无，偶尔可能会有。以上结果表明：读者有使用移动设备上网，且通过移动设备来处理个人事务的习惯，希望北大图书馆提供移动服务。

结论之二：移动服务应是图书馆正常服务之外的一种辅助服务。支撑这一结论的数据：①被调查对象中大多数使用中端和智能手机，少数使用低端手机和非手机类移动设备。调查显示，使用带手机操作系统的智能手机的被调查对象占 45.74%，使用可安装 Java 软件的中端手机的被调查对象占 32.98%。此外，13.83% 的被调查对象使用只能通过 Wap 浏览器的低端手机，7.45% 的被调查对象使用其他非手机类手持移动设备。②现有移动设备的性能、资源、费用和阅读习惯影响读者使用移动服务。调查显示，影响移动设备上网阅读的因素，从高到低依次为：移动设备屏幕太小占 37.31%、长时间阅读眼睛不舒服占 28.36%、可阅读的内容贫乏占 26.12%、操作不方便占 17.91%、资费太高和不习惯电子阅读方式分别占 16.42% 和 10.45%；被调查对象手机不支持（2.24%）和不知道如何开通（1.49%）所占比例很小。③认为北大图书馆提供移动服务的价值集中于"应急"类和"提醒"类服务。调查结果显示，认为北大图书馆提供移动服务的价值从高到低顺序依次为：提醒（到期、续借和预约等）占 58.96%、应急查询（个人的借阅、书目、全文等）占 55.22%、通知（活动、讲座）占 53.73%、应急处理（续借、预约等）占 48.51%、移动咨询占 23.88%、打发无聊碎片时间占 14.18%。以上调查结果表明：移动服务是图书馆正常服务之外的一种辅助，一种补充。在面对面的座谈中，师生也表达了类似的观点。调查结果的启发是，图书馆实施移动服务需考虑投入—产出。对于一种正常服务之外的辅助服务，在开发投入时，需要对成本有所考虑和限制。

结论之三：北大图书馆急需的移动服务主要在于图书馆自动化集成系统（ILS）相关服务和移动阅读两个方面。调查数据显示，按所占比重从高到低顺序依次为：图书查询占52.24%，提醒归还日期或预约书到架占52.24，办理图书续借占44.78%，办理图书续借占44.78%，办理图书预约占44.03%，查询个人借阅信息占44.03%。其次为移动阅读服务，从高到低顺序依次为：短信订阅图书馆信息（包括动态、讲座、展览）及服务占38.06%，直接查询并下载阅读北大图书馆提供的电子书占37.31%，直接查询并下载阅读北大图书馆订购的电子期刊全文占35.07%。其他服务的需求相对较不明显，如检索电子期刊数据库占29.85%，读者荐书占23.88%，图书馆内部服务导航占21.64%，浏览音视频占21.64%，期刊数据库新到期刊内容短信推送占21.64%，移动咨询图书馆占17.16%，预定检索词检索结果短信推送占17.16%。考虑到ILS系统相关服务已经推出并为读者所使用，读者尚未推出的电子书刊全文阅读的需求程度尤其值得关注。也就是说，学术资源的全文数字阅读，应该作为移动服务的设计和实施中的一项重要功能。

结论之四：在设计移动服务时，需尽量降低资费标准。从调查来看，认为资费太高是影响移动设备上网阅读的主要因素的占16.42%。其次，大多数被调查对象（80.38%）使用非3G手机。其中63.51的被调查对象一年之内不准备更换，只有14.87%的被调查对象打算在一年内更换。以上调查结果显示：读者目前使用3G手机者仅是少数，大多数人认为使用流量服务价格偏高。读者关心流量费用问题，资费是影响读者使用移动服务的因素之一。

结论之五：在设计移动服务时，仍应主要考虑手机。尽管有学生使用Kindle、汉王、iPod Touch等非手机类手持设备阅读浏览，但是从调查中发现，绝大多数移动上网工具是手机，占92.55%，而非手机类可上网的手持阅读器只占7.45%。这意味着，在开发设计移动服务时，应主要考虑手机阅读的风格，尽量兼容其他手持阅读器。

2.3 部署与实践

根据实施初期的调研，北大图书馆大致确定分两个阶段来实施移动服务：第一阶段移动服务的内容和功能为与图书馆ILS系统相关的服务和移动阅读服务；第二阶段，可再根据实际需要考虑其他服务，如新生入学介绍、馆际

28

互借请求、手机闭架索书请求、移动定位图书、手机门禁、新到纸本期刊上架提醒、移动咨询、手机实时查看学生用机的空缺情况等。

至于移动服务形式方面，由于受到移动终端及终端屏宽、智能级别等多样性的影响，为了降低研发的人力和物力成本，将采用两条路推进：一种是基于 WAP 协议的网站，一种是已有的短信推送，并在适当的时机逐步将两者整合起来。个性化的移动服务是设计的努力方向，如自由选择定制和退订短信服务，开发基于不同移动平台、不同屏宽的移动客户端应用等。

图 1 从系统实现的角度描绘了北大移动图书馆平台的功能流程：

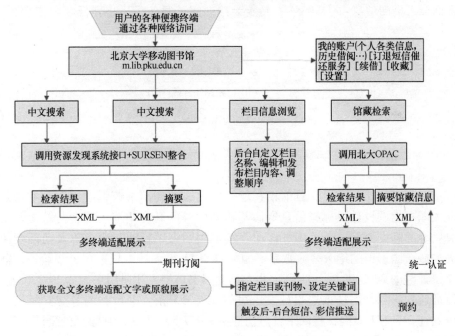

图 1　北京大学移动图书馆平台功能流程示意

北大移动图书馆的界面及功能如图 2、图 3 所示：

在即时性服务方面，提供了资源/书目查询、借阅历史、借阅状态、续借/预约、索书号发送到手机、查看全文、短信提醒（最新公告、预约到书、催还）等功能。

在与读者交互式服务方面，提供了云笔记、读者建议、微博、文献评论、文献批注、书签、文献下载、文献共享、电子刊、热门推荐、期刊导航、论文导航、电子书导航、图书购荐功能；个性化服务方面，提供了借阅管理、个人收藏、显示设置、订阅管理、手机绑定、检索历史、最近浏览等功能。

图2　北京大学移动图书馆总界面

在界面和功能方面，目前正在运行的北大移动图书馆系统平台基本满足北大图书馆的设计目标：信息资源与移动服务的高度集成、读者与馆员及信息资源的高度交互、通过多种移动终端享用图书馆资源与服务以及访问资源品种涵盖图书馆的绝大多数数字资源。自2011年7月1日正式上线运行，截至统计时的2013年1月31日，北大移动图书馆平台注册用户数达17 729人，流通通知等各类信息推送累计发送短信256 395条，书目查询等交互短信服务共计218 272人次，移动平台总访问量1 477 504人次。从收到的反馈来看，服务效果理想。

3　问题与改进

北大图书馆从移动图书馆概念的形成到功能设计和实现，历时不到两年的时间。这期间，图书馆外部变革和内部需求的变化比人们所想象与预期的要快得多。比如，移动终端由低端或中端向含移动操作系统的智能机统一；而智能机操作系统又向仅仅基于Android、iOS的局面统一。从中国互联网研究中心（CNNIC）发布于2012年10月的移动互联网行业未来发展的预测报告来看[2]：手机和PC的融合是大势所趋；统一入口型网站将继续在渗透率方面领先从而继续演进并向个性化门户发展；垂直细分网站将持续发展并客户

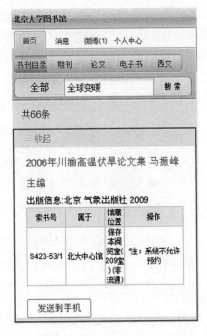

图 3　北京大学移动图书馆查询结果界面

端化；内容发展路径重演传统互联网发展之路；微博、社交类网站和服务有望爆发，手机客户端将在其中左右战局等。

目前北大图书馆这种基于 WAP 协议的移动平台，尽管适用于所有移动终端，但尚处于非智能手机向智能手机过渡的阶段，这个阶段行将过时，不符合智能触屏手机时代的潮流。两年来的应用现状和相关发展趋势清晰地勾勒出北大图书馆移动服务的未来改进方向：未来，北大图书馆移动服务应该主要强调推出客户端（APPs），而不再只是依靠基于 WAP 协议的网站。

此外，随着北大图书馆信息系统不断推出和优化基于本系统的移动服务，出现了客户端（APPs）分散独立的局面。比如，图书馆自动化系统有可供用户查询图书、续借、预约的客户端（APPs）；方正电子书系统有可供阅读方正电子书的客户端（APPs）；读秀电子书系统有可能阅读电子书的客户端（APPs）；等等。这意味着读者要享受北大图书馆的移动服务，要安装无数多个客户端。这种客户端分散的模式不利于资源的移动服务。也就是说，未来北大图书馆的移动服务需要一个统一的客户端对不同功能进行分类整合管理。比如，"移动阅读"应该整合方正电子书、读秀电子书、学位论文等，而不是方正电子书一个入口、读秀电子书一个入口、学位论文一个入口。

再次，需要考虑读者，尤其是已经习惯于使用移动终端访问信息或资源的读者的潜在个性化需求。比如，他们希望提供新书导读、希望在他们经常光顾的社交网站中引入图书馆的资源服务，等等。这意味着需要超越桌面服务的观念禁锢，重新审视移动服务的新方向，以全新的、创新的思路设计一体化的移动服务，而不只是在移动系统中重复传统图书馆已有的查询、续借、预约、阅读等传统服务。

图书馆承载着人类文明传承和知识获取的责任，移动服务是图书馆服务的拓展和创新。北大图书馆一方面仍将满足不同手持终端、不同年龄层次读者的需求，不断完善已有的移动服务功能；另一方面，也将针对读者潜在的或已经显露的个性化需求，提供按需定制服务等。

参考文献：

[1] Morgan Stanley releases the mobile Internet report[EB/OL].[2012 – 10 – 09]. http://www. morganstanley. com/about/press/articles/4659e2f5 – ea51 – 11de – aec2 – 33992aa82cc2. ht-ml.

[2] 中国互联网研究中心. 中国移动互联网发展状况调查报告(2012 年 03 月)[EB/OL].[2012 – 10 – 12]. http://www. cnnic. cn/hlwfzyj/hlwxzbg/201203/P020120709345263447718. pdf.

作者简介

聂华，北京大学图书馆研究馆员，副馆长，硕士，E-mail：hnie @ lib. pku. edu. cn；朱本军，北京大学图书馆馆员，硕士。

二维条码在移动图书馆服务拓展中的应用探索

张蓓　张成昱　姜爱蓉　窦天芳

清华大学图书馆

1　引言

随着国内移动互联网通讯和应用环境的日益成熟，移动终端成为人们工作和生活必不可少的工具。特别是手机，其用途早已不囿于电话和短信，正在成为获取各种信息资源和信息服务的主要平台。根据 2012 年 CNNIC 发布的《第 30 次中国互联网络发展状况调查统计报告》，手机网民数量大幅上升，达到 3.88 亿，手机首次超越台式电脑成为第一大上网终端[1]。同时智能手机发展迅速，得到更多群体的关注和使用。数据研究与营销服务机构艾媒咨询（IiMedia Research）的报告提到，截至 2012 年第二季度，中国智能手机用户数达到 2.90 亿人，环比增长 15.1%。智能手机不再是高端消费群体的专享，正转向中端消费群体[2]。由于手机的发展、用户群体的壮大，各行业的移动服务日趋主流化，会议、购物、旅行预订等更多事情，都可以通过手机来完成。

在国内图书馆领域，对移动图书馆的关注度从 2006 年起急剧上升。几年来，实践和研究同步进展，移动图书馆的建设初具规模。以国家图书馆、上海图书馆为代表的公共图书馆，包括清华大学图书馆、北大图书馆在内的多家高校图书馆，都已实现短信、手机网站、客户端应用等移动服务，深受读者认可。面对手机等移动终端日益智能化、应用地位显著提高等情况，如何持续拓展移动服务，建立更完善的移动图书馆体系，变得尤为重要。

二维条码是移动互联网时代的重要应用元素之一。智能手机的普及使得二维条码的核心价值凸显，被广泛用于移动广告、移动票务等领域[3]。日本、韩国和美国已经将二维条码充分应用于图书馆内，读者可使用二维码进行身份识别、查询借阅情况等[4]。我国虽然对二维条码的应用研究起步较晚，但是发展迅速，书目查询、图书馆展览等很多场景都已开始使用二维条码[5]。

将二维条码引入移动图书馆，可以创造更便捷、体验更良好的应用环境，在增强读者黏性方面发挥积极作用。本文以清华大学图书馆为例，具体介绍二维条码在移动服务拓展中的应用，阐述利用二维条码发展移动图书馆的优势。

2   二维条码简介

二维条码是指在一维条码的基础上扩展出另一维具有可读性的条码，使用黑白矩形图案表示二进制数据，经设备扫描可获取其中所包含的信息。二维条码的种类很多，来自不同机构的二维条码具有不同的结构以及编写、读取方法。常见的二维条码有 PDF417 码、QR 码、汉信码等[6-7]。由于能够在横、纵两个方向上同时表达信息，二维条码比一维条码的信息容量大得多，可将文字、图片、网址等各种形式的信息编码。特别是 QR 码，具有存储大量数据、能快速识别以及支持中文汉字编解码等特点。随着内置高分辨率摄像头的智能手机的普遍使用，QR 码成为最受关注的手机二维条码之一。

QR 码由日本 Denso-Wave 公司于 1994 年 9 月研制成功。QR 来自英文"Quick Response"的缩写，即快速反应之意，源自发明者希望 QR 码的内容可以被快速解码。QR 码呈正方形，与其他二维条码一样有 3 个定位点。如图 1 所示，在 QR 码的 3 个角落，像"回"字的正方图案为定位图案，用来帮助软件确定 QR 码的位置、尺寸和倾斜度[8]：

图1   QR 码的组成

二维条码并不是一项新技术，但是过去因读取设备所限，未能得到普遍应用。而伴随相关技术的进步，二维条码迎来了更多的机遇。目前手机上应用二维条码主要有主动识别和被动识别两种模式。主动识别是指将需要访问、使用的信息编码，利用手机摄像头扫描二维条码来获取信息。这类二维条码多出现在报纸、海报、杂志等各类载体上，应用于快速获取网址到手机后实现一键上网、利用有限空间提供更深层次的信息资料等场景中，给人们带来了极大的便利。被动识别则更多地应用于票务、身份认证等电子凭证领域，主要利用手机存储二维条码的功能。用户事先通过拍摄、彩信等渠道获取二维条码，再通过外部的识别系统实现信息校验、身份鉴别等功能。两种应用模式使得二维条码在物理和虚拟世界之间建立起双向连接，形成一个完整的闭环应用，因此二维条码应用正逐渐成为人们所习惯的信息获取和互动方式。

3　基于二维条码的移动图书馆服务拓展

二维条码创造出一种全新的信息存储、识别和传递应用模式，已被日本、韩国和美国广泛应用于图书馆内。我国对于二维条码的应用研究起步较晚，但是进展迅速，这主要得益于智能手机等移动终端的繁荣发展。以清华大学图书馆的问卷调查为例，智能移动终端在读者中的持有率正在上升，手机上网和软件安装的操作也被越来越多的读者所熟悉，特别是新生代读者。2012年针对全校各院系随机选择的 533 名新生进行了移动服务调查，统计显示：使用 iPhone、三星等品牌智能手机的读者达到 58.9%，超过 23% 的读者还拥有 iPad、iPod 等移动终端；习惯手机上网的读者达到 90.8%；熟悉移动应用软件安装的读者超过 45%。这组数据说明在高校读者中应用二维条码的条件比较成熟，相关服务有推广空间，因此清华大学图书馆以二维条码（主要是QR 码）作为应用对象，在移动图书馆的服务拓展上进行了尝试。

3.1　书目信息推送

书目联机查询系统（OPAC）是图书馆的关键应用系统之一。在大量图书实行开架管理的今天，读者自己入库提取书籍时，通常需要在 OPAC 上查询后，将感兴趣的书目信息（例如：题名、索书号和馆藏地）抄写下来以便查找。然而这种抄写索书单的方式费时费力、容易产生笔误，信息也很难与他人分享。移动图书馆建设初期，清华大学图书馆采用在 OPAC 检索结果页面上嵌入短信链接的方式，让读者自助推送书目信息[9]。用短信代替索书单的抄写，能够满足读者快速获取信息的需求，但是短信发送因为存在长短信接收不完整、信道拥塞时短信延迟等问题，并非百分之百地精确和及时。考虑到智能手机将会在校园内普及，清华大学图书馆将书目信息制作成 QR 码，同短信链接一起提供给读者，读者可根据实际情况自由选择获取书目信息的方式。

QR 码与短信配合使用，不仅能充分发挥智能手机的特点，而且使得移动图书馆的服务更具灵活性和可用性。读者只要预先在手机上安装二维条码识别软件，就可以通过手机摄像头扫描书目 QR 码，从而更加直接地获得题名、索书号以及馆藏地等信息，方便在开架书库找书。读者还可以将解码后的信息以短信或者微博的形式传递给其他人，进行分享。

3.2 图书馆馆舍和布局导引

针对大多数刚入校的新生对大学图书馆的馆舍和布局都不熟悉的情况，清华大学图书馆每年都举办迎新活动，旨在帮助新生尽快熟悉图书馆，更好地利用图书馆。多年来的迎新活动中，由馆员导引新生集中式参观，参观人数多、时间密集，新生一时难以清晰地了解图书馆的布局。为了改善迎新参观体验，令参观轻松高效，2012 年，清华大学图书馆特别制定了新生参观路线，开展自助式参观，期望新生通过自我发现来认识图书馆，对图书馆形成深刻印象。新生沿路线指示自助参观时，途中所见的重要标识图上均提供二维条码，新生通过智能手机识别二维条码，可以很快获取适用于手机显示的楼层平面图（见图2），及时获知自己当前在图书馆中所处的位置，了解该楼层的馆舍分布。

图2 识别二维条码后获得的图书馆楼层平面图

二维条码打印价格低、制作简单，方便打印、粘贴在参观路线标识图上。而馆舍二维条码应用促进了新生与图书馆的交互，在其发现、了解图书馆的过程中，增加了趣味性。智能手机也成为信息获取的延伸平台，帮助新生更快、更好地熟悉图书馆。新生通过二维条码获得的馆舍地图便于存储至手机，基于手机随身性的特点，未来可以随时浏览、定位，迅速找到所需的资源或者设施。

3.3 读者手册获取

随着运算效能和网络速度的提升，智能手机成为读者目前普遍使用的移动阅读终端，能够满足其利用碎片时间迅速汲取信息的需求。二维条码应用则开辟出一个跨载体的信息传递通道，不管是报纸、网页还是液晶媒体，只要出现二维条码，人们就可以通过互动，获知更丰富的内容。将二者有效结合，可以创造出更加便利化的移动服务。

图书馆通常会发布《读者指南》等手册介绍图书馆各类服务的情况。手册这一类型的资料，同工具书一样，在使用上具有"不时之需"的特点。传统的纸质手册不便携带；将手册以电子版形式发布在网站上，方便了查找和浏览，但在随时随地和即时性上仍不能满足需求。为了让有需要的读者容易获取手册，使其在读者利用图书馆时发挥更大的作用，同时考虑到很多读者已经养成移动阅读的习惯，清华大学图书馆将读者手册制作成手机电子书，以二维条码的形式发布在相关网站或者宣传海报上供读者下载。读者可以预先将电子书下载至手机，有需要的时候再阅读。这种"一扫即得"的电子书下载方式，带来了便捷的阅读体验。

当然，将纸质读者手册制作成手机电子书，通过二维条码下载，不仅仅是实现省去网址输入、方便读者获取所需这一功用。实际上，二维条码可以传递音、视频资料及互动平台等多种元素，手机电子书不仅仅是平面媒体的简单转换，还可以通过二维条码与网络、多媒体无缝结合，实现更丰富的立体阅读。

3.4 密集书架控制

密集书库是以密集书架收藏文献资料的库房。众所周知，为了节省馆舍空间、提高馆藏数量，很多图书馆都建有密集书库。相对于开架书库，密集书库的功能重点在于"藏"，用于收藏利用率较低的资源。最初建设的密集书库，多使用手动摇柄来移动书架，基本上采用闭架管理的方式。随着科技的进步，电动智能密集架开始被密集书库所采用。清华大学人文社科图书馆为了方便读者使用，在建设密集书库时就使用了电动智能密集架。

清华大学人文社科图书馆共有 2 层地下密集书库，因电动智能密集架的安全性和稳定性高，书库面向本校师生开架借阅。读者借阅密集书库资源的前提是要学会智能书架及其控制系统的操作。这是一个熟悉的过程，即便书库的流通量不大，图书馆也希望在最大程度上给读者提供便利，因此启动二维条码应用的探索尝试。如图 3 所示，读者通过 OPAC 查询到需要从密集书库借阅的图书，然后使用手机对书目 QR 码图片进行拍照并保存；到密集书库后，将所拍摄的 QR 码照片对准二维条码识读器；如果成功识别，存放相关图书的书架将自动开启，读者即可进入通道取书。

这一应用是清华大学图书馆在二维条码被动识别上的首项尝试，充分利用了手机的拍照功能，使得移动服务的应用场景更加丰富。此举不仅降低了密集书架的操作难度、方便读者使用，也节省了在偌大书库定位所需资源的时间。

图 3　二维条码控制密集书架示意图

4　应用二维条码的体会和建议

智能手机在校园内的普及，将促使读者对二维条码的认知度不断提升。图书馆可以把二维条码作为推动移动图书馆发展的切入点，将其与更多的应用场景结合，拓展出全新的移动服务。而应用二维条码需要关注以下几点：

4.1　二维条码应用目的清晰并有吸引力

二维条码本身不直观，必须通过软件识别才能获得其中内容。因此使用二维条码时，可在其周围，或者基于"容错度"在其内部增加说明文字或图标，使人了解其用途。而原始的二维条码为黑白二色，外观普通，如果出现在海报、网页上的位置、尺寸不合适，很难吸引读者拍照扫码，若根据版面风格，给二维条码增加颜色，甚至将其嵌入油画、照片等创意元素中，可以增强读者的关注度。

4.2　在适当的场景中合理应用二维条码

尽管二维条码可以使读者容易得到更多信息，但并非所有场景都适合应用它。比如频繁切换广告的显示屏，读者很难在 3 – 5 秒的切换间隔中完成识别，这样的应用就毫无意义。移动图书馆可以为读者提供音乐、影像资料等多种资源，二维条码成为获取这些资源的便捷通道。而图书馆提供相关服务时应兼顾移动互联网带宽、传输速度等因素。资源容量如果太大，会给读者带来访问速度慢、无法正常使用等不良体验；反之，精制的微音、视频，流畅的应用感受，有利于增加移动图书馆的用户黏度。

4.3　加强二维条码及相关应用的安全性

黑白格子的二维条码，在内容上存在不透明性，本身就会吸引部分人群的好奇心，在广泛使用的同时，也成为手机病毒传播的新渠道。引入二维条码的移动服务应建立自身的安全机制，确保网址或者下载链接等识别结果没有漏洞，使读者规避上当或者感染恶意软件的风险。

5 结语

经过近几年的建设，国内移动图书馆正在呈现逐步普及的态势。随着智能手机等移动终端的流行，未来应该充分挖掘智能移动终端所特有的元素和功能来推进移动图书馆的应用。二维条码方便、灵活，是贯通物理和虚拟世界的桥梁，能为移动图书馆开拓出更多的应用场景。合理应用二维条码，将会促进图书馆服务质量的进一步提高，给读者带来全新体验。

参考文献：

［1］ 中国互联网络信息中心. 第30次中国互联网络发展状况统计报告［EB/OL］.［2012 – 03
－03］. http：//www. cnnic. cn/research/bgxz/tjbg/201207/P020120719489935146937. pdf.

［2］ 中国行业研究网. 2012年二季我国智能手机用户量累计分析［EB/OL］.［2012 – 10 –
09］. http：//labs. chinamobile. com/news/80097.

［3］ 许统. 手机二维码在国内的发展及应用［J］. 电脑与信息技术,2011(6):62 – 63.

［4］ 孙晓瑜,王荣宗. 国外手机二维码技术在图书馆中的应用及启示［J］. 图书馆学研究,
2011(6):23 – 25.

［5］ 南晓凡. 图书馆二维码应用研究［J］. 图书馆学刊,2012(10):97 – 99.

［6］ ISO/IEC. Information technology-Automatic identification and data capture techniques-
PDF417 bar code symbology specification (second ed.) ［EB/OL］.［2013 – 01 – 15］. ht-
tp：//webstore. iec. ch/preview/info_isoiec15438％7Bed2. 0％7Den. pdf.

［7］ Denso-Wave. About 2D code［EB/OL］.［2013 – 01 – 23］. http：//www. qrcode. com/en/
aboutqr. html.

［8］ Denso-Wave. QR code features［EB/OL］.［2013 – 01 – 23］. http：//www. qrcode. com/
en/qrfeature. html.

［9］ 周虹,张蓓,姜爱蓉,等. 馆藏书目信息自助短信推送服务的设计与实现［J］. 现代图
书情报技术,2011(s1):127 – 131.

作者简介

张蓓,清华大学图书馆馆员,硕士,E-mail：zhangbei@lib. tsinghua.
edu. cn；张成昱,清华大学图书馆副研究馆员,部主任；姜爱蓉,清华大学
图书馆研究馆员,副馆长；窦天芳,清华大学图书馆副研究馆员。

清华大学手机图书馆用户体验调研及可用性设计[*]

王茜　张成昱

清华大学图书馆

1　引言

随着技术的发展和社会的进步，新的技术和产品层出不穷，消费者的审美水平和自我意识也有了大幅提升，他们不仅关注产品能否实现自己的预期功能，更加关注自己在使用产品过程中的体验[1]，如产品的界面是否富有美感，与产品的交互过程是否令人愉快、富有启发性，能否在操作过程中获得成就感和满足感等等[2]。有鉴于此，清华大学无线移动数字图书馆系统（Tsinghua WIreless and Mobile Digital Library System，简称 TWIMS）也开始关注用户的使用体验。

TWIMS 系统是在已有信息应用环境的支持下研究和开发的支持手持式信息终端设备的信息服务平台[3]。系统开发的成果之一是清华大学手机图书馆网站，笔者基于用户体验的思想和可用性的设计方法，对该网站进行了完善，并对改进之后的用户体验水平进行了调查。

按照课题研究计划，笔者分别于 2009 年 9 月和 2010 年 10–12 月进行了两次用户体验问卷调查。第一次调查的背景是 TWIMS 的两个子系统（手机图书馆网站和短信服务系统）正式上线运行不久，课题组需要了解用户对这两个系统的使用体验，因此，笔者设计了两份问卷（"清华大学手机图书馆系统用户体验调查"问卷和"清华大学手机短信服务系统用户体验调查"问卷），利用网络调查平台知己知彼网（http://www.zhijizhibi.com）完成问卷的制作、回收与统计，并通过在清华大学信息门户和图书馆主页发布问卷链接的方式面向全校师生员工发放。笔者在这次调查中不仅收集了宝贵的用户信息

---

* 本文系国家社会科学基金 2011 年度一般项目"基于用户体验的移动数字图书馆服务整合与系统集成研究"（项目编号：11BTQ011）研究成果之一。

数据，为系统的后续开发提供了参考和指引，对于"问卷的题目数量、问题选取与排列、选项设置和问卷呈现形式"等也积累了很多经验[4]，例如，这次调查的问题多属中观层次，有待于向微观层次进一步细化；利用网络制作平台制作问卷无法添加图片；发放的问卷对于大一新生的覆盖率偏低等，这些问题都在第二次调查中得到了改进。第二次调查与第一次一脉相承，又有很多不同之处，笔者将在后续部分进行详细介绍。

除此之外，笔者还结合文献调研、可用性设计和用户体验调查的结果提出了具有指导意义的可用性设计原则。

2　用户体验与可用性设计

2.1　什么是用户体验

关于用户体验（user experience，简称 UX，国内也简称 UE[5]），不同领域的专家定义略有不同，最通常的表述可概括为：用户在使用产品或服务的过程中建立起来的一种心理感受，关乎用户是否能够成功地完成既定目标，是否获得享受，是否遇到挫折，是否有惊喜伴随，是否期望再次使用，等等[6]。顾名思义，用户体验的中心是用户，"以用户为中心"是用户体验设计的出发点和归宿。

用户体验的目标可以通过以下这些短语来描述：①令人满意；②令人愉快；③有趣；④引人入胜；⑤有用；⑥富有启发性；⑦富有美感；⑧可激发创造性；⑨让人有成就感；⑩让人得到情感上的满足。用户体验的目标如图1所示：

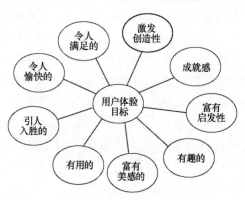

图1　用户体验的目标[7]

41

2.2 什么是可用性

目前，研究者们对于可用性的定义各不相同，例如，国际标准化组织（ISO 9241 - 11，1998 年）将其定义为"特定使用情境下，特定的用户完成特定目标时，产品所表现出来的效果、效率和令人满意程度"[8]；可用性专业协会（Usability Professionals Association，UPA）则"更多地从产品开发过程的角度来定义可用性：可用性是一种产品开发方法，为了降低成本和使设计出来的产品和工具符合用户的需求，整个开发过程都需要结合直接的用户反馈"[8-9]；S. Krug 在 *Don't Make Me Think*[10] 一书中将其定义为："可用性意味着要确保产品工作起来顺畅，即能力和经验处于平均水平（甚至平均水平以下的人）都可以在不会感到无助和挫折的情况下使用该产品，完成既定目的"。

从不同的定义中可以概括出可用性主要包含以下属性[8]：①有效性（effectiveness）：是否能完成某项任务；②效率（efficiency）：完成某项任务时所需要付出的努力程度；③满意度（satisfaction）：同产品交互、完成任务的过程中，用户感到满意的程度。

也有不少研究者将易学性（learnability，用户能够快速有效地学习和掌握完成任务所需操作的程度）[11]、通用性[2]和低错误率[12]也作为可用性的属性。

2.3 用户体验与可用性的关系

从上述描述中可以看到，用户体验与可用性都关注于用户需求的实现、用户操作目标的达成以及用户在与产品交互、完成操作过程中的满意度。但是，研究者们对二者的关系有不同的划分，例如，T. Tullis 等在《用户体验度量》一书中提出，"可用性通常关注的是用户使用产品成功完成某任务时的能力，而用户体验则着眼于一个更大的视角，强调的是用户与产品之间的所有交互以及对交互结果的想法、情感和感知"[8]，而 C. Wilson 在《重塑用户体验：卓越设计实践指南》中则认为，可用性的含义中包含了用户体验[12]。笔者认为，用户体验的含义中包含了可用性，因为用户体验的目标中不仅包含了可用性定义中所强调的几种属性，还包含了用户对界面是否美观的看法，用户在同产品相交互的过程中所激发出的主动性、创造性及其所引起的快感和成就感等主观感受[2]。

2.4 用户体验调查

可用性设计方案实现之后，我们还要对这些设计的效果，即用户体验水平进行检验，然后对测试结果进行统计和分析，为当前的设计总结经验，并

42

为下一步的系统开发提供指导。通过这一不断迭代的过程，手机图书馆网站的用户体验水平才会不断提高。

2.4.1　调查背景　第一次调查结束之后，课题组对手机短信服务系统和手机图书馆网站进行了修改，至 2010 年 10 月，手机短信服务系统的设计已经规范化，而手机图书馆网站还在不断完善，因此第二次调查的内容只涉及后者，主要目的是对第一次调查后所做修改的用户满意度水平进行检验，并对一些新的设计构想实施的必要性进行预调查。在第三部分中，笔者将结合可用性设计的方案对第二次调查的结果进行阐述。第二次调查与第一次的不同点表现在以下两个方面：

2.4.2　调查方式与调查对象　针对第一次调查中凸显的对大一新生覆盖率偏低、调查对象的个人信息无法保密等问题[4]，第二次调查采用了纸质问卷调查的方式。

第二本次调查中，课题组不仅针对校内用户发放了问卷，对于校外用户——尤其是图书馆界同仁们的观点也开始收集。问卷分两批发放：第一批，在图书馆内向校内用户（具有唯一的学号或工作证号，下同）随机发放 59 份问卷，回收问卷 55 份，其中有效问卷 49 份，有效问卷回收率为 83.05%；第二批，在 CADAL 二期建设项目数字图书馆培训基地举办的第一期培训中，向参加培训的各高校图书馆的工作人员（即"校外用户"，下同）发放问卷 53 份，回收问卷 53 份，其中有效问卷 49 份，无效问卷 4 份，有效问卷回收率为 92.45%。两批调查的问卷回收率均大于 70%，可以作为统计和分析之用。

2.4.3　调查问卷的结构与特点　本次调查主要涉及以下三个方面的问题：①被调查者的性别、年龄、身份、学历等特征；②被调查者的行为习惯；③被调查者对手机图书馆网站各项设计的满意度。

第一次调查的问题侧重于了解用户对系统整体的认知与感受，如对系统的功能设置是否清楚，对界面布局、交互方式是否满意等，第二次调查则将这些问题做了细化处理，如界面布局方面细化为菜单模式、导航方式、错误操作的反馈等。第二次调查问题的呈现方式也更加直观，除了文字描述之外，笔者为所有的设计方案添加了效果图（包括已实现的和未实现的），便于用户理解和选择。

调查结果表明，用户需求与笔者的预期还是有差距的，这更凸显了调查的必要性，笔者也根据调查的结果对方案进行了调整，放弃了一些不符合用户需求的方案。

3　清华大学手机图书馆网站可用性设计方案

在本部分中，笔者将结合第二次调查的结果对已经实现的可用性设计方案进行描述，除此之外，还有一些新提出的、尚未实现的方案，笔者也将一一介绍。

3.1　页面信息的展示机制

3.1.1　主页菜单模式　手机图书馆网站原来的主页菜单采用了文字列表的形式（见图2），为了增强页面的美感，并与低端、智能、3G等不同类型的手机相匹配，笔者依据目前的流行趋势设计了图标式菜单（见图3），几种菜单模式并存，用户可根据个人喜好选择进入相应版本的网站（WML版、XHT-ML版和华丽版）页面。

图2　文字列表式菜单

图3　华丽版首页

第二次调查数据显示，总体来看，用户对图标式菜单的满意度高于文字列表式，但仅就校内用户而言，其对两种方式的满意度比较接近（文字列表式17人，占34.69%；图标式20人，占40.82%），这表明文字列表式菜单依然能够满足校内用户的需求，应当予以保留。

3.1.2　检索结果的组织和展示方式　清华大学图书馆有着数量庞大、种类丰富的电子资源，电子资源/数据库也是手机图书馆网站的核心功能之一。为了让用户更加直观、便捷地浏览检索结果，笔者对检索结果的组织和展示

44

方式进行了设计。目前比较常见的方式是按相关度排序，这也是目前采用的排序方式；另外一种方式是按照内容类别排序（见图4），即将搜索结果按照不同的学科进行分类，各类别按照字母顺序排序[13-14]，无等级优劣之分，并以类似于Windows资源浏览器中目录树的形式展示。当用户很明确与检索结果相关度高的学科类别时，很容易就能够定位到相关的检索结果，提高了检索效率，并且页面的布局也更加清晰。目前课题组尚未实现将检索结果按内容类别排序的方案，但在问卷调查的过程中，制作了效果图供用户参照，见图5。

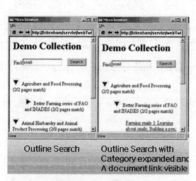

图4　按内容类别排序[13]

图5　按内容类别排序效果图－按学科分类

第二次调查结果表明，用户对于按照内容类别排序的满意度（占67.35%）远远高于按相关度排序（占30.61%），这与笔者的预期是一致的。

3.1.3　翻页方式　在用户选择了每页显示的检索结果条数为10条或20条，或者查看摘要信息等情况下，页面的长度也会超出一个屏幕的范围，对于如何让用户查看该页内余下部分的内容，笔者结合文献调研的情况提出了三种方案：垂直滚动、水平滚动和整页翻屏。

第二次调查结果显示，用户对于垂直滚动方式的满意度远远高于其他两种方式，整页翻屏次之，水平滚动的满意度最低，因此，笔者保留了网站中原有的垂直滚动方式。

3.2　用户行为的导引机制

3.2.1　页面导航机制　手机图书馆网站中包含了多个功能模块，部分功能模块又包含了3个以上的结构层级，为了方便用户清楚地知道自己目前在整个网站中的位置，并很容易找到返回"主页"的路径，笔者提出在页面标题栏下方添加导航路径的方案，如图6所示：

第二次调查数据显示，80%以上的用户对于添加导航栏的必要性持积极态度，为笔者的设计提供了支持。

3.2.2　检索范围排序　随着馆藏资源的不断变化，手机图书馆网站也在不断更新，电子资源/数据库这一模块的变化尤为明显，数据库的数量由一开始的3个逐渐增加到了现在的10个。在原来的页面中，这些数据库是按照进入网站的先后顺序依次排列的，中英文混排，没有规律性可循，影响了网站的易学性。有鉴于此，笔者提出了两种数据库排序方式：一是按字母顺序（A－Z）排序；二是按照用户的使用频次高低排序[13-14]，用户使用频次越高，排列位置越靠前。但考虑到不同学科的用户对于数据库的需求有所不同，按使用频次排序有失全面性且依然存在页面结构缺乏规律性的问题，因此决定采用第一种方式。其中，"中国期刊全文数据库"作为唯一入选的中文数据库，由于其利用率高而排在所有数据库的最前面，其余数据库按字母顺序由A至Z依次排列，如图7所示：

 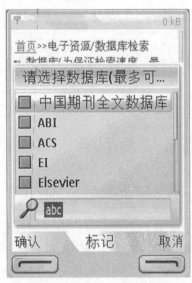

图6　添加导航栏后的电子资源检索结果页面　图7　按字母顺序排序后的数据库列表

3.2.3　过渡页面及提示信息　在馆藏目录查询和电子资源/数据库检索中，用户可能需等待较长时间（超过6秒[15]）才能获得网站的反馈结果，而部分手机在用户提交了"查询"或"搜索"命令后页面没有任何提示，这会导致用户的不安、不耐烦情绪等消极的用户体验。因此，笔者提出为这两个操作增加一个过渡页面，注明"您的请求正在处理中，请耐心等待……"等（见图8），让用户知晓其当前的操作状态。

图8　过渡页面示例[16]

3.3　用户错误行为的预防与纠正机制

3.3.1　域名　手机图书馆网站的原有域名（http：//166.111.20.151：8080/thulib）由于冗长、复杂和难于记忆而成为用户访问网站的一大门槛，这一矛盾在用户第一次访问网站时更为突出。为此，笔者提出了选用新域名的方案，选用的原则是：①简短，字符数越少越好；②简单，字符类型越少越好，避免数字、字母和标点多种类型字符混排；③以字符为主，域名具有实际意义，便于记忆。方案提出后，由于学校对 IP 地址的规定所限，域名经过几次修改，最终确定为 http：//mob. lib. tsinghua. edu. cn/（XHTML 版本）。

3.3.2　输入类型和字数　同电脑相比，用户在使用手机进行输入时存在不便，如果用户不了解网站的输入要求，就更容易出错。为此，笔者对一些文本框输入内容的类型和字符数进行了限制，例如，页面跳转和注册页面中的"学生或工作证号"文本框中只能输入数字，登录和注册页面的"用户名"和"密码"文本框的输入字数已经做了限定，当用户输入的字符超出限制时，系统会自动限制用户继续输入，从而帮助用户及早纠正自己的错误，如图9所示：

3.3.3 默认检索条件 在馆藏目录查询和电子资源/数据库检索的过程中，用户需要对多个选项进行设置。为防止用户遗漏选项，笔者为除"检索词"/"检索项"外的所有交互项均设置了默认条件（见图10），从而放宽了对用户操作的限制，降低了用户的输入量和用户出错的概率。

图9　密码文本框的字数限制　　　　图10　馆藏目录查询的默认页面

3.3.4 各种错误操作的处理和反馈 除了对用户的操作进行限制和提示，或放宽对用户操作的要求，防止用户出现错误操作之外，笔者还对用户可能出现的错误操作进行了预估，并针对各种错误提供了不同的反馈提示，以帮助用户发现和纠正错误。目前，笔者已经对登录、注册、校内身份认证、馆藏目录查询、电子资源/数据库检索和留言反馈等功能模块的各个环节都分别设置了详细的正确操作的确认信息和错误操作的提示信息，并为错误操作提供了返回出错前页面的链接，即"撤销机制"[17]，如图11所示：

3.3.5 帮助信息 除了上述措施之外，还可以通过为用户提供明确的帮助信息来达到规范其操作以及为其错误操作提供解决方案的目的。为此，笔者对网站的"帮助信息"这一功能模块进行了完善，对措辞和语气进行了润色，主要强调了在访问某个功能时需要进行的准备工作和一些注意事项（见图12），内容简洁、精炼，以避免出现内容过多，用户的认知负担过重、不愿意阅读的情况[18]。

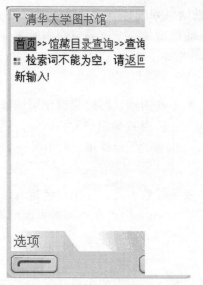

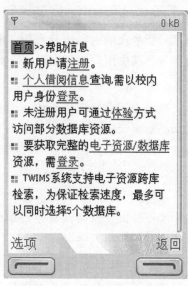

图11　馆藏目录查询未输入检索词的错误反馈　　　图12　修改后的帮助信息页面

4　手机图书馆网站可用性设计原则

笔者借鉴国内外在手机应用中的研究成果[17]，从中提炼出常用的可用性设计原则，并在对清华大学图书馆的手机图书馆网站进行完善以及对设计方案的用户体验水平进行调查、统计和分析的过程中总结出了一些手机图书馆网站的可用性设计原则，在此一并列出。

4.1　页面内容简单化原则

用通俗的语言对网站的各功能点进行表述，避免使用专业术语，降低使用门槛。尽量做到：当用户看到一个页面时，不需要思考或只需花很少的时间进行思考就能明白页面内容的含义及如何进行操作[10,19]。

4.2　减轻用户的经济负担原则

由于高校图书馆大都提供免费的图书借阅和电子资源/数据库检索服务，很多用户理所当然地认为图书馆的服务就应当是免费的，并因而更加排斥那些会产生费用的服务，这在第一次调查中已经得到了验证[4]。所以，设计上应尽量减少用户的开支，减轻其经济负担。

4.3　提高屏幕空间的利用率原则

手机应用的研究者们都不可避免地会受到屏幕空间小的限制，手机图书馆网站中要呈现大量的文摘信息和文献结果列表等，这一矛盾就更为突出。通过对所呈现的内容进行重组、缩略，能够增加一个屏幕空间内所能容纳的信息量，减少用户的翻页操作，提高操作效率。

4.4 最小记忆原则

应减少用户的记忆负担，为界面上的一些图标、图形或操作添加辅助性的帮助与提示信息；由于手机不便于输入，应当减少用户的输入量，尽量提供选项让用户选择而不是输入内容[19~20]，这有利于减少用户的错误。

4.5 提供导航机制原则

通过站点 Logo、网页标题、当前位置等导航方式，让用户清楚自己在网站中的位置以及返回网页主菜单的途径[10]，便于用户在不同的页面间跳转，这一点在用户出现错误操作之后尤为重要。

4.6 一致性原则

随着手机产品的日益多样化，笔者针对不同版本的手机开发了不同版本的手机图书馆网站（WML 版、XHTML 版和华丽版），并将不同版本中的功能设置保持一致，使得用户能够很便捷地在不同版本间切换而无需重新学习。另外，设计者应当充分利用用户在 Web 网站中的操作经验，减少用户的适应时间，提高其操作的效率和成功率。

4.7 提供帮助与指导原则

设计者无法保证自己所设计的"概念模型"与用户的心理模型完全一致[21]，因此，添加必要的提示信息是非常重要的，这些信息包括对网站各功能模块的说明、对某些操作的注意事项的说明以及对某些错误操作的原因和纠正方式的说明等。

4.8 即时反馈原则

网站应当对用户的有效操作提供即时响应，让用户对操作所产生的效果有明确的认识，这包括对正确或成功操作进行肯定以及对错误或失败操作进行提示等。

4.9 对用户的错误操作进行预防与纠正原则

错误操作的出现及网站对错误操作的处理方式都会影响用户操作的效率及其在操作过程中所产生的心理感受，因此，预防用户出现错误操作是十分必要的；而当用户已经出现了错误操作之后，网站应保持状态不变（如不能出现死机、浏览器自动关闭等状况），同时，网站还应当提供关于如何纠正错误、恢复出错之前状态的信息。为减少用户的输入量，当用户进行了错误操作后，网站应当允许用户只修改出错的部分，而不是全部重新填写[22]。

4.10 接受用户反馈原则

系统开发人员所进行的设计无法同真实的用户需求完全一致，因此，应当为用户提供反馈其观点和建议的途径，这有助于发现系统的不足。

5 结论与展望

经过两次问卷调查的积累，笔者对于用户体验的调查、统计和分析方法有了更深入的理解，对于可用性设计的原则、方法及其与手机图书馆网站的结合方式也有了新的探索和发现，在这些原则的指导下，我们的可用性设计更具操作性。但是，由于技术、硬件设备、人力等方面的限制，我们的部分设计方案尚且无法实现；另外，用户体验调查数据的分析指标还需要进一步量化，这些都是今后我们努力的方向。

参考文献：

[1] 姜霄. 基于目标用户体验的手机界面时尚化设计研究[D]. 长沙:湖南大学设计艺术学院, 2008.

[2] 江蕊. 产品设计中的用户体验与应用研究[D]. 长沙：湖南大学设计艺术学院, 2006.

[3] 清华大学无线移动数字图书馆[EB/OL]. [2009 – 11 – 03]. http://wap. lib. tsinghua. edu. cn/.

[4] 王茜, 张成昱. 清华大学无线移动数字图书馆用户体验调研[J]. 大学图书馆学报, 2010,28(5)：36 – 43.

[5] 刘春花. 基于用户体验的界面设计(UI)研究[D]. 天津：天津工业大学, 2007.

[6] 高岩, 陶晋, 洪华. 软硬界面协同影响下的用户体验[J]. 艺术与设计(理论), 2008 (11)：165 – 167.

[7] 蒋陆. 手机图形用户界面的图标个性化设计研究[J]. 黑龙江科技信息, 2007(12)：67,152.

[8] Tullis T, Albert B. 用户体验度量 [M]. 周荣刚,等译. 北京：机械工业出版社,2009：3.

[9] Buchanan G, Farrant S, Jones M, et al. Improving mobile Internet usability[C]//Proceedings of the 10th International Conference on World Wide Web. New York：ACM, 2001:673 – 680.

[10] Krug S. 点石成金：访客至上的网页设计秘笈 [M]. De Dream, 译. 北京：机械工业出版社, 2006.

[11] Lee Y S, Hong S W, Smith-Jackson T L, et al. Systematic evaluation methodology for cell phone user interfaces [J]. Interacting with Computers, 2006, 18(2)：304 – 325.

[12] Wilson C. 重塑用户体验:卓越设计实践指南[M]. 刘吉昆, 刘青, 等译. 北京: 清华大学出版社, 2010.

[13] Buchanan G, Jones M, Marsden G. Exploring small screen digital library access with the Greenstone digital library [C]//Research and Advanced Technology for Digital Libraries. Berlin:Springer, 2002: 583 – 596.

[14] Shneiderman B, Feldman D, Rose A, et al. Visualizing digital library search results with categorical and hierarchical axes [C]//Proceedings of the Fifth ACM Conference on Digital Libraries. New York:ACM, 2000: 57 – 65.

[15] Bjorling M E, Carlsten J, Kessler P, et al. 如何提供出色的用户体验? [J]. 通信世界, 2006(10): 19.

[16] 我的 HTC Hero(G3)用户体验续[EB/OL]. [2010 – 10 – 26]. http://kb. cnblogs. com/a/1742199/.

[17] Rauch M. Mobile documentation: Usability guidelines, and considerations for providing documentation on kindle, tablets, and smartphones [C]//Professional Communication Conference (IPCC). New York: 2011 IEEE International: 1 – 13.

[18] 张永进, 金海华, 陈洪起. 基于 WAP 的应用系统开发技术研究[J]. 计算机工程与应用, 2005,40(30): 201 – 203.

[19] 钟韬. 手机用户界面设计方法研究[D]. 长沙: 湖南大学设计艺术学院, 2005.

[20] Hu R, Meier A. California Digital Library mobile device user research[EB/OL]. [2011 – 03 – 31]. http://www. cdlib. org/services/uxdesign/docs/CDL_Mobile_Device_User_Research_final. pdf.

[21] Norman D A. The design of everyday things [M]. New York: Bantam Doubleday Dell Publishing Group, 1988.

[22] 刘冬冬. 3G 手机用户界面设计方法及设计流程研究[D]. 长沙: 湖南大学设计艺术学院, 2007.

作者简介

王茜, 清华大学图书馆助理馆员, 硕士; 张成昱, 清华大学图书馆副研究馆员, 部主任, 通讯作者, E-mail: zhangchy@mail. lib. tsihghua. edu. cn。

图书馆移动服务变迁与走向泛在服务解决方案

李臻　姜海峰

北京书生公司

1　图书馆移动服务的变迁

1.1　互联网服务的演进过程

伴随着互联网的发展，我们经历了门户时代、搜索引擎时代和社交网络时代。门户时代的典型代表是新浪、搜狐和网易三大门户网站，网民往往以门户网站为每天上网入口或浏览器的默认网址。之后搜索引擎崛起，进入了以 Google、百度为主的时代，大量网民使用互联网的入口逐步变更为以搜索引擎为主，默认网址也变为搜索引擎。而最近几年以 Facebook 和 QQ 为代表的社交网络的崛起，使用户使用网络的方式进入了社交时代，未来以社交为主体的社交搜索、社交电子商务、社交求职等将与移动网络结合，不断地冲击现有的基于电脑的互联网。

1.2　移动网络技术的演进过程

移动网络技术是一个演进的过程，分为三个阶段，从早期的 WAP1.0、WAP2.0 到目前的 HTML + APP，并逐步向 HTML5 发展。从 WAP1.0 标准的制定开始，国内移动网络初期是以运营商中国移动为主导的移动梦网服务。随着技术的进步和支持上网的手机逐步增加以及 WAP2.0 标准的推出，在移动梦网外出现了很多独立的 WAP 网站，这些网站不再以收费为主，而是以免费 WAP 网站为主体，并成为主流的手机上网访问网站。

随着 HTC、iPhone 这类以上网为主导的新一代智能手机的出现，手机浏览器直接可以解析 HTML 网页，当然也兼容 WAP2.0。智能手机的崛起，直接影响到很多原本纯粹为电脑设计的网站，使其开始陆续修改网页布局及功能结构，以适应手机的访问。2010 年，Apple 宣布不支持 Flash 之后，HTML5 迅速成为热点。网页开发者利用 HTML5 就能制做出高品质的图像、字体、动画以及过渡效果，而不必倚赖第三方插件（如 Flash），大幅度的改良了 HTML4 之前的一些缺陷，尤其支持离线访问，使其直接可以挑战 Native App，形成 Web App。用其制作出来的网页有和 App 一样的体验效果，且其安全性要远好于 App。

1.3　图书馆移动服务内容的变迁

数字图书馆的发展也是随着信息技术的发展而不断变化的，其发展过程和互联网及移动技术的演进过程完全正相关。从最早的图书馆短信服务开始，图书馆的移动服务经历了三个发展阶段。2003 年，国内陆续出现手机图书馆的服务，第一阶段是以短信服务为主体的；2008 年以来，更多的图书馆开始尝试手机图书馆服务，提供基础的"WAP 网站＋短信"服务，可以实现基础的 OPAC 查询和简单的信息发布，标志着第二阶段的开始；第三阶段，从 2010 年开始建设全方位的移动图书馆，移动服务不再仅仅是局部的尝试，而是对于已经建设了很多年的数字图书馆的延伸，包含了移动信息门户、移动 OPAC 以及流式移动阅读的移动数字图书馆。

2　图书馆的移动服务

图书馆的移动服务主要包含几大部分内容：移动信息门户、移动 OPAC、移动阅读、O2O 方式的移动应用、移动参考咨询。

2.1　移动信息门户网站

移动门户网站并不是桌面版图书馆网站的微缩版，它的主要任务是为不能有效访问桌面版网站的用户可以方便地访问所需图书馆的各种信息。

移动信息发布栏目可以自由设定，发布相应的信息，各类信息可检索。栏目消息可手工发布，也可以自动实时与图书馆原有电脑门户栏目对接，实现与图书馆网站信息同步，让读者获取到一致的信息。

移动信息门户也可以具有短信订阅及推送功能。在很多时候，图书馆发布的信息都是被动摄取，读者若没有访问图书馆网站则无法及时了解最新的各项通告情况。移动信息门户包含用户短信定制讲座、公告通知功能，可将各种讲座、公告信息主动地利用短信或彩信推送到读者手机上。系统管理员也可以根据不同读者的身份，分组发送不同内容的信息来实现最精确的推送。移动信息门户还可以具备由图书馆向读者发送其编排的手机报的功能。根据读者对各种栏目的订阅，系统应该自动将关键词包含的相关信息发送到订阅者手机中。

2.2 移动 OPAC

读者可利用移动设备进行馆藏目录检索、借阅信息和个人预约信息查询、预约、续借、取消预约、证件挂失等自助服务并了解新书通报等。目前移动服务系统已经可以超越原有电脑系统——不仅仅只是把原有电脑版本的图书馆自动化系统变成适合移动设备的页面，而是对于现有系统的一次重新装饰，可以动态地优化现有馆藏图书的封面、作者介绍、内容简介、目录等信息，对于该图书已经存在的豆瓣书评、京东书评、亚马逊书评等，会直接关联链接，没有书评的则不出现链接。

2.3 移动阅读

图书馆移动服务的核心之一是移动阅读，移动阅读目前主要以浅阅读为主，浅阅读及碎片化的趋势越来越明显。对于小于 5 寸的屏幕而言，如果要使读者看到的文字和印刷体的绝对大小一样，达到同样的阅读效果，则必须要使其完全适应小屏幕重新布局。重新布局包含两个方面：第一个是使用界面，网页要重新按照小屏幕进行设计排列；第二个是全文内容，重排之前，在小屏幕上无法有效阅读如 A4、B5 纸张规格大小的排版内容，故需要重新进行排列，按照适合屏幕尺寸的流式内容进行展示，以达到较好的阅读效果。

随着移动应用技术的发展，适合移动设备的网页制作技术已经逐步成熟，很多网站已经具有或者正在建立自己的移动界面，也有很多网站已经进行自动转换，让原本适合电脑的网页适合手机屏幕阅读。但针对复杂排版文件的移动阅读，仍旧需要技术上的突破，北京书生公司在 2010 年推出的多格式支持以及将版式文档自动转换成流式文档，使得对于排版的文件如 PDF，可以自动地识别分行、换段并转换成文字流式的内容阅读。2012 年 8 月，除了原有的多格式支持及改进外，北京书生公司在文字流式阅读的基础上作了进一步完善，形成了图文混排的移动阅读，可将包括整个排版信息在内的全部内容进行自动转换，以实现所有的内容均以浏览器支持的网页形式展现（其中一些公式符号也能有效展示），如图 1 所示：

以上方法在电脑上也可以有效应用，例如图 1 这篇文献，在 Adobe Reader X 10.1 版本里打开，对于包含公式部分的文字进行拾取，拷贝粘贴到 Word 文档里后，公式部分是一些不可读的字符。而如果这篇文献以图文混排方式在电脑浏览器里打开时，进行同样的区域文字拷贝、粘贴到 Word 文档里，公式符号则是正确可读的。

2.4 移动参考咨询

移动参考咨询服务是使读者不受时间、地点和空间的限制，通过使用各

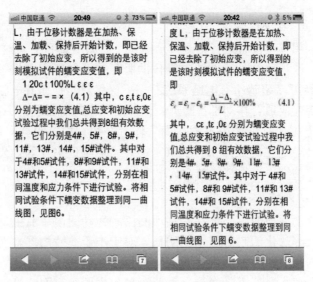

图1　手机屏幕阅读的界面

左图为公式内容显示的是无法阅读的符号，右图为处理过
的可正常阅读的内容

种移动设备（如手机、掌上电脑、iPad、iPhone 等）来访问图书馆参考咨询系统，以解决在查找和利用图书馆资源、服务中遇到的问题的一种新兴的图书馆信息服务。移动设备的主体手机，天生就是一个通话和信息的交流设备，基于其上的咨询必然具有便捷性，在移动设备上通过网络或语音将能进行直接的咨询。

2.5　O2O 式应用

O2O 即 Online to Offline，也即将线下商务的机会与互联网结合在一起，让互联网成为线下交易的前台[1]。图书馆的许多线下服务可以和在线网络结合，尤其"无线网络 + 智能手机"带来很多便利，图书馆的服务也可以产生很多与电脑不同的应用，如通过手机的照相功能进行条码扫描、实现馆藏检索或者图书推荐购买。对于有较多分馆的图书馆，读者则可以查询在最近的馆舍里面是否有其需要借阅或可阅览的文献，也可以对研修间或者图书馆阅览室的位置进行预定及查看等。

3　图书馆应该建设的移动服务

首先，符合未来趋势。数字图书馆走向泛在图书馆成为必然[2]，将不同格式类型的全文进行统一是未来必须要克服的一个重要障碍。移动服务走向泛在服务也是必然趋势，在这个发展过程中，使读者无障碍地享受图书馆的各种服务成为自然目标，基于此，必然由元数据仓储式的整合走向更高层次的全文统一的整合和互联互通。

其次，平台一体化服务。需要建设的是一个水平通用平台，对于各种类型的内容均可以支持，而不是某个数据库或者某个检索平台的移动版本。单独的数据库或检索平台的移动版本是一个垂直的应用服务，对于服务的解决均具有局限性。以数据库或检索平台为主体的移动服务（如 IEEE 手机版、JSTOR 手机版等）与以各种内容全支持的系统为主体的移动服务（如统一全文的泛在服务系统）的关系如图 2 所示：

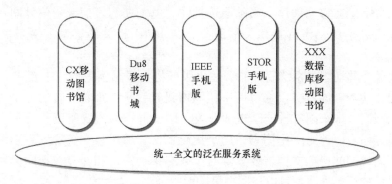

图 2　各种移动系统关系示意

再次，应建设的移动服务应为图书馆服务的基石，无歧视地为所有读者提供服务，而不是只有某些读者可以使用，部分读者因为手机设备不是智能机而无法使用。最终应该针对各种上网设备都有适合的输出，并针对不同类型的设备进行相应的优化。

4　泛在服务系统解决方案

4.1　泛在服务的价值

4.1.1　满足读者的全文统一阅读的需要　许多读者在访问图书馆全文资源的时候，由于文献格式的不统一，均需预先安装各种阅读器才能阅读；对于要查看的全文，需要下载全部内容后才能看，而不能在线直接逐页阅读，导致查阅效率低。

随着大量手机阅读以及移动设备的兴起，对于小屏幕的全文移动阅读，更是出现了明显的瓶颈，很多移动设备无法阅读较多的文档格式，即使部分

57

能够打开，也需要在手持设备上安装对应的阅读软件，这比电脑更加繁琐，而且无法进行适合设备的全文流式阅读，尤其在 5 寸以下小屏幕上，过去基于电脑和印刷的排版文档，基本处于无法有效阅读的状况，读者只能做局部放大后，不断移动屏幕上的内容，得以部分阅读。统一全文解决方案可以整合图书馆的不同资源，方便读者实现流式图文混排全文阅读，并无须安装任何插件和阅读器。

4.1.2　为读者提供个性化的信息服务　随着智能手机的发展，平板电脑、手持阅读器迅速受到热捧，这一切标志着移动互联网发展时代的到来。继信息推送服务、短信订阅、馆藏检索等服务大为流行后，通过移动服务系统提供文献全文移动阅读、文献原迹批注、电子期刊短信或彩信订阅、各种个性化信息推送、与位置相关的服务、与 RFID 相关的移动服务等将成为必然。

此外，移动服务系统软件的个性化服务将会根据读者的需求提供 SNS 的互动交流功能。读者可以通过图书馆微博进行评论、推荐、转发分享等。针对移动阅读，未来随着智能手机的普及，图文混排的流式阅读成为一个主流的发展方向。而针对不同图书馆的个性化资源，通过数字资源管理系统，可实现不同类型的特色文档、教案等的多终端移动阅读和交互，不同读者针对文献所做的原迹批注均可以在图书馆微博中分享，供大家相互学习。在 3G 手机时代，图书馆的服务应该朝着个性化的移动信息服务方向发展。

4.1.3　提升图书馆服务质量　在目前云计算＋终端的模式下，服务器中的大型存储器为日益增长的数字资源的整合奠定了坚实的基础，用户只需一台支持浏览器技术的移动设备，如手机、MP4 等，一次认证，即可随时随地享受图书馆服务。所有的复杂运算、全文转换、用户终端适配页面等均在服务器端完成，读者只需使用上网设备通过浏览器就可以访问"云"，当设备更新、发生故障乃至丢失时，所有服务记录都不受影响。对于统计推荐等功能，均可以精确到个人，实现精准的个性化服务。

4.2　泛在服务实现的基础——UOML 接口标准

4.2.1　UOML 国际标准介绍　UOML 是 Unstructured Operation Markup Language（非结构化操作标记语言）的缩写，是一种文档操作接口标准。通过 UOML 标准可以实现文档库、文档集、文档、页、层、文字、图形、图像、字库、印章、元数据、导航、超链接、插件的创建、编辑、检索和信息提取，并提供强大的安全机制，可基于多重角色对细粒度区域设置细粒度权限，可设置加密、验证算法，满足各种应用程序对文档存储、展现、检索和安全的

58

需求[3]。

2007 年 3 月，中国电子工业标准化技术协会组建了文标委，文标委制定了一系列电子文档互联互通的相关标准，解决了电子文档格式不能互通的难题，同时文标委创造性地提出了制定电子文档领域的读写接口标准——UOML 标准（非结构化操作置标语言）的工作规划。经过近两年的申请，结构信息标准化促进组织（以下简称"OASIS"）全体成员于 2008 年 9 月对 UOML 标准进行投票表决，2008 年 10 月 10 日，OASIS 官方正式颁布了 UOML 国际标准。

4.2.2　UOML 国际标准应用于图书馆　UOML 国际标准应用到图书馆领域内是以 UOML 文档交换服务形式实现的。UOML 是基于 XML、跨平台、与编程语言无关、与具体应用无关、定义了文档操作通用功能的文档操作语言，同时也不依赖于任何操作系统、开发环境、硬件平台，不依赖于特定的技术实现，因此 UOML 文档交换服务器实现了现有文档处理技术的跨越式飞跃，实现了应用层和数据处理的分离，达到了互联互通的目的。让不同格式的文档能够实现互相读写，相当于 USB（Universal Serial BUS）标准，只负责让不同的设备通过这一标准实现互相读写，至于这些设备中的文件以什么格式存储则与 UOML 无关。

数字图书馆最多的内容就是大量的非结构化全文，以各种不同的格式存储在不同的厂商数据库中，对读者的使用带来了障碍，而应用基于 UOML 标准的文档库技术，将可以让读者直接在浏览器内完成各种不同来源、不同格式全文的阅读、批注、分享等操作。

4.3　解决方案的技术特点

4.3.1　各种格式全文的直接阅读支持　无须安装任何客户端软件（如 CAJ Viewer、Sursen Reader、Adobe Reader 等），在浏览器内均可以阅读图书馆内的各类数字化资源全文，并针对各种终端设备浏览器实现了唯一性认证的 DRM 技术，将读者的自有设备进行有限认证，每个认证过的设备只能唯一访问，而不能随意传播自己的访问权限。各种格式资源的统一，使得移动服务不仅仅面向移动设备，而可以轻松延伸到电脑服务，也就是该读者输出一套适合电脑的功能和访问页面后，就可以在电脑享受统一服务。

4.3.2　细粒度多界面输出满足各种终端设备的自适应　系统可以自动识别各种终端设备的操作系统类型、屏幕分辨率、是否触摸屏等重要信息，然后针对性地给出最佳适配界面，提供了细粒度的多种界面输出。目前已经具有普通、增强、手持阅读器、平板电脑、触屏、iPhone、iPad 等不同版本的界面输出。

4.3.3　针对小屏幕的图文混排流式阅读　当屏幕小于 6 寸，尤其是 5 寸以下的时候，很难直接阅读原版排版内容。流式阅读对于排版内容能够自动根据屏幕宽度重新排列，让小屏幕所提供字体符号的绝对大小适合阅读，尤其解决了除文本外的各类公式符号等的处理展示问题，手机上所适合阅读的内容从文本小说迅速扩展到各类型资源文献，用户在用小尺寸的移动设备查看文献时，不必一点点地在屏幕中挪动原版大图浏览，真正意义上实现了复杂文献的小屏幕设备移动阅读。

4.4　解决方案的系统架构及实施

图 3 的系统架构分为图书馆本地部署部分和远程云端服务两大部分。本地部署包括 UOML 文档交换服务以及那些只有局域网内才能访问的 OPAC 系统的对接模块，云端服务部分包含了统一检索、整合第三方统一检索、SNS 互动功能、各种用户个性操作等。数字资源管理系统也在云端，可以独立发布不同格式的文档，然后进行多终端阅读。对于云端的移动信息门户，还需要和图书馆网站上的对应栏目进行自动同步，云端的图书推荐购买模块也需要和图书馆自身已有的图书推荐购买功能对接。

如图 3 所示，读者通过电脑、手机、MP4、平板电脑、手持阅读器等各种终端使用 3G/GPRS、Wi-Fi 或有线网方式连入互联网，访问系统时首选接触的是多界面输出后的功能入口，不同的设备看到的界面不同，但体验类似。而读者除了一些在云端能完成的操作外，一旦请求 OPAC 的时候，服务器程序会去调用图书馆本地的 OPAC 系统获取结果，自动识别终端设备的类型，以适合当前设备的展示方式推送给读者。请求全文的时候，服务器端也会去调用安装在图书馆本地服务器上的 UOML 文档转换服务，通过此服务获取对应数据库全文并将结果以适合当前设备的展示方式推送给读者[4]。

整个解决方案实施过程需要图书馆至少提供一台独立的具有内网 IP 和能从外部访问的公网 IP 的服务器，给予充分的远程管理权限和开放指定几个端口，在此服务器上会部署 UOML 文档交换服务，有时还需要部署 OPAC 整合调用模块等，并提供具有可以进行历史借阅、当前借阅、预约等各种数据的测试账户。如果图书馆需要具有自己的独立域名，还需要把子域名解析指向云端服务器 IP。

实施完成后，通过此新域名访问的读者，在第一次用证件号密码绑定设备后，就可以轻松享用图书馆的各类功能应用，不仅仅实现 OPAC 系统的移动服务的延伸和拓展，还可以丰富元数据信息、自动登录等，弥补原有系统

60

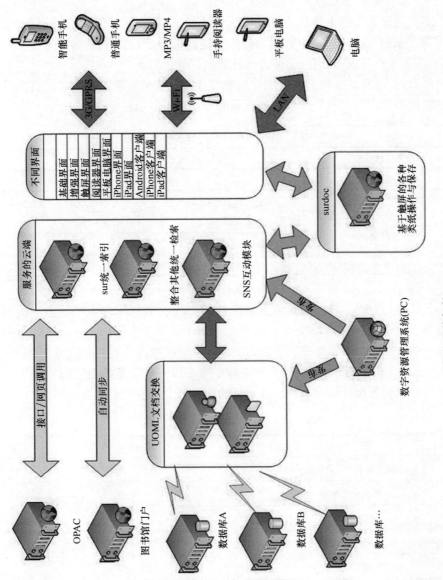

图3　系统架构

的不足。通过一整套的系统解决方案，最终形成图书馆数字服务的另外一个入口。

4.5 解决方案的实践案例统计分析

本文选取采用以上解决方案的北大图书馆、清华大学图书馆、复旦大学图书馆三家的实际应用案例数据为样本，进行综合统计，针对 2011 年 9 月 1 日到 2012 年 6 月 30 日期间的综合统计数据，分析如下：

4.5.1 按照读者检索请求统计的需求分布 按照检索请求次数进行的统计，在所有发出的检索请求里面的比重分布如表 1 所示：

表 1 图书馆移动用户检索比率

服务项目	使用比率（%）	
OPAC 检索	28	
数据库检索	中文图书	11
	中文期刊	27
	中文论文	24
	西文	10

其中进行 OPAC 检索的次数占总次数的 29%；数据库检索中，中文图书的检索占总检索次数的 11%；中文期刊为 26%；中文学位论文、会议论文为 24%；西文期刊文章、图书、学位论文合计检索次数占总检索次数的 10%。

4.5.2 按照主要功能访问量的分布 主要以一些常见的功能模块进行划分，统计其读者合计访问次数，各常见功能占总量比重见表 2。

表 2 图书馆移动用户服务使用比率

服务项目	占比率（%）
浏览图书馆信息次数	4
阅读全文次数	36
用户收藏次数	3
文献传递次数	1
用户短信订阅次数	28

其中，浏览图书馆信息（指图书馆的最新消息、资源动态等日常信息栏目）的次数占总访问次数的 4%；通过移动服务系统阅读全文的次数占总访问

次数的 36%；读者对于感兴趣的文献收藏次数占总访问次数的 3%；读者进行文献传递发送到电子邮箱的次数为总访问次数的 1%；用户短信订阅次数占总访问次数的 28%。

4.5.3　按照用户使用设备的类型分布　2011 年 9 月初进行统计的读者访问移动服务的设备类型，如图 4 所示：

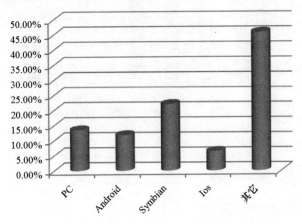

图 4　2011 年移动服务设备使用分布

其中 Symbian 占有率仍旧最高，而各类不同的其他系统或者未知操作系统移动设备每一个都不到 1%，合计占据了 44% 的份额。大约一年时间后，使用移动服务的读者设备发生了明显的变化，设备操作系统的集中度明显提高，Android 成为占份额最高的系统，而非主流系统或者未知系统的设备使用率大幅下降，见图 5。

4.5.4　实践应用总结分析　在以上三个图书馆于 2012 年 9 月均升级为泛在服务系统后，对于通过电脑访问的读者有了适合电脑的页面优化，北大和清华大学均有过万读者参与了系统的使用，根据使用的统计数据和读者意见不断进行优化调整，三个高校 2012 年全年合计访问量达到 380 万次，短信订阅推送合计超过 40 万条，总体读者满意度较高。

根据统计数据的总结分析，读者具有以下几个特点：移动服务的读者使用情况在发展过程中变化较快；读者通过移动设备直接获取全文的需求明显；单一读者通过多设备（至少电脑和手机两种设备）获取信息的情况增多，符合移动服务逐步走向泛在服务的趋势。

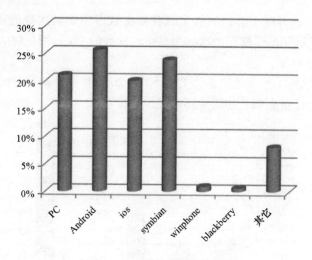

图 5   2012 年移动设备设备使用分布

5   泛在服务的未来

未来必然面向多终端设备的多屏服务，而网络的永远在线奠定了泛在服务的硬件基础，随着网络通讯技术的发展，终端设备将只有在线和关机两种状态，而不再按照在线、离线划分。

当永远在线成为基础，速度可以满足基本的即时打开之需求的时候，终端设备使用的模式将全面转向云服务化。可以预见不久的未来，光盘、U盘等逐步被淘汰，个人拥有大容量的云端存储空间，取代终端设备的内置存储及外置存储，设备内存储变为以运行程序和缓存为主。图书馆虚拟化、云端化将成为必然，图书馆自己构建的机房和所作的维护将越来越少，取而代之的是交给第三方负责，即走向运营化。未来，用户享受图书馆的数字化服务必然会像我们日常用水用电一样方便，打开各类设备就可以无障碍获取。

参考文献：

［1］   O2O 百 度 百 科 ［EB/OL］. ［2012 – 12 – 08］. http://baike. baidu. com/view/
4717113. htm.

［2］   初景利,吴冬曼. 论图书馆服务的泛在化——以用户为中心重构图书馆服务模式［J］.
图书馆建设,2008(4):62 – 65.

［3］   UOML 介绍［EB/OL］. ［2012 – 11 – 01］. http://www. uoml. org/uoml/uoml. htm.

［4］ 姜海峰.移动图书馆的兴起和解决方案［J］.大学图书馆学报,2010,28(6):12-15.

作者简介

李臻，北京书生公司高级顾问，硕士；姜海峰，北京书生公司高级工程师，通讯作者，E-mail：jhf@sursen.net。

专题2：移动互联网用户阅读行为研究

序

茆意宏

男，毕业于北京大学信息管理系，获管理学博士学位。现任南京农业大学信息科技学院教授。出版《经济信息学》、《面向用户需求的图书馆移动信息服务研究》等专著，发表论文40余篇，主持过国家社会科学基金项目、教育部人文社会科学规划项目、江苏省社会科学基金项目等科研项目。研究方向：用户信息行为与信息服务、数字（移动）阅读与服务、农村信息化。E-mail：maoyh@njau.edu.cn。

移动互联网的急速发展正在重塑网络信息世界。腾讯CEO马化腾认为移动互联网已经不单单是一个手机或者PC，智能手机有摄像头、麦克风、传感器、定位功能，已经成了人类器官的延伸，它的使用时长、流量会比PC有10倍以上的增长，移动互联网才是真正的互联网。中国互联网信息中心（CNNIC）2014年7月发布的第34次《中国互联网络发展状况统计报告》显示，截至2014年6月，我国网民上网设备中，手机使用率达83.4%，首次超越传统PC整体使用率（80.9%），成为第一大上网终端设备。随着近年来移动互联网的高速发展，基于移动互联网的新应用不断兴起，移动阅读是移动互联网最主要的应用之一。根据中国出版科学研究院近年发布的全国国民阅读调查报告，我国国民的手机阅读率已经从12.7%（2008年）迅速上升到41.9%（2013年）。2014年"第十一次全国国民阅读调查"数据显示，2013年我国有41.9%的国民进行过手机阅读，5.8%的国民在电子阅读器上阅读，2.2%的国民使用PDA/MP4/MP5等进行阅读。

用户是信息服务的对象，是互联网新思维体系的重心，目前国内外学术界从用户角度研究移动互联网用户阅读行为的成果主要集中在用户对移动阅读设备的认知和体验、移动设备对用户阅读行为的影响、移动阅读的内涵与特征、移动阅读行为调查分析等方面。随着移动宽带网络、多元智能终端、云计算等新的移动互联网技术的发展和移动互联网用户规模的增长与结构的变化，移动互联网用户的阅读行为也会相应地发生变化。因此，有必要对移动互联网用户的阅读行为进行跟踪研究，进行比较系统的理论与实证分析。

本专题由4篇论文组成，从移动阅读寻求、利用、交流行为以及移动阅读行为中存在的沉迷现象等角度研究我国移动互联网用户阅读行为的理论框架、行为特征及其对移动阅读服务的启示。《移动互联网用户阅读寻求行为研究》在信息寻求行为理论和阅读学理论基础上提出移动阅读寻求行为理论框架，并对我国移动互联网用户的阅读寻求行为进行实证分析，在此基础上提出图书馆开展移动阅读服务的对策；《移动互联网用户阅读利用行为研究》在阅读认知理论与阅读学理论的基础上，提出了移动阅读利用行为的框架，基于进一步实证调查分析的结论，提出了改进移动阅读服务的策略。《移动互联网用户阅读交流行为研究》在阅读交流与协作信息行为相关研究成果的基础上，提出移动阅读互动交流行为模型，基于实证调查分析结论，提出了改进移动阅读服务的策略。《大学生移动阅读沉迷现象与阅读引导》针对移动阅读行为中存在的沉迷现象，以南京地区高校学生为对象进行调查研究，从读者自身和服务机构两方面分析高校学生移动阅读沉迷现象的成因，提出加强对大学生进行移动阅读引导和加强移动阅读服务管理等对策。当然，本组论文只是我们的粗浅探索，希望能为推进移动阅读行为研究尽一点力量，也希望与更多同仁展开交流。

移动互联网用户阅读寻求行为研究[*]

茆意宏　侯雪　胡振宁

南京农业大学信息科学技术学院

1　引言

根据中国出版科学研究院近年发布的全国国民阅读调查报告，我国国民的移动阅读率上升迅速，第十一次全国国民阅读调查数据显示，2013年有41.9%的国民进行过手机阅读，5.8%的国民在电子阅读器上阅读，2.2%的国民使用PDA/MP4/MP5等进行阅读[1]。移动阅读已成为移动互联网最主要的应用之一，并成为学术界的研究热点。移动互联网用户的阅读行为是移动阅读服务的出发点和依据，它直接影响着移动阅读服务的内容和策略，需要学术界不断跟踪、细化研究移动互联网用户的阅读行为，为移动阅读服务出谋划策。在移动阅读行为调查分析方面，目前国内外学术界已有的调查分析成果主要局限于阅读利用行为调查，缺乏对移动阅读需求、移动阅读寻求、移动阅读互动等行为的调查，调查对象以大学生为主，缺乏对各种类型移动互联网用户的阅读行为进行调查研究。本文拟从移动阅读寻求行为角度对各类用户的行为特征进行调查分析，总结其特征，提出相应的服务对策。

2　移动阅读寻求行为框架

移动阅读寻求行为是移动互联网用户在移动阅读需求的驱动下通过查询、检索和浏览等手段寻求、选择、获取所需读物的活动。阅读学理论认为，阅读可以分为搜寻和探索信息源、建构文本的意义、比作者更好地理解作者、在文本面前理解自我、从文本中产生新思路等方面[2]。可见，移动互联网用户在阅读利用信息之前，都必须先通过寻求行为，获取所需要的阅读内容

---

　*　本文系国家社会科学基金项目"移动互联网用户阅读行为与服务策略研究"（项目编号：12BTQ022）研究成果之一。

（及媒介），然后才可以阅读利用并交流信息。

　　关于信息寻求行为，T. D. Wilson 在 1981 年提出了信息查寻行为模型，认为信息查寻者在寻找信息的过程中可能会遇到来自个人、社会角色和环境等背景的障碍[3]。1987 年，D. Ellis 通过对 Sheffield 大学社会科学工作者的信息搜寻行为的研究，从认知的角度提出任何搜寻信息的个人行为均分为 6 个阶段：开始、连接、浏览、区分、跟踪、采集（证实、结束）[4]。1993 年，C. C. Kuhlthau 在多年实证研究的基础上提出了描述信息查寻过程的 6 个阶段：开始、选择、探索、形成、收集、结束，将用户的信息查寻看做是建构性的学习过程，每个信息查寻阶段伴随着用户的认知和情感变化[5]。随着网络时代的来临，C. W. Choo 等研究者重新审视了 D. Ellis 的理论，拓展了 D. Ellis 的研究，他们在研究中发现网络信息搜寻模式具有以下特点：通常未受指引的信息搜寻采用分类、浏览和鉴别的方式；非正式的信息搜寻使用分类和就地获取方式；正式的信息搜寻则采用精确的信息获取方式[6]。网络用户的信息查寻行为受信息技术的影响很大。网络用户的查寻行为主要包括检索与浏览两类信息行为，前者是具有明确信息需求的网络用户借助专门信息检索工具和使用信息检索语言获取所需信息的活动，后者是缺乏明确信息需求目标的用户利用超文本链接方式获取信息的活动[7]。

　　基于上述信息寻求行为理论，移动阅读寻求行为也同样包含查询、检索、浏览、选择和获取等行为过程。寻求移动读物的方式有随意浏览、利用内容导航网站、检索、朋友推荐、网络社区推荐、服务商广告等。选择读物的方式有随机选择、按专题（栏）选择等。一些重要读物还需要用户在选择后进行保存，以便在需要继续阅读或反复阅读时取阅。与传统阅读寻求行为不同的是，移动阅读行为是基于移动互联网实现的，与网络环境下的信息搜寻行为一样，移动阅读寻求行为受移动互联网信息技术及其演变的影响很大。特别是移动互联技术尚处发展初期，移动通信网络、移动终端、系统与应用软件等都处于快速的发展变化当中，这些变化对移动互联网用户的阅读寻求行为有着强烈的影响。随着移动互联信息技术的演变，会有更多的技术呈现，不断改变用户寻求移动读物的行为。表 1 的"技术寻求"部分列举了移动互联网用户阅读寻求行为的操作性表现。

表 1　移动阅读寻求行为的基本框架

类型	移动阅读寻求行为的表现
技术寻求	用户使用的移动终端（普通手机、智能手机、PAD 等平板电脑、电子阅读器等）及使用时间、地点
	用户使用的技术获取手段（软件），比如通过电脑下载到移动终端上、短信、多媒体信息（彩信）、移动终端上网（浏览器、客户端软件等）
	用户使用的无线/移动通信网络（移动通信上网、WiFi 等无线上网）
	阅读内容查寻（随意浏览寻找/偶遇、利用内容集合平台/网站导航、检索、朋友推荐、社区推荐、广告推荐/对广告的态度）
	阅读内容选择（选择方式、存储方式、选择的主要服务平台或机构）
商业寻求	免费获取、付费购买（态度、购买内容、价格、支付方式等）

此外，移动阅读寻求行为还是内容消费行为。作为市场环境中的商品交换，移动阅读寻求行为与传统商品购买选择与决策是一致的，需要通过付费等经济手段将查寻到的内容采集到手。网络经济环境的特殊性，特别是免费模式的兴起，使移动读物等数字内容的经济获取具有了新的特点。免费成为互联网环境下的一种消费模式，在当前甚至是一种主要的网络内容消费方式。作为传统的交换方式，收费模式依然存在，但在收费内容、标准与方式等方面，需要应对免费模式的挑战，进行调整、提升。表 1 的"商业寻求"部分列举了移动互联网用户阅读寻求行为的商业性表现。

3　研究方法

本文以问卷调查法为主，通过实地发放调查问卷和在线发放调查问卷相结合的方式，征集样本数据。

按照表 1 所示的理论框架设计调查问卷初稿，2013 年 7 - 8 月安排部分暑假参加夏令营、回家的大学生在江苏、上海、北京、山东等地进行试调查，根据反馈意见，进行修改；同时根据部分专家的意见对调查问卷作进一步修改。调查问卷的 Cronbach α 系数值为0.843，说明调查问卷的信度良好。

本次调查的实施时间为 2013 年 10 - 12 月，为期 3 个月。调查对象通过便利抽样选取，以城镇居民为主，地区覆盖全国，以江苏、广东、上海、北京、浙江、山东等东部省市为主。在线调查通过问卷星网站（www. sojump. com）发布调查问卷，通过邮件、即时通信社区（QQ、微信等）、微博、ZAKER 等部分合作的移动阅读服务商推广平台、问卷星用户推广系统等渠道推广问卷，共回收问卷 1 480 份；现场实地调查主要通过安排调查小组在火车站、旅游景点等现场实地发放调查问卷，并开展部分访谈，共回收有效问卷 603 份。

调查对象总数为 2 083 人，基本信息见表 2、图 1。对照中国互联网络信息中心（CNNIC）2014 年 1 月发布的第 33 次《中国互联网络发展状况统计报告》和易观智库 2013 年 12 月发布的《2013 年中国移动互联网统计报告》的移动互联网用户数据，本次调查的对象具有一定的代表性。

表 2 调查对象的基本特征

人口特征	选项	人数	百分比（%）
年龄	18 岁以下	33	1.58
	18 – 25 岁	751	36.05
	26 – 30 岁	551	26.45
	31 – 40 岁	531	25.49
	41 – 50 岁	187	8.98
	50 岁以上	30	1.44
性别	男	1 049	50.36
	女	1 034	49.64
学历	小学	9	0.43
	初中	24	1.15
	高中/中专	111	5.33
	大专	305	14.64
	本科	1 346	64.62
	硕士	253	12.15
	博士	35	1.68
月收入	1 000 元/月以下	246	11.81
	1 001 – 2 000 元/月	296	14.21
	2 001 – 3 000 元/月	242	11.62
	3 001 – 4 000 元/月	322	15.46
	4 001 – 5 000 元/月	351	16.85
	5 000 元/月以上	626	30.05

本文运用 Excel、SPSS 等统计工具对移动互联网用户阅读寻求行为的调查数据进行统计，将调查对象的年龄、性别、学历、收入等细分特征与问卷中

的信息行为指标进行交叉分析，比较、挖掘不同类型移动互联网用户的阅读行为的偏好。

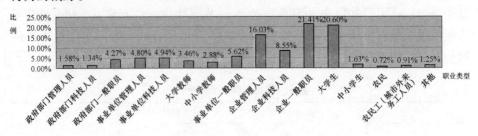

图1　调查对象职业分布

4　数据与分析

4.1　是否使用过移动阅读及目的

统计数据显示（见图2），绝大多数调查对象都进行过移动阅读，占全部调查对象的93%；只有7%的调查对象未过移动阅读。可见目前移动阅读的普及率很高。

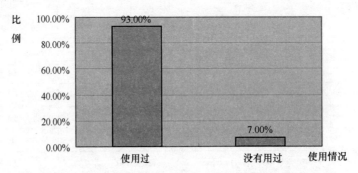

图2　是否使用手机、平板电脑等移动终端阅读过

统计数据显示（见图3），81.3%的调查者进行移动阅读的目的是即时了解实时信息，当推首要目的；其次是打发无聊（66.3%）和应急查阅信息（61.26%）；再次是利用碎片时间阅读学习（49.1%）和查阅与地理位置相关的信息（47.8%）；只有极少数人（4.01%）进行移动阅读是为了赶时髦。

4.2　移动终端的使用

统计数据（见图4）显示，目前用户利用的移动终端中，智能手机使用

72

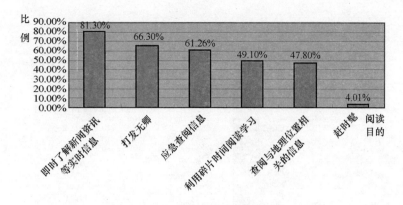

图 3 利用移动阅读的目的

率最高，达 94.41%；其次是平板电脑，达 54.64%；MP3/MP4/MP5 和电子阅读器、普通手机等的使用比例都比较低，使用率不足 20%。根据调查对象的人口统计特征对调查数据进行交叉统计分析，卡方检验显示不同学历、收入的调查对象在利用的移动终端上存在显著差异，学历越高、收入越高的用户使用智能手机和平板电脑的比例越大，26 – 40 岁的用户使用平板电脑的比例相对更多。

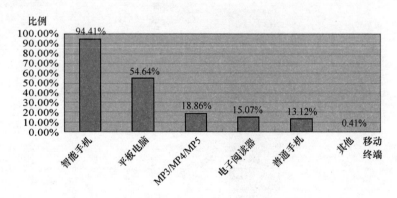

图 4 移动终端的使用现状

进一步的调查显示，移动互联网用户阅读时使用不同移动终端的时间与地点有区别。如图 5 的统计数据所示，用户利用手机进行移动阅读的时间（地点）主要在交通途中（76.07%）、等候时（61.37%）、睡觉前（59.61%）、家中无聊时（55.62%）、排队时（48.78%）、上厕所时

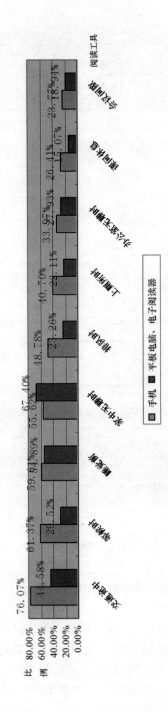

图 5 手机与平板电脑、电子阅读器使用的时间（地点）

74

（40.7%）、办公室无聊时（33.97%）、课间休息（26.41%）、会议间隙（23.77%）；利用平板电脑、阅读器进行移动阅读的时间（地点）主要在家中无聊时（67.4%）、睡觉前（54.89%）、交通途中（44.58%）、等候时（29.52%）、办公室无聊时（27.93%）、排队时（23.26%）、上厕所时（22.11%）、会议间隙（18.94%）、课间休息（15.07%）。两相比较可以发现，家中无聊时、睡觉前均为使用较多的时间（地点）。此外，手机更多地使用于户外移动环境中，比如交通途中、等候时、排队时，而平板电脑与阅读器更多使用于室内环境。卡方检验显示不同学历、收入的用户在利用移动终端的时间与地点上存在显著差异，学历越高、收入越高的用户在交通途中、等候时、排队时、会议间隙利用手机与平板电脑、电子阅读器的比例越高。

4.3 移动读物的获取渠道

根据图6的统计数据，浏览器是目前移动互联网用户获取移动读物的最主要的渠道，占76.32%；其次是客户端阅读软件（57%）；而离线获取阅读内容的方式也较受欢迎，通过电脑下载到移动终端上阅读的比例达到55.3%。而短信、多媒体信息方式的利用率则比较低，均不超过20%。卡方检验显示不同学历的用户在移动读物的获取渠道上存在显著差异，学历越高的用户使用浏览器、客户端软件的比例越高。

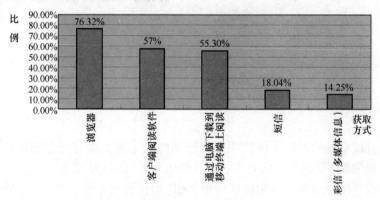

图6　移动读物的获取方式

用户通过浏览器、客户端阅读软件进行移动阅读时，主要的上网方式包括移动通信网络和Wi-Fi等无线网络：65.15%的用户对两种网络都利用，20.96%的用户只利用Wi-Fi无线网络，13.89%的用户只利用移动通信网络。相比之下，Wi-Fi无线网络变到更多用户的欢迎。见图7。

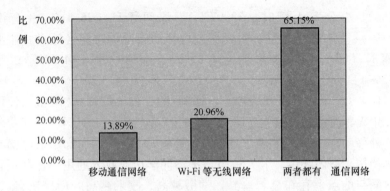

图 7　移动阅读使用的通信网络

在用户使用的浏览器中，UC 浏览器占比最高，达 72.13%，其次是 QQ 浏览器，达 50.57%，见图 8。

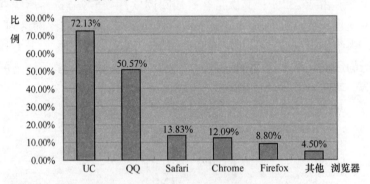

图 8　移动阅读使用的浏览器

卡方检验显示不同学历的用户在使用的浏览器上存在显著差异，学历越高的用户使用 UC 越多，而高中、中专学历用户使用 QQ 更多。

在用户使用的客户端阅读软件中，QQ 阅读占比最高，达 43.26%，其次是中国移动手机阅读（35.25%）、91 熊猫看书（29.14%），再次是网易云阅读（19.6%）、掌阅 iReader（18.88%）、天翼阅读（14.12%）、百阅（12.86%）等，见图 9。

4.4　寻找移动阅读内容的方式

图 10 的统计数据显示，随意浏览是占比最高的寻找移动阅读内容的方式，占 60.12%，说明大部分用户的移动阅读是无目的的，但有目的的阅读占

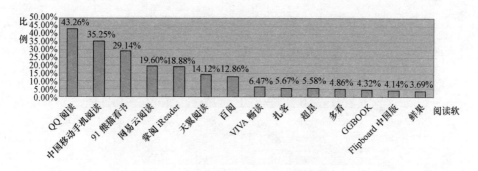

图 9　移动阅读使用的客户端阅读软件

比也不低，用户通过"利用内容导航网站"和"检索"寻找移动阅读内容的比例都在50%左右。此外，"朋友推荐"和"网络社区推荐"也是不可忽视的寻找方式，分别占 37.83%、29.01%。

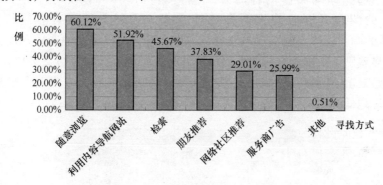

图 10　寻找移动阅读内容的方式

卡方检验显示不同性别的调查对象在寻找移动阅读内容的方式上存在显著差异，女性随意浏览的比例高于男性，男性利用导航的比例高于女性，女性接受朋友推荐和社区推荐的比例更高。相比之下，"服务商广告"作为寻找方式的比例不算高，只有 25.99%；卡方检验显示男性接受广告的比例更高。在这部分用户中，平常比较乐于接受的广告形式首推摘要（60.75%），其次是主题阅读活动介绍（36.09%）、部分内容试读（34.71%），再次是书评，包括导读（30.18%）或名家导读（28.8%），而有奖参与说明的接受度不高，只有 14.79%，如图 11 所示：

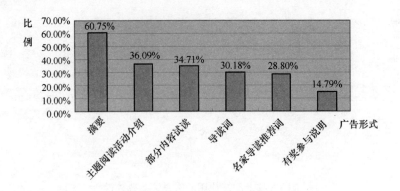

图 11　乐于接受的广告形式

4.5　选择移动阅读内容的方式

用户选择移动阅读内容的方式包括随机选择和按专题（栏）选择，52.95% 的调查者同时使用两种选择方式，25.99% 的调查者随机选择，21.07% 的调查者按专题（栏）选择，总体上看，用户对两种选择方式的使用并无明显差别。根据调查对象的人口统计特征对调查数据进行交叉统计分析，卡方检验显示不同学历的调查对象在选择移动阅读内容的方式上存在显著差异，学历越低的用户随机选择阅读的比例越高。如图 12 所示：

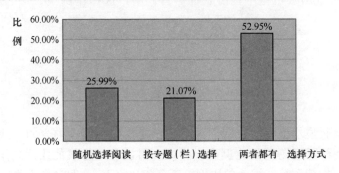

图 12　选择移动阅读内容的方式

对一些需要继续阅读或重复阅读的内容，36.6% 的用户自己对阅读过的内容与阅读进度等进行标识、存储、调取，26.04% 的用户利用阅读软件智能管理阅读进度和个人书库，37.37% 的用户两种方式都使用；总的看来，用户对两种存取方式的使用也无明显差别。如图 13 所示：

用户选择的移动阅读内容的来源包括电信运营商、互联网服务商、传统

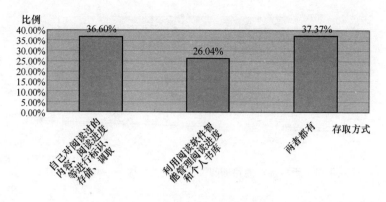

图 13　移动阅读内容的存取方式

出版机构、图书馆、个人自媒体等服务机构与平台。其中，电信运营商中以中国移动手机阅读为主，用户选择的比例高达 58.84%，见图 14；互联网服务商中以腾讯（61.92%）、百度（58.23%）、新浪（56.43%）等传统互联网大企业为主，新兴的移动互联网服务商中，91 熊猫看书（16.04%）、3G 门户（9.74%）、百阅（6.41%）、掌阅（6.25%）等也较受欢迎，见图 15。个人自媒体中，微博、微信较受用户欢迎，选择比例分别为 60.53%、52.69%，见图 16。传统出版机构中，出版社居首，用户选择比例占 33.37%，其次是报社（27.06%）、杂志社（22.81%），见图 17。图书馆中，以公共图书馆、高校图书馆为主，用户选择的比例分别为 35.88%、26.24%，科研图书馆只占 4.92%，见图 18。综观上述各类服务机构，从调查对象的选择比例上看，当前用户选择的移动阅读服务机构中领先的主要是电信运营商和部分知名传统互联网服务商、主流的个人自媒体平台，选择比例都在 50% 以上。出版社、报社、杂志社等传统出版机构和图书馆提供的移动阅读服务也较受欢迎，选择比例平均在 30% 左右。

4.6　移动阅读内容商业获取行为

除了通过移动终端、通信网络与软件等技术手段获取移动读物之外，用户还需要同步完成相应的商业获取行为，包括免费获取和付费获取。图 19 的统计数据显示，64.12% 的调查对象不愿意为获取移动阅读内容付费，35.88% 的调查对象愿意为获取移动阅读内容付费。与前几年的调查数据相比，愿意付费的用户比例上升明显。根据调查对象的人口统计特征对调查数据进行交叉统计分析，卡方检验显示不同性别、收入的调查对象在付费意愿上存在显著差异，男性愿意付费的比例比女性高，收入高的用户愿意付费的

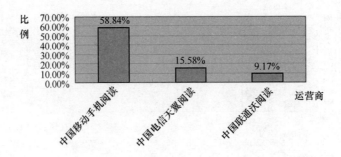

图 14　用户选择的移动阅读内容服务机构——电信运营商

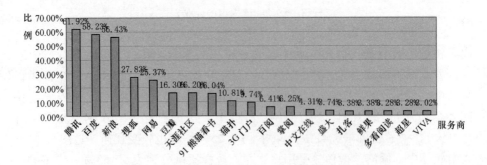

图 15　用户选择的移动阅读内容服务机构——互联网服务商

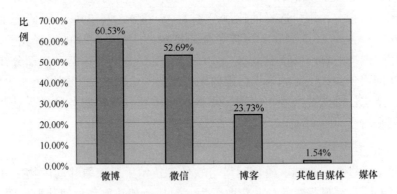

图 16　用户选择的移动阅读内容服务机构——个人自媒体

比例更高。

　　愿意付费购买移动阅读内容的用户希望购买的内容主要是文学（57.29%）、（专业）知识（55.86%），其次是微电影/电视（34.14%）、听

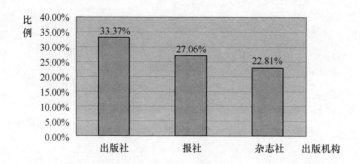

图 17　用户选择的移动阅读内容服务机构——传统出版机构

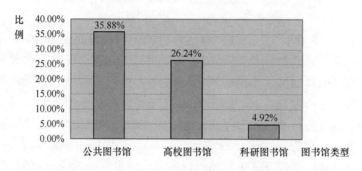

图 18　用户选择的移动阅读内容服务机构——图书馆

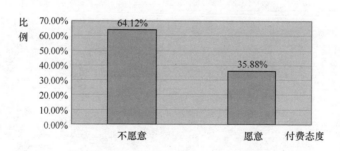

图 19　是否愿意为移动阅读支付费用

书、音乐/歌曲（32.86%）、新闻（27.57%），见图 20。该数据说明，目前用户愿意付费购买的内容以文本内容为主，其中文学和专业知识的比例均超过 50%，说明文学、专业性学习与阅读有较大的市场潜力。

　　图 21 的统计数据显示，愿意付费购买移动阅读内容的用户愿意支付的价格标准主要是包月收费 3－5 元（52%）、按每本（首、部）2 元收费

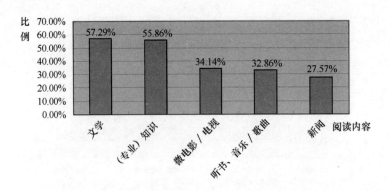

图 20　愿意付费购买的移动阅读内容

（32.43%），总的看来，这些用户愿意支付的价格标准是每月 3－5 元或每本（首、部）2－3 元，都属于小额付费范围。图 22 的数据反映了这些用户当前每月实际支付的移动阅读平均费用（不含流量费），39.71% 的用户每月为移动阅读支付费用不超过 5 元，29% 的用户支付费用在 6－10 元之间，合计约 70% 的用户每月为移动阅读内容支付的费用不超过 10 元，这也说明目前愿意付费购买移动阅读内容的用户愿意支付和实际支付的金额都属于小额支付。而这些用户喜欢的支付方式主要是银行卡、支付宝等在线支付（69.43%）或直接从移动通信费扣取（51.86%），购买阅读卡（虚拟货币）的受欢迎度不高，只有 12.43%，见图 23。

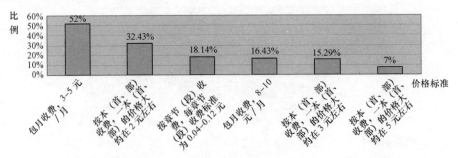

图 21　愿意支付的价格标准

5　基于移动阅读寻求行为特征的图书馆服务策略

图书馆是移动阅读服务的重要主体之一，其公益服务性质与大部分用户不愿为移动阅读付费一致。本文的调查数据也表明公共图书馆、高校图书

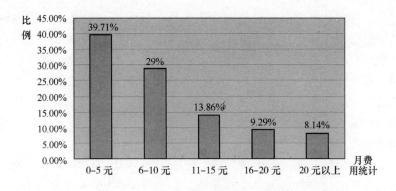

图22 每月平均支付的移动阅读费用

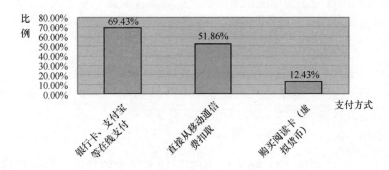

图23 喜欢的支付方式

馆提供的移动阅读服务较受欢迎。随着移动图书馆服务的发展与普及，图书馆应加大推广力度，面向更多的社会和本单位用户开展移动阅读服务，基于用户的移动阅读寻求行为特征，开发与优化移动阅读服务系统，加强移动阅读服务推广。

5.1 开发与优化移动阅读服务系统

以智能手机和平板电脑为主要接收终端，同时要根据终端不同的产品特性和户外与室内不同的使用环境，在系统设计上加以区别。总体来说，智能手机的屏幕相对小，更多地使用于户外移动环境，在系统设计上要更加简单易用，方便用户操作与阅读使用。针对平板电脑使用率的上升，要重视基于平板电脑终端的移动阅读服务系统的开发。同时要看到越来越多的用户在室内固定环境下使用移动阅读的趋势，充分考虑用户在固定场所多屏互联的阅读需求。针对用户对读物的存取行为特征，应开发统一的云阅读管理功能，利用阅读软件智能管理阅读进度和个人书库，便于用户对阅读过的内容与阅读进度等进行统一标识、存储，多屏调取，继续阅读或重复阅读。

针对用户对浏览器和客户端阅读软件的共同需要，并行开发移动阅读服务网站和客户端软件，由用户根据自己的习惯、偏好自行选择服务系统。移动站点或客户端阅读软件的开发坚持"简化＋优化"原则，不宜太复杂，以方便利用。要不断搜集用户的反馈信息，不断优化用户的阅读体验，保障用户的阅读质量，提升用户黏性。

针对用户对移动通信网络与 Wi-Fi 等无线通信网络的共同需要，要考虑不同接入状态下的内容与功能服务的差异。鉴于 Wi-Fi 无线网络更受用户欢迎，在系统设计上，要增加自动感知并切换到 Wi-Fi 无线网络功能，或开发只在 Wi-Fi 无线网络环境下使用的服务功能，比如图片阅读、视频阅读、客户端软件版本更新等，以帮助用户降低流量费用获得更好的阅读体验。

5.2 加强移动阅读服务与推广

以年轻用户和学历高、收入高的中高端用户为主要推广对象。年轻用户是当前移动阅读用户的中坚，尤其是 18－30 岁的用户。学历高、收入高的用户的比例上升较快，是移动阅读服务的重点发展对象。

根据用户对获取移动阅读内容方式的偏好，应不断优化阅读内容推荐、导航和检索系统，努力提高用户查寻阅读内容的效率与效果。针对大部分用户随意浏览获取阅读内容的现象，要尽量将符合大部分用户需要的热点内容放在显著位置进行推荐。针对移动环境中用户时间长短的不确定性，可以将阅读内容按篇幅长短、阅读时长加以区分，便于用户根据拥有的阅读时间挑选适合在相应时间长度内读完的内容。

充分发挥口碑传播效应，利用"朋友圈"和"兴趣社区"等社会化平台宣传推广移动阅读服务。通过"朋友推荐"让用户带动用户，通过"网络社区推荐"推广阅读内容，吸引更多的有共同兴趣爱好的用户。同时利用用户乐于接受的形式开展广告宣传，通过自动或人工摘要方式提炼阅读内容中的精彩"看点"并将其直接推荐给用户，辅以阅读活动介绍、部分内容试读、述评等宣传方式。

开展内容营销，利用优质内容推荐、专题与专栏推荐、排行榜等方式揭示、推荐阅读内容，帮助用户选择自己喜爱的读物，提高读物的利用率。根据用户阅读行为数据分析用户选择读物的特征，及时捕捉用户的阅读兴趣，进行营销策划，利用各种传播渠道，开展个性化推送等推广服务。内容要尽量简约、直接，便于用户快速浏览、选择。一些优质内容可以利用多种形式反复推荐，提高利用率。

　　加强建设移动数字图书馆协同推广平台，包括不同图书馆之间的协同和图书馆与大型互联网、移动互联网门户平台的合作。建立专业的移动数字阅读服务推广队伍，通过信息导航、专题服务、知识推荐、社会化媒介宣传、举办移动阅读推广活动等方式，更好地满足广大用户对图书馆移动阅读服务的需求。

参考文献：

[1]　"第十一次全国国民阅读调查"成果发布[EB/OL].[2014 – 05 – 13].http://www.chu-ban.cc/yw/201404/t20140423_155079.html.

[2]　曾祥芹,韩雪屏.阅读学原理[M].郑州:大象出版社,2002:200 – 211.

[3]　Wilson T D. On user studies and information needs[J].Journal of Documentation, 1981,37(1):13 – 15.

[4]　Ellis D. The derivation of a behavioural model for information retrieval system design[D]. Sheffield:University of Sheffield, 1987.

[5]　Kuhthau C C. Seeking meaning:A process approach to library and information services [M].Norwood:Ablex, 1993:17 – 18, 25.

[6]　Choo C W, Brian D, Don T. Information seeking on the Web:An integrated model of brow-sing and searching[EB/OL].[2014 – 05 – 13]. http://firstmonday. org/ojs/index. php/fm/issue/view/116

[7]　曹双喜,邓小昭. 网络用户信息行为研究述略[J].情报杂志,2006(2):79 – 81.

作者简介

　　茆意宏,南京农业大学信息科技学院教授, 硕士生导师, E-mail：maoyh@njau. edu. cn；侯雪,南京农业大学信息科技学院硕士研究生；胡振宁,深圳大学图书馆副研究馆员。

移动互联网用户阅读利用行为研究[*]

何琳　魏雅雯　茆意宏

南京农业大学信息科学技术学院

1 引言

进入 21 世纪，移动互联网迅速崛起，基于移动互联网的新应用不断出现，移动阅读是移动互联网最主要的应用之一。目前，学术界在移动阅读基础理论与移动阅读服务领域积累了不少研究成果，其中，关于移动互联网用户阅读行为的研究主要集中在移动阅读利用行为方面。Zhang Liyi[1] 等研究了用户的学历与移动阅读行为之间的关系；T. C. Dennis[2] 研究发现 Kindle 电子书阅读器极受欢迎，阅读内容大多为一般性内容，学术性内容较少；美国杂志出版商协会[3] 调查了一部分使用平板电脑和电子阅读器的 18 岁以上读者利用移动电子杂志的态度与行为，发现采用移动电子终端阅读杂志的读者呈现低龄化特征，读者阅读移动电子杂志的时间不长，读者在读过移动电子杂志之后的延伸阅读行为不明显，集合和导航功能受欢迎，读者对于移动电子杂志的多媒体特征并不全盘接受。国内关于移动阅读利用行为的调查分析成果相对较多，韩晗[4] 调查分析了手机阅读用户的阅读内容偏好；李武等[5] 对上海地区大学生手机阅读使用行为、满足情况进行了调查分析；肖韵等[6] 对用户学历与利用移动阅读服务（移动阅读内容及付费意愿）的关联进行了分析；袁曦临等[7] 通过基于 PAD 的移动阅读过程实验研究了解读者的阅读行为及其阅读体验；李刚[8] 通过问卷调研了解人们对移动阅读时尚、个性、分享 3 个概念的认知水平；许广奎、周春萍[9] 对胶东地区的部分高校大学生的移动阅读行为进行了调查分析；冯英华[10] 对常州市移动阅读的公众使用行为进行了问卷调查；张艳丰等[11] 对湖南三所高校大学生移动阅读行为进行了调查，发现大学生移动阅读诉求的内容可分为个性、悦读、分享三重维度；章惠、程

　　* 本文系国家社会科学基金项目"移动互联网用户阅读行为与服务策略研究"（项目编号：12BTQ022）研究成果之一。

杰铭[12]调查了上海市社会人员和高校学生的阅读习惯、对于移动阅读的看法、付费意愿和期望；高春玲等[13]对移动环境下大学生的阅读需求以及阅读行为进行了个体特征的差异分析；李武等[14]比较了中日韩三国大学生在移动阅读行为方面存在的差异。纵观国内外学者的研究成果，其内容多以用户对移动阅读的认知、用户的移动阅读内容与方法偏好、用户满意度，用户个体特征对阅读行为的影响等为主，相应的理论分析不足，调查对象局限于某些地区与部分人群，以大学生为主。本文拟在移动阅读利用行为理论、移动阅读利用行为调查内容与调查对象拓展等方面做进一步的探索，在阅读认知理论与阅读学理论的基础上提出移动阅读利用行为的理论框架，并进行细化，设计调查问卷，在我国移动互联网用户分布的主要地区对各类型用户进行抽样调查分析，总结其移动阅读利用行为特征，提出相应的服务对策。

2　移动阅读利用行为框架

移动互联网用户阅读行为（简称"移动阅读"）是指移动互联网用户以手机等移动终端通过无线（移动）通信网络访问、接受、下载所需信息，在移动终端上浏览、收看（听）并进行互动的阅读活动，包含移动阅读需求认识与表达、移动阅读寻求、移动阅读利用、移动阅读交流等行为过程。在搜寻、获取移动读物后，用户要对读物中的内容加以吸收和利用，用于解决工作和生活中的问题，移动阅读利用是接续移动阅读寻求的后续行为。

阅读利用是一个连续的动态过程，是用户对由视觉或听觉输入的文字、符号、图形、音视频等信息进行解读，从中获取作者原来想表达的信息的过程。即作者通过编码将意义变成文字、符号、图形、音视频，通过媒介传播给用户，用户接受后对其进行译码，还原成意义，并可以通过评论、推荐分享等方式进行信息反馈，因此，阅读利用行为是作者和用户之间的信息交流过程。

基于认知心理学的阅读认知理论是比较有代表性的阅读理论研究成果。阅读认知理论认为阅读不是一个被动、机械地吸收信息的过程，而是积极主动地获取各类信息的过程。乌尔[15]认为，阅读是一个积极的过程，阅读过程更应被看成是在语境中"构造"意义。桑德拉[16]提出，在阅读过程中读者与文本之间是一种互动的关系，读者通过认真阅读、讨论，与文章产生互动，创造出具有意义的语段。阅读认知理论中，有代表性的阅读认知过程模式有"下－上"阅读模式、"上－下"阅读模式和相互作用模式。自下而上是指首先理解单词、句子结构，再理解段落、全文；自上而下是指首先构建全文的语义图像，了解文章的背景和作者的意图，用较高语言层面上的理解帮助较低语言层面的理解，如段落、句子、单词等；相互作用是指相互作用的理解方式，词汇的、句法的、语义的知识及背景知识都在发挥作用。根据相互作用式阅读理论，阅读是自下而上与自上而下的交互过程、低层次技能与高层次技能间的交互过程以及阅读者的背景知识与文本中预设的背景知识之间的交互过程。在阅读理解过程中，由下而上和由上而下的运作在各层次同时发生。

国内阅读学理论的代表曾祥芹先生从心理科学和行为科学的双视角来考察阅读过程的运行机制。他认为，阅读是因文得义的心理过程，包含感知、理解、欣赏、评价、迁移等一系列心理活动[17]。感知是阅读的起点，就是感知书面语言符号；理解是阅读的中心，就是在感知语言形式的基础上，对整个篇章思想内容进行把握，包括对思路结构、语体文体、质料主旨、文情笔法、文气文风各方面的理解；欣赏是阅读的深化，是在全面理解的基础上深入到对作品思想内容和语言形式的审美观照，实现情感体验，获得审美享受；评价是阅读的升华，在深刻理解的基础上，对作品内容的是非、优劣、美丑进行理智判断，实现价值评估；迁移是阅读的活化，是在理解鉴赏的基础上，跨越到对阅读心得（知识、技能、方法、情感、态度等）的灵活应用。"阅读的外显性表明阅读过程有一系列可见的行为方式"，这些外化动作，体现在读者的躯体及言语运动之中，往往围绕或跟随着大脑"黑箱"的"思读"活动，展开为一个过程[17]。阅读过程中的心智活动和行为操作是彼此交错、协调运行的，阅读的外化行为不仅受内潜心智活动的支配和调节，而且反过来促进和调节着内部的心智活动。

基于阅读认知理论，移动互联网阅读利用也是一个心理过程，包括感知、理解、记忆、思维、评价等；基于阅读行为理论，移动互联网阅读利用也表现为一些可见的行为过程，包括阅读方法、阅读内容、阅读时间（时长）与地点、阅读评价等。与传统纸质阅读、网络阅读相比，移动阅读利用行为在阅读内容与方法、环境等方面都具有新的特点。由于移动阅读的环境与终端等的限制，移动阅读利用的方法中，快速浏览、随意看的比例会明显高于仔细阅读，听也会成为一种重要的阅读方法。在阅读内容中，新闻资讯、休闲娱乐信息、社交信息、即时工作与生活信息等时间相关性内容和地理位置、交通路线等位置相关性内容的比例相对较大；用户对经过加工的目录、摘要、综述等内容和小篇幅内容的利用比例要更高；内容载体形式、出版形式更丰富；用户可自定义阅读版式，实现字体更换、内容缩放、灵活排版，可使内容自适应终端屏幕，快速实现版式和流式切换等；用户的阅读时间呈现碎片化，阅读地点经常处于不断的移动状态，包括交通途中（上下班途中、出差或旅游途中）、排队时、等候（人、车、电

88

梯）时、会议与课堂间隙、睡觉前、上厕所时、家中或办公室无聊时。移动阅读利用行为的框架如表 1 所示：

表1　移动阅读利用行为的框架

移动阅读利用行为	移动阅读利用行为的表现
阅读方法	看快速浏览、随意看、仔细阅读（反复阅读、做笔记、做标注或注释、做标签、思考等）
	听
阅读内容	不同属性的内容：时间相关性内容，如新闻资讯、生活资讯、学习性内容、休闲娱乐内容、专业工作或研究信息、社交信息等；与地理位置相关的信息内容等
	不同加工层次的内：目录、摘要、综述等
	不同载体形式的内容：纯文本、纯图、文本＋图、漫画、音频、视频、动画
	不同出版形式的内容：网页、图书、报纸、杂志、电台（音乐歌曲）、电影（电视），文本内容的自定义排版与翻页
	不同篇幅的内容：长篇、短篇
	是否反对阅读作品中的广告
阅读时间（地点）	阅读时长：每次与每天阅读的时长
	阅读时间（地点）：交通途中（上下班途中、出差或旅游途中）、排队时、等候（人、车、电梯）时、会议与课堂间隙、睡觉前、上厕所时、家中或办公室无聊时

3　研究方法

本文以问卷调查法为主，辅以观察、访谈方法。通过实地发放调查问卷和在线发放调查问卷相结合的方式，征集样本数据。

按照表 1 所示的理论框架设计调查问卷，根据试调查反馈意见进行修改，同时根据部分专家的意见对调查问卷作进一步修改。调查问卷的 Cronbach α 系数值为 0.858，问卷的信度良好。共回收在线问卷 1 300 份、现场实地调查有效问卷 505 份，调查对象总量 1 805 人，都是使用过移动阅读的用户，基本信息见表 2、图 1。对照中国互联网络信息中心（CNNIC）2014 年 1 月发布的第 33 次《中国互联网络发展状况统计报告》和易观智库 2013 年 12 月发布的《2013 年中国移动互联网统计报告》的移动互联网用户数据，本次调查的对象具有一定的代表性。

表2 调查对象的基本情况

人口特征	选项	人数	百分比（％）
年龄	18 岁以下	24	1.33
	18 - 25 岁	766	42.44
	26 - 30 岁	390	21.61
	31 - 40 岁	420	23.27
	41 - 50 岁	180	9.97
	50 岁以上	25	1.39
性别	男	922	51.08
	女	883	48.92
学历	小学	5	0.28
	初中	21	1.16
	高中/中专	100	5.54
	大专	250	13.85
	本科	1 059	58.67
	硕士	322	17.84
	博士	48	2.66
月收入	1 000 元/月以下	291	16.12
	1 001 - 2 000 元/月	277	15.35
	2 001 - 3 000 元/月	189	10.47
	3 001 - 4 000 元/月	242	13.41
	4 001 - 5 000 元/月	280	15.51
	5 000 元/月以上	526	29.14

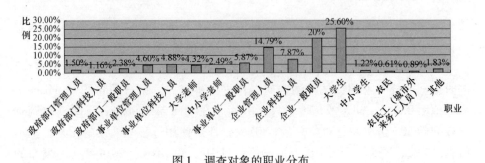

图1 调查对象的职业分布

90

4　数据与分析

4.1　移动阅读利用方法

图 2 的数据显示，在移动互联网用户阅读利用的方法中，89.37% 的用户是"快速浏览、随意看"，35.66% 的用户是"仔细读"，有 14.16% 的用户是"听"。可见，目前以"听"的方式进行阅读的用户还是比较少的，快速浏览是当前移动阅读方法中的主流。同时，也要看到，不少用户在移动阅读时是仔细读的，这说明移动阅读并不天然就是随意式的。进一步的调查数据显示，在"仔细读"的用户中，有 58.60% 的用户会反复阅读（见图 3）。这些反复阅读的用户中平均接触同一篇内容 2 次的占 75.29%，平均接触同一篇内容 3 次的占 22.97%（见图 4）；当这些用户仔细阅读时，有"做标签"行为的用户占 40.55%，"做标注或注释"的占 37.14%，"做笔记"的占 25.72%（见图 5）；此外，这些仔细阅读的用户中，还有 84.84% 的用户"有边阅读边思考或者离开屏幕进行思考的习惯"（见图 6）。

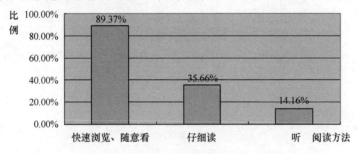

图 2　移动阅读的方法

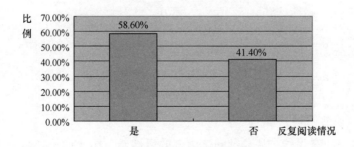

图 3　仔细阅读时，是否反复阅读

91

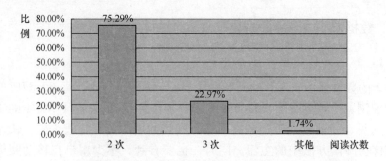

图4 反复阅读时，平均接触同一篇内容的次数

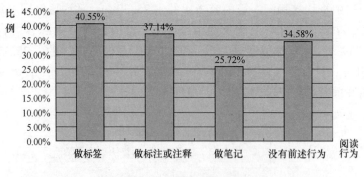

图5 仔细阅读时的行为

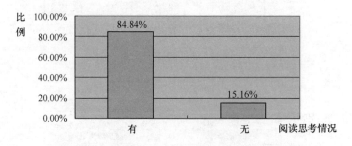

图6 仔细读时是否有边阅读边思考或离开屏幕进行思考的习惯

4.2 移动阅读内容

4.2.1 内容属性 从移动阅读内容的属性看，图7的统计数据显示，移动互联网用户阅读的最主要内容有新闻资讯（87.73%）、休闲娱乐内容（66.22%）、生活资讯（64.46%），其次是学习性内容（46.84%），再次是社交信息（37.97%）、与地理位置相关的信息（37.67%）、专业工作或研究

信息（34.14%）。可见，当前移动互联网用户阅读的内容以新闻、娱乐等轻阅读内容为主，以学习性、专业性等深阅读内容为辅。

根据调查对象的人口统计特征对调查数据进行交叉统计分析，卡方检验显示不同性别、学历的调查对象在移动阅读内容的利用上存在显著差异，女性用户对休闲娱乐内容、生活资讯的阅读比例高于男性，学历越高的用户对新闻资讯、学习性内容、专业工作或研究性信息、社交信息、与地理位置相关的信息的利用率越高。

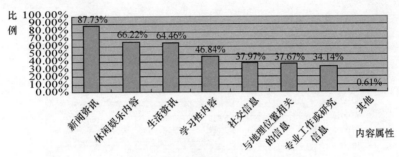

图7　移动阅读的内容属性

4.2.2　内容的加工层次　目录、摘要、综述等是对阅读内容进行加工的不同形式，图8的数据显示，用户最需要的是没有加工的全文，占69.62%。在加工的形式中，摘要最受欢迎，占53.77%；目录和综述（专题缩编）也受到一定的欢迎，分别占36.63%和32.44%。

根据调查对象的人口统计特征对调查数据进行交叉统计分析，卡方检验显示不同年龄、学历的调查对象在不同加工层次的移动阅读内容的利用上存在显著差异，年龄越大的用户利用摘要、综述和目录的比例越高。随学历的升高，选择目录、摘要、综述的比例先增加后减少，以本科用户最多，说明本科学历的用户更倾向于了解内容概要。

4.2.3　内容的载体形式　从图9的数据可以看出，在用户移动阅读过程中，当前最主要的内容载体形式是文本＋图，占74%；其次是纯文本，占67.92%；再次是视频（43.62%）、纯图（36.15%）、音频（27.46%）、漫画（21.02%）、动画（15.01%）。根据调查对象的人口统计特征对调查数据进行交叉统计分析，卡方检验显示不同学历的调查对象在不同载体形式的移动阅读内容的利用上存在显著差异，学历越高的用户利用纯文本、纯图、纯文本＋图的比例越高。

4.2.4　内容的出版形式　从阅读内容的出版形式看，图10的数据显示，

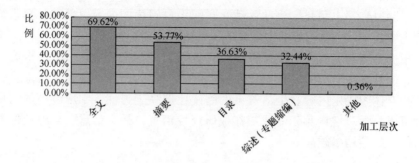

图 8　移动阅读内容的加工层次

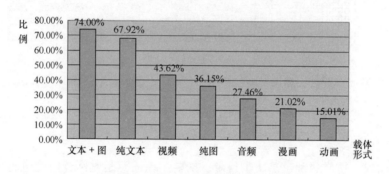

图 9　移动阅读内容的载体形式

用户利用最多的移动阅读内容出版形式是网页（87.73%），其次是图书（55.71%），再次是杂志（37.67%）、电影或电视（37.42%）、报纸（31.83%）、电台或音乐歌曲（29.4%）。这与阅读内容的载体形式基本一致。

　　根据调查对象的人口统计特征对调查数据进行交叉统计分析，卡方检验显示不同性别的调查对象在不同出版形式的移动阅读内容的利用上存在显著差异。女性在图书、杂志、电台或音乐歌曲、电影或电视方面的选择显著高于男性，说明女性选择的出版形式较丰富，尤其喜欢音乐、影视，这也与女性选择休闲娱乐内容和生活资讯的比例高于男性的结论相符。

　　进一步的调查发现，当用户利用客户端阅读软件阅读网页、图书、杂志、报纸等文本内容时对文本内容的排版、翻页方式等有不同的要求与选择。从图 11 可以看出，当用户利用客户端软件阅读文本内容时，有 67.92% 的人选择"直接使用原文排版进行阅读"，仅有 16.26% 的人选择"常常自设置排版"，还有 15.82% 的人选择"两者都有"。在少数自设置排版的用户中，其排版内容主要有字体（60.82%）、亮度（55.56%）、字号（55.36%）、横竖

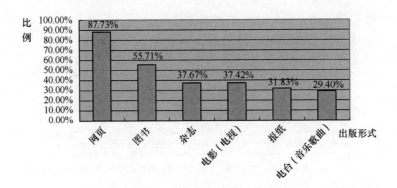

图 10　移动阅读内容的出版形式

排（44.44％）、背景（42.69％），见图 12。

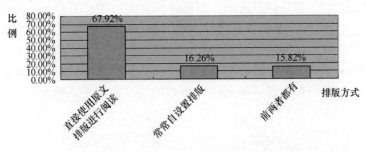

图 11　利用客户端阅读软件阅读文本内容时使用的排版方式

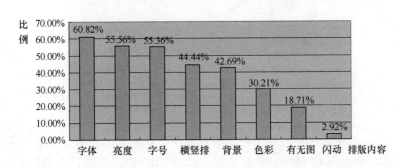

图 12　用户自设置排版的内容

在阅读文本内容时使用的翻页方式上，88.09％的人选择"触摸翻页"，26％的人选择"按键点击翻页"，只有5.83％的人选择"语音控制翻页"，见图 13。可见，绝大部分用户进行移动阅读时是触摸翻页，这与智能手机、平板电脑等移动终端的便利快捷的触屏设计有关。

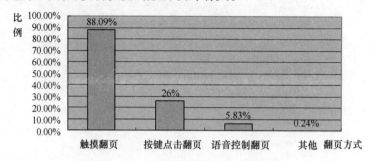

图 13　阅读文本内容时常用的翻页方式

　　4.2.5　内容的篇幅　从图 14 的统计数据可以看出，在对移动阅读内容篇幅的选择上，大部分用户选择"短篇阅读更多"，占 63.67%；选择"长篇阅读更多"的用户占 14.09%；选择"两者差不多"的用户占 22.24%。根据调查对象的人口统计特征对调查数据进行交叉统计分析，卡方检验显示不同学历的调查对象在不同篇幅的移动阅读内容的利用上存在显著差异，随着学历的升高，选择短篇阅读（微阅读）更多的用户比例逐渐增大，以硕士、博士最高。

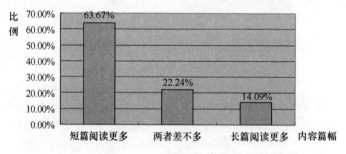

图 14　移动阅读内容的长短

　　4.2.6　对移动阅读内容中的广告的态度　在如何对待移动阅读内容中的广告方面，根据图 15 的统计数据，38.27% 的用户的态度是"一般"，33.78%的用户态度是"比较反对"，16.95% 的用户态度是"非常反对"，8.57% 的用户态度是"不太反对"，2.43% 的用户态度是"完全不反对"。可见，一半的用户对移动阅读内容中的广告持明确的反对态度，而明确不反对广告的用户只占 11%，持中立态度的用户比例也不算低。在持中立和不反对态度的用户中，其可接受的广告形式主要是"设置广告专区（包括移动横幅和展示、待

96

机屏幕广告等）"，占83.11%；其次是"在读物中植入广告"，占25.89%，见图16。

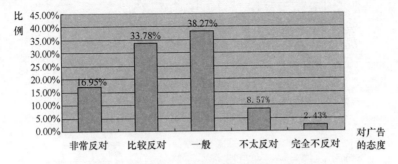

图15　对待移动阅读内容中的广告的态度

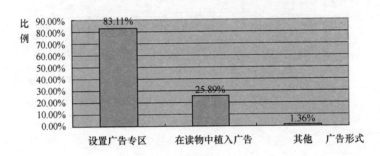

图16　可接受的广告形式

4.3　移动阅读时间（地点）

图17的统计数据显示，用户每次进行移动阅读的平均时长主要分布在11－20分钟（28.25%）和21－30分钟（29.71%），其次是5－10分钟（12.64%）和31－40分钟（12.88%），40分钟以上较少。图18的统计数据显示，用户每天进行移动阅读的平均时长主要分布在31分钟－1小时（42.10%），其次是1－2小时（24.85%）和不超过30分钟（20.41%），2小时以上较少。

图19显示了用户利用手机、平板电脑（阅读器）进行移动阅读的时间（地点）分布情况，二者趋势大体一致，时间（地点）主要分布在交通途中（上下班途中、出差或旅游途中）、等候（人、车、电梯）时、家中无聊时、睡觉前。二者也存在区别，除家中无聊时外，其余各时间（地点）手机的利用均高于平板电脑（阅读器）。并且，在手机用户中，以交通途中（上下班途

97

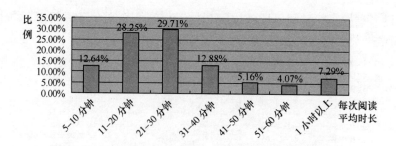

图 17　每次进行移动阅读的平均时长

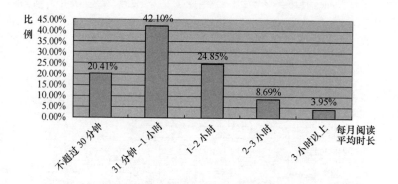

图 18　每天进行移动阅读的平均时长

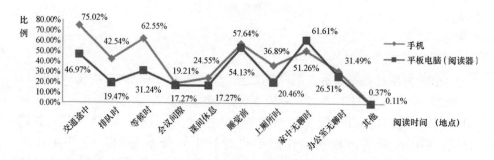

图 19　移动阅读的时间（地点）

中、出差或旅游途中）和等候（人、车、电梯）时利用手机阅读最多；在平板电脑（阅读器）用户中，以家中无聊时、睡觉前利用最多。这说明用户进行移动阅读时，选择手机多于选择平板电脑（阅读器），并且利用手机进行移动阅读多发生在短时间停留的临时性场所，利用平板电脑（阅读器）进行移

98

动阅读多发生在长时间停留的固定场所。根据调查对象的人口统计特征对调查数据进行交叉统计分析，卡方检验显示不同性别、收入的调查对象在利用手机、平板电脑（阅读器）进行移动阅读的时间（地点）上存在显著差异，女性在睡觉前、家中无聊时、等候时、排队时利用手机和平板电脑的比例高于男性，收入越高的用户在交通途中、睡觉前、家中无聊时利用平板电脑的比例越高。

5　基于移动阅读利用行为特征的服务策略

前文的调查分析说明移动互联网用户在阅读方法、阅读内容、阅读时间（地点）等方面具有不同于纸质阅读、一般网络阅读行为的特征，各类型移动用户也具有自身的阅读利用偏好，因此，图书馆等移动阅读服务机构应该有针对性地改进服务内容和方式。

5.1　改进服务内容

（1）根据移动互联网用户阅读利用方法与内容的现状，图书馆等服务机构应根据用户需求重点提供适合轻松浏览的内容，比如新闻、文学作品、生活资讯、社交信息等，辅以有深度的内容作品，积极提供学习性阅读、专业性阅读等深度阅读内容，逐渐加强移动知识阅读的服务与推广，促进读者阅读素养的增进和提高。图书馆应加强知识管理，对馆藏数字资源进行深度加工、聚合，开发简约的、高质量的二次或三次信息资源，满足读者深层次的阅读需求，比如清华大学图书馆即开展了基于学科知识的移动服务等[18]。针对学习性内容和专业内容阅读，移动阅读服务机构应开发标签、标注、注释、笔记等用户自助功能，以满足用户特别是高学历用户仔细阅读的需要。

（2）根据移动互联网用户阅读利用行为的特点，强化阅读内容的简约直接、精致、实用性。移动阅读服务是基于时间与位置的阅读服务，大多是碎片化阅读服务，因阅读情境与移动终端条件等限制，阅读内容须简洁、直接、精致、实用。

（3）加强基于情境的知识推荐服务。情境服务是通过整合来自移动设备上不同情境数据，将用户的生活、工作都变成可追踪的信息流，然后根据特定的情境向用户推送特定的信息，比如基于城市地理位置的历史文化知识阅读服务等。

5.2　优化内容形式

（1）在全文提供移动阅读内容之外，应根据移动阅读用户对加工内容的利用行为特征，大量运用简约的摘要、目录、综述等形式传播内容，以便于用户快速浏览，并根据自己的需求选择进一步阅读全文。在阅读内容的加工形式中，摘要最受欢迎，阅读服务机构可充分发挥摘要的优势，通过算法自动生成和人工撰写的方法生产摘要，满足用户的需要。

（2）不宜照搬传统纸质版和网络版的内容，应根据移动互联网用户的阅读利用行为特征对阅读内容进行重新设计、加工调整，提升用户的移动阅读体验。根据用户移动阅读时所使用的智能手机与平板电脑等终端的不同功能特性，在阅读内容呈现（包括排版、媒体形式等）上进行区别设计。在用户移动阅读过程中，当前最主要的内容载体形式是文本＋图，其次是纯文本，故应以图文、纯文本为主要载体形式，辅以视频、纯图片形式，设计多媒体化阅读。当前用户利用最多的移动阅读内容出版形式是网页，其次是图书，故应以网页、图书为主要出版形式，辅以杂志、视频、报纸、音频等出版形式。

（3）在移动阅读内容篇幅的设计上，针对大部分用户选择"短篇阅读更多"的现状，移动阅读作品的篇幅应以短篇为主，多开发制作微知识库、微学习课件等，兼顾长篇。针对长篇内容，要尽可能通过标题、目录、提要、开始段落等将阅读内容的"亮点"突显出来，以便于用户识别、选择所需内容。

（4）根据用户移动阅读的时长特征对阅读内容进行分组或分段落，比如根据 5 - 10 分钟、11 - 20 分钟、21 - 30 分钟等时间段组织读物或读物段落，便于用户根据自己所处的环境和拥有的时长从中选择可以一次性阅读完的内容。在阅读系统中开发限时提醒、防沉迷功能，防止个别用户沉迷于移动阅读，每次阅读和每天阅读的时间过长。

5.3 改进内容服务方式

（1）根据不同用户的阅读偏好，开展个性化服务，包括主动向用户推送个性化内容等。不同用户由于年龄、性别、教育经历、生活背景等不同而有着不同的认知结构、行为习惯，因此对移动阅读的内容有着差异性的需求。图书馆等服务机构应利用数据挖掘技术，根据不同用户的特点及阅读习惯，有针对性地提供阅读内容推送服务，使用户更加方便快捷地访问相应资源。比如，可以通过图书、杂志、音乐歌曲、电影（电视）等出版形式向女性用户更多地提供休闲娱乐内容、生活资讯，向学历高的用户更多地提供学习性内容、专业工作或研究性信息等。

（2）强化移动阅读服务推广。应通过多元渠道与方式宣传、推广移动阅读服务，根据用户对移动阅读内容利用方式的偏好，不断优化阅读内容推荐、导航和检索系统，利用社会化平台宣传推广移动阅读服务，开展内容营销，一些优质内容可以利用多种形式反复推荐，或多次以不同碎片内容推广同一优质作品，提高其利用率。

参考文献：

[1] Zhang Liyi, Ma Wei. Correlation analysis between users educational level and mobile reading behavior [J]. Library Hi Tech, 2011, 29(3):424 – 435.

[2] Dennis T C. Lending Kindle e-book readers: First results from the Texas A&M University project [J]. Collection Building Volume, 2009, 28(4):146 – 149.

[3] 谢征. 美国移动电子杂志读者的阅读行为分析[J]. 科技与出版, 2012(9):110 – 112.

[4] 韩晗. 论移动通讯语境下的文本生产及其接受困境[J]. 出版广角, 2011(3):45 – 47.

[5] 李武, 谢蓉, 金武刚. 上海地区在校大学生手机阅读使用行为分析[J]. 图书情报工作, 2011, 55(14):10 – 14, 41.

[6] 肖韵, 韩莹. 用户学历与利用移动阅读服务关联分析——以中国大学生为例[J]. 科技情报开发与经济, 2011, 21(5):3 – 6.

[7] 袁曦临, 王骏, 陈霞. 移动阅读与纸质阅读对照实验研究[J]. 图书馆建设, 2012(3):74 – 76.

[8] 李刚, 宋凯, 余益飞. 个性与分享——移动阅读时尚的调查与思考[J]. 图书馆杂志, 2012, 31(9):53 – 57.

[9] 许广奎, 周春萍. 高校大学生手机阅读行为调查分析[J]. 图书情报工作, 2012, 56(14):82 – 85, 92.

[10] 冯英华. 手机移动阅读的公众使用行为结构研究——以常州市武进区、昆山市和江阴市为例[J]. 图书馆论坛, 2013, 33(2):94 – 97.

[11] 张艳丰, 刘昆雄, 毛爽. 大学生移动阅读诉求三维度实证分析[J]. 图书馆论坛, 2013(5):95 – 98.

[12] 章惠, 程杰铭. 基于用户需求视角的我国移动阅读产业发展策略研究——上海市移动阅读问卷调查[J]. 出版发行研究, 2013(4):57 – 61.

[13] 高春玲, 卢小君, 郑永宝. 基于个体特征的用户移动阅读行为的差异分析[J]. 图书情报工作, 2013, 57(9):70 – 74.

[14] 李武, 刘宇, 于文. 中日韩三国大学生移动阅读行为的跨国比较研究[J]. 出版广角, 2013(18):8 – 11.

[15] Ur P. A course in language teaching practice and theory[M]. Cambridge: Cambridge University Press, 1996:226 – 231.

[16] Sandra S. Techniques and resources in teaching reading [M]. Shanghai: Shanghai Foreign Language Education Press, 2002:3 – 5.

[17] 曾祥芹. 阅读学新论[M]. 北京: 语文出版社, 1999:201 – 204.

[18] 张蓓,窦天芳,张成昱,等.基于学科知识的高校图书馆移动服务创新探索[J/OL].知识管理论坛,2014(3):13-18[2014-06-07]. http://www.kmf.ac.cn/tabid/583/InfoID/2735/frtid/914/Default.aspx.

作者简介

何琳,南京农业大学信息科技学院副教授;魏雅雯,南京大学信息管理学院硕士研究生;茆意宏,南京农业大学信息科技学院教授,硕士生导师,通讯作者,E-mail: maoyh@njau.edu.cn。

移动互联网用户阅读交流行为研究[*]

万健 张云 茆意宏

南京农业大学信息科学技术学院

1 引言

　　阅读交流是阅读行为的重要组成部分，不管是传统纸质阅读还是现代数字阅读，用户或多或少都会在阅读过程中或阅读后与其他用户交流、讨论阅读内容。2008 年以来，社会化网络在国内外快速发展，越来越多的用户利用社会化平台获取和阅读资讯内容，交流阅读心得，形成了社会化阅读现象。谷歌、雅虎、腾讯、网易等互联网巨头纷纷推出自有的社会化阅读应用平台。学界也始关注社会化阅读，钟雄将社会化阅读等同于社交阅读，指以读者为核心，强调分享、互动传播的全新阅读模式，是相对传统以书为核心强调内容本身的阅读模式提出来的，更加注重人基于阅读的社交，倡导共同创造（用户生成内容）、共同传播和共同盈利，在多方位的互动基础上（读者与读者、读者与作者等），实现阅读价值的无限放大[1]。基于这样的认识，王小新探讨了国内外两种社交阅读软件平台的差异以及社交化阅读的特征趋向[2]；汤雪梅介绍了社会化阅读平台的特点[3]，认为社会化阅读拓展了数字出版；戴华峰从传播学角度剖析社会化阅读出现的新情况和传播现象[4]。随着越来越多的互联网用户向移动互联网迁移，基于移动互联平台的社会化阅读迅速发展。2012 年美国最大的手机社会化阅读平台 Flipboard 发布了基于 iPhone 的中文版应用；国内的 ZAKER（扎客）、鲜果联播、指阅、无觅、书客等平台纷纷发力社会化移动阅读领域；一些数字出版机构、图书情报机构也都纷纷利用社会化平台拓展移动阅读服务。移动互联网用户的阅读交流行为特征分析进社会化移动阅读服务的前提和依据，但目前国内外对于移动阅读的理论研究主要集中在用户对移动阅读设备的认知和体验、移动设备对用户阅读行

　　* 本文系国家社会科学基金项目"移动互联网用户阅读行为与服务策略研究"（项目编号：12BTQ022）研究成果之一。

为的影响、移动阅读行为实证分析等方面，缺乏研究社会化移动阅读行为的成果。本文拟在探索移动阅读互动理论模型的基础上，对移动互联网用户的阅读交流行为进行实证分析，为数字出版、图书情报机构开展社会化移动阅读服务提供参考。

2　移动阅读交流行为模型

人类的阅读包含个体化和社会化两个方面：个体化是指阅读是一件私人的事情，是静态的、独立的、封闭的行为；社会化是指读者在一定程度上进行阅读的分享，将阅读的内容以及产生的想法与创意与他人交流，使阅读成为一种动态的、多人的、开放的行为。互联网的出现，各种网络阅读、数字阅读等新媒体阅读方式的盛行，使用户在阅读中的互动交流成为可能。移动阅读交流行为是指移动互联网用户之间通过移动互联网平台交流阅读内容与心得的行为，包括一对一、一对多或多对多的即时、异时交互行为。

阅读学研究认为，在人类交往的系统中，阅读是缘文会友的交往过程[5]，作者创作作品是"为了满足交往的需要，从而也是为了满足表达的需要"，但"任何作品都是个人的一得只见"，"个人的局限性必然带来作品的局限，有待读者的辨析和修正"，阅读是"读者——作品——作者"的双向交流过程，"人们往往把阅读理解为吸收，但在读者的意识活动中，要吸收却必须首先倾吐"，阅读活动是读者和作者之间通过文本所进行的一场跨时空的对话，是思想撞击火花的伟大的对话。

21世纪以来，协作信息行为成为学者们关注的焦点。社群环境下，研究者不仅关注单个用户的信息行为，而且关注多个用户之间的信息交互以及这种交互对信息行为及其结果的影响。研究发现，协作信息行为与单用户信息行为同样普遍。协作信息行为研究成果揭示了信息服务环境中用户之间的交互作用。S. Talja和P. Hansen在文献分析的基础上归纳了图书馆、学术环境、职业环境和日常生活环境下的协作信息行为，并指出无论在哪种环境下，用户都经常通过相互帮助、交流、合作来完成信息查寻任务或解决问题；同时，电子邮件、内联网、视频会议等支持协作的信息技术促进了不同组织之间、学科之间的合作，也为用户协作信息查寻和信息共享提供了更为便利的工具和环境[6]。现有协同信息行为研究内容可归纳为以下方面：①协同内容创作；②协同信息质量控制；③协同信息查寻与检索；④计算机支持的社群信息交流[7]。

基于上述阅读交流和协作信息行为研究成果来察移动阅读交流行为，可以分为移动阅读交流平台、交流对象、交流内容、交流方法和交流后延伸行为这几个方面。移动阅读互动交流行为的框架模型见表1。

表1 移动阅读互动交流行为的框架模型

移动阅读交流行为	具体表现
交流平台	公共平台（即时通信工具、微博、博客、微信、SNS 社交网站、论坛社区、问答网站等）、专门阅读社区
交流对象	作者、出版者、好友、其他读者
交流内容	与作者、出版者交流（评论、提建议等），与好友、其他读者交流（摘要、标签、批注、评论、阅读笔记等）
交流方法	聊天讨论、关注或收看收听（通过关注和粉丝的方式建立不同博主之间的联系）、上传（文档、图片、音频、视频等）、发表日志心情、发表摘录、发表评论、发表阅读笔记、转发、推荐（以赞或喜欢或顶或反对、资源推荐等方式）、批注、标签等
交流后延伸行为	查询、了解相关知识、访问相关链接网站、根据相关内容订阅相关阅读服务、购买纸质版读物、通过广告购物、在线下继续与人交流等

3 研究方法

本文以问卷调查法为主，辅以观察、访谈方法——通过实地发放和在线发放调查问卷相结合的方式，征集样本数据，同时在实地调查过程中对部分样本用户进行观察、访谈，了解用户日常移动阅读交流的行为特征。

按照表1所示的理论框架设计调查问卷，调查问卷的 Cronbach α 系数值为 0.712，信度良好。在线调查问卷回收 1 200 份，现场实地调查回收有效问卷 482 份，调查对象总量为 1 682 人，都是使用过移动阅读的用户，基本信息见表2和图1。调查对象的年龄以 18 - 40 岁为主，占 88.12%；性别基本均衡；学历以专科、本科、硕士为主。调查对象的职业分布为：政府和事业单位人员占 25.98%，企业人员占 46.13%，学生占 24.85%，其他占 3.03%。对照中国互联网络信息中心（CNNIC）2014 年 1 月发布的第 33 次《中国互联网络发展状况统计报告》和易观智库 2013 年 12 月发布的《2013 年中国移动互联网统计报告》的移动互联网用户数据，本次调查的对象具有一定的代表性。

表2 调查对象的基本情况

人口特征	选项	人数	百分比（%）
年龄	18 岁以下	24	1.43
	18－25 岁	664	39.48
	26－30 岁	410	24.38
	31－40 岁	408	24.26
	41－50 岁	151	8.98
	50 岁以上	25	1.49
性别	男	880	52.32
	女	802	47.68
学历	小学	4	0.24
	初中	24	1.43
	高中/中专	88	5.23
	大专	256	15.22
	本科	1 043	62.01
	硕士	235	13.97
	博士	32	1.9
月收入	1 000 元/月及以下	230	13.67
	1 001－2 000 元/月	254	15.10
	2 001－3 000 元/月	178	10.58
	3 001－4 000 元/月	253	15.04
	4 001－5 000 元/月	273	16.23
	5 000 元/月以上	494	29.37

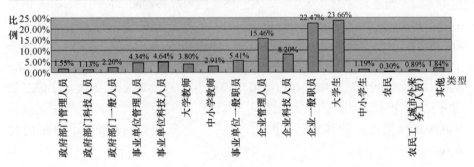

图1 调查对象的职业分布

4 数据与分析

4.1 移动阅读交流的整体情况

根据图 2 的统计数据，76.75% 的调查对象与别人分享、交流过移动阅读内容，23.25% 的调查对象没有与别人分享、交流过移动阅读内容。从中可以看出大部分使用移动阅读的人都会与别人分享、交流移动阅读的内容。图 3 的统计数据揭示了少数用户不进行阅读分享与交流的原因，其中，"喜欢一个人安静地阅读"是主要原因，占 87.43%。

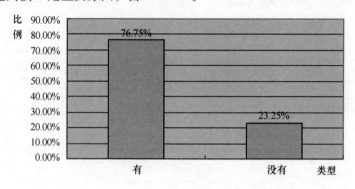

图 2　与别人分享、交流过移动阅读内容情况

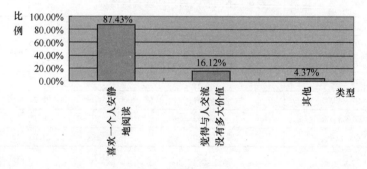

图 3　不进行阅读交流的原因

根据调查对象的人口统计特征对调查数据进行交叉统计分析，卡方检验显示不同年龄、学历、收入的调查对象在是否进行移动阅读交流上存在显著差异。26 - 30 岁、本科学历的用户移动阅读交流的比例最高（见表 3 和表 4），收入越高的用户交流比例越高（见表 5）。

表3 不同年龄用户阅读交流情况

年龄	有阅读交流（%）	无阅读交流（%）
18 岁以下	54.17	33.33
18－25 岁	71.39	22.29
26－30 岁	82.44	12.68
31－40 岁	69.36	25.25
41－50 岁	60.26	31.79
50 岁以上	36.00	28.00

表4 不同学历用户阅读交流情况

学历	有阅读交流（%）	无阅读交流（%）
小学	50.00	25.00
初中	41.67	37.50
高中	68.18	21.59
专科	69.92	19.14
本科	75.55	19.27
硕士	64.68	31.06
博士	53.13	43.75

表5 不同收入用户阅读交流情况

收入元/月	有阅读交流（%）	无阅读交流（%）
1 000 以下	65.22	26.09
1 001－2 000	73.23	21.65
2 001－3 000	69.10	20.79
3 001－4 000	69.57	21.74
4 001－5 000	73.63	20.15
5 000 以上	75.30	21.05

4.2 移动阅读交流平台

移动阅读交流平台包括公共平台和专门阅读社区。表6的统计数据显示，即时通信工具（QQ、微信等）和微博是当前最受欢迎的移动阅读交流公共平台，分别占87.91%、70.12%，接下来依次是BBS论坛社区（24.92%）、博客（18.54%）、SNS社交网站（16.06%）。表7的统计数据显示，在专门阅读社区中，腾讯、新浪、中国移动、百度的阅读平台最受欢迎，分别占

108

40.89%、32.95%、32.12%、31.04%，接下来依次是豆瓣读书（21.27%）、天涯社区（19.21%）、搜狐（18.38%）与网易（15.31%）的阅读平台、91熊猫看书（12.83%）、猫扑（12.17%）等专门阅读社区。相比之下，公共社区比专门阅读社区的利用率更高，更受移动阅读用户的欢迎；在专门的阅读社区中，腾讯、新浪、百度等传统互联网门户和中国移动手机阅读是影响力相对较大的阅读交流平台。

表6　移动阅读交流的公共社区

公共社区	使用比例（%）
即时通信工具（QQ、微信等）	87.91
微博	70.12
BBS论坛社区	24.92
博客	18.54
SNS社交网站	16.06
问答网站	7.28
其他公共社区	2.15

表7　移动阅读交流的专门社区

专门社区	使用比例（%）
腾讯的阅读平台	40.89
新浪的阅读平台	32.95
中国移动手机阅读	32.12
百度的阅读平台	31.04
豆瓣读书	21.27
天涯社区	19.21
搜狐的阅读平台	18.38
网易的阅读平台	15.31
91熊猫看书	12.83
猫扑	12.17
中国电信天翼阅读	9.93
3G门户的阅读平台	8.20
中文在线	7.37
百阅	6.71

专门社区	使用比例（%）
中国联通沃阅读	5.38
盛大的阅读平台	4.80
掌阅	3.89
扎客（ZAKER）	3.23
多看阅读	2.65
超星	2.57
鲜果	2.48
VIVA	2.40
方正的阅读平台	2.32
Flipboard 中文版	2.24
书客	1.99
掌讯通	1.66
掌媒	1.08
无觅	0.66

4.3　移动阅读的交流对象

移动阅读交流的对象包括读者（好友与其他读者）、作者与出版者。数据统计（见图 4）显示，移动阅读用户交流最多的对象是自己的好友，占84.52%；其次是其他读者（29.88%）和作者（25.58%）；与出版者的交流较少，只占 9.60%。

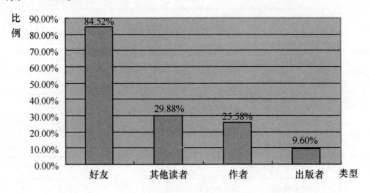

图 4　移动阅读交流的对象

110

4.4 移动阅读交流的内容

根据图5的统计数据，移动阅读用户与好友、其他读者交流的内容中，最多的是评论，占83.44%；其次是摘要，占42.52%；再次是阅读笔记（21.75%）、标签（20.86%）、批注（8.42%）等。在与作者、出版者交流的内容中，评论也是最多的，占95.95%；其次是提建议，占47.69%，见图6。总的看来，不管与谁交流，评论都是交流最多的内容。

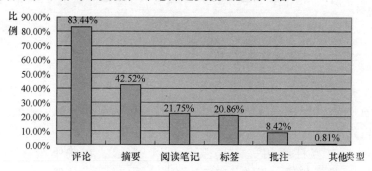

图5　与好友、其他读者交流的内容

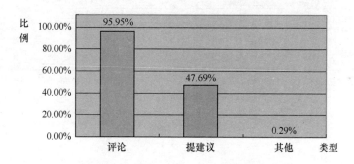

图6　与作者、出版者交流的内容

4.5 移动阅读交流的方法

图7的统计数据显示，移动阅读交流方法中，被使用最多的是聊天讨论，占73.26%；其次是发表评论，占60.1%；再次是转发（49.42%）、发表日志心情（43.05%）、关注或收看收听（38.41%）、上传（35.02%）、推荐（31.21%）；其他还有发表摘录（20.78%）、发表阅读笔记（18.71%）、标签（10.60%）、批注（5.05%）。

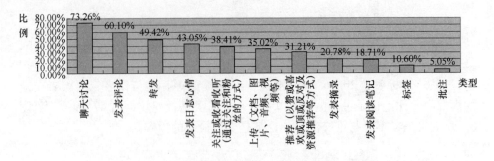

图 7　移动阅读交流的方法

4.6　移动阅读交流后的延伸行为

从图 8 的统计数据可以看出，移动阅读交流后延伸行为中，最多的是查询了解相关知识，占 75.33%；其次是访问相关链接网站，占 59.02%；再次是根据阅读内容订阅相关阅读服务（35.93%）、在线下继续与人交流（32.35%）、购买纸质出版物（22.27%）、通过广告购物（12.5%）等。

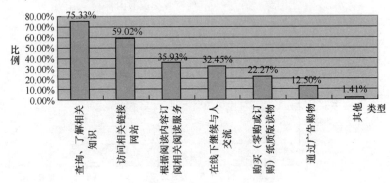

图 8　移动阅读交流后的延伸行为

5　基于移动阅读交流行为特征的服务策略

前文调查分析了移动互联网用户在阅读交流方面的行为特征，这些用户行为特征为图书情报等移动阅读服务机构开展和改进社会化移动阅读服务的内容与方式带来了启迪，图书情报等移动阅读服务机构应充分认识到当前社会化媒体发展的大趋势，及时调整思维，强化社会化服务意识，把社交分享服务纳入移动阅读服务的评价指标体系，提高移动阅读服务运营管理水平。

基于移动互联网用户阅读交流行为的特征，图书情报等移动阅读服务机构需要有针对性地改进移动阅读服务。

5.1 改进移动阅读服务方式

主要包括：①自建阅读交流平台，或利用 QQ、微信、微博、SNS 等主流公共社区和豆瓣读书等专门阅读社区为用户提供阅读交流服务，根据用户的交流行为特征，开发、优化即时互动、发表评论、转发、推荐、发表日志、发表摘要、发表阅读笔记、批注等互动服务功能，满足大部分移动阅读用户进行阅读交流分享的需要。②加强策划，围绕社会热点、用户的阅读热点，提炼、创造新颖话题，举办专题交流活动，引导、促进用户交流。挖掘并鼓励少数核心活跃用户发布内容、交流讨论，吸引更多的跟随用户参与互动交流，提高阅读交流活跃度和服务的吸引力。③通过多种措施鼓励用户向服务机构（作者、出版者、服务者）反馈意见，让用户参与作品的创作、修改、推广，使用户转化为有忠诚度的粉丝，共同优化阅读内容与阅读服务。④针对不同年龄、学历、收入等的用户阅读交流行为偏好，提供对应的服务，满足不同群体用户的需要。⑤对少数容易沉迷于社会化阅读的用户要采取措施进行管理，比如开发限时提醒、防沉迷系统等。

5.2 优化移动阅读服务内容，做好阅读推广工作

主要包括：①利用移动阅读用户之间的交流与分享等行为推广阅读服务，通过"朋友推荐"等口碑传播，提升阅读服务机构的品牌。②跟踪、搜集、挖掘用户的交流内容，从中提炼用户的阅读兴趣、偏好等阅读行为特征，主动宣传、推广各种阅读精品内容。③基于移动阅读用户交流后的延伸行为特征，推荐关联知识与网站链接，推荐关联性较高的电子商务等延伸服务。

参考文献：

[1] 钟雄.社会化阅读：阅读的未来[N].中国新闻出版报,2011 – 05 – 12(6).

[2] 王小新.浅析移动互联网背景下的社交化阅读[J].新闻世界,2012(2):73 – 74.

[3] 汤雪梅.踟蹰中前行:2012 年中国数字出版产业发展与趋势综述[J].编辑之友,2013(2):52 – 55,86.

[4] 戴华峰.移动互联下社会化阅读研究的三个理论视角[J].中国记者,2011(11):83 – 84.

[5] 曾祥芹.阅读学新论[M].北京:语文出版社,1999:185 – 189.

[6] Talja S, Hansen P. Information sharing [M]//SPINKA,COLEC. New Directions in Human Information Behavior. Netherlands;Berlin Springer, 2006:113 – 134.

[7] 张薇薇.社群环境下用户协同信息行为研究述评[J].中国图书馆学报,2010(4):90 – 100.

作者简介

万健，南京农业大学公共管理学院副研究员；张云，南京农业大学信息科技学院硕士研究生；茆意宏，南京农业大学信息科技学院教授，通讯作者，E-mail：maoyh@njau.edu.cn。

大学生移动阅读沉迷现象与阅读引导[*]

张云　茆意宏

南京农业大学信息科学技术学院

1　引言

移动阅读具有便携性、内容多样性，在带给用户便利的同时，也带来部分负面的影响，催生出一批"低头族"。越来越多的用户，特别是年轻用户不分时间、场合，不管当前任务的轻重缓急，一味沉迷于移动阅读，形成一种令人担忧的社会现象。澳大利亚 McCan 和 Macquarie 大辞典甚至联手创造一个新词"phubbing"（意为低头看手机冷落他人）来形容这种现象[1]，并且发起一系列的"stop phubbing"运动。

越来越多的年轻用户沉迷于移动阅读，不仅无助于青少年养成良好的阅读习惯，也不利于他们的学习和社交，甚至会对生活造成损害，年轻人因在行走中进行移动阅读导致的交通事故频频发生，严重者甚至失去生命[1]。研究青少年在移动阅读行为中的沉迷现象，并制定相应的措施进行适当的引导，可以提高青少年的移动阅读素养，促使其培养良好的阅读习惯。目前学术界相关的研究重在手机依赖整体现象，关注移动阅读行为中沉迷现象的研究成果尚未见到。移动阅读用户以 21－30 岁用户为主[2]，大学生是这一年龄段的代表性群体，研究大学生的移动阅读沉迷现象，有助于了解年轻用户移动阅读沉迷现象的概貌。本文以南京地区大学生为例，使用实证方法研究大学生移动阅读的沉迷程度及特点，分析沉迷行为背后的原因，并提出相应的引导措施。

2　研究方法

本文以问卷调查法为主，辅以观察、访谈方法。通过实地发放调查问卷

---

　* 本文系国家社会科学基金项目"移动互联网用户阅读行为与服务策略研究"（项目编号：12BTQ022）研究成果之一。

和在线发放调查问卷相结合的方式，征集样本数据。通过观察法，了解大学生移动阅读沉迷现象发生的时间段、地点、场合以及外在的行为特征。对部分大学生进行实地访谈和在线访谈，了解他们沉迷于移动阅读的原因和体验以及对于如何解决沉迷问题的思考。

2.1 调查问卷设计

移动阅读沉迷是手机成瘾的表征之一。本文借鉴手机成瘾行为研究的相关成果，分析参考文献中量表的设计维度、每个维度包含的因子（见表1），对出现的各种维度、因子、影响因素进行鉴别、比较和分类，最终构建出适用于研究移动阅读沉迷现象的调查量表维度（见表2）。

表1　手机成瘾研究文献中提及的量表维度、因子及影响因素

序号	文献中量表的维度设计
1	从行为（心理）耐受性、行为（心理）戒断性、社会功能和生理反应等4个维度编制问卷[3]
2	从去断性、突显性、强迫性、神经性等4个维度编制大学生手机依赖问卷[4]
3	从戒断性、强迫性、神经性、突显性、联接性等5个维度编制大学生手机依赖问卷[5]
4	从失控性、戒断性、逃避性、低效性等4个维度编制大学生手机依赖问卷，认为个人因素、朋辈因素、家庭因素、社会因素是影响手机使用的因素[6]
5	从戒断症状、渴求性和身心效应等3个维度编制青少年手机使用依赖自评问卷[7]
6	与家人的接触、与社会公共场合的接触、与同伴的接触是影响手机使用的主要社会因素[8]
7	内外向、自尊水平、神经质、年龄、性别是影响手机使用问题的主要因素[9]
8	从禁止性使用或危险性使用、经济问题、依赖症状3个方面编制"问题性手机使用问卷"[10]
9	"手机成瘾指数量表"包括4个因子，分别为无法控制的渴望、焦虑和迷茫、戒断和逃避、效率低下[11]

表2　移动阅读沉迷现象调查问卷的维度

维度	解　释
动机性	指用户使用移动阅读想要达到的目的
过度性	指用户在移动阅读上花费大量时间而不能自控
强迫性	指难以自拔的对移动阅读的使用渴望与冲动
突显性	指用户的思维、情感和行为都被移动终端所控制，对移动阅读的使用成为其主要活动
病态性	指移动阅读用户一旦离开手机会产生焦虑、迷茫、失落、挫败的情绪
低效性	指过度的移动阅读行为影响到日常生活、学习的效率

116

经过对手机成瘾观察维度的比较、分析、归纳，并根据对高校学生访谈的结果，本文从移动阅读目的、行为和效果等方面选择动机性、过度性、强迫性、突显性、病态性、低效性等6个维度，作为设计移动阅读沉迷现象调查量表的维度（见表2），并进一步细化，设计了13个调查问题。

调查问卷分为两部分，主体部分包括调查项目13项，采用李克特量表，按五点评分，从完全不符合到完全符合依次计1分、2分、3分、4分和5分，得分越高表示沉迷程度越严重。另一部分对调查对象的性别、年龄、学历、专业、学校等基本特征信息进行采集。2013年12月，笔者首先在南京农业大学进行小范围调查测试，根据调查反馈意见对调查问卷进行修改，调查问卷有较好的内容效度，其Cronbach α系数值为0.871，正式调查问卷的Cronbach α系数值为0.880，说明调查问卷的信度良好。

2.2 调查抽样与实施

本次调查的实施时间为2014年3月，调查对象为南京地区高校学生，采用现场访谈和在线调查的方法。调查抽样在南京多所高校进行，包括南京大学、河海大学、南京农业大学、南京师范大学、南京审计学院、南京中医药大学、南京信息工程大学以及滨江学院、南京信息职业技术学院、南京特殊教育职业技术学院等，共回收问卷342份，有效样本330份。学生性别（男性占50.09%，女性占49.91%）基本均衡，学历覆盖博士研究生（9.09%）、硕士研究生（17.27%）、本科生和三本院校的学生（53.33%）以及大专院校的学生（20.3%），专业包括文科（35.15%）、理科（25.45%）、工科（9.39%）、农学（10.45%）、医学（6.52%）、管理学（13.03%）等，获取的样本具有一定的代表性。

3 数据分析

3.1 沉迷现象总体情况

参考手机依赖研究文献对手机依赖程度的判断标准[12-13]，本文将高校学生移动阅读沉迷程度分成严重沉迷、中度沉迷、轻度沉迷和零沉迷，均分 > 4.0分的为严重沉迷，3.0 < 均分 ≤ 4.0分的为中度沉迷，2.0分 < 均分 ≤ 3.0分的为轻度沉迷，均分 ≤ 2.0分的为零沉迷。

调查数据统计表明，高校学生移动阅读沉迷现象的量表平均分为2.79分，属于轻度沉迷，这说明高校学生中移动阅读沉迷现象是普遍存在的。

根据均分对调查样本进行分级汇总，得出以下结果：在330份有效样本中，属于严重沉迷程度的有15人（4.55%），中度沉迷程度的有91人

（27.58%），轻度沉迷程度有 179 人（54.24%），45 人基本没有沉迷问题（13.63%），如图 1 所示。

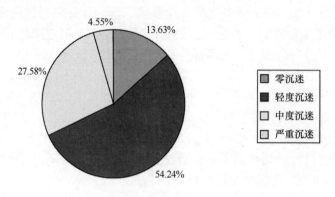

图 1　高校学生移动阅读沉迷程度

3.2　沉迷现象具体表现

调查问卷中的 13 个调查指标从不同角度测量移动阅读行为中的沉迷现象，根据每个调查指标统计数据的均分，达到中度沉迷程度的移动阅读行为包括"无聊时总是用手机、平板电脑等阅读消遣"（均分 3.68）、"用手机、平板电脑等阅读时，只关注新闻等即时资讯，或娱乐八卦、小说等娱乐内容，或微博、微信、QQ、社交网站等社交信息"（均分 3.59）、"移动阅读的目的纯粹是为了娱乐，打发时间"（均分 3.33）。

达到轻度沉迷程度的移动阅读行为表现包括"自习的时候常常会拿出手机、平板电脑等来阅读"（均分 2.96）、"每天花在手机、平板电脑等移动阅读上的时长达 2 个小时以上"（均分 2.96）、"因为移动阅读，眼睛常常很累，视力下降明显"（均分 2.95）、"上课的时候，不管课程内容如何，常会拿出手机、平板电脑等阅读"（均分 2.75）、"移动阅读已给我的学习、生活、社交等带来了负面影响"（均分 2.62）、"（聚餐、聚会社交等）集体活动的时候，常会旁若无人地拿出手机、平板电脑等来阅读"（均分 2.6）、"开会的时候，不管会议内容是否重要，常会拿出手机、平板电脑等来阅读"（均分 2.35）、"每次阅读觉得需要花更多的时间在手机、平板电脑上才能得到满足"（均分 2.32）、"在路上走的时候，或骑（开）车的时候，常会拿出手机、平板电脑等来阅读"（均分 2.08）。

只有一项调查指标"有要紧事时，宁愿拿着手机、平板电脑等来阅读，也不愿意处理其他一些更紧迫的事"的均分为 1.99，属于零沉迷。

3.3 不同特征用户群体的沉迷行为差异

从总体上看，通过对调查数据进行均值比较和单因素方差分析发现，不同年龄段、学历、专业的大学生沉迷程度有明显差异。从低年龄段到高年龄段，沉迷程度逐渐降低（见表3）。从低学历到高学历，沉迷程度逐渐降低（见表4）。不同专业之间，文科学生的沉迷程度比理科、工科、农科、医科高（见表5）。

表3　不同年龄大学生的移动阅读沉迷行为差异

年龄	均值	人数	标准差
18－22 岁	2.850	209	.701
23－25 岁	2.762	88	.681
26－30 岁	2.433	33	.715
总计	2.785	330	.706

表4　不同学历大学生的移动阅读沉迷行为差异

学历	均值	人数	标准差
专科生	2.933	67	.628
本科生	2.866	176	.701
硕士研究生	2.580	57	.733
博士研究生	2.366	30	.627
总计	2.785	330	.706

表5　不同专业大学生的移动阅读沉迷行为差异

专业	均值	人数	标准差
文科	2.897	116	.693
理科	2.780	84	.720
工科	2.737	31	.664
农科	2.503	51	.673
医科	2.692	5	.590
其他	2.869	43	.730
总计	2.785	330	.706

对13项具体沉迷表现的调查数据进行均值比较和单因素方差分析发现，

3个达到中度沉迷的移动阅读行为表现基本不受性别、年龄、学历、专业等个体特征的影响；其他的沉迷表现都或多或少受到个体特征的影响，不同特征群体的移动阅读沉迷程度有明显的差异。不同年龄段、学历、专业的大学生在这些具体表现方面的沉迷程度差异与总体差异基本一致，基本都是从低年龄段到高年龄段，从低学历到高学历，沉迷程度逐渐降低；文科学生的沉迷程度比理科、工科、农科、医科高。而受不同性别特征影响的具体沉迷行为，其差异基本都表现为男性的沉迷程度明显高于女性。

4 讨论

前文的抽样调查数据统计显示，高校大学生移动阅读行为中普遍存在着沉迷现象，其中，男性学生、文科专业学生、年龄越小、学历越低的大学生更易于沉迷于移动阅读。这说明，尽管移动阅读带来了前所未有的信息便利，但同时也伴生了一些新问题，移动阅读沉迷现象便是其中之一。由此看来，移动阅读服务机构、高校以及相关政府管理部门都需要对大学生移动阅读沉迷现象的成因进行分析，制订有针对性的引导措施，有效防止大学生沉迷于移动阅读，提高大学生的移动阅读素养，使移动阅读成为有助于大学生学习和生活的正能量。

4.1 移动阅读沉迷现象的成因

笔者认为，大学生移动阅读沉迷现象背后，有读者自身的内在原因，也有移动终端和服务商等外部原因。

4.1.1 读者自身的内在原因 任何现象的产生都是由外在的原因和内在的本质所决定的，大学生读者容易沉迷于移动阅读，是有其内在原因的，比如对虚拟环境的依赖强、辨别能力低、自我控制管理能力差等。

当代大学生是在信息资讯中长大的一代，由于是独生子女，他们大多在缺少同伴的环境中长大，现实中与他人缺乏沟通与交流，常常感觉孤独、耐挫性差。移动互联网为他们提供了随时随地与他人沟通的途径，当他们在现实中受挫时，就会转向网络，在网络上寻找友谊和满足，久而久之，移动终端就成了他们必不可少的伙伴——宁愿在移动终端上寻找慰藉，也不愿意面对现实。

同时，由于大学生年轻，对所阅读内容的辨别能力还不高，网络上的一些作品，比如玄幻、武侠、言情小说、娱乐资讯等，读来不费劲还能够给人带来愉快、新鲜的体验，大学生极易将无法实现的理想、无法摆脱的苦闷移情到作品的角色身上，从而释放自己的情感和苦闷。

120

此外，部分大学生缺乏自我管理，很容易沉迷于移动阅读。他们虽然有学习计划和安排，可由于自我管理能力弱，一旦离开师长的监督，就会被网络上的内容吸引，沉迷其中。

4.1.2　移动阅读服务方面的原因　在移动阅读沉迷的外部原因中，移动终端的便利体验和服务商的诱导是不可忽视的。

相比于传统纸本阅读、网络阅读，移动终端给读者带来了新的功能与体验。保罗·莱文森[14]在补偿性媒介理论中指出"每一种新媒介的产生都是对过去的某一种媒介或某一种先天不足功能的补救和补偿。媒介的进化是人选择的结果，更好地满足人的需要的媒介被保留下来。"移动阅读终端具有信息容量大、轻便、易携带等特点，强化个性化、社交化、智能化等功能，能进一步提升用户体验，更好地满足用户的个性化、互动化和智能化需求。"具备不同个人特质的网络使用者会受到不同的网络功能特性所吸引而产生不同的网络成瘾形态"[15]。移动终端的便利会导致读者对手机等移动终端产生依赖。

服务商利用沉浸理论诱导读者也是重要的外部原因。大学生年轻、好奇，喜欢新鲜、刺激、好玩、能激发他们兴趣和潜能的事物。移动阅读服务商投其所好，在进行产品开发和营销的过程中，尽量提供满足大学生需求的产品和服务，这些产品与服务都具有让用户沉浸的特点。早期的沉浸理论提出者认为"挑战和技巧是影响沉浸的主要因素"[16]，后来的研究者提出两个沉浸的主要特征：在活动中完全专注（concentration）和活动中被引导出来的心理享受（enjoyment）[17]。在网络使用行为中，阅读也是最容易进入沉浸状态的活动之一。移动阅读服务商利用沉浸理论诱导读者，提供碎片化、浅显性的娱乐性内容，以多媒体、游戏化呈现的方式，满足读者心理，使读者沉浸其中而无法自拔。

4.2　避免移动阅读沉迷现象的举措

面对大学生移动阅读行为中的沉迷现象，一方面需要每个大学生加强自我阅读管理，提高阅读素养；另一方面，需要全社会加强对大学生移动阅读的引导。

4.2.1　大学生应努力提高移动阅读素养　移动阅读是一种新的阅读模式，如何正确认知并利用是读者移动阅读素养的重要表现。阅读素养，既包括读者先天某些与阅读有关的解剖生理特点以及由此形成的心理现象，又包括读者在后天阅读实践中产生的修习与涵养[18]。阅读素养的形成是个长期的过程，需要读者在与阅读客体的互动中，发挥自身的主观能动性，理解、运用阅读对象，形成新的认知结构和良好的阅读行为方式，最终使自身的阅读素养得到提升。

　　大学生可以通过提升自我管理来解决移动阅读沉迷问题。首先要形成正确的认知，认识到沉迷于移动阅读对于学习、生活甚至生理的负面影响，在阅读行为中进行必要的自我管理，理性应用移动阅读。比如加强移动阅读的计划性，安排相对固定的时间段进行移动阅读，利用课间、等人、休息的碎片化时间阅读，晚上11点后不再使用手机，限制手机应用的推送和通知；控制每天用于移动阅读的时长，每次阅读的中间要适当休息，保护眼睛。当学习任务繁重或有重要的事情需要处理却产生移动阅读的欲望时，可通过转移注意力或与其他同学互相提醒、监督等方式进行自我管控。在上课、自习、开会以及与其他同学、朋友聚会时，将手机关闭或有意识地提醒自己坚持不看手机。对阅读的内容有所选择，兼顾阅读的广度与深度，尽量选择有营养的、有助于提高人生体验的知识性、艺术性强的读物。在阅读的过程中要注意排除干扰，集中精力，吸取养分，对重要的内容要仔细阅读保证移动阅读的有效性。

　　4.2.2　加强对大学生移动阅读的引导　高校的学生工作部门、图书馆和教师应通过宣传、教育、考评等各种方式引导大学生正确利用移动阅读，帮助他们建立合适的阅读策略。应定期或不定期地了解其移动阅读的情况，重点关注低年龄、低学历、文科专业和男性学生，针对有沉迷问题的学生进行适当的心理辅导和干预。图书馆可以为大学生提供、推荐优质移动读物，用更好的内容吸引大学生，推动他们走出移动阅读沉迷的怪圈，促使他们走上正常的学习和生活轨道。新闻媒体可以通过新闻报道、典型案例等形式宣传移动阅读沉迷的害处，引导读者努力提高移动阅读素养。

　　4.2.3　加强对移动阅读服务的管理　与纸本阅读的发展历史相比，移动阅读等新媒体阅读尚处在发展初期，远没有成熟，需要各类阅读服务机构共同推进，以读者为中心，根据社会发展形势和各类读者的需要，既充分发挥移动阅读的优势为读者提供"轻内容"服务，又引领读者逐步摆脱移动阅读沉迷。高校图书馆等公益阅读服务机构没有商业利益的羁绊，应积极利用新媒体提供学习性阅读、专业性阅读等深度阅读内容。商业性的移动阅读服务机构应兼顾商业利益与社会责任，多提供有益的移动读物。移动阅读服务产品在加强用户个性化、社交化和智能化功能提升用户体验的同时，应提供健康、时尚、信息量大、知识性强、艺术性高的新内容，促进读者阅读素养的提高。内容形式简单、易操作，摈弃迷幻、刺激人感官和眼球的噱头等方式。在服务手段方面，服务商可以运用技术手段进行阅读限时管理等，在作品中对读者进行移动阅读时间的限定，超过一定的时间系统将提醒甚至关闭。政府有关部门要加强对移动阅读服务产品与机构的规范管理，制定必要的行业规范和措施。对于色情、暴力等易引起读者沉迷而无所益的内容，则应通过行政、法律手段进行管控。

5 结语

移动阅读可以帮助用户超越时空局限随时随地了解新闻资讯，进行阅读学习或休闲娱乐，可以适应现代社会的快速发展节奏。然而，移动阅读带来的副作用也是客观存在的，一些自我管理能力较差的用户在移动阅读中会出现过度沉迷等现象，影响了自己的工作与生活。移动阅读沉迷是当前大学生利用移动阅读的负面现象，政府部门、高校及高校图书馆、移动阅读服务机构等都有责任和义务加强对大学生移动阅读行为的引导，使其提高移动阅读的能力和效果。

参考文献：

[1] 钱玮珏. 低头族，请小心！[N]. 南方日报,2013 – 12 – 12(B05).

[2] 易观智库. 中国移动阅读产业研究报告 2013[EB/OL]. [2014 – 04 – 10]. http://www.enfodesk.com/SMinisite/maininfo/meetingdetail – id – 102. html.

[3] 徐华,吴玄娜,兰彦婷,等. 大学生手机依赖量表的编制[J]. 中国临床心理学杂志, 2008,16(1):26 – 27.

[4] 杜立操,熊少青. 大学生手机依赖状况调查及干预对策研究[J]. 四川教育学院学报, 2009,25(7):26 – 28.

[5] 邵蕾蕾,林恒. 大学生手机依赖问卷的编制[J]. 社会心理科学,2010(9 – 10):126 – 130,248.

[6] 胥鉴霖,王泗通. 大学生手机依赖现状调查探究——以 HH 大学 J 小区为例[J]. 电子测试,2013,14(7):137 – 139.

[7] 陶舒曼,付继玲,王忠,等. 青少年手机使用依赖自评问卷编制及其在大学生中的应用[J]. 中国学校卫生,2013,34(1):26 – 29.

[8] Ito M, Daisuke O. Mobile phones：Japanese youth and the replacement of social contact [EB/OL]. [2014 – 04 – 10]. http://www. itofisher. com/PEOPLE/mito/mobileyouth. pdf.

[9] Bianchi A,Phillips J G. Psychological predictors of problem mobile phone use[J]. Cyber Psychology & Behavior,2005,8(1):39 – 51.

[10] Billieux J, Vander Linden M, Rochat L. The role of impulsivity in actual and problematic use of the mobile phone[J]. Applied Cognitive Psychology, 2008. 22(9):1195 – 1210.

[11] Leung L. Linking psychological attributes to addiction and improper use of the mobile phone among adolescents in Hong Kong[J]. Journal of Children Media,2008,2(2):93

    -113.

[12] 宫佳奇,任玮.兰州市高校大学生手机依赖状况分析[J].新闻世界,2009(10):141
      -142.

[13] 旷洁.媒介依赖理论在手机媒体环境下的实证研究[J].新闻知识,2013(2):99-101.

[14] 莱文森.数字麦克卢汉——信息化新纪元指南[M].何道宽,译.北京:社会科学文献
      出版社,2006:254-255.

[15] 吴增强,张建国.青少年网络成瘾预防与干预[M].上海:上海教育出版社,2007:37
      -38.

[16] Csikszentmihaly M. Beyond boredom and anxiety[M]. San Franciso:Jossey-Bass,1975.

[17] Ghani J A, Deshpande S P. Task characteristics and the experience of optimal flow in hu-
      man—computer interaction[J]. The Journal of Psychology, 1994,128(4):381-391.

[18] 曾祥芹,韩雪屏.阅读学原理.郑州:大象出版社,2002:229.

作者简介

张云,南京农业大学信息科技学院硕士研究生;茆意宏,南京农业大学
信息科技学院教授,硕士生导师,通讯作者,E-mail: maoyh@njau. edu. cn。

理 论 篇

移动图书馆服务模式探索[*]

梁欣　过仕明

哈尔滨师范大学

　　移动技术的进步，使得社会公众真正实现了任何时间、任何地点接入移动通讯网络的愿望。移动上网普遍发生于生活的各个场景，逐渐发展成为社会公众的一种常态生活方式。以图书馆为例：社会公众已经逐渐习惯于利用候车、排队、吃饭等零散的"碎片"时间查询图书馆馆藏资源、个人借阅信息；休息之前，通过 WAP 网站阅读电子书、欣赏移动图书馆所提供的高品质音乐、视频等文化资源正在成为公众放松身心、娱乐自我、缓解工作压力的一种重要途径。功能强大、种类繁多的移动服务已经将用户与移动通讯网络紧密、无缝地捆绑在一起——移动技术的进步不但深刻地改变了用户利用网络的方式，而且正在潜移默化地影响着用户的传统生活[1]。

　　在用户尽情享受移动网络所带来的全新体验的背景下，中国移动网民的队伍得到空前的壮大。据中国互联网信息中心 2012 年 11 月发布的《中国手机网民上网行为研究报告》统计，截至 2012 年 6 月底，我国手机网民规模达 3.88 亿，在整体网民中占比 72.2%，首次超越台式电脑网民数，成为我国网民第一大上网终端[1]。巨大的用户群体与利润吸引着移动服务提供商、通讯服务商、应用开发商等众多商家纷纷进入移动内容与服务领域，并开始在电子书阅读、学术资源在线利用等图书馆传统服务领地与图书馆展开竞争。

　　作为保障信息公平与知识权利的公益性社会机构，图书馆能否抓住移动技术发展所创造的机遇，创新服务模式，拓展服务功能，向全社会提供普遍均等、超越时空限制的知识服务，就成为其当前所面临的最紧迫的理论与实践课题。本文通过对我国移动图书馆服务模式发展的现状进行深入考察，力图把握其发展轨迹、基本现状、存在的问题与影响因素，进而为我国移动图书馆的健康发展提供可资借鉴的理论依据。

---

　　[*] 本文系国家社会科学基目项目"图书馆移动服务模式与质量评价研究"（项目编号：12BTQ019）研究成果之一。

1 移动图书馆服务模式理论研究现状

1.1 移动图书馆服务模式的定义

伴随着移动图书馆服务实践的深入开展，我国也正在形成了移动图书馆服务模式理论研究的热潮。但我国图书馆界对移动图书馆服务模式的认识还停留在传统图书馆阶段，即认为移动图书馆服务模式不过是传统图书馆服务模式的延伸与拓展，只不过在服务功能、服务手段等方面有所创新；在移动图书馆服务模式的内涵、表现维度等诸多关键命题上还未形成统一的认识。本文通过梳理国内外相关的研究成果，对移动图书馆服务模式作如下定义：所谓移动图书馆服务模式，是指伴随着无线网络通讯技术的进步，图书馆所采取的不同类型的移动服务实现方式。

1.2 移动图书馆服务模式的研究内容

从研究内容上看，目前国内移动图书馆服务模式的研究主要集中在以下 4 个方面：

1.2.1 国内外移动图书馆服务模式比较研究
高春玲（2011）比较了中美图书馆移动阅读服务服务模式的差距，指出："国内移动图书馆服务主要以短信和 WAP 网站访问为主。其中，目前我国短信服务是主流服务模式。而美国移动图书馆服务则主要包括短信、WAP 网站访问、Application 模式"[2]。

殷长庆（2012）认为："国内移动图书馆服务模式比较单一，基本是短信服务和 WAP 两种服务模式，国外已经使用的 I - Mode 模式和智能手机 Application 模式还未在国内实现。美国移动图书馆服务模式则更为多样化，且短信服务普遍应用于参考咨询服务，WAP 网站访问是主流服务模式，Application 模式也渐成趋势"[3]。

姜颖（2011）通过对中美两国公共图书馆和高校图书馆提供移动图书馆服务进行比较、分析，进而得出结论："两国在服务内容、移动设备和网络普及率等方面所存在的差异，使得我国移动图书馆服务以短信为主，而美国移动图书馆则以 WAP 网站为主"[4]。

1.2.2 移动图书馆服务模式建设案例
孙杨（2012）以北京航空航天大学图书馆为例，提出："较为完善的图书馆移动信息服务系统应包含短信平台、WAP 平台和移动阅读客户端，以满足不同用户对图书馆移动性的需求"[5]。

1.2.3 移动图书馆服务模式比较研究
靳艳华（2013）认为移动图书馆的服务模式主要有短信服务和 WAP 站点服务模式，并从软硬件接入门槛、功能等方面比较了两者的差异[6]。

王菁璐（2012）认为："目前，移动图书馆的服务模式主要有基于 WAP 的移动图书馆服务、智能手机 APP 的开发、QR 二维码的应用、短信服务平台的新拓展、基于物联网的智能图书馆系统、数据库的移动阅读和获取等等"[7]。

戴晓红（2012）提出：国内主要存在短信服务、WAP 服务和电子资源全文阅读等三种服务模式[8]。

罗晓涛（2013）认为："目前国内移动图书馆的服务模式主要有 SMS、WAP 网站、APP 三种模式。SMS 模式信息提醒及时，但服务内容过于简单；由于移动终端浏览器并不如 PC 机浏览器软件方便快捷，因此 WAP 模式受众不多；由于 APP 建设成本过高，目前国内图书馆很少提供 APP 服务"[9]。

1.2.4　移动图书馆服务模式的调研与设计　魏群义（2013）以 "985" 高校图书馆和省级公共图书馆为调研对象，采用网站访问、网络调研与文献调研等方法，分析了当前我国移动图书馆服务模式发展现状："高校图书馆所采取的业务模式以 SMS 和 WAP 服务为主，而公共图书馆则以 WAP 服务为主，清华大学、东南大学、上海图书馆等少数图书馆开通了客户端服务，供智能手机用户下载使用"[10]。

宋恩梅、袁琳（2009）梳理了我国移动数字图书馆的发展轨迹，认为："2007 年以前，主要是以短信服务为主，2007 年以后随着无线网络技术的发展，图书馆 WAP 服务逐渐兴起，与短信服务形成互为补充的格局，"并对已开通有 WAP 网站的 16 家图书馆进行了登录，考察了其功能、界面、操作等实际运行状况[11]。

通过以上对国内外图书馆移动服务模式现状的综述，可以看出：①国内图书馆在服务模式方面的研究及其实践应用已取得了一定的成绩。相比于国内，国外的研究与实践开展得更早，服务模式比较成熟，移动服务的社会覆盖率与均等化程度也较高。②就服务模式的类型而言，国内模式较为单一，而国外则较为多样化。③就服务模式的层次而言，我国与发达国家存在着较大的差距。目前，短信服务仍是国内主流移动服务模式，而国外是以 WAP 网站访问作为主流服务模式，并且客户端应用模式大有后者居上之势。

2　移动图书馆服务模式比较分析

目前，图书馆学界普遍认为移动图书馆存在着短信、WAP 网站与客户端应用等三种服务模式[2]。这三种服务模式的差异主要体现在实现方式方面（网络接入技术与移动终端），并在时间、功能、层次等诸多方面呈现出从低到高、逐次递增的变化趋势。

理论界的综合研究结果表明，网络接入技术与移动终端、利用素养与技能仍然是影响用户获得普遍均等服务的主要障碍。笔者结合当前移动图书馆服务模式的特点与现状，选取了移动通讯网络、移动终端、成本、利用素养与技能共 4 个具体指标作为比较依据，对三种服务模式进行细致的比较研究，以期发现其在践行为广大社会公众提供普遍均等服务方面的局限与不足。

2.1　短信服务模式

短信服务模式是三者中历史最为悠久、使用范围最广、利用门槛最低的服务方式[12]。具体而言：①移动通讯网络：其对网络接入技术环境（如移动通讯网络的类型、带宽、速率等因素）都没有太高的要求。无论是传统的 2G，还是最新的 3G 网络，只要有移动通讯网络覆盖的地方，都是短信服务模式能够发挥作用的范围。②移动终端：作为与语音服务相并列的基础服务，短信服务不要求用户连接移动互联网与实施软件应用，因此手机等移动终端无需太高的软硬件配置，几乎每个社会成员的手机都能符合要求。③成本：短信服务利用的成本非常低，收、发短信只需 1 角钱，"套餐"方式则价格更为低廉。如此优惠的价格使得普通社会公众也能够负担得起接入与使用短信服务的成本。正因为短信服务模式所具备的上述特点与低廉的价格，因此其也最具有亲民性，成为当前使用群体最为广泛的服务模式。④利用技能与利用素养：短信服务模式对用户的利用技能与素养要求较低。众所周知，利用移动互联网要求用户具备基本的信息素养与技能素养。短信服务作为手机的基本功能，其操作简单、方便，只要用户具备基本的文化基础，哪怕不是很熟悉信息技术也能够很快掌握其应用方法。

不足：正因为其进入"门槛"低，使得其只能以文本方式完成借阅信息通知、新闻发布等基本功能。随着时代的发展，其服务手段与功能已逐渐难以满足日益变化的用户需求。

2.2　WAP 网站服务模式

WAP 网站服务模式是一种窄带方式传输数据的服务方式，也是目前移动网民利用互联网与移动图书馆的主要方式[1]。具体而言：①移动通讯网络：与短信服务模式相比，WAP 网站服务模式要求较高的网络接入环境，最好是带宽、速率、吞吐率等各方面性能都较好的第三代移动通讯网络。②移动终端：WAP 网站服务模式是通过手机访问专用和通用网站的形式来提供信息服务的，因此用户所持的移动终端必须是具备上网功能的智能手机，且应配置浏览器、QQ 等网络应用程序。③成本：WAP 网站服务模式利用成本较高，网络接入方式的变化也产生了较高的上网流量，以 KB 为计量单位的计费方式使得绝大多数移动网民选择包月这一较为实惠的套餐消费方式。④利用技能与利用素养：对于普通的学生和接触互联网较早的网民来说，通过移动通信网络、以移动终端为平台利用移动互联网，就如同使用固定电脑接入互联网一样简单与正常。但对于那些没有接受过长期的利用技能培训、信息素养与文化水平较低且不熟悉移动图书馆网站设计界面、不习惯通过繁琐的手机操作接入移动互联网的普通社会公众来说，WAP 网站服务模式无疑又增加了他们的利用难度。

2.3 客户端应用服务模式

客户端应用是移动图书馆、数字图书馆与移动终端应用紧密融合的产物。在客户端应用服务模式下，移动用户无需考虑服务是谁开发的，由谁提供的，并采用何种方式访问；避免了重复、繁琐地输入网址的操作负担；扩展性强、内容丰富、功能强大等移动客户端应用特点为用户带来了前所未有的网络体验，因此代表了当前移动图书馆技术最为先进、功能最为强大的一种服务模式。具体而言：①移动通讯网络：与前两种服务模式相比，客户端应用服务模式要求极高的网络接入环境最好是带宽、速率、吞吐率各方面性能都较好且支持多媒体、超媒体应用的 3G 或最新一代的移动通讯网络。②移动终端：在其丰富的软件应用背后，是更高的进入门槛（高配置的移动终端，高性能的处理器与操作系统以适应客户端应用对应用处理与网络流量的需求）。③成本：高端的网络应用（多媒体、超媒体）形成了高负荷的网络流量并产生了高额的上网费用，普通社会公众难以负担接入移动通讯网络、购买与维护移动终端设备、使用移动图书馆服务的高额成本。④利用技能与利用素养，在该种服务模式下，接入与使用包括图书馆在内的移动互联网资源只需鼠标点击应用图标即可实现。其最大限度地迎合了对计算机软件、硬件，尤其对移动网络环境比较熟悉的资深网民的操作习惯与需要。因此，深得他们的喜爱。然而，对于广大接触互联网较晚的社会公众来说，接入与使用移动互联网意味着他们又必须要在学会利用互联网操作的基础上，重新掌握每一种客户端应用的界面与操作习惯，从而人为地加重了他们的利用负担。

3 移动图书馆服务体系的服务模式探索

让每一位社会成员都能够享受到普遍均等、无差别的信息服务是全世界图书馆努力践行的使命与不懈追求的目标。移动互联时代，这种历史使命与对核心价值的坚守并不会因为移动信息技术所引发的革命而发生任何的改变，图书馆界在任何时候都必须清楚地认识到，任何技术手段、服务模式的完善与更新只有一个目的，那就是提供能够覆盖全社会绝大多数成员的信息服务，保障社会公众获取信息与知识的权利。目前，对于图书馆界而言，现存的三种服务模式在实现这一目标方面都存在一定的不足。因此，未来的移动图书馆服务模式不应只停留在技术层面的单一服务模式上，而应致力于发展既注重技术进步，又富有人文关怀的复合型移动图书馆服务模式——这种服务模式是上述多种服务模式的综合体。同时，它又是一种成熟而系统的服务模式，能够比较合理地处理并最小化社会公众在移动网络接入与使用、知识获取与利用等方面的不利因素。具体操作层面，图书馆要从注重服务群体的差异性、努力创造"移动服务机遇"等两方面有针对性地加强服务模式建设。

3.1 移动图书馆服务模式设计的出发点

3.1.1 注意服务群体的差异性　目前，社会公众在接入与使用移动通讯网络的硬件条件方面（尤其在移动通讯网络与移动终端的占有与使用上）存在着巨大差异，这种差异客观上形成了三种基本的用户群体，并由此决定了他们所能利用的服务模式。第一种是使用普通的 GSM 服务网络与最普通的、只能完成语音与短信功能的手机的用户群体。并且，这部分用户还占据全部社会成员相当大的比重。来自中国互联网信息中心的统计数字显示，2G、2.5G 等传统网络依然是目前手机网民的主要网络接入方式，比例为 57.0%[1]。硬件基础条件的限制使得他们只能利用第一种服务模式即短信服务模式。第二种用户群体拥有较高性能的智能手机，他们多为在校学生或使用互联网较早的人群，对移动互联网具有深厚的兴趣与较强烈的需求，习惯利用 WAP 服务模式访问图书馆资源。第三种用户群体是紧跟移动通讯技术发展潮流的移动网民。他们一般都具有较高的文化程度、收入水平、较长时间的移动网龄，拥有 IPAD、苹果等高端移动终端，雄厚的物质基础使得他们尤其喜欢通过客户端应用模式接入移动图书馆。对于他们来说，坐上高速车（移动终端）、跑在高速路（3G 高速网络）、玩特色（使用个性化、丰富的移动图书馆应用程序）已经成为他们利用图书馆的首选方式。服务群体的鲜明差异性及其利用图书馆服务模式的属性特点，是移动图书馆设计与优化其服务模式的出发点与重要依据。

3.1.2 努力创造"移动服务机遇"　社会公众对移动通讯技术理解与掌握的差距，形成了事实上的利用素养与技能鸿沟，这种鸿沟不但影响了公众对移动信息与知识的获取利用，而且妨碍了他们从中获取利益、参与社会生活、开展创造活动的权利与机会，形成了新一代的移动弱势群体。因此，消除公众利用移动服务的素养与技能障碍，努力创造"移动服务机遇"，减少知识贫困和社会分化、社会排斥现象，维护弱势群体利用信息与知识的权利，就成为移动图书馆服务模式设计的重要战略。在此方面，美国总统克林顿的做法值得图书馆学习：他曾在国情咨文中提及并构建了如下目标：①专业技术平民化，让计算机、互联网以及高速网络等先进技术进入普通民众家庭。②技能培训规范化，让训练有素的专业技术人员深入基层，为民众提供正确、规范的技术培训和教育。③网络内容实用化，针对用户的客观需求来编纂、设计和提供网络服务内容以及各种应用软件，让所有美国人都能利用新技术最大限度地发挥自身潜力[13]。

3.2 移动图书馆服务模式框架

针对服务群体的上述特点，图书馆移动服务模式设计应该从用户第一的角度，广泛兼顾社会各层次服务对象的需求与基础条件，尽量简化社会公众接入与使用移动通讯网络的门槛，消除他们利用移动服务的素养与技能障碍，并有针对性地设计富有层次感、服务手段多样、服务质量稳定、极具普适性与惠民性的服务模式。

本文针对移动互联网环境设计全新意义上的移动图书馆服务模式，即通过非网络的常规服务与网络服务相结合的方式为社会公众提供移动信息服务。用户不仅能够通过电话、短信等基础服务实现馆藏信息查询、预约、续借、用户借阅信息查询、用户管理等图书馆传统服务功能，还能够通过 WAP 网站、客户端应用提供位置定位、二维码、流媒体等深层次服务。移动信息服务系统主要包含非网络的常规服务平台、短信平台与 WAP 网站服务平台、客户端应用服务平台等 4 大功能模块，通过常规服务与网络服务方式相结合，基本能够满足各类图书馆服务对象的需求。移动图书馆服务模式具体架构如图 1 所示：

3.2.1 非网络的常规服务模式

图书馆可以在以下方面大力开展卓有成效的"移动扶贫"工作：①创建社区分馆技术服务中心，向买不起电脑、移动终端的人提供电脑硬件和移动信息技术的操作技能培训。②免费或以其他方式提供移动终端设备与网络接入环境。图书馆以低廉的价格或免费向民众提供电脑硬件和移动终端设备，在图书馆内大力营造免费的 WIFI 和 WLAN 环境，力图在实体馆覆盖的小环境内，率先实行移动信息"扶贫"。③图书馆向民众积极开展移动信息技术、移动图书馆服务内容培训。可以通过举办讲座、

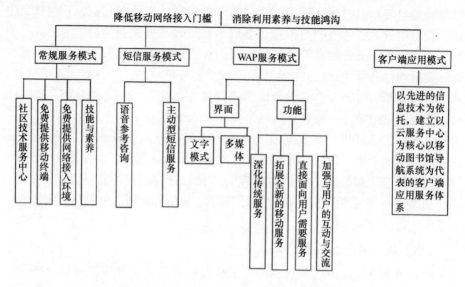

图 1 移动图书馆服务模式框架

发放宣传单、手册、课件光盘的形式,增强社会公众的移动信息意识,提高他们的移动素养与利用技能,逐步消除他们对移动图书馆服务的畏惧感与排斥感,增强可接触感与亲近感。通过非网络的常规服务,让没有电脑和终端设备、不具备利用技能的社会公众也能够利用移动图书馆信息服务。

  3.2.2 短信服务模式 短信服务模式的先天不足与一成不变严重影响了其服务功能与服务效果,使得其在数字时代逐渐淡出了移动图书馆主流服务的视野。实际上,对于那些不具备接入移动互联网条件的广大社会公众来说,短信服务模式仍是他们在移动时代利用图书馆服务的有效手段与渠道。图书馆应深入挖掘短信服务模式的潜能,对更多的图书馆传统服务功能进行重组与改造,使其延伸到短信与电话语音服务上,让短信与语音服务承载更多、更丰富的动态内容与功能,从而使图书馆的移动服务更具有主动性、广泛性与亲近性。

  ● 语音参考咨询。短信服务模式可以提供基于文本、语音等多种方式的参考咨询服务。语音方式的参考咨询是指将文本、音频集成于一体,提供在线、即时的咨询方式。这种服务模式将参考馆员的咨询电话嵌入短信,用户只需点击短信中的电话信息即可与参考咨询馆员进行面对面的实时交流。这样,用户不必再记忆复杂的咨询电话号码,只要通过短信中的咨询电话就可以联系到参考咨询馆员,馆员也可以在第一时间内对读者提出的问题予以解答。这同时也解决了传统短信服务需要用户背诵短信指令、信息易堵塞、发送和接收受网络是否通畅影响等多重难题[14]。

● 主动型的短信服务。短信服务是移动图书馆信息服务的重要组成部分，而传递资讯又是短信最主要的功能。据统计，网民以获取新闻资讯为上网目的的比例为58.2%，随时随地阅读的便捷性使手机逐渐成为获取新闻资讯的主要方式，突破传统媒体阅读的载体限制[14]。作为以文本信息为主要承载内容的服务模式，图书馆要充分发挥短信服务模式在传播新闻资讯方面"小"、"快"、"灵"的特点，创新出主动型的服务模式。

作为图书馆移动信息服务的初级阶段，图书馆短信平台主要对向社会公众提供传统的借阅信息查询、超期提醒、到期催还、图书预约、续借、读者管理等功能。需要注意的是，这里所列出的许多功能并不是图书馆主动提供的，而是被动提供服务的。所谓被动提供服务，是指用户需要编辑包含特定格式的指令所组成的代码短信，然后将其发送到指定的服务号码，经短信平台处理后才能返回相应的查询内容。短信服务作为移动图书馆服务的重要手段，图书馆必须在主动服务、个性化服务方面深入挖掘、创新其服务内容与手段：①通过电视网、广播网、因特网大力宣传图书馆移动短信服务的内容、方式与手段，使短信服务的观念深入人心，让每个社会成员都能知晓图书馆的短信特服号码；②通过技术手段主动推送信息，图书馆大力升级、改进移动图书馆管理系统，主动、及时地推送借阅信息、预约等流通服务信息；③深化服务内容，改变过去短信服务只推送图书馆简介、新闻、讲座、规章制度等介绍性信息为主的服务模式，利用短信平台与移动图书馆自动化管理系统的无缝链接，动态地提供诸如电子阅览室剩余机器数量、生活小技巧、馆藏利用率、出行指南、热门资源推介、国内外重大新闻等社会公众生活中喜闻乐见的实用信息。

3.2.3 WAP 网站服务模式

● 界面设计。考虑到不同群体在网络接入条件方面所存在的客观差异，尤其针对用户移动终端的类型与功能差异，图书馆在界面设计时，应该推出两种形式的 WAP 网站：一种是文字模式。针对部分用户只能使用传统的二代网络与低配置的手机、网络带宽与移动终端存在利用瓶颈等客观现实，图书馆应对目前的 WAP 网站进行界面的全方位优化。优化的原则就是既保证资源丰富，又确保界面的简洁明了，使得普通用户也能够流畅访问：①去掉占据带宽的图片、FLASH、音频、小动画，只保留能够表达网站思想、实现网站功能的基本文字内容。②在版面安排方面多采用照顾普通网民使用习惯的设计风格。例如：将每个网页的版面限制在一个移动终端屏幕所能容纳的范围内，尽量不使用滚动条等不适合在小移动终端屏幕上所使用的元素；考虑到普通用户在移动终端上输入文字不便的现实情况，尽量减少文本框等元素的使用，而代之以列表框、单选、多选等贴心设计；减少网页链接的层数。网页调查显示，"网页信息每深入一层，用户多点击一次，就会损失一些访问者"[15]，这一点对于 WAP 网站用户更具有重大的现实意义。用户在 WAP 网页之间切换时，远没有在电脑上那样方便与快捷。因此，要严格控制 WAP 网站链接的层数，链接的层数尽量不多于两层，并在次级页面链接的位置上设计醒目的返回按钮以方便用户的定位。通过以上设计举措，使得普通的社会公众在访问 WAP 网站时，能根据所给出的醒目提示，选择适合自己情况的 WAP 网站利用模式。这种设计，使得在接入移动互联网络方面存在巨大差距的用户在文本模式下也能够体验到贴心的设计、浓厚的人文关怀。另一种形式是多媒体模式的 WAP 网站。多媒体模式主要针对接入与使用硬件条件较好的用户，高配置的屏智能手机，强大的处理器与操作系统、大容量的网络带宽支持使得图书馆可以放心地在网页界面中加入 flash、音频、视频等丰富多彩的表达元素，选择高品质的色彩、图像分辨率、过渡效果，使用多框架、java 等多种网页设计技术，从而使得这部分用户充分体验到多媒体模式所带来的炫彩享受[5]。

- 功能设计。WAP 网站服务模式是国内外移动图书馆所采用的主流服务模式。目前，我国同国外先进移动图书馆在服务内容与功能方面还存在着较大的差距，这种差距主要体现在国内移动图书馆 WAP 网站所提供的服务内容仍主要集中于流通服务、数据库检索等传统的图书馆服务，其只不过是将传统服务延伸到手机等移动终端上面。移动图书馆服务的内容、功能方面并未发生实质性的改变，创新程度不大，因此不能够对移动用户产生足够的吸引力。为此，我国图书馆一方面要丰富 WAP 网站服务模式的内容。除继续深化图书馆传统的流通、参考咨询服务之外，还要积极拓展全新的图书馆服务（电子书、音频、视频下载、讲座预约、租借计算机）；另外，还要继续增加能够直接面向用户需求的服务类型。例如，提供城市中图书馆网点及其分布地图、图书馆电话、开放时间、出行指南、办证方式等贴心服务；针对广大社会用户，广泛提供他们日常生活需要提供的诸如政策、法律、饮食、医疗、交通、教育各方面的综合信息；图书馆要大力加强与用户的交流与互动，改变用户传统观念中移动图书馆服务冷冰冰的感觉，提供 FAQ、服务意见交流版、读者建议微博、视频参考咨询、图书馆读者 QQ 群、飞信群、离线参考咨询等交流服务，拉近用户与移动图书馆的距离[4]。

3.2.4 客户端应用服务模式 目前国内提供客户端应用服务模式的移动

图书馆还不是很多,可供利用的客户端应用资源也不丰富,用户的利用率也不是很高,没有调动社会公众利用客户端应用的积极性与热情。为此,我们应该大力加强对先进信息技术的学习与借鉴,拓展客户端应用的规模和使用范围,促进客户端服务水平与内容的不断深化,实现由低层次服务到高级别服务、由实验中到可应用于实践中并普遍推广的转变。下面将以移动图书馆服务导航系统为例,介绍客户端应用在我国移动图书馆中的巨大发展前景。

移动图书馆服务导航系统是图书馆依托先进的数据库技术、云计算技术、存储技术而开发的全新客户端应用。为向全社会公众提供更加方便、快捷的移动信息获取渠道,图书馆以云计算技术为基础,在全国图书馆界建立一个海量存储的移动信息化体系,即"移动服务云"项目。图书馆"移动服务云"项目以一个核心为基础,两大辅助系统为支撑。一个核心为移动服务综合数据中心,两大辅助系统为公众信息咨询系统、行业管理系统。公共信息咨询系统功能是借助于遍布城市的查询终端与用户手机上所安装的智能导航系统来实现的。用户身处城市之中,只要点开手机中安装的"移动图书馆服务导航系统"应用,就可以随时随地以语音方式播报全国每一个城市的图书馆网点介绍,包括周围的吃、住、行、游、购、娱等各种旅游相关信息。例如:您现在所处的位置是哈尔滨市学府路,附近有著名的黑龙江大学图书馆、哈尔滨市图书馆等景观,还有中央红超市、华联超市等大型商服企业,您距离最近的图书馆是哈尔滨理工大学图书馆,直线距离 520 米,开车请走学府路,坐车请乘 68、87 路。移动图书馆智能手机导游系统只是上述的"移动服务云"工程中的一部分内容。

当进入到某个实体图书馆之后,用户首先利用手机 SIM 卡应用完成身份识别与认证。然后借助导航系统"进入"到该图书馆网点,进入后,该图书馆的基本情况、楼层分布、资源利用方式等指南信息就以二维或三维可视化的方式展现在他们面前。在导航定位的指引下,用户不但可以在短时间内找到所需要的库室,而且利用 QR 二维码软件应用,还能够智能识别书架上所标示的资源信息,从而准确地定位到自己所需要的信息资源。

与以往不同的是,用户通过移动网络,在未来的移动图书馆中不但能够查询到本馆的馆藏信息,而且能够检索到国内所有图书馆的馆藏资源。在此基础之上,用户借助于丰富的应用不但可以在区域联盟内部实现通借通还传统的印刷资源,而且还能够广泛共享联盟内的所有数字信息资源、应用服务、硬件设备。

行业管理系统主要包括"移动服务云"中心、信息预测预报系统等。城市中所有移动图书馆管理系统均与其联网,图书馆云中心可以通过数据分析计算出每一个图书馆的人流情况，从而为突发事件提供支持依据。通过这一系统，中心还可以随时掌握图书馆的利用率等相关信息，完成对相关图书馆的读者信息统计，把握读者变化趋势，从而有效引导节假日与高峰期读者。

高技术的客户端应用将社会公众与移动通讯网络、移动图书馆服务无缝地融合在一起，社会公众可以通过应用享受到方便、快捷的移动图书馆服务体验；移动图书馆在提供客户端服务的同时，自身服务的自动化、系统化水平、信息资源的共享化水平也得到了极大程度的提高。客户端应用代表着未来图书馆服务的发展趋势，因此，图书馆应与自动化管理系统开发商、移动服务通讯商、移动互联网服务提供商、应用软件开发商密切合作，开发出功能更加丰富、操作更加便捷、更富于人文化的客户端应用，以满足社会公众日益增长的服务需求。

4　结语

创新图书馆服务模式，对于我国移动图书馆的发展具有至关重要的现实意义。我国移动图书馆从 2002 年起步，至今已发展了 10 余年。在此期间，虽然移动通讯技术进步迅速，但是移动图书馆发展却相对缓慢，普及率比较低，服务效果较差，公众的评价也不高。本课题针对上述现状，从消除用户利用障碍的视角，重新审视移动图书馆三种服务模式在提供普遍均等服务方面所存在的不足；认为移动设备与网络普及率、利用素养与技能障碍的存在是影响移动图书馆服务普及与深化的主要原因；注意服务群体的差异性、努力创造"移动服务机遇"、降低公众接入移动通讯网络的门槛、消除他们利用移动图书馆服务的素养与技能障碍，是目前移动图书馆创新服务、保障公民获得普遍均等的移动图书馆服务的有效措施。图书馆界应始终坚持以用户为中心的服务理念与普遍均等的核心价值，并有针对性地构建相应的服务模式与服务体系。希望本课题研究对于提高社会公众对移动图书馆服务的认同与认识、加快移动图书馆服务在全社会的推广与普及有所帮助。

参考文献：

[1]　互联网信息中心.中国手机网民上网行为研究报告[EB/OL].[2013 - 02 - 08]. http://www.cnnic.net/hlwfzyj/hlwxzbg/ydhlwbg/201211/P020121116518463145828.pdf.

[2]　高春玲.中美移动图书馆服务 PK[J].图书情报工作,2010,54(9):63 - 67.

[3]　殷长庆.移动图书馆服务功能的现状及应对策略[J].图书馆理论与实践,2012(9):58 - 61.

[4]　姜颖.我国移动图书馆服务现状及发展对策[J].图书馆建设,2011(12):75 - 78.

［5］ 孙杨. 高校移动图书馆服务模式探析［J］. 当代图书馆,2012(3)：32－35.

［6］ 靳艳华. 试析移动图书馆的发展前景及实施策略［J］. 图书馆工作与研究,2013(1)：43－45.

［7］ 王菁璐. 移动图书馆服务模式探究［J］. 图书馆建设,2012(8)：44－46.

［8］ 戴晓红. 移动图书馆服务模式和应用前景初探［J］. 图书馆工作与研究,2012(9)：37－41.

［9］ 罗晓涛. 探索移动图书馆服务新模式［J］. 图书馆论坛,2013(2)：99－101.

［10］ 魏群义. 国内移动图书馆应用与发展现状研究［J］. 图书馆,2013(1)：114－117.

［11］ 宋恩梅,袁琳. 移动的书海:国内移动图书馆现状及发展趋势［J］. 中国图书馆学报,2010(9):34－48.

［12］ 梁欣. 图书馆移动服务模式优化研究［J］. 现代情报,2012(9):75－79.

［13］ 张赐祺. 消弭数字鸿沟:美国弱势群体信息权利保护的理论与实践［J］. 毛泽东邓小平理论研究,2012(4):98－104.

［14］ 齐亚双,李永先,薛伟莲. 我国移动图书馆信息服务研究综述［J］. 图书馆学研究,2010(11):7－9.

［15］ 宋毓. 高校图书馆网站改版设计理念与实践探索［J］. 科技情报开发与经济,2008(3):24－26.

作者简介

梁欣,哈尔滨师范大学图书馆研究馆员,E-mail：liangxin927@ya-hoo. com. cn；过仕明,哈尔滨师范大学经济学院教授,院长。

智慧城市背景下的区域联盟移动
图书馆建设[*]

林佩玲

　　智慧城市（smart city）是在数字城市（digital city）和智能城市（intelligent city）建设基础上的城市信息化的高级阶段。北京、上海、宁波、广州、武汉等为代表的国内城市争相将智慧城市作为城市未来发展的重要战略选择，并纳入到城市的国民经济和社会发展"十二五"规划中。面向智慧城市的信息服务是在全球城市化进程快速推进、智慧城市建设如火如荼的大背景下提出的新命题，旨在推动信息服务产业的智慧化转型和升级，使之能够适应智慧城市的发展需求。宁波作为国内第一个将智慧城市建设确定为城市发展重大战略并系统部署建设的城市，也是国内第一个开展智慧城市发展总体规划编制工作的城市，在其发布的智慧城市发展规划《宁波市加快创建智慧城市行动纲要（2011-2015）》中指出，智慧城市是充分利用现代信息通信技术，汇聚人的智慧，赋予物以智能，使汇集智慧的人和具备智能的物互存互动、互补互促，以实现经济社会活动最优化的城市发展新模式和新形态。

　　作为宁波市服务型教育体系的一个重要组成部分，宁波市数字图书馆（NBDL，网址为 www. nbdl. gov. cn）对宁波市智慧城市的建设将起到重要的信息息资源支撑作用。智慧城市的运行需要有全面、及时、便捷、高效的社会化信息服务，目前基于 Web 的 NBDL 亦需要拓展服务内容和服务方式，特别是要加强社会的（social）、本地的（local）、移动的（mobile）服务，即 SOLOMO 服务，充分地利用 SOLOMO 相关技术的有机融合。本文侧重在智慧城市背景下探讨区域联盟移动图书馆的建设的一些关键问题。

---

　　*　本文系国家社会科学基金项目"领域本体的自动构建和应用研究"（项目编号：08CTQ014）；浙江省教育厅科研项目"基于 Shibboleth 的跨校统一身份认证系统研究"（项目编号：Y200908634）研究成果之一。

140

1 移动图书馆研究与实践

以手机为代表的移动设备为用户提供了一种全新的电子阅读体验，也在改变着人们（特别是年轻用户）的阅读行为，促进人们逐渐养成移动阅读习惯。随着校园无线网的普及以及三大移动运营商开始增加 wifi 布点，推进以连接时间计费的 Wifi 服务，手机等移动设备访问的流量问题也将不复存在。所有这些，给使用移动设备随时利用图书馆电子资源和服务创造了良好的网络条件。

目前，有关移动图书馆的研究方兴未艾，研究成果非常丰富，相关实践也在快速发展，已经成为许多图书馆的现实应用。国内外移动图书馆研究与实践主要涉及的方向有：

1.1 系统构建技术

在国内，仝茂海[1]、李高峰[2]等分别提出基于 Windows Mobile 平台的移动数字图书馆系统构建；丁会平[3]通过在内容仓库结构中加入 adapter 的概念，解决资源重用问题，提出 transformation layer 这一概念来屏蔽移动设备多样性带来的问题；谢强等[4]认为移动数字图书馆服务体系架构包括基础支撑层、内容层、技术实现层和用户层；李臻等[5]认为 UOML 国际标准（非结构化操作标记语言）是图书馆移动服务泛在的基础；张蓓等[6]以清华大学图书馆为例，介绍二维条码在移动图书馆服务拓展中的应用。在国外，L. Bridges 等[7]提出了在手机环境中如何构建图书馆资源目录体系，以便更好地揭示相关资源与服务。L. Murray[8]认为移动图书馆应具备 7 个功能：移动网站、SMS 参考咨询、手机联机目录（mobile OPACs）和集成系统、移动馆藏（mobile collections）、电子图书及移动阅读（eBooks and mobile reading）、手机图书馆用户教育（mobile instruction）、移动音视频（mobile audio/video tours）。

1.2 访问与版权

梁瑞霞[9]通过对数字内容进行加密设计，以授权给绑定用户使用来保护数字资源版权；韦云波[10]采用了基于 MVC（Model View Controller，即模型视图控制器）框架的授权访问平台与图书馆统一身份认证系统挂接的一站式登录的方法，最终实现授权读者访问图书馆数字资源的合法权益与跨地域移动阅读需求。

1.3 用户需求调查

李文芳[11]、郭瑞华[12]介绍了肯特州大学图书馆使用移动设备浏览账户、访问数据库课题文献、阅读保存课程材料、自定义独特的个性化网络体验等体现用户需求的数据的情况；Han Shun 等[13]以 HKBUtube 为案例，分析了图书馆用户需求，认为图书馆应主动应对移动图书馆建设的需要；L. Paterson[14]通过对 Edinburgh University 1 700 余名学生将其手机升级为智能手机的调查，认为移动设备的广泛使用为图书馆确定自身价值、发展移动服务奠定了用户基础；J. Hahn[15]通过调查发现，学生利用移动设备搜索时，更多地出于休闲目的而不是学术研究，图书馆移动服务应提供相应的资源与服务；A. Hudson[16]研究了文化的多样性对学生选择移动设备及服务的影响。

1.4 服务内容

陈朝晖等[17]介绍了 APP 移动服务，包括基本移动业务、数字资源推送、用户社区服务、科普游戏社区等；马仲兵[18]认为图书馆读者的需求和喜好具有多样性，并需要提供稳定地、一致性的服务；J. Hahn[19]提出通过移动手机增强现实应用的图书馆服务，如物理书库的浏览、导航等；S. Wilson 等[20]提出利用二维码提供移动图书馆服务。

1.5 服务推广营销

周慧[21]指出，SoLoMo 营销是指由移动应用与社交传媒组合而成的一种新兴的立体化营销模式，它是 social、local 和 mobile 组成的合成词，表明移动技术与其他技术的交叉融合以及所产生的广泛的社会影响。

2 区域图书馆移动服务发展

区域联盟图书馆指的是某一特定区域内各种类型的图书馆（如高校、企业、政府、公众、科研等）通力合作，以实现资源共享而组合起来的图书馆联合体，是图书馆联盟中的一种类型，其目的是提高该区域内图书馆的综合能力。无论是国外，还是国内，区域联盟图书馆正在成为图书馆发展的新模式，成为图书馆提升服务能力和竞争力的重要手段，得到了广泛的重视和积极推进。在区域联盟图书馆建设中，需要关注并解决的一个重要问题是区域图书馆移动服务的建设。

在区域性数字图书馆"移动化"过程中，首先推出的是以短信为主的手机图书馆服务，数字图书馆的移动版也开始出现。以公共图书馆为主体的区域数字图书馆联盟在这方面进行了有益的尝试，如首都数字图书馆、宜昌市数字图书馆、宁波市数字图书馆、英国汉普郡图书馆、Hathi Trust 数字图书馆等先后推出了基于移动终端的各类服务，但其服务方式与服务内容，基本上是数字图书馆的"精简版"，如英国汉普郡图书馆的 WAP 网站，为手机无线

142

上网用户提供服务，并且能够提供本区域内各成员图书馆的联系方式、开放时间、详细地址等信息，用户能通过手机，在车站、路上查询距离自己最近的图书馆位置，还可以查看该图书馆有没有自己需要的书；宁波市移动图书馆项目应用了移动互联网、云计算、云存储等最新数字化技术，使读者可以通过移动手持终端设备随时检索馆藏纸本图书，并可通过多种方式获取和阅读宁波市数字图书馆 240 万种中文电子图书、1.8 万种期刊、8 700 万篇报纸文章以及学位论文、专利、标准、视频等海量资源，并可查询宁波市数字图书馆成员馆的馆藏信息，提出文献传递请求等，为读者提供无时不在、无处不在的资源搜索与获取、个性化定制和手机借阅管理等服务。

移动图书馆的发展依赖于高普及的智能终端，使读者能够随时随地接受区域图书馆联盟的推送服务，提高图书馆的服务质量和服务效率；同时读者可以利用手机的交互性进行个性化定制服务，提高读者获取信息的自主性和舒适性。目前区域联盟移动图书馆受异构系统集中、文献资源共享开放程度等限制，其服务作用、内容、模式与数字图书馆还存在不同。从区域的角度讲，区域联盟移动图书馆突破了单一移动图书馆的资源种类、服务范围的限制，显著提高了移动图书馆的服务能力和服务影响力。

• 在服务作用方面，通过区域联盟移动图书馆能扩大读者群。《第 31 次中国互联网络发展状况调查统计报告》显示，我国手机网民规模达到 4.2 亿，手机成为我国网民的第一大上网终端。图书馆服务的核心是满足读者的需要，区域联盟移动图书馆服务适应了互联网发展的需求，深化了"以人为本"的理念，进一步延伸了数字图书馆联盟的服务范围。移动图书馆的随时随地性打破传统数字图书馆相对受限的使用条件，使区域内的任何一名读者都能享受同样高质、高效的服务，并且能够对潜在用户起到激发和激励作用。而通过微博等社交网络工具，更能让用户随时与区域内的任何一名图书馆员进行沟通。

• 在服务内容方面，从目前国内外区域联盟图书馆移动服务基本内容来看，可分为短信提醒类、服务指南类、数字资源类、参考咨询类、用户管理类、馆际互借事务处理类及远程教育类等服务。数字图书馆通常由多个应用系统构成，如果该应用系统不支持移动服务，则相关服务内容将被取消。以宁波市数字图书馆移动版来说，其移动服务建立在数字图书馆应用系统的版本转换基础之上。在该移动图书馆的服务支撑系统的后台中，需要由图书馆员来响应用户的文献请求。用户可通过手机等移动终端随时随地提出自己的服务申请，而移动图书馆的后台文献传递事务处理系统并未提供馆员移动服务功能，馆员因此没法随时随地方便地处理用户请求。这种需求与服务不匹配的问题，将影响相关的服务流程和响应速度，冲击着数字图书馆的服务模式。如在线参考咨询服务的嵌入、图书馆后台服务工作的移动化处理等。

• 数字图书馆的个性化服务功能扩展。由于用户手机与手机图书馆绑定，更易对用户行为进行分析，其个性化服务功能实现更具针对性。而且因为是区域联盟，可以为需求相同或相近的用户提供统一定制的服务系统，提升移动服务的效率和效果，使得更多的区域用户因为使用移动服务而受益。但是目前个性化的移动学习、移动馆藏、移动定位等特色服务尚未全面应用，所以应构建一种面向区域的"个性化"的手机图书馆服务的实现模式，更好地满足读者需求。

3　面向智慧城市的移动服务功能拓展

从技术发展的视角，智慧城市建设要求通过以移动技术为代表的物联网、云计算等新一代信息技术应用实现全面感知、泛在互联、普适计算与融合应用。区域数字图书馆移动服务为了适应智慧城市发展的需要，必须加快对这些技术的应用，保持与智慧城市在技术功能上的一致和总体目标的协同。为此，在技术上不但要充分利用手机二维码技术、RFID无线射频等智能物联网技术，还需要对目前的移动服务功能进行拓展，使智慧城市图书馆联盟形成一个移动的整体，使城市区域图书馆移动服务走向智慧化。其中，重点需要解决个性化服务、社交网络服务、移动学习服务等关键问题。

3.1　个性化服务

3.1.1　个性化文献管理服务　建立个人网上阅览空间及文献列表，用户随时打开存储在服务器上的文献进行浏览、处理。

区域联盟用户的文献来源主要包括：①通过数字图书馆文献传递获取的文献资源；②直接利用各类数据库下载的文献资源。受设备限制，这些文献不可能全部下载到移动终端中。这时，提供个性化文献管理服务就非常适合用户需求。

提供个性化文献管理服务有两个关键点：①实现数字图书馆联盟用户信息与手机用户信息互联，实现对个人文献的统一管理，这一般可通过手机号与用户名绑定实现；②各类型资源能直接封装，以便使用手机进行浏览访问及编辑管理。

3.1.2　知识发现与提醒服务　通过知识关联技术，及时发现该用户有可能关注的新的知识点，如根据用户行为日志，及时推送新的相关文献，提供提醒、添加等服务。通过系统推荐功能将与用户有相同或相近兴趣的群体相关信息整合后推荐给用户，方便用户快速查找，并了解相关资源的访问情况和评价推荐，直观地呈现近期浏览次数最高的信息。

3.1.3　个性化行为习惯记录与服务定制　在用户进行信息浏览的过程中为用户提供信息导航，如可采用下拉列表形式，自动生成用户可能感兴趣的图书信息和用户尚未浏览的有价值的信息，以引导用户快速获取所需信息；自动记录用户近期浏览的文献资源，并对其进行整理收藏供用户任何时间自主选择使用；根据用户近期查询内容，分析近期学习动向以及信息获取方向，主动提供针对性较强的学科专业化定制服务；可以进一步帮助信息用户深入了解所需信息资源发展等情况，提供全程式的跟踪服务。

3.2　社交网络服务

社交网络是推动互联网向现实世界无限靠近的关键力量，其服务涉及到以人类社交为核心的所有网络服务形式。在智慧城市背景下，图书馆联盟协同服务系统将聚集大批实名注册的固定用户和活跃的图书馆服务人员，因而具备构成社交网络的基础条件。随着社交网络与知识共享的发展，系统中的成员越来越多地利用邮件、微博、飞信等即时通讯工具进行沟通与交流，社交网络将成为数字图书馆联盟移动服务的一种重要服务方式。利用手机这种社交工具，可以让区域内更多用户进行沟通交流，形成用户与用户、用户与馆员的基于联盟移动图书馆自身的社交网络。

联盟移动图书馆社会网络可与个性化服务相结合，如利用个性化的软件，根据读者的需求提供社交网络的互动交流功能。读者可以通过联盟移动图书馆自身的社交网络工具进行交流，也可利用豆瓣、微博等社交网站所提供的功能，对联盟图书馆的服务进行点评、推荐、转发分享等。区域联盟图书馆的用户可通过共同关注的文献资源为纽带，搜索到感兴趣的信息和人，找到想要的关系和资源，利用手机飞信、区域联盟图书馆用户社区等方式，通过"书"来构成一个"书社会"。在"书社会"中，通过移动图书馆的社交功能使用户"悦读"变"独乐"为"众乐"，用户通过移动终端及时看到好友们在读什么书并相互推荐，与好友进行互动，提升手机用户使用移动图书馆的黏性和使用体验。如图1所示：

3.3　移动学习服务

实体中的图书馆是用户的"第二课堂"，在区域联盟移动图书馆中，更应强化这一特点。以宁波市数字图书馆为例，为适应宁波"智慧城市"建设需求，其重要目标任务是成为市民的学习平台，而移动学习让用户能够在任何时间、任何地点方便地开展学习，通过创设符合学习者需要、兴趣和特点的

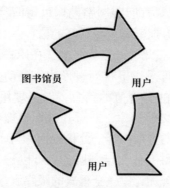

图 1 社交网络中图书馆员与用户的关系

学习环境，能为不同学习者提供不同层次、不同类型的学习内容、学习媒体以及学习方式，真正实现以学习者为中心的学习，是未来远程学习和终身教育实施的主要形式。但由于移动学习的移动性使得学习者无法进行系统、连贯的学习，同时终端设备异构性也使得学习资源有效性呈现受到影响，因此，如何设计能适应这种零碎学习时间和非系统性学习环境的移动学习资源，并使所设计的资源能在异质移动终端上有效性呈现得到保证，已成为移动学习研究领域急需要解决的关键问题。

移动学习资源可利用概念地图，根据概念之间的关系，把同一体系的课程及相关课程整合在一起进行知识揭示。这种移动学习资源整合方式，有利于学习者根据知识脉络进行发散性学习，并有利于把片断式资源根据概念关系进行组合，形成新的学习体系。在这种移动学习模式中，用户可根据知识点和学习情景，来方便地选择所需的学习资源，系统也可根据个性化需求推荐相关学习资源，并进行有效的学习评价。如图 2 所示：

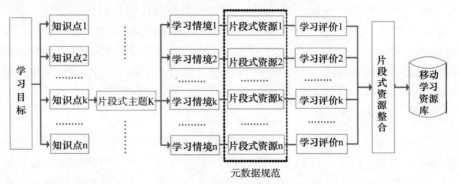

图 2 片段式移动学习资源协作构建原理

146

针对移动学习，还需要整合联盟图书馆成员馆的个性化资源，通过数字资源管理系统，可实现不同类型的特色文档、教案等的多终端移动阅读和交互，分享学习所得。

总之，"智慧城市"的发展，需要区域联盟图书馆服务理念、服务功能及服务方式的更新，需要找准与智慧城市的切入点，通过不断完善的移动图书馆服务，在个性化、社交化和移动学习等方面拓展联盟式服务，使图书馆在未来的智慧城市文化服务体系中占据重要的地位。

参考文献：

[1] 仝茂海. 基于 Windows Mobile 平台的移动数字图书馆系统构建[D]. 上海：复旦大学,2009.

[2] 李高峰. 基于 Windows Mobile 的移动终端研究及在图书馆管理系统中的应用[D]. 南充：西南石油大学,2010.

[3] 丁会平. 移动数字图书馆内容管理系统的设计与实现[D]. 南京：南京理工大学, 2004.

[4] 谢强，牛现云，赵娜. 移动数字图书馆服务体系研究[J]. 图书情报工作,2013,57(4):6 – 10.

[5] 李臻,姜海峰. 图书馆移动服务变迁与走向泛在服务解决方案[J]. 图书情报工作,2013,57(4):32 – 38.

[6] 张蓓,张成昱,姜爱蓉,等. 二维条码在移动图书馆服务拓展中的应用探索[J]. 图书情报工作,2013,57(4):21 – 24.

[7] Bridges L,Rempel H G, Griggs K. Making the case for a fully mobile library Web site：From floor maps to the catalog[J]. Reference Services Review,2010,38(2):309 – 320.

[8] Murray L. Libraries "like to move it, move it"[J]. Reference Services Review,2010,38(2):233 – 249.

[9] 梁瑞霞. 数字图书馆的移动访问及版权管理研究[D]. 杭州：浙江大学, 2006.

[10] 韦云波. 移动阅读的授权访问技术在数字图书馆中的应用研究[J]. 现代情报,2012(4):49 – 52.

[11] 李文芳. 高校移动图书馆建设：基于华中科技大学移动图书馆用户需求的调查与分析[J]. 高校图书情报论坛,2012(2):34 – 37,50.

[12] 郭瑞华. 肯特州大学图书馆移动网站的用户调研及启示[J]. 图书馆学研究,2012(16):99 – 101,90.

[13] Shun Han Rebekah Wong. Which platform do our users prefer：Website or mobile app?[J]. Reference Services Review,2012,40(1):103 – 115.

[14] Paterson L,Low B. Student attitudes towards mobile library services for smartphones[J]. Library Hi Tech,2011,29(3):412 – 423.

[15] Hahn J. On the remediation of Wikipedia to the iPod[J]. Reference Services Review, 2009,37(3):272 – 285.

[16] Hudson A. Measuring the impact of cultural diversity on desired mobile reference service [J]. Reference Services Review,2010,38(2):299 – 308.

[17] 陈朝晖,杨琳.基于手持终端的图书馆 APP 移动服务研究[J]. 图书馆建设,2012 (7):36 – 40.

[18] 马仲兵.移动技术下的图书馆参考咨询现状研究[J].农业图书情报学刊,2012(7): 136 – 138.

[19] Hahn J. Mobile augmented reality applications for library services[J]. New Library World, 2012,113(9/10):429 – 438.

[20] Wilson S, McCarthy G. The mobile university:From the library to the campus[J]. Reference Services Review,2010,38(2):214 – 232.

[21] 周慧.公共图书馆移动服务发展的 SoLoMo 营销策略研究[J].图书馆学研究,2012 (14):74 – 76.

作者简介

林佩玲，宁波大学园区图书馆馆员，E-mail：nblpl000@163. com。

移动阅读环境下大学图书馆的转型、创新和合作

赵乃瑄 周静珍

南京工业大学图书馆 南京 210009

1 引言

随着数字化时代的到来，人类获取知识和信息的途径日趋多样化，基于电子产品的移动阅读以其方便快捷的服务模式越来越受到人们的喜爱。《中国手机阅读市场用户调研报告 2010》显示，手机阅读已经成为移动互联网用户使用频率较高的应用之一，每天阅读一次及以上的用户达到 45% [1]。以手机阅读为主要代表的移动阅读已成为当代大学生普遍感兴趣的新的学习方式。大学图书馆作为知识传播和文化传承的重要基地，如何尽快适应这种环境和用户需求的新变化，积极探索移动阅读环境下新的服务模式和服务内容，已成为国内外图书馆近几年关注的热点。

2 国内外图书馆关于移动阅读的研究与实践

移动阅读通常是指人们以手机、MP4、PSP 等移动设备为通讯终端，通过无线/移动通信网络进行的口袋化、移动化、个人化的电子阅读行为，阅读的内容包括图书、杂志、动漫及各类互动资讯等。

移动阅读具有阅读工具的便携性和可移动性、阅读内容的可检索性和及时获取性、阅读行为的持久性和连续性、阅读效果的低碳性和绿色性、阅读影响的广泛性和社会性等特征。

移动阅读，尤其是手机阅读最初兴起于上世纪末的日本。本世纪以来，移动阅读在欧美等国图书馆界受到关注，主要集中在对移动工具或设备的介绍以及对用户移动阅读使用行为的研究[2]。有大量文献通过定性和定量的研究，讨论使用移动阅读工具浏览博客、查询信息、帮助教学和学习[3-4]，移动图书馆网站的设计，图书馆面对移动阅读需求的应对措施和方案等[5]。

其中比较有代表性的如加州数字图书馆发布的《移动策略报告：移动设

149

备用户研究》，运用定性与定量方法对加州大学与移动设备有关的学术行为进行了调查研究。调查发现，用户使用移动设备上网的最常用途包括查找信息和收发电子邮件，很少是出于学术目的，如访问校园网或图书馆网站完成作业；大部分被访谈者对选择移动设备访问图书馆数据库、目录及资源感兴趣；教员中拥有上网移动设备者最多（63%），其次为研究生（53%），再次为大学生（41%）；使用最多的移动设备是 iPhone（53%）或 iPod Touch（20%），其次为黑莓（10%），再次为 Droid（9%）[6]。

纵观国外图书馆移动阅读的研究和实践，可以发现：越来越多的图书馆正在追求移动战略，参与移动设备对信息的存取服务，以满足不同的用户需求，并为未来移动设备成为日常生活的核心做好准备。

国内专门研究移动阅读的文献还不是很多，但在研究移动图书馆、手机图书馆的文献中都有所涉及。利用 3G 技术和手机阅读工具进行手机图书馆的建设和研究、开展手机阅读、拓展图书馆服务功能等是最近几年的热门研究课题。通过文献分析可知，国内的研究和实践主要围绕三个方面：①信息服务商开发的适合中国国情的移动阅读服务，如方正提出的"让阅读无处不在"移动阅读整体解决方案；②移动阅读在图书馆界的研究，包括对移动阅读概念和实现技术的研究、移动阅读工具的研究、移动阅读在图书馆实行的可行性方案等；③移动服务应用于教育信息化的相关研究等。

近几年国内著名的图书馆先后尝试开展了移动阅读服务，如上海图书馆在 2005 年开通首家手机图书馆，北京大学图书馆等已在试用"移动图书馆解决方案"系统。从整体来看，国内大学图书馆都在密切关注移动阅读在图书馆界的最新进展，但从理论上对大学图书馆在移动阅读环境下的应对措施加以研究的不多；在实践方面，移动图书馆（主要指手机图书馆）建设的案例也明显少于国外[7]。

3　移动阅读对大学图书馆的新挑战、新要求

移动阅读在阅读内容、阅读行为、阅读需求、阅读工具等方面都与传统印刷型阅读有着本质的区别，对大学图书馆的服务提出了全新的挑战和要求。

3.1　用户需求的变化

移动阅读环境下，用户需求呈现如下特点：①所供阅读的内容应复杂多样。不仅仅要有简单的原始文献、快餐式信息可供快速浏览，还要有经过筛选和挖掘的信息。②信息查询方式应为一站式。用户可以方便地访问图书馆目录、电子资源、开放时间、服务内容等。③信息沟通方式应具有交互性。

150

用户通过界面和平台可以与信息咨询馆员进行实时方式的咨询交流。

从用户需求的角度看，移动环境下的阅读在内容上与纸质阅读相比，非严肃性内容增加，内容篇幅倾向于短小精悍；在空间环境上，要求突破时空局限，能随时随地进行阅读；在阅读方式上，更多地表现为快餐式阅读，浏览式、随意性、跳跃性、碎片化的阅读特征突出。

所有这些需求的变化，对于传统大学图书馆主要基于馆舍空间提供的服务提出了全新的挑战，图书馆的服务理念、服务方式、业务重心都需要进行相应的变革。图书馆员应熟悉并研究用户信息需求特点，创建各种工具，使用户能够更好地利用馆藏资源。

3.2 业务流程的变化

传统大学图书馆业务流程一般按"文献流"进行设计，即按文献加工过程分为采访、编目、典藏、流通、咨询和技术保障等环节。计算机和网络技术的发展使传统的资源构成和手工操作逐步弱化，而编目业务外包、RFID技术的采用等使传统纸型文献业务花费的人力物力逐步减少，代之以直接面向用户的数字化知识服务业务量大增。在移动阅读环境下，用户出于自身心理因素和消费习惯的偏好，希望图书馆能够根据他们的需求创造更加便捷的集成式、一站式、个性化服务，能够让他们随时随地阅读文献。这就要求未来图书馆的业务流程按照"即需即所得的智能化数字服务"的"服务流"进行设计。

3.3 技术环境的变化

移动通信技术与互联网业务之间的紧密结合，催生了更多的新技术环境下的数字图书馆服务，手机图书馆就是其中的典型。掌上电脑（PDA）、智能手机（smartphone）、智能本（smartbook）等便捷式的阅读工具层出不穷，MSN、QQ、iSpeak、Google talk等实时交流软件的出现，逐步改变了人们的行为习惯和阅读方式。当代具有创新精神的大学生，更是积极并善于接受新事物，期待着图书馆提供更多的基于移动工具的新服务。

4 移动阅读环境下大学图书馆的应对策略

移动图书馆由于摆脱了馆舍物理空间的限制，极大地扩大了图书馆的服务范围，用户对于图书馆服务的便捷性、及时性、个性化的要求更加突出。在新的环境中，图书馆的形态必将发生改变，需要我们从理念、业务流程到实施运作等方面做出变革和调整。

4.1 服务理念的创新

理念是指人们对于某一事物或现象的理性认识、理想追求及所持的思想观念或哲学观点。所谓图书馆理念，就是人们对图书馆的理性认识（审视）、理想追求及所持的图书馆哲学观念或观点[8]。图书馆理念一般是围绕"服务"进行阐释的，许多大学图书馆以"平等"、"智慧"、"读者第一"、"服务为本"等作为自己的办馆理念。

在移动阅读环境下，大学图书馆服务理念中代代相传的精髓依然经久不衰，那就是阮冈纳赞提出的"书是为了用的，每个读者有其书，每本书有其读者，节省读者的时间"。只不过在新的技术环境下，需求发生了巨大变化，图书馆的服务理念需要与时俱进。

4.1.1 重视数字服务比重视馆藏更为重要 移动阅读环境下的图书馆用户更多地希望利用图书馆架构的信息平台使用数字资源，因此图书馆在移动环境下要更加重视提供一系列基于移动阅读的服务和善于使用各种最新工具提供服务。图书馆首先要增加适应移动阅读的资源品种，如多媒体视频类教学资源、休闲类数字资源、教师的课件讲义、学生的学习笔记等，满足用户进行随意性或碎片化阅读的需要；同时善于利用新技术提高已有馆藏资源的利用效率，实现资源的增值服务。馆员应利用数字化手段对用户使用移动阅读服务提供指导，把体现图书馆增值能力的知识服务嵌入到用户的使用过程中去。如利用最新的软件工具有效揭示馆藏资源，把服务延伸到用户"手掌"上，实时向移动用户提供最新的资源发展动态信息，实现助手式的全程信息咨询服务等。

4.1.2 服务空间更加注重体现休闲舒适 移动阅读环境下，用户对于阅读空间的舒适度、配套设施（电子资源下载、打印设备等）、交流功能等的要求更高，图书馆在馆舍空间布局上要更加重视研究用户在移动环境下的阅读习惯和偏好，提供更为休闲、舒适、便利的环境——用户来到图书馆，可以一边享受着舒适惬意的环境，一边使用各类移动设备进行学习，需要时身边就有方便取用的自助式打印复印设备帮助快捷下载资料，还可以在安静又舒适的小憩区域里交流或休息。基于数字资源移动服务的设备配套要求更为集中和完善，空间布局和家具设计更为舒适和温馨，小型研究室、信息共享空间、一站式馆员咨询站等空间格局将更加便于满足移动环境下的阅读空间需求。

4.1.3 馆员的作用从强调管理馆藏转变到强调使用户更好地利用馆藏 移动阅读环境下，用户希望图书馆馆员能够提供契合移动需求的高水平数字化服务，馆员的作用也将从强调管理馆藏转变为更加强调指导用户充分利用馆藏。馆员需要具备更全面的知识结构，更加了解用户阅读需求，据此制定更具个性化特点的移动服务策略；善于利用最新软件管理馆藏数字资源，进行资源挖掘和推荐；了解掌握相关移动阅读技术，进行基础的服务方案研发或改进等。馆员还需要与用户进行更广泛的交流，借助各种新型交流工具更准确地接近用户、了解用户、指导用户。

4.2　组织结构的转型

随着移动阅读的开展，新的功能和业务链涌现出来，大学图书馆的结构设置和业务流程随之也需要进行转型。

4.2.1　结构重组　信息技术的快速发展，使得图书馆与外部信息环境之间的关系更加密切。但要想真正实现移动阅读"即需即所得的智能化数字服务"，图书馆首先必须在组织设计层面按照"服务流"进行结构重组，改变传统的职能型、科层制的设置方式，创建更加扁平化、敏捷性、网络式、流程型的新型组织结构。

移动阅读环境下的新型组织结构主要有以下特点：①设计目标更加强调以用户为中心。从用户的需求出发设计组织机构，按照数字化资源的"服务流"而非"文献流"，围绕服务提供和指导、服务保障（资源、技术等）、服务评估和持续改进等方面进行机构重组，致力于最大化地提高用户满意度。②更加强调扁平化和团队性，提高服务的响应效率。通过减少管理层级，增加组织的灵活性和协调性。移动阅读用户的问题往往综合了资源、技术和服务等多项内容，要求图书馆的组织结构具有快速反应能力，合理调动和协同组织内部要素，馆员以团队合作形式解决问题。③更加强调学习型组织。馆员必须及时适应知识的更新，快速掌握最新的服务技能，并善于研究用户的需求变化。

4.2.2　业务重组　围绕移动阅读环境下"文献流"向"服务流"的转变，整个移动图书馆的业务基本上可以分为资源建设、技术支持、用户服务、管理模式四大方面。大学图书馆必须以满足移动用户的需求为目标，利用先进的信息技术和管理方式，在这几个方面拓展新的业务内涵或增加业务链，进行业务流程的再思考和再设计，最终达到移动用户满意的结果（见图1）。

在具体的图书馆业务流程中，首先需要了解有哪些业务与移动阅读密切相关。根据调查，目前大学图书馆开展的业务约有44项[9]，其中传统资源数字化、网络资源加工、特色数据库资源建设、各种资源的统一检索平台建设、系统的设计与开发、应用软件开发、用户管理、信息安全管理，音频/视频点

153

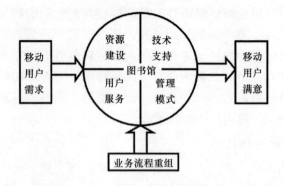

图1　移动阅读环境下的图书馆业务流程重组

播、个性化信息服务等与移动阅读息息相关。围绕业务项目，基本上已知业务重组应从哪些方面入手。例如：①资源建设方面，图像扫描、音频/视频捕捉等一系列建设流程、加工方式和格式等必须适合移动阅读的要求。②技术支持方面，各种已经加工的数字资源不仅要方便用户在电脑上使用，也要方便其在各种移动终端上使用，契合的移动系统开发和应用软件设计应及时跟上。③用户服务方面，移动阅读依托虚拟的互联网，建立完善的用户管理、信息安全管理制度尤其重要。此外，由于移动阅读随时随地智能化的，馆员的服务方式也应该是及时的、集成的、个性化的。④管理模式方面，需要建立科学、合理的岗位职责、业务流程指南等规范的文件来保障移动阅读服务的顺利开展。

4.3　服务方式的合作

移动阅读环境下图书馆更加开放，对技术要求更高。无论是技术层面还是资源层面，图书馆与共同利益方进行合作将是非常有效的途径。合作的对象可以是其他大学图书馆、教学部门、资源提供商、技术运营商等。

4.3.1　与其他大学图书馆的合作　各大学图书馆移动阅读的服务对象特征、需求等具有很大的相似性；所处的组织内外技术环境、社会环境和文化环境共性颇多；享受的各类政策和必须遵守的各类法律法规和行业规定大多相同，因此，大学图书馆之间，特别是邻近区域的图书馆进行合作是一个非常行之有效的方法。合作的方式有许多，如各大学图书馆集团采购数据库商提供的移动阅读资源，进行移动资源层面的共建共享；共同研发相关移动阅读技术；共同与移动运营商策划大学环境中移动平台的架构模式、设计合理的阅读套餐和资费标准；共同培训馆员；共同制定图书馆移动服务的可持续发展战略等。由于移动阅读服务对图书馆和馆员的要求更高，大馆可以凭借自身的资源和人员优势带动小馆分享它们在移动阅读方面的成果，避免各个馆之间的重复工作。

4.3.2 与教学部门的合作 为了更好地发挥图书馆在移动阅读环境下的教育职能，图书馆需要更加重视与学校的教学部门的合作。图书馆可以与教学部门一起在校园内推广移动阅读新理念，鼓励教师运用新的移动教学工具开展网络化、互动式教学；引导教师把课件和讲义给图书馆共享，以开发成移动学习资源供学生使用；在双语教学等课程中进行移动教学改革试点等。图书馆还可以充分发挥自身的资源加工优势，对教参资源进行有效的信息组织，使其成为适宜移动教学的便捷式资源；把涉及移动阅读的教育纳入图书馆开展的信息素养教学中去；在日常的导读工作中，加大移动阅读的宣传工作，引导学生多参与移动阅读活动体验等。

4.3.3 与资源提供商的合作 这里的资源提供商主要指大学图书馆的各类数字资源提供商，它们在移动阅读资源和内容制作方面具有较强的优势，能够向图书馆提供丰富的融合"资源＋服务"内容的产品。双方在合作时，资源提供商可以根据大学用户需求，和图书馆共同建设更多类型的适应移动阅读的新型数字资源；共同开展移动阅读体验活动；利用图书馆的良好环境，向教师和学生推介最新的技术和产品；合作开发移动阅读应用平台和相关软件；共同开展用户需求分析等。

4.3.4 与技术运营商的合作 这里的技术运营商主要指移动阅读市场中影响巨大的中国联通、中国移动、中国电信三大运营商。运营商们凭借自身先进的技术和运作成熟的网络平台对占有校园移动市场具有影响力优势。如中国电信推出的"翼机通"，其中一项重要功能就是与图书管理系统结合，具有图书证功能，学生可以通过手机借阅图书，享受图书馆的短信通知、图书预约、续借等各项服务。图书馆则可以在此基础上进一步推广移动阅读。如果把移动阅读市场看做是"海量的内容提供＋先进的数字技术＋跨媒体的运营＋便利的服务手段"，运营商主要是进行完善的平台设计和实施精准的运营策略，图书馆则可以充分扮演好内容提供者和便利服务的实施者的角色，使移动阅读成为校园文化的特色和亮点。

5 结语

虽然移动阅读需要借助于虚拟网络空间和设备终端，但图书馆和用户之间的距离并没有因此拉开，相反，图书馆已经意识到只有进行必要的变革和创新来适应变化，才能够在信息社会中立于不败之地。移动图书馆是数字图书馆现代化的重要内容和体现，并将成为未来大学图书馆面向用户服务的最普遍形式。

参考文献：

[1] 易观国际.中国手机阅读市场用户调研报告2010[OL].[2011-10-08].http://wen-ku.baidu.com/view/97ff7489d0d233d4b14e6968.html.

[2] Cummings J, Merrill A, Borrelli S. The use of handheld mobile devices：Their impact and implications for library services[J]. Library Hi Tech,2010,28(1):22-40.

[3] Evans C. The effectiveness of m-learning in the form of podcast revision lectures in higher education[J]. Computers & Education,2008,50(2):491-498.

[4] Hahn J. Information seeking with Wikipedia on the iPod Touch[J]. Reference Services Review, 2010,38(2):284-298.

[5] Murray L. Libraries "like to move it, move it"[J]. Reference Services Review, 2010,38(2):233-249.

[6] Hu R, Meier A. Mobile strategy report：Mobile device user research[J]. [2011-09-06]. https://wiki.ucop.edu/display/CMDUR/Home；jsessionid=9C130D6EB852443AE56135DC412BF656.

[7] 黄志景.3G时代图书馆服务模式创新的新契机——手机图书馆的发展及其功能的进化[J].图书馆工作与研究,2010(3):38-41.

[8] 胡中原,尹章池.试论现代图书馆的办馆理念创新[J].图书情报知识,2002(5):16-17.

[9] 任妮,黄水清,熊健.数字图书馆业务流程研究[J].大学图书馆学报,2010(2):64-69.

作者简介

赵乃瑄，女，1967年生，研究馆员，常务副馆长，博士，发表论文30余篇，主编教材3部。周静珍，女，1979年生，馆员，读者服务部主任，硕士，发表论文20余篇。

移动图书馆服务交互模型构建

任军虎　赵捧未　秦春秀

西安电子科技大学

1　引言

随着无线网络及移动通信技术的快速发展，移动图书馆服务应运而生。关于移动图书馆，目前学术界还没有统一的定义，比较认可的概念是指依托成熟的无线移动网络、互联网以及多媒体技术，使人们不受时间、地点和空间的限制，通过各种便携移动设备（手机、PDA、手持阅读器、平板电脑、MP4 等）方便灵活地进行图书馆的信息查询、浏览和获取资源内容[1]。

移动图书馆的兴起，突破了传统图书馆信息服务在时间和空间上的限制，使用户可随时随地通过移动终端设备获取所需的信息资源和服务，同时为用户与图书馆提供了多元、多层次、灵活的沟通渠道，加强了用户与服务主体的动态交互，建立了用户与移动图书馆服务的多维交互关系。在国外，以欧美、韩国、日本、芬兰等国为先发，移动图书馆的指导思想与计划不断推出，国外移动图书馆的发展得到很多力量的支持和倡导，一些数据库生产商和网络出版商以及一部分组织和论坛也在进行相关的研究探讨，如谷歌、Facebook 等网站上专门设有移动图书馆的论坛。国际上，英国米尔顿凯恩斯的开放大学召开了首届国际移动图书馆会议，为学者、技术人员、图书馆管理者和读者提供了一个交流的平台，与会者针对快速发展的移动技术，展示、交流各个图书馆移动服务的开展情况，分析移动技术和移动服务的发展趋势。在国内，移动图书馆的建设从 2000 年以后逐渐兴起，部分大学图书馆（北京理工大学图书馆、清华大学图书馆等）和公共图书馆（国家数字图书馆、上海图书馆等）相继推出自己的移动图书馆信息服务，主要包括短信提醒（催还、续借）、短信查询（图书馆相关资讯、书目信息等）、数字资源 WAP 查询、图书期刊搜索等。

西方服务营销学者很早就关注服务交互，美国学者萧斯塔克（G. L. Shostack）在 1985 年首次提出了"服务交互"的概念，他认为服务交互是更广泛的"顾客与服务企业的直接交互",其中包括顾客与服务人员的交互,也包括顾客与设备和其他有形物的交互。芬兰学者 C. Grönroos 在服务产出系统模型中也提出了顾客与组织的服务交互,进一步扩展了顾客的交互行为。我国著名学者范秀成从服务交互过程入手,分析服务交互的性质、交互质量的含义和改善交互质量的途径,指出在服务过程中,顾客之间也存在着交互作用,更进一步对服务交互体系的扩展有所贡献。吴琦认为服务质量是图书馆生存和发展的根本,提出了图书馆服务的交互质量定义和新的图书馆服务质量观,并探讨了提高图书馆服务交互质量的策略。王利君对图书馆服务质量评价模型—— LibQUAL + ™ 模型进行了修改,设计了一个新的高校移动图书馆服务质量评价模型。

国外尤其是欧美国家,对移动图书馆的研究遥遥领先于国内,我国目前的移动图书馆服务还没有完全普及,且地域分布不平衡,主要集中在经济水平较高、教育资源优厚的地区[2]。随着互联网的迅速发展,服务的交互性是不可避免的,服务交互研究也深受重视。本文在社会化网络和虚拟社区的火速发展与暴热传播的背景下,把移动图书馆和服务交互质量结合起来进行研究。

2　移动图书馆服务交互过程及其对交互质量的影响分析

2.1　服务交互过程分析

服务的过程性是其最本质的特征。服务产业与其他产业的不同之处就是服务的生产和消费是同时进行的,即顾客在参与服务生产的同时又进行了服务的消费,并且在服务的过程中与服务系统发生了多层次和多方面的交互作用,共同实现服务的产出。

服务过程中,服务主体与顾客不可避免地会发生交互,服务交互过程对于服务人员、顾客和服务主体都至关重要[3]。服务人员面临的是一对多的交互,一定时间内要和很多顾客打交道,他们的工作劲头、业务素质、心情受到交互过程优劣的直接影响。对于顾客来说,交互过程是感受服务和满足需求的关键时刻,其效果影响到他们未来的决策和意愿。当然,在移动图书馆的服务体系下,服务交互过程对其发展具有重要的战略意义。

移动图书馆的服务交互是复杂而广泛的。新型信息服务中,用户同时作为信息的生产者、发布者、信息服务的参与者以及信息资源的使用者,多重角色造成了用户参与行为的复杂性。而用户与服务环境、服务平台、服务馆员的交互,服务系统及各部门之间的交互以及用户之间的交互使得交互过程

158

是多元化和层次化的。

2.2 服务交互对服务质量的影响分析

顾客要参与服务生产，与服务主体发生多层次和多方面的交互作用。交互过程的优劣直接影响顾客对服务的评价，决定着服务交互质量的高低。

芬兰学者 C. Grönroos 根据认知心理学的基本理论，给出了目前比较受认可且具有代表性的顾客感知服务质量概念[4]，他认为，服务质量由顾客的服务期望与实际服务经历的比较决定，从本质上讲是一种感知。服务质量的高低取决于顾客的感知，其最终的评价者也是顾客。他将服务质量划分为两个方面：一是与服务产出有关的技术质量，二是与服务过程有关的功能质量。顾客不仅关心产出质量，而且更关心过程质量。吴琦认为图书馆的服务交互质量是指读者与周边存在物（包括人员、过程和环境）相互作用的过程中感知到的服务质量[5]。

通过上述服务交互过程和服务质量的分析，笔者认为，移动图书馆服务交互质量是指用户在和多元服务主体相互作用的过程中，与自己的体验、感知以及预期的服务需求相比较而形成的主观感受和综合评价。多元服务主体包括服务环境、服务平台、服务馆员、服务系统及各部门、其他用户。一项服务在初次生产并提供消费时，顾客对其并不了解，即使服务主体做了大量宣传与营销，顾客的理解也不是很深入。正如同电子商务中的网购，消费者在决定是否购买所需物品时，不但要看商品的描述，更关注其他消费者的感受与评价。群体动力理论的创始人勒温借用物理学中磁场的概念，认为人的心理、行为取决于内部需要和环境的相互作用。群体动力因素包括群体的凝聚力、驱动力和耗散力。由此看来，用户群体既可以促进用户的积极参与，提高用户参与的忠诚度和黏性，也能够阻碍和提醒用户使其消极回避。

总之，面对社会化网络和虚拟社区的火速发展与暴热传播，移动图书馆服务的服务交互过程既多元复杂而又关键敏感，交互过程对服务交互质量的影响非常巨大，在读者对移动图书馆知识和经验不了解的情况下，交互质量成为读者评价图书馆总体服务质量的重要因素。这样一来，通过服务质量的效果来反馈和强化服务交互过程，可以形成整个服务系统的良性循环与发展。

3 社会化网络环境下移动图书馆服务交互模型的构建

社会化网络[6]，顾名思义，是在虚拟的网络中所存在的一个个小型的社会，这些小型的社会里面彼此之间发生真实存在的社会活动，为达到某种或者多种目的，拥有共同兴趣的群体所成立的一个个以网络形式存在的社区，即为社会化网络。其致力于以网络沟通人与人，倡导通过网络拓展人际关系圈，让用户尽情享受社交和沟通的乐趣。目前，我国已有100余所高校图书馆开通了官方微博，60余所高校图书馆推出了微信服务[7]，这些社会化网络应用不仅成为图书馆开展服务和对外宣传的重要阵地，还成为图书馆用户间信息传递、资源分享的重要桥梁。

随着图书馆服务环境的不断变化以及社会化网络应用的广泛普及，移动图书馆服务交互质量成为用户评价图书馆总体服务质量的重要因素，交互质量的提高则能够提高读者的满意度。研究用户与移动图书馆服务之间的交互以及用户群体成员、服务系统各部门之间多元化、多层次的交互，构建移动图书馆服务交互模型，有利于图书馆改善工作，提升其移动服务质量，实现可持续发展。

移动网络的泛在性和智能性为用户的需求表达和服务应用提供了有效途径，拓展了用户与移动图书馆间的交互范围和交互方式，形成了以用户交互为中心的多维交互关系。笔者所构建的扩展的融合式服务交互模型如图 1 所示：

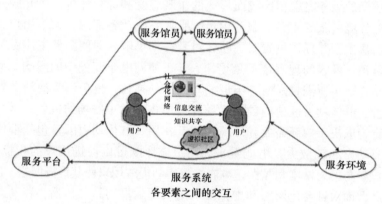

图1　社会化网络环境下移动图书馆服务交互模型

3.1　用户、服务馆员、图书馆信息资源与移动服务环境的交互

移动图书馆服务环境是承载各项信息服务部署和运行的软硬件环境，主要由移动网络、APP 应用软件、基础设施、移动终端等构成的移动图书馆服务软硬件要素，决定着用户对服务环境质量的体验与感知[8]，如图 2 所示：

移动服务环境的运行有其规则，根据一个国家或地区的政策支持，对移动服务基础设施的投入、移动网络和移动终端设备的协议连接、移动终端设

160

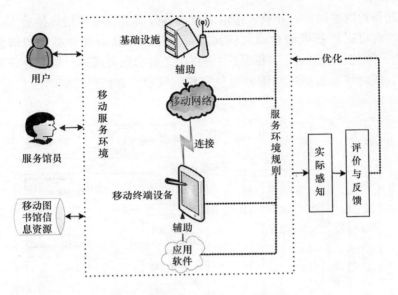

图 2　与移动服务环境的交互及优化

备与第三方应用软件的协议使用等，都有一定的规则。移动图书馆用户和服务馆员对移动服务环境进行实际感知以后，作出客观评价与反馈，服务主体则根据反馈信息对服务环境进行自适应控制并优化。

对移动服务环境的建设从宏观层面把握，体现出一个国家或地区信息技术发展的整体水平，对图书馆服务系统高层的协商和沟通能力是一种考验，当然也反映了一个国家或地区对图书馆事业的贡献力度。可以说移动图书馆服务环境是用户体验其服务的重要标尺，比如很多用户正是由于移动网络速度慢、应用软件不好用等原因放弃体验移动图书馆服务。

移动图书馆服务主体应与移动网络运营商协商与沟通并进行合作，优化其网络服务，使用户在体验移动图书馆服务时更加畅通、安全与快捷。首先依托先进的移动通信技术与移动服务平台进行匹配并创建移动网络环境，根据服务系统的要求进行移动网络部署与合理配置；其次，在移动客户端与服务器端匹配多元化的移动网络接入接口，在客户机和服务器端建立特定的通信连接，来保证应用程序的正常运行，从而提高用户访问移动图书馆 WAP 站点的效率，加快使用 APP 软件时的数据传输速率。同时，通过网络融合技术实现移动图书馆业务与传统业务的无缝对接。

3.2　用户与移动服务平台的交互

服务系统的交互界面是人机交互以及用户与用户交互的服务平台，该平台上的各种内容展示、导航、指南以及内容分布都影响到用户体验[9]。移动服务平台可以进行准确全面的一站式信息检索，获取各种类型的信息资源（图书、期刊、学位论文、科研成果等），并对信息资源进行加工处理和比较分析，同时移动服务平台能够提供完整、权威、有特色、实时的信息内容，如图3所示：

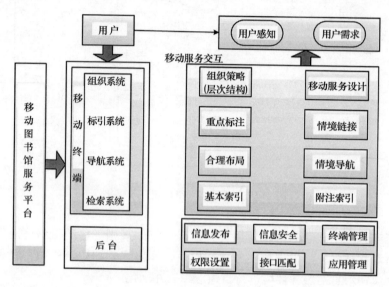

图3　与移动服务平台的交互

3.2.1　用户感知和需求及其与移动服务的交互　用户通过移动终端使用移动图书馆服务时，有其感知和需求，访问移动图书馆WAP站点、使用APP应用软件时，其内容展示、页面感知以及是否迎合用户需求，决定着用户与移动服务平台交互的质量。用户及服务馆员与移动服务平台的交互，真正体现了交互中人们的动态行为[8]。当用户需求与行为特征信息传达到移动服务平台之后，应该及时通过服务组织与流程设计为用户提供其所需的信息资源。

3.2.2　移动终端的信息架构　由信息架构（information architecture，IA）[10]的知识可从组织系统、标引系统、导航系统、检索系统对移动终端平台进行布局和展示，合理地组织信息，并且有针对性地研究信息的表达和传递方式。组织系统根据任务和用户进行分类，组织策略要清晰，对服务功能、流程、形式进行优化和设计。标引系统中对用户经常点击的标签、图书馆资源更新、重要通知等标签进行重点标注；对标签进行标注解释或使用一些图片标签会加深用户对标签含义的理解，同时为了方便用户的使用，对相关机

162

构或部门提供链接，如"友情链接"或"相关链接"等。导航系统的合理布局方便用户访问，而且有访问路径；提供情境式导航，比如检索到一本书，然后网站会推荐类似的图书，或者在移动图书馆主页设有网站地图，有利于为用户指明方向，并帮助迷失的访问者找到他们想看的页面，方便读者访问深层页面。检索系统运用数据库技术实现对图书馆的数据和信息系统化、程序化的组织管理，利用计算机自动化技术进行集图书馆管理、图书馆信息检索、图书借阅等于一体的基本索引，同时对检索式附加解释和说明，通过该系统方便、快捷、准确地进行信息资源检索与管理。

3.2.3 移动服务平台的后台控制与管理 移动服务平台不仅有交互界面的信息架构，而且还有后台的规则与约束。信息资源内容按照一定的规则集中控制、管理并即时发布。信息系统（包括硬件、软件、数据、人、物理环境及其基础设施）受到保护，不会因偶然或者恶意的原因而遭到破坏、更改、泄露，可保证系统连续可靠正常地运行，信息服务不中断，最终实现业务的连续性。移动图书馆的信息资源与用户的直接交互，需要对移动终端进行管理，包括终端客户资料库的建立、维护、分类等。对移动图书馆系统进行权限设置，注册并通过认证的用户可以访问所有资源，其他用户在接受部分服务时受到限制。移动终端接入无线移动网络需要对接口进行匹配，实行多元化的部署与管理。应用软件安装在移动终端，跟踪应用程序的生存期并与之交互，定期检测和响应未经处理的异常，规范应用程序范围内的属性和资源，保证移动服务资源的真实与安全。

3.3 服务系统各部门之间的交互

整个移动图书馆服务系统代表了其品牌与形象，体现了政策对移动图书馆的支持度以及图书馆上层的贡献度。服务系统的运作与部署、沟通与协商、监督与指导，充分展示了移动图书馆服务的职能。

用户与服务系统的交互，不仅是通过移动终端随时随地进行体验与感知，更重要的是到馆实时接受服务并感知其服务设施与实体服务环境，同时，用户根据其流程设计与软硬件配置，可以通过网络查询其他信息服务与之作对比，整体把握移动图书馆信息服务。服务系统各部门之间要定期沟通与交流，即时把握实时动态，有效响应服务馆员转达的用户意见或个性化需求。

目前，个别图书馆为了追求移动服务的规模，挑战信息服务，花费大量资金购买相关技术，或者找第三方合作商，过分追求技术的先进性。这实质上是以推广新型信息服务为目的，并没有从用户的角度去考虑。移动图书馆服务的动机是将自己作为信息和知识的中转站，突破传统的信息服务方式，为用户提供方便，具有移动、即时、便利、快捷等特征。所以，用户的直接体验最能有效体现移动图书馆的服务。

3.4　用户与服务馆员的交互

用户进行移动参考咨询、在线帮助等服务时需要和服务馆员进行交互，在此交互过程中服务馆员的态度、业务能力、专业程度决定了用户的满意度。同时，服务馆员与服务环境、服务平台、信息资源以及服务馆员之间进行交互，而且应当亲自去体验并检验其服务效果，以完善移动图书馆服务并提高其服务效率。当然，用户在与服务馆员交互的过程中，要换位思考、不断学习、总结经验，尤其要学习服务人员的业务素质和服务态度，深刻领会移动图书馆服务的理念和方式，从而感化自我、提升自己的综合素质。

从图书馆员方面而言，其不仅需要有扎实过硬的理论基础，而且必须快速掌握并有效发挥移动图书馆的服务技能，同时还要充当移动图书馆服务的使用者、推广者和引导者，利用微信、微博等社会化网络向用户及时传递移动图书馆的服务动态、资源更新等信息；定期组织培训，引导用户学习利用移动通信技术和移动设备获取移动图书馆服务的方法和技巧，并及时向移动图书馆责任部门转达用户的个性化需求。

3.5　用户之间的交互

随着移动图书馆服务的快速发展，用户与用户之间的交流互动、知识共享日益频繁。社会化媒体的兴起与广泛传播使用户之间的交互方式更加多样化，提供移动服务的图书馆大部分都开通了官方微博、微信公众账号，链接了人人网、QQ 空间等社交网络，并安排专业人员负责这些社会化网络服务平台的运营，及时发布最新信息，开展多元灵活的用户互动活动以引起用户的关注与评论。针对不同图书馆的个性化资源，通过数字资源管理系统，可实现不同类型的特色文档、教案等的多终端移动阅读和交互，不同用户针对文献所做的原迹批注均可以在图书馆微博中分享，供大家相互学习[11]。用户通过这些社会化媒体进行互动，增进彼此之间的知识与服务交流，促进用户群体的形成，而图书馆则可扩大信息服务的圈子，在此基础上通过构建知识社区或者与已有的知识社区进行合作，为用户信息交流与知识共享提供多元化服务。

用户在知识获取和接受服务过程中社会化交互圈的扩大使移动图书馆逐渐由知识服务平台向知识社区演变，借助移动社交工具和软件或者与已有的知识社区进行融合，形成用户专享的知识共享空间，其目标是知识创造、传播和分享，从而能够帮助用户进行信息交流、知识学习、资源共享、研究合

164

作。用户通过移动图书馆社交服务平台探讨学术问题、交流服务经验与技巧、分享知识资源，积极主动地参与互动，让自己由被动的知识接受者转变为主动的知识贡献者，使移动图书馆的知识资源有效运转起来并得到充分利用，以提高其服务交互质量。

综上所述，研究用户与移动图书馆服务之间的交互以及用户群体、服务系统各部门之间、用户之间多元化多层次的交互，构建服务交互模型，分析其交互关系，得知用户在评价图书馆总体服务质量时，移动服务交互质量显得至关重要，交互质量的改变能显著提高读者的满意度。

4 结论

本文基于前人研究的成果，通过引入社会化网络进行改进，构建了移动图书馆服务交互模型，理论上是有效的。为了更确切地证明模型，后续研究将结合某高校实际移动图书馆服务案例进行阐述，并对移动图书馆用户进行问卷调查，通过数据分析进行实证研究，以利于图书馆改善工作，提升其移动服务质量，实现可持续发展。

参考文献：

［1］ 姜海峰.移动图书馆的兴起和解决方案[J].大学图书馆学报,2010(6):12 – 15.

［2］ 宋恩梅,袁琳.移动的书海:国内移动图书馆现状及发展趋势[J].中国图书馆学报,2010(5):34 – 48.

［3］ 范秀成.服务质量管理:交互过程与交互质量[J].南开管理评论,1999(1):8 – 12,23.

［4］ Grönroos C. Service management and marketing：Managing the moments of truth in service competition[M]. Lexington：Lexington Books,1990.

［5］ 吴琦.图书馆服务交互质量研究[J].图书馆学刊,2010(7):11 – 13.

［6］ 百度百科.社会化网络[EO/BL].[2014 – 04 – 24].http://baike.baidu.com/linkurl = YRyJKZ3JcCyhu7JgSLmy6LEipMD3XaO3cTNUm3cFfFa_j5SpNrBlmqnk820VUvVVbHFi8 – GYREdl67iQa9TN4a1.

［7］ 唐琼,袁媛,刘钊.我国高校图书馆微博服务现状调查研究[J].大学图书馆学报,2013(3):97 – 103.

［8］ 赵杨.数字图书馆移动服务交互质量控制机制研究——基于用户体验的视角[J].情报杂志,2014(4):184 – 189.

［9］ 邓胜利,张敏.基于用户体验的交互式信息服务模型构建[J].中国图书馆学报,2009(1):65 – 70.

［10］ Morville P, Rosenftld L.信息架构:设计大型网站[M].陈建勋,译.北京:电子工业出版社,2008:49.

[11] 李臻,姜海峰. 图书馆移动服务变迁与走向泛在服务解决方案[J]. 图书情报工作, 2013,57(4):32 – 38.

作者简介

任军虎，西安电子科技大学经济与管理学院硕士研究生，E-mail：rjhhugor@163.com；赵捧未，西安电子科技大学经济与管理学院教授，博士，博士生导师；秦春秀，西安电子科技大学经济与管理学院副教授，博士研究生，硕士生导师。

移动环境下基于情境感知的数字图书馆个性化信息推荐研究[*]

曾子明

武汉大学信息管理学院

1 引言

近年来，随着移动网络的发展，人们获取信息的途径日趋个性化和多样化，基于移动设备的移动阅读以其方便、快捷的服务模式越来越受到读者的喜爱。移动阅读是指以手机、平板电脑等移动设备为阅读工具，在移动网络环境下对电子资源进行随时随地地阅读，其内容包括网络新闻、电子图书、电子报刊、短信服务和博客等各类信息资源。移动阅读的发展已引起相关领域学者和信息服务商的广泛关注，从不同角度探讨移动阅读的相关问题。数字图书馆作为知识服务和知识传播的重要信息基础设施，应尽快适应这种环境和读者需求的新变化，积极探索移动阅读环境下个性化的服务模式[1]。

以读者为中心，根据读者的个性化需求提供信息资源推荐服务是数字图书馆所追求的目标。然而，读者的个性化信息需求具有复杂性、多维性、动态性以及易变性，目前的数字图书馆离此目标还有一定的距离。特别是随着泛在计算和移动网络的发展，读者的个性化信息需求具有极强的情境敏感性[2]。这种需求特点的变化对数字图书馆服务提出了更高的要求，因此将情境感知引入移动数字图书馆个性化推荐服务是提高移动环境下图书馆知识服务效果的重要举措，它引导着数字图书馆个性化服务的变革方向[3]。在移动环境下，读者的信息需求不仅与其身份、知识背景等有关，而且依赖于时间、地点以及当前任务等情境信息，后者甚至是决定读者所需信息的关键因素[4]。

* 本文系国家自然科学基金项目"泛在环境下基于情境感知的信息多维推荐服务模型与实现研究"（项目编号：71103136）和教育部人文社会科学重点研究基地重大项目"信息资源云体系及服务模型研究"（项目编号：11JJD630001）研究成果之一。

同时，这些情境信息都是动态发生变化的，这种动态特征对读者潜在的信息需求会产生不同程度的影响。目前数字图书馆的个性化推荐服务对情境因素的研究尚未得到系统探讨，使得当前的数字图书馆在移动环境下缺乏对情境信息的"感知"能力，推荐服务的质量无法保证。

2 相关研究工作

关于什么是情境，目前广泛认可的定义是[5]：情境（context），也称上下文，是指任何可以用来描述实体情形和特征的信息，其实体可以是人、位置或是与用户和应用交互相关的物理的或虚拟的对象，包括用户和应用本身。对于如何将情境信息融合到传统的用户和资源两维推荐中，一些学者进行了相关研究。G. Adomavicius 等人在文献［6］中提出了面向推荐服务过程的多维推荐概念和方法，该方法借鉴了数据仓库和联机分析处理（OLAP）中的多维数据模型，其目的是增加传统两维推荐过程的维度，以感知推荐过程中相关的情境信息。另外，G. Adomavicius 等人在文献［7］中系统地阐述了包含情境信息的多维推荐系统的原理和方法，提出了在传统的协同过滤基础上引入情境匹配的联合推荐算法，并开发了电影推荐的原型实验系统。B-H Lee 在文献［8］中提出一种基于地理位置的旅馆推荐系统，其推荐过程通过构建决策树来对目标旅馆资源进行评分，在特定地理情境环境下为旅客提供有效的信息服务。G. E. Yap 等人认为用户情境是描述用户兴趣模型的重要属性特征[9]，并通过构建 Bayesian 网络模型来动态预测用户真实情境和偏好，去除无用的噪音情境，从而在复杂的移动网络情境下提高推荐服务的准确度。胡慕海等人在文献［10］中综合评述了基于情境感知的信息推荐机制，并探讨了情境化信息推荐机制的形式化定义、实现的关键问题、实现技术以及推荐机制的评测研究。

综上所述，不难看出，为了保证移动环境下个性化推荐的质量，情境是不可忽略的因素；然而不同的应用需要考虑的情境因素也不尽相同。目前，基于情境的多维推荐服务模型和系统还处在探讨阶段，没有一个成熟和完善的多维推荐模型和方法。另外，目前国内外还没有将包含情境的多维推荐方法应用到数字图书馆领域。随着数字图书馆在我国的快速发展，基于情境感知的多维推荐模型和算法将是实现数字图书馆在移动网络环境下个性化信息服务的一种值得重点研究的方向。

3 基于情境熵的情境感知度

目前有关情境感知的信息推荐假设所有的情境属性对于信息推荐所起的

作用是相同的，即这些推荐方法假设每种情境属性的权重值相同[11]。实际上，由于情境感知所涉及的情境属性是多维的，读者对不同的情境信息通常有不同的偏好，同时有些情境比其他情境更为重要。换句话说，读者对不同情境的感知能力不同：有些情境如果属性值发生细微的变化，读者对同一资源的兴趣程度也将随之发生明显的改变；而有些情境虽然属性值发生较大的变化，但读者对该资源的兴趣程度仍然保持不变。我们将情境的这一重要特征称之为"情境感知度"，它反映了情境变化对读者兴趣变化的影响程度。例如，对于推荐的学术类电子资源，读者在工作日和周末对该资源的兴趣程度显然不同，但与当时的天气状况关系不大。因此可以说：推荐学术类信息资源时，读者对"时间"情境的情境感知度较大，而对"天气"情境的情境感知度较小。

为了识别不同情境对于信息推荐所起的不同作用，本文提出"情境熵"来度量用户的情境感知度，整个研究过程分为三个步骤：情境推荐服务的形式化描述、情境偏好计算以及情境感知度计算。

3.1　情境推荐服务的形式化描述

情境具有关联的特征属性集合，每个属性具有一组离散分布的属性值，基于具体的环境或场景就能够确定具体的情境属性值。在移动环境下的数字图书馆中，读者所处的情境属性既可以是"当前时间"、"周"等表示"时间"的情境信息，也可以是表示"地点"的情境信息，还可以是表示"天气"和"同伴"的情境信息等。另外，数字图书馆除了提供学术类资源服务以外，还可以提供小说类、旅游类、娱乐类、新闻类等多种资源服务，以满足移动环境下读者不同的阅读需求。

这里，笔者给出情境推荐服务（Context – based Recommendation Service，CBRS）的形式化描述方法，如定义 1 所示。

定义 1：设 CBRS = ｛U, I, S, C, V, X, f, O, P｝，该多元组定义情境推荐服务的形式描述，其中：

①U 为定义的目标读者集。

②I 为定义的推荐资源集。

③S 为推荐服务的资源类型，如学术类、小说类、娱乐类等。

④C 为所有情境属性集，笔者将其限定为读者在接受推荐服务和进行反馈评价时所处的情境信息。一般地，$C = \{c_1, c_2, \cdots, c_n\}$，$c_i\ (1 \leq i \leq n)$ 表示第 i 个情境属性，n 为情境属性的数量。

⑤V 为所有情境属性的值域，$V = \cup\ \{V_c \mid c \in C\}$，其中 V_c 表示情境属性

169

c 的值域。例如，"地点"情境值可以为"家里"、"工作室"、"咖啡厅"、"户外" 4 种取值，则 $V_{Location}=$｛家里，工作室，咖啡厅、户外｝。

⑥$C \times V$ 为情境属性与值域的笛卡尔乘积，从理论上包括情境属性及其取值的所有组合。在实际移动阅读推荐中，读者所处的情境以及对应取值构成的两元组合 X 应为其子集，即 $X \subseteq C \times V$。

⑦映射函数 f：$X \times C \rightarrow V$，表示在当前情境 $x \in X$ 下，将每个情境属性 $c \in C$，映射到对应的情境属性值 $v \in V_c$ 中。一般地，移动环境下读者当前的情境 $x \in X$ 可以表示为：$x=$｛$(c_1, f(x, c_1))$，$(c_2, f(x, c_2))$，…，$(c_n, f(x, c_n))$｝。其中，当前情境 x 由 n 维情境属性组成，每维情境属性包括"属性—值"的两元组，即 $(c_i, f(x, c_i))$。

⑧O 为读者对推荐服务的反馈评价，这可以通过读者的显式和隐式行为获得，在此基础上可以推断读者的情境偏好。

⑨P 表示读者的情境偏好。具体来说，设当前推荐服务的资源类型为 $s \in S$，$P_{c,i}^s$ 则表示读者对情境属性 c（$c \in C$）中第 i 个情境值的偏好。

3.2 情境偏好的计算

对于给定推荐服务的资源类型，同一情境属性中如果情境值不同，读者对该资源的兴趣可能会发生改变。例如，对于推荐的学术类电子资源，同样对于"地点"情境属性，读者在"工作室"和"咖啡厅"对该资源的兴趣将可能发生改变。这就是说：对于该类型的信息资源，读者对同一情境的不同属性值偏好有可能不同。系统可以通过从 Web 日志中分析相关读者的资源访问和反馈行为，精准地对情境属性值偏好进行计算，在此基础上获取同一情境属性下读者对不同情境值的偏好分布。在情境感知的推荐模型中，情境属性 c（$c \in C$）的偏好模型可以用矩阵 P_c 来表示。

$$P_c = \begin{bmatrix} p_1^1 & p_2^1 & \cdots & p_m^1 \\ p_1^2 & p_2^2 & \cdots & p_m^2 \\ \cdots & \cdots & \cdots & \cdots \\ p_1^s & p_2^s & \cdots & p_m^s \end{bmatrix} \quad \sum_{j=1}^m p_j^i = 1 \ i \in \{1, 2, \cdots, s\} \tag{1}$$

其中，矩阵的行表示不同推荐服务的资源类型，矩阵的列表示情境属性 c 的不同属性值。矩阵的每一元素 p_j^i（$1 \le i \le m$，$1 \le j \le s$）表示对应第 i 类资源类型，读者对情境属性 c 中第 j 个情境值的偏好。不难看出，矩阵 P_c 表示给定推荐服务的资源类型，读者对于同一情境不同情境值的偏好分布。

在推荐服务中，读者所有的显式和隐式行为都能够反映读者在特定情境下的偏好，这可以通过读者对推荐资源的反馈评价获得。例如，推荐"学术

170

类"电子资源，相比其他"地点"情境值，读者更倾向于在"工作室"访问该类资源，因而对资源给出积极评价的可能性更大。这里，将反馈评价分为两种类型：积极和消极。对于相同类型的推荐资源，如果读者对该类资源反馈是积极的，表明该读者在特定情境下乐于使用该资源；相反，如果读者反馈是消极的，表明其在该情境下对该资源兴趣不大。在情境感知的移动阅读推荐中，系统通过 Web 日志抽取并分析读者对推荐资源的各种反馈行为，在此基础上获取读者对不同情境值的偏好。读者对资源的反馈行为包括以下几种[12]：

• 对于系统推荐的资源，读者对其进行"浏览"、"收藏"或者进行"添加标签"操作，则认为读者在特定情境下对该类资源的反馈是"积极"的。

• 对于系统推荐的资源，读者对其忽略或进行"删除"，则认为读者在该情境中对该类资源的反馈是"消极"的。

• 读者通过信息查询和搜索，主动进入数字图书馆访问该类资源，则认为读者在特定情境下对该类资源的反馈是"主动"的。

根据定义 1，设推荐的资源类型为 s ($s \in S$)，当前情境 $x \in X$，情境属性 $c \in C$，c 中的某个情境值为 v，即 $f(x, c) = v$ ($v \in V_a$)。对于推荐的资源类型 s，读者对情境值 v 的偏好记为 P_v^s，该值应为情境值 v 条件下读者积极反馈的次数与资源类型为 s 条件下读者所有积极反馈次数的比值，即

$$P_v^s = \frac{|\ \{o \in O \mid f(x, c) = v \wedge o = 'positive' \wedge ServiceType = 's'\}\ |}{|\ o \in O \mid 0 = 'positive' \wedge ServiceType = 's'\}\ |}$$

(2)

表 1 是从系统 Web 日志中挖掘出的读者对特定资源类型的反馈信息，它显示出读者在不同情境值条件下对资源的不同反馈评价。根据情境偏好的计算方法，可以根据该 Web 日志计算出读者对该情境属性的偏好分布情况。在表 1 中，推荐的资源类型为"学术类"，情境属性为"周"，读者对资源的积极反馈为"positive"，消极反馈为"negative"，根据式（2）可以计算读者对情境属性"week"不同情境值的偏好：

$$P_{weekend}^{academic} = \frac{|\ \{o \in O \mid f(x, week) = 'weekend' \wedge o = 'positive' \wedge ServiceType = 'academic'\}\ |}{|\ o \in O \mid 0 = 'positive' \wedge ServiceType = 'academic'\}\ |} = \frac{1}{5}$$

$$P_{weekday}^{academic} = \frac{|\ \{o \in O \mid f(x, week) = 'weekday' \wedge o = 'positive' \wedge ServiceType = 'academic'\}\ |}{|\ o \in O \mid 0 = 'positive' \wedge ServiceType = 'academic'\}\ |} = \frac{4}{5}$$

表 1　基于 Web 日志的情境偏好实例分析

日志标识号	读者	资源类型	情境属性"周"	反馈评价
001	U1	学术类	周末	negative
002	U2	学术类	工作日	positive
003	U1	学术类	工作日	positive
004	U3	学术类	周末	positive
005	U4	学术类	周末	negative
006	U3	学术类	工作日	positive
007	U4	学术类	工作日	negative
008	U4	学术类	工作日	positive

由此可见，对于学术类资源，当其他情境属性的值不发生变化时，相比"周"情境属性的"周末"，读者更倾向于选择"工作日"来访问和使用该类资源。因此，情境属性的偏好实质上是反映了该情境属性中读者对不同情境值的偏好分布。表 1 中的"周"情境偏好分析表明：读者对该情境值的变化比较敏感，当该读者对学术类资源采取积极反馈行为时，该行为有 80% 的概率发生在工作日中，而仅有 20% 的概率发生在周末。

3.3　情境感知度的计算

情境偏好实质上反映了同一情境属性中读者对不同情境值的偏好分布。偏好分布越均匀，表明读者越不可能随着情境值的变化，而改变对同一类型资源的兴趣度；相反，偏好分布越不均匀，越表明读者对该情境属性的感知能力很强，即情境值发生变化，读者对同一类型资源的兴趣度变化的可能性越大。

"熵"的概念最初来源于热力学领域，它在热力学中用于衡量系统的有序化程度。熵值越大，表明系统所处的状态越无序；熵值越小，表明系统所处的状态越有序。在信息系统中，熵值是信息无序程度的度量[13]，熵的减少意味着信息有序度的增加。类似地，在基于情境感知的信息推荐中，"情境熵"用于度量读者情境偏好的清晰度。情境的"熵"值越小，读者的情境偏好越清晰，读者对该情境属性的感知能力越强；"熵"值越大，则读者的情境偏好越模糊，读者对情境属性的感知能力越弱。基于信息熵的理论，笔者将其应用于情境感知的信息推荐中，定义"情境熵"的度量方法。

定义 2：推荐服务的资源类型为 s（$s \in S$）前提下，情境熵 H^s（c）度量读者对情境属性 c（$c \in C$）偏好的清晰度，可以定义为：

172

$$H^s(c) = -\sum_{i=1}^{m} P_i \log_2 P_i \qquad \sum_{i=1}^{m} P_i = 1 \qquad\qquad (3)$$

公式（3）中，情境属性 c 有 m 个情境值，P_i 为读者对第 i 情境值的偏好权值，$H^s(c)$ 度量情境值偏好分布的无序状态。情境熵 $H^s(c)$ 值越小，情境值的偏好分布越趋向有序，同时也表明读者对该情境属性的偏好越清晰。反之，情境熵 $H^s(c)$ 值越大，情境值的偏好分布越趋向无序，读者对该情境属性的偏好越模糊。特别地，当情境偏好分布趋向极端的无序状态时，$H^s(c)$ 接近最大值 $\log_2 m$；当情境偏好分布趋向极端的有序状态时，$H^s(c)$ 趋向最小值 0。例如，设情境值数量 $m=4$，如果情境值偏好均等（即 $1/m = 0.25$），则 $H^s(c) = -(-0.5 - 0.5 - 0.5 - 0.5) = 2$ 达到最大值，此时读者对情境属性的偏好最模糊；如果其中一个情境值的偏好权值取最大值 1，而其余情境值的偏好权值为 0，则 $H^s(c) = -(0+0+0+0) = 0$ 达到最小值，此时读者对情境属性的偏好最清晰。通过建立"情境熵"的概念及度量方法，可以提出基于"情境熵"的情境感知度的度量方法。

定义 3：推荐服务的资源类型为 s（$s \in S$）的前提下，情境感知度 W_c^s 度量读者对情境属性 c（$c \in C$）的感知能力。情境熵值越小，则读者对情境属性的感知能力越强；情境熵值越大，则读者对情境属性的感知能力越弱。情境感知度 W_c^s 的计算方法为：

$$W_c^s = 1 - \frac{H^s(c)}{\log_2 m} \qquad\qquad (4)$$

根据公式（4），情境熵与情境感知度之间呈负相关的关系：熵值越大，则读者的情境感知度越低，该情境属性对于信息推荐所起的作用越小；熵值越小，则读者的情境感知度越高，该情境属性对于信息推荐所起的作用越大。因此，情境感知度可以识别不同情境属性对于信息推荐所起的不同作用。笔者情境感知度作为相应情境属性的感知权重，结合传统协同过滤技术，提出一种基于情境感知的协同过滤推荐方法。

4　基于情境感知的协同过滤推荐

4.1　情境感知的协同过滤推荐系统模型

在数字图书馆中，读者访问和获取信息资源的过程总是在特定的情境下发生的。不同的读者可能具有相同或相似的情境，这样在相似情境的基础上，可以计算不同读者之间的关联关系。利用读者之间所存在的关联关系，为特定情境下的目标读者进行资源推荐，实现基于情境感知的资源协同过滤推荐。因此，基于情境感知的协同推荐的技术思路是：读者总是在特定情境下访问信息资源，利用其他读者在相同或相似情境下对资源的评分，来预测目标读者对资源的评分，并应用传统的协同过滤技术，为目标读者推荐个性化的信息资源。为此，笔者建了基于情境感知的资源协同过滤推荐模型，如图 1 所示：

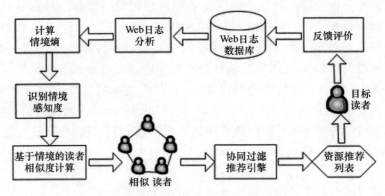

图 1　基于情境感知的资源协同过滤推荐模型

在该推荐模型中，系统首先确定为目标读者推荐的资源类型，利用 Web 日志分析模块从 Web 日志数据库中分析相关读者的资源访问以及反馈行为，计算所有情境属性的情境熵，在此基础上识别读者对不同情境的情境感知度，即确定所有情境属性的感知权重。然后，利用其他读者在相同或相似情境下对资源的评分，进行读者相似度计算，找出目标读者的"相似读者"，并结合传统的协同过滤推荐方法为目标读者进行信息推荐，产生相应的资源推荐列表。

4.2　情境感知的协同过滤推荐方法

在传统的信息协同过滤推荐中，系统通过用户相互协同来选择信息，即通过用户之间对资源的评分来产生推荐。为了确定目标用户的"相似用户"，基于对资源的评分，计算目标用户与其他用户之间的相似度是协同过滤推荐的一个关键步骤。但是，传统的协同过滤推荐在计算用户之间的相似度时，很少考虑用户的情境信息。在移动阅读推荐过程中，笔者基于当前特定情境下对读者之间的相似度进行计算。

给定两个读者 u 和 u'，其中 u 为目标读者，$I_{u,u'}^{(c,v)}$ 为 u 和 u' 在特定情境下共同评分过的项目集合，满足 $I_{u,u'}^{(c,v)} = \{i \in I \mid R_{u,x,i} \neq \varphi \wedge f(x, c) = v \wedge R_{u,x',i} \neq \varphi \wedge f(x', c) = v\}$。对每个资源 $i \in I_{u,u'}^{(c,v)}$，读者 u 和 u' 分别在情境 x 和 x' 下对 i 共同进行评分，并且情境 x 和 x' 的情境属性 c $(c \in C)$ 的情境

174

值均为 v。笔者采用 Pearson 相关系数计算情境属性 c（$c \in C$）的值为 v（$v \in V_c$）的情况下，读者 u 和 u' 的相似度 $sim_{(c,v)}$（u, u'），计算公式为：

$$sim_{(c,v)}(u, u') = \frac{\sum_{i \in I_{u,u'}^{(c,v)}} (R_{u,x,i}^{(c,v)} - \overline{R_u}(c, v))(R_{u',x',i}^{(c,v)} - \overline{R_{u'}}(c, v))}{\sqrt{\sum_{i \in I_{u,u'}^{(c,v)}} (R_{u,x,i}^{(c,v)} - \overline{R_u}(c, v))^2 \sum_{i \in I_{u,u'}^{(c,v)}} (R_{u',x',i}^{(c,v)} - \overline{R_{u'}}(c, v))^2}} \tag{5}$$

其中，情境 x 和 x' 的情境属性 c（$c \in C$）的情境值均为 v，即 $f(x, c)$ $= f(x', c) = v$。$R_{u,x,i}$ 为读者 u 在情境 x 下对资源 i 的评分，$R_{u,x,i}$ 为读者 u' 在情境 x' 下对资源 i 的评分，$\overline{R_u}(c, v)$ 和 $\overline{R_{u'}}(c, v)$ 分别表示为 u 和 u' 在 $I_{u,u'}^{(c,v)}$ 上的平均评分。

在情境属性 c（$c \in C$）的情境值为 v（$v \in V_c$）的情况下，结合传统的协同过滤技术[14]，通过相似读者 u' 对目标资源 i 的评分，预测目标读者 u 对 i 的评分，计算公式为：

$$R_{u,x,i}^{(c,v)} = \frac{\sum_{u' \in NNR} sim_{(c,v)}(u, u') \times R_{u',x',i}^{(c,v)}}{\sum_{u' \in NNR} | sim_{(c,v)}(u, u') |} \tag{6}$$

公式（6）采用了读者相似度加权方法，将所有邻居读者的加权评分值作为目标读者对目标资源的评分。其中，目标读者 u 和相似读者 u' 的情境分为 x 和 x'，在情境属性 c（$c \in C$）下其情境值相等，即满足 $f(x, c) = f(x', c) = v$，$R_{u,x,i}^{(c,v)}$ 为 u 在该情境值下对 i 的评分，$R_{u',x',i}^{(c,v)}$ 则为 u' 在该情境值下对 i 的评分，NNR 为相似读者的集合。

最后，可以计算目标读者 u 在当前情境 $x \in X$ 下对资源 i 的推荐评分 $R_{u,x,i}$，它是对不同情境属性中资源预测评分的加权评分，计算公式为：

$$R_{u,x,i} = \frac{\sum_{c \in C} W_c^s \times R_{u,x,i}^{(c,v)}}{\sum_{c \in C} W_c^s} \tag{7}$$

其中，W_c^s 为情境感知度，它可被看作情境属性 c（$c \in C$）的感知权重，用于识别情境属性 c 对于信息推荐所起的不同作用。根据情境感知度的定义，W_c^s 的取值范围为 [0, 1]。当 $W_c^s = 0$ 时，读者对情境属性 c 无感知能力，该情境属性下的预测评分将被推荐算法忽略；反之，当 $W_c^s = 1$ 时，读者对情境属性 c 的感知能力最强，该情境属性下的预测评分被赋予最大的感知权重。

5 实验及结果分析

5.1 数据集

为了验证基于情境感知的移动阅读协同过滤推荐方法的有效性，笔者在

175

构建情境感知的资源协同推荐模型基础上展开了实验研究。实验选取来自图书馆与信息科学、信息管理系统研究领域的 30 位研究生作为实验的测试者。推荐服务的资源类型选定为"学术类",实验预先从数字图书馆中下载相关专业约 500 篇文献资源到系统数据库中。实验考察的情境属性包括周、时间段、地点、同伴和天气 5 种,实验阶段分为训练集准备和推荐效果测试两个阶段。在训练集准备阶段,笔者设计了相关的阅读情境,让测试者为文献资源提供反馈和评分信息。测试者对文献资源的反馈分为"积极"和"消极"两种,对文献资源的评分采用"10 分制"的评分方式。为了避免信息推荐的"数据稀疏",实验对资源评分数量少于 30 的测试者进行淘汰,同时也淘汰那些仅被这些测试者评分的文献资源。最后,确定有 17 位测试者以及 364 篇文献资源作为实验测试的合格对象。

5.2 实验设计与结果

为了验证基于情境感知的协同过滤推荐的有效性,笔者从读者体验角度上定义了一个新的评测指标:读者接受度(reader acceptance ratio, RAR),计算公式为:

$$RAR = \frac{\sum_{InterestSet} \{I_1, I_2, \cdots I_m\} \cap \{Top-N\ Document\}}{\{Top-N\ Document\}} \tag{8}$$

其中,$\{TOP-N\ Document\}$ 表示根据推荐方法输出排名前 $Top-N$ 的文献资源,$\sum_{InterestSet} \{I_1, I_2, \cdots I_m\}$ 则表示目标读者感兴趣的文献资源。对这两个集合求交集,表示推荐的资源列表中读者感兴趣的资源。从读者体验的视角上看,读者接受度反映了资源推荐的采纳程度,其值越高,推荐方法在当前情境下为目标读者推荐合适资源的可能性越大。

根据读者接受度,将基于情境感知的协同过滤推荐方法与传统协同过滤推荐方法进行对比。笔者采用 K-折交叉检验进行数据建模和测试[15],将数据集分成 K 份,循环将其中 $K-1$ 份作为训练数据集,而另外的 1 份作为测试数据集。同时,将交叉检验过程重复多次,以便实验结果更加可靠和客观。实验中,应用 K-折交叉检验($K=10$)对实验重复进行了 20 次,并将排名前 $Top-5$ 的文献资源推荐给目标读者。两种协同过滤推荐方法在读者接受度指标上的比较结果如图 2 所示:

从图 2 中可以看出,我们提出的情境感知协同过滤推荐方法在性能上优于传统的协同过滤推荐方法,两种协同过滤推荐方法在读者接受度指标上相差幅度约为 10%。实验结果表明,采用基于情境感知的协同过滤推荐方法,能够较好地预测读者对情境属性的感知能力,并识别不同情境对于信息推荐

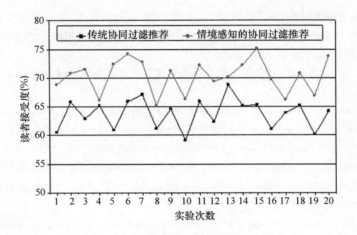

图 2 两种协同过滤信息推荐方法的比较

所起的不同作用，从而在移动环境下根据当前的情境信息，精准地为读者提供个性化的移动阅读服务。

6 结语

本文尝试将基于情境感知的信息推荐应用于数字图书馆领域，提出了一种基于情境感知的信息协同过滤推荐方法。该方法通过"情境熵"来度量读者的情境感知度，并计算不同情境属性在信息推荐中的相应权重值，在此基础上结合传统协同过滤技术，为读者提供符合当前情境的个性化阅读推荐服务。实验结果表明，本方法优于传统的协同过滤推荐方法，能够较好地预测读者对情境属性的感知能力，并识别不同情境对于信息推荐所起的不同作用，从而在移动环境下根据当前的情境信息，精准地为读者提供个性化的移动阅读服务。本文的研究为移动环境下基于情境感知的数字图书馆个性化信息推荐服务作了有益探索。可以预见，在泛在环境下以读者为中心，为其提供情境感知的移动阅读推荐服务将是数字图书馆信息服务发展的新方向。

参考文献：

[1] 赵乃瑄，周静珍. 移动阅读环境下大学图书馆的转型、创新和合作[J]. 图书情报工作，2012，56(9)：48–51，74.

[2] 张树良，冷伏海. Web 环境下个性化信息的获取和个性化服务的实现[J]. 中国图书馆学报，2007(4)：77–81.

[3] 焦玉英，袁静. 基于情景模型的数字图书馆个性化服务研究[J]. 中国图书馆学报，

2008, 34(6): 58 – 63.

[4] 袁静. 情景感知自适应:图书馆个性化服务新方向[J]. 图书情报工作, 2012, 56(7): 79 – 82, 97.

[5] 焦玉英, 袁静. 基于情景模型的数字图书馆个性化服务研究[J]. 中国图书馆学报, 2008, 34(6): 58 – 63.

[6] Adomavicius G, Tuzhilin A. Multidimensional recommender system: A data warehousing approach[C]//Proceedings of the 2th International Workshop on Electronic Commerce, Lecture Notes in Computer Science. Berlin: Springer-Verlag, 2001: 180 – 192.

[7] Adomavicius G, Sankaranarayanan R, Sen S, et al. Incorporating contextual information in recommender system using a multidimensional approach [J]. ACM Transactions on Information Systems, 2005, 23(1): 103 – 145.

[8] Lee B – H, Kim H – N, Jung J – G, et al. Location – based service with context data for a restaurant recommendation[C]//DEXA, Lecture Notes in Computer Science. Berlin: Springer-Verlag, 2006: 430 – 438.

[9] Yap G E, Tan A H, Pang H H. Discovering and exploiting causal dependencies for robust mobile context – aware recommenders[J]. IEEE Transactions on Knowledge Data Engineering, 2007, 19(7): 977 – 992.

[10] 胡慕海, 蔡淑琴, 张宇, 等. 情境化信息推荐机制的研究[J]. 情报学报, 2011, 30 (10): 1053 – 1064.

[11] Tuzhilin A, Adomavicius G. Context – aware recommender systems [C]//Proceedings of the 2008 ACM Conference on Recommender systems. New York: ACM, 2008: 335 – 336.

[12] 张琪, 张颖华. 情境感知的科技文献协同推荐方法研究[J]. 现代图书情报技术, 2012 (2): 10 – 17.

[13] 马费成. 网络信息序化原理——Web 2.0 机制[M]. 北京:科学出版社, 2012.

[14] 姜丽红, 徐博艺. 一种协同过滤方法及其在信息推荐系统中的实现[J]. 情报学报, 2005, 24(6): 669 – 673.

[15] Fushiki T. Estimation of prediction error by using k – fold cross – validation [J]. Statistical and Computing, 2011, 21(2): 137 – 146.

作者简介

曾子明, 武汉大学信息管理学院副教授, E-mail: zmzeng1977@163.com。

移动图书馆信息服务质量控制体系研究[*]

赵杨

武汉大学信息资源研究中心

移动通信技术的快速发展给图书馆信息服务带来了深刻变革，越来越多的图书馆开始依托移动网络平台开展多元化服务，推动了移动图书馆的兴起与发展。移动图书馆打破了传统图书馆信息服务时间与空间的限制，能够随时随地通过手机、平板电脑、PDA 等移动终端为用户提供个性化服务，是泛在知识环境下图书馆发展的新方向[1]。移动图书馆的建设与发展，不仅需要从技术上实现图书馆服务在移动网络平台上的功能延伸，更重要的，是针对移动网络环境的复杂性，进行全面有效的服务质量控制，保障移动图书馆服务的顺利开展。然而，相对于目前移动图书馆建设的如火如荼，关于其服务质量控制的研究却非常有限，一些学者仅就移动图书馆服务质量组成维度和评价标准进行了初步探索，尚未对移动服务质量控制机制、标准和实现方法等关键问题展开深入研究，未能形成科学有效的服务质量控制体系，从而制约了移动图书馆的发展与完善[2-3]。鉴于此，本文针对移动图书馆信息服务质量控制特性与控制内容，对其服务质量控制体系组成要素与基本结构进行深入研究，在此基础上建立移动信息服务质量控制体系框架，为移动图书馆服务创新与发展提供可借鉴的理论依据。

1 移动图书馆信息服务质量控制特征与控制内容

移动图书馆信息服务作为传统图书馆服务在移动网络平台上的延伸，既具有传统服务的一般属性，又受到移动网络的影响显现出新特性。因此，不能直接套用已有的图书馆服务质量控制方法，而要根据移动服务质量控制特征，明确控制内容，构建与之相适应的控制体系。

---

[*] 本文系国家社会科学基金青年项目"数字图书馆移动服务质量控制研究"（项目编号：12CTQ005）研究成果之一。

1.1 移动信息服务质量控制特征

移动图书馆在拓宽图书馆信息服务时空范围的同时，也提升了传统信息服务的深度和广度，使服务质量控制变得更加复杂。由于移动网络具有多主体参与性、情境敏感性和多维交互性等属性，移动图书馆信息服务质量控制也呈现出相应的特征[4]。

1.1.1 多元服务主体协同控制 随着图书馆信息服务链不断向移动服务领域延伸，越来越多的服务主体参与到移动图书馆服务运作中。服务主体的增加与服务链的细化使服务质量受到更多层面的影响，不能仅仅依靠图书馆自身的服务质量控制与优化，而要根据不同服务主体的功能及其相互间的作用关系，按照移动信息服务链运作规律，促进服务主体间的相互协作，实现服务质量协同控制。

1.1.2 基于情境感知的自适应控制 手机等移动终端的定位功能和一对一应用模式，使移动图书馆能够感知到用户的情境信息，包括用户基本信息、所处的环境信息和移动设备信息等。通过情境感知不仅能获取用户的即时信息需求，还能结合历史情境，对用户潜在需求做出预测，从而提供更加精准的个性化服务。这使图书馆由以往被动的服务质量改进转变为根据用户情境变化主动地进行服务质量调整，实现服务质量的自适应控制。

1.1.3 动态交互控制 移动网络为用户和图书馆之间提供了更加多元的交互渠道，使用户可以通过短信息、WAP 站点、APP 应用等方式随时随地获取图书馆数字资源。交互渠道的扩展使服务交互性进一步增强，也使用户真正参与到整个服务流程中，通过交互体验对服务质量进行评估和反馈。因此，在移动图书馆信息服务中，服务质量控制不再仅仅是服务主体单方面的行为，还要根据用户体验进行服务系统交互设计与服务质量动态优化，实现服务主体与用户的双向交互控制。

1.2 移动信息服务质量控制内容

移动图书馆信息服务质量受到多层面因素的影响，需要从多个维度进行综合控制。在有关图书馆服务质量评价与控制的研究中，大多数学者和图书馆都采用了 LibQUAL+™ 模型中的服务质量度量维度，认为服务质量包括服务环境、信息质量和服务结果三个维度[5]。而一些学者在研究移动服务质量组成维度时则提出，除了服务环境和服务结果外，还需要对服务交互性进行测度[6-7]。鉴于此，本文综合以上结论，从移动服务质量维度出发，将移动图书馆信息服务质量控制内容分为服务环境质量控制、服务交互质量控制、信息资源质量控制和服务结果质量控制 4 个部分。

1.2.1 服务环境质量控制 移动图书馆服务环境是由移动网络及其基础设施、服务交互平台（如 WAP 站点、APP 软件等）、移动终端设备等构成的软硬件环境。服务环境质量控制应保障移动网络的安全性与可用性，使其具备良好的接入质量和数据传输质量；同时，确保服务交互平台具有清晰友好的操作界面，方便用户使用。此外，考虑到移动网络环境的情境敏感性，还应保障移动终端能准确感知到用户的情境信息。

1.2.2 服务交互质量控制 移动图书馆信息服务比传统服务具有更强的交互性，这种交互性表现为用户与移动服务平台的交互以及用户与图书馆服务人员的交互[8]。因此，服务交互质量控制应充分考虑移动网络交互渠道的特点，保障交互过程的稳定性与流畅性，同时注重服务人员的专业知识与服务技能培训，不断提高服务人员的信息素养和服务能力，为用户提供良好的交互体验。

1.2.3 信息资源质量控制 由于移动图书馆是基于移动终端开展信息服务，因而需要对图书、图片、音视频、期刊等信息资源进行重新组织和格式转换，使其符合移动终端的使用标准[9]。在信息资源质量控制中，应注重信息资源的多终端显示和标准化建设，实现信息资源的跨平台调用。同时针对移动网络环境下用户碎片化信息需求，通过信息资源整合与知识化加工，为用户提供及时、有用的信息内容和知识服务。

1.2.4 服务结果质量控制 服务结果是服务的产出，反映了服务总体绩效。移动图书馆信息服务结果质量控制，应在对服务环境、服务交互过程、信息资源进行全面规划与管理的基础上，确保服务交付的实时性、准确性和有效性，使其能够充分满足不同领域用户的个性化需求。

2 移动图书馆信息服务质量控制体系架构

移动图书馆信息服务质量控制涉及服务环境建设、服务交互流程优化、信息资源组织、服务结果保障等多个层面，与图书馆现代信息服务发展密切相关，是一项复杂的系统工程，需要依托科学合理的服务质量控制体系保障移动图书馆信息服务的顺利开展。

2.1 控制体系组成要素

总体而言，移动图书馆信息服务质量控制体系是由控制主体、控制技术、控制标准、控制机制组成的复杂系统。各要素以用户需求为导向，围绕移动图书馆信息服务总体目标，共同维系整个控制体系的有序运转。

2.1.1 控制主体 移动图书馆信息服务质量控制主体包括各类服务主体

和图书馆用户。在服务主体中，除了图书馆和数据库生产商外，还需要移动网络运营商、移动系统与应用软件开发商、移动终端设备制造商等服务主体的密切配合。其中，移动网络运营商作为基础设施提供者，负责移动网络的运营与维护；移动系统与应用软件开发商则配合图书馆进行 WAP 站点建设与 APP 等应用软件开发；移动终端设备制造商通过服务功能定制与预置相关应用软件为用户访问移动图书馆资源提供有效渠道。用户作为服务质量感知者，通过交互过程进行服务质量评估和反馈。

2.1.2　控制技术　移动通信技术与智能化移动终端的快速发展为移动图书馆服务质量控制奠定了坚实的基础。从用户情境感知到用户需求响应，每一个服务环节都需要质量控制技术的支撑。除了图书馆常用的 QoS 与信息保障技术外，还需要针对移动服务特性，利用情境挖掘技术、WAP 站点与 APP 应用优化升级技术、信息资源跨平台调用技术、服务适配技术等实现移动服务质量的自适应控制。

2.1.3　控制标准　移动图书馆信息服务质量控制必须遵循科学的标准，实现规范化控制。尽管许多图书馆已经制定了一些服务质量控制标准，但专门针对移动信息服务的标准还是空白。移动信息服务质量控制标准规范的设立应立足于移动服务跨平台、多主体、动态交互的特点，对现有服务质量控制标准进行改进与补充，主要包括移动网络接入标准、资源对象标准、元数据标准、WAP 站点建设标准、移动服务质量评价标准等。

2.1.4　控制机制　控制机制是引导控制体系有序运作的重要规则制度。由于控制体系运作受到移动服务主体行为、服务交互模式、服务资源和服务技术等方面的综合影响，因此，服务质量控制机制的设计应立足于服务主体间的相互作用关系以及服务体系运作规律，通过主体协同机制、动态交互机制、资源优化配置机制、评估反馈机制等引导各类主体和资源要素在控制体系内形成稳定、有序的组织结构，保障控制体系的高效运转。

2.2　控制体系基本框架

移动图书馆信息服务质量控制体系由用户层、交互层、控制层、支撑层 4 个部分组成，各部分紧密连接、相互作用，共同维系控制体系的有机运转，其基本框架如图 1 所示：

2.2.1　用户层　用户是移动图书馆信息服务围绕的中心。用户需求决定了移动服务的发展方向和服务质量控制目标。CNNIC 第 32 次《中国互联网络发展状况统计报告》的数据显示：截至 2013 年 6 月底，我国手机网民规模已达 4.64 亿，占网民总量的 78.5%，可见移动图书馆有着巨大的用户需求潜

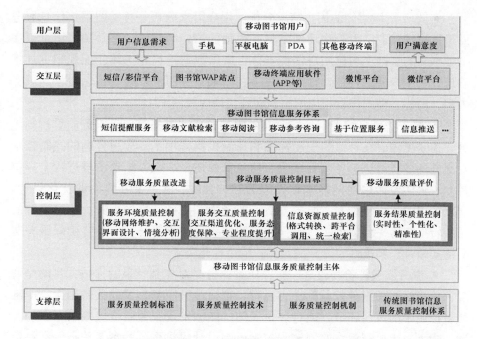

图1 移动图书馆信息服务质量控制体系基本框架

力[10]。在用户层，一方面是通过手机、平板电脑、PDA 等移动终端设备获取用户基本情境信息，分析用户服务需求，进而通过后续控制环节进行服务质量调整，提供满足用户需求的图书馆服务；另一方面是衡量用户的满意度，根据用户反馈信息对服务质量进行持续改进。

2.2.2　交互层　交互层是用户和移动图书馆之间的纽带。随着移动网络环境下交互渠道的拓展，用户不仅能通过短信/彩信、WAP 站点或 APP 应用等途径访问图书馆数字资源，还能通过微信、微博等新兴的社会化媒体获取移动图书馆服务，进而利用语音检索、图像检索、现实增强、二维码扫描等方式与移动图书馆进行多维交互。因此，在交互层面最重要的是提升用户的交互体验，通过交互质量控制，使用户对移动图书馆的服务内容产生清晰、完整的认识，然后应用知识与经验以及感知、思维进行服务操作。

2.2.3　控制层　控制层是服务质量控制体系的核心，其功能是提高服务绩效、保障各项服务环节的有序运作。在控制过程中，各服务主体相互合作，围绕总体控制目标，从多个维度进行服务质量控制，并对控制结果进行度量与评价，以此作为下一控制阶段的主要依据，从而形成由服务质量控制到服务质量评价、改进再到服务质量控制的闭环反馈机制。具体控制流程如下：

• 基于情境感知的用户需求分析。用户需求分析是移动图书馆信息服务质量控制的起点。由于移动网络具有很强的情境敏感性，移动图书馆可以在情境感知的基础上构建用户情境本体，应用数据挖掘和本体匹配规则更加精确地分析用户需求特征，预测用户潜在需求，进而根据这些信息对移动服务内容、功能、模式进行相应调整，实现自适应控制[11]。

• 服务质量多维控制。按照前文所述的移动图书馆信息服务质量控制内容，控制主体应在有效的控制标准和控制机制作用下，应用合适的控制技术对服务环境质量、服务交互质量、信息资源质量、服务结果质量进行全方位控制。具体包括移动网络基础设施的维护管理、服务交互界面的优化设计、交互渠道的建立与维系、服务人员专业能力和服务态度的提升、信息资源的格式转换与跨平台调度、多数据库资源的统一检索等环节，最终确保服务交付的实时性、精准性，充分满足用户的个性化需求。

• 服务质量评价与改进。服务质量评价是对控制结果的评估，目的是通过评价指标跟踪服务效益的产生过程，把握提升服务质量的关键因素，明确质量控制中的薄弱环节。通过评价反馈，能够发现服务质量控制中存在的问题，为下一步控制策略的制定和控制机制设计提供重要的参考依据。在评价结果的基础上，应对移动图书馆信息服务质量进行优化改进，使服务质量能够始终保持在最优状态。

2.2.4 支撑层 支撑层是服务质量控制体系的基础保障部分，涵盖了服务质量控制的基本要素，为整个控制体系的有序运转提供有效的控制标准、控制技术和控制机制，引导各类控制主体的协同运作和各项控制环节的顺利实现。同时，还提供与图书馆已有服务质量控制体系的接口，实现传统信息服务质量控制与移动服务质量控制的同步推进。

3 武汉大学移动图书馆信息服务质量控制体系建设实践

武汉大学图书馆（以下简称"武大图书馆"）是较早开展移动信息服务的高校图书馆之一，该馆 2009 年开始着手移动图书馆建设，2011 年开通了"书生移动数字图书馆"和"超星移动图书馆"应用，2012 年正式推出"武汉大学手机图书馆"，为用户提供多元化移动信息服务[12]。在不断完善移动图书馆建设的同时，武大图书馆也非常重视移动信息服务的质量控制，在现有控制体系基础上，立足于移动信息服务特性和用户需求，根据移动服务质量控制体系组成要素，从服务质量控制标准制定、控制技术体系建设、控制机制设计等方面开展了移动图书馆信息服务质量控制体系建设工作。

3.1 移动图书馆信息服务现状

目前，武大图书馆已初步建成以信息资源和移动服务为基础，以短信息平台、WAP 站点、移动客户端应用软件（APP 等）、新浪微博等为交互渠道的移动图书馆服务体系，为用户提供馆藏书目查询与借阅、已购数据库的文献检索与下载、借阅到期／个人订阅短信提醒、图书馆信息公告、云笔记、图书馆位置导航等移动信息服务，满足了用户随时随地访问图书馆信息资源的需求。2011 年，武大图书馆在全校范围内开展了"移动数字图书馆问卷调查"，旨在了解用户的服务需求和服务满意度。调查结果显示，43% 的被调查者表示非常满意，47% 的被调查者表示基本满意，另外 10% 的被调查者认为还存在较大的改进空间。用户提出的反馈意见主要包括拓展移动服务功能、优化 WAP 站点操作界面、改进文献移动检索方式、优化信息资源展现形式等多个方面。鉴于此，武大图书馆以用户需求为导向，积极开展移动服务质量控制体系建设，不断推动移动图书馆的快速发展。

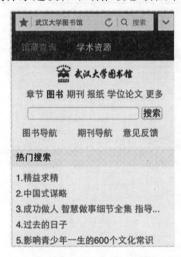

图 2　武汉大学图书馆 WAP 站点界面　　图 3　武汉大学图书馆移动客户端应用
（基于书生移动图书馆平台）

3.2 服务质量控制标准体系建设

随着移动图书馆的快速发展，各大图书馆都在加快移动信息服务质量评价与控制标准体系建设。武大图书馆也在现有标准基础上进行了有益探索，初步形成了面向移动图书馆信息服务质量控制的标准体系，见表 1。针对移动服务环境质量控制，采用 WAP 2.0 标准构建移动图书馆 WAP 站点，通过系统互操作和交互设计规范实现跨网络平台的系统集成与操作界面优化，并设立了用户情境划分标准和情境推理规则，提高了情境感知的精准性。在服务交互质量控制上，主要针对图书馆服务人员制定了岗位描述标准、移动信息服务业务规范和人员培训规范，使服务人员可以尽快掌握移动服务技术和业务操作方法，及时帮助用户解决问题，提高交互体验。在信息资源质量控制上，制定了资源集合描述元数据规范、移动终端设备数字资源转换加工规范，并遵循我国通信行业标准中的移动终端数据同步协议进行资源同步管理，采用 ePub、AZW、CEBX 等主流文件格式实现不同移动终端的信息编辑和图文混排、屏幕自适应、版式流式实时切换。此外，武大图书馆还以 LibQUAL + ™ 模型为基础，针对移动服务质量属性制定了移动信息服务质量评价标准，并通过实证研究验证了标准的有效性与适用性。

表1   武汉大学移动图书馆信息服务质量控制标准

控制标准	具体层面	控制内容
服务环境质量标准	移动互联网标准	• 移动通信技术标准（3G、WiFi 等） • 移动网络业务能力开放技术标准
	移动服务平台标准	• WAP 2.0 标准 • 系统互操作标准 • 交互设计规范
	情境标准	• 用户情境划分标准 • 情境推理规则
服务交互质量标准	服务人员行为规范标准	• 岗位描述标准 • 移动信息服务业务规范 • 人员培训规范
信息资源质量标准	元数据标准	• 资源集合描述元数据规范
	资源转换标准	• 移动终端设备数字资源转换加工规范 • 移动终端数据同步协议
	资源格式标准	• ePub、AZW、CEBX 等
移动信息服务质量评价标准	服务环境	• 基于 LibQUAL + ™ 模型修订的武大图书馆移动信息服务质量评价标准体系
	服务交互	
	信息控制	
	服务结果	

3.3　服务质量控制技术体系建设

在服务质量控制技术实现上，武大图书馆综合应用传统服务质量控制技术和移动服务质量控制手段形成了从移动网络基础设施维护到移动服务平台构建和信息资源建设再到移动服务流程优化的整体技术保障体系，见图4。在移动网络质量控制上，应用 QoS 技术有效解决移动网络延迟和阻塞问题，通过网络融合技术实现移动图书馆与传统图书馆的业务对接；在移动服务平台运作质量控制上，基于 J2EE 架构开发适用于 iOS 和 Android 操作系统的移动图书馆应用软件，利用 WAP 网关、Web Service 等技术实现基于不同网络平台的数据传递与质量控制，并应用交互设计技术改进 WAP 站点和移动图书馆操作界面，保障移动服务平台的有效运行；在信息资源质量控制上，除了应用传统的协同过滤和数据挖掘技术实现资源匹配外，还依托书生移动图书馆的 DRM 技术进行数字版权加密保护，保证了移动图书馆数字资源的安全性。同时，应用 UOML（非结构化操作标记语言）文档交换服务器使用户可以直接在移动终端上阅读任意格式文档，有效实现了图书馆数字资源在不同移动终端上的检索、展示和应用[13]。此外，武大图书馆还通过云服务共享和元数据整合技术，实现了信息资源的跨平台调用和共享，保障了信息资源的可用性与有效性。在移动服务流程质量控制上，采用 PDCA 循环法将服务质量控制过程划分为计划、执行、检查、效果 4 个阶段，形成持续优化的逻辑循环。在此基础上，进一步通过业务流程视图对移动服务流程进行可视化与定量化控制，并通过情境关联规则实现服务质量的自适应控制。

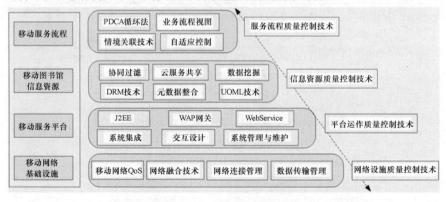

图4　武汉大学移动图书馆信息服务质量控制技术体系框架

3.4 服务质量控制机制设计

按照移动图书馆信息服务运作模式，武大图书馆立足于移动信息服务现状，分别围绕移动信息服务主体行为和用户需求，进行信息服务质量控制机制设计（见图5）。在服务主体层面，与湖北移动、湖北联通两家移动网络运营商共同开展移动图书馆网络环境部署与基础设施维护，基于移动运营商平台进行手机图书馆 WAP 站点建设。同时，与北京书生公司和超星公司合作进行移动图书馆客户端应用软件开发与维护，并与其他数据库生产商共同进行文献资源管理。在合作过程中，通过协同控制机制和利益协调机制实现技术合作、资源共享、风险共担，共同维系移动图书馆信息服务的有序开展。在用户层面，武大图书馆立足于移动网络环境下的用户需求变革，通过情境挖掘机制分析用户的即时需求与潜在需求，利用服务智能推荐机制实现服务功能与用户需求的自动适配，进而为用户提供精准的个性化服务（如图书推荐、基于位置服务等），有效提高了服务满意度。与此同时，根据用户与服务主体间的交互关系，通过定期举办移动图书馆应用讲座、微博互动、读者访谈等活动建立用户与图书馆间的多维交互机制，促进交流互动。在此基础上，通过双向评估反馈机制不断对移动图书馆信息服务质量进行优化和完善。

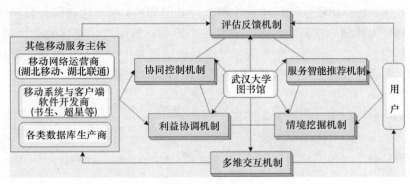

图5　武汉大学移动图书馆信息服务质量控制机制

4　结语

移动图书馆是泛在知识环境下图书馆信息服务变革的主要方向，对图书馆现代服务体系建设起着重要作用。移动图书馆的普及与发展需要依托全面的服务质量控制与保障，应针对移动图书馆信息服务质量控制的多主体参与性、情境敏感性和动态交互性，构建科学合理的服务质量控制体系，实现从

188

服务环境、服务交互过程、信息资源到最终服务结果的全方位质量控制。移动图书馆信息服务质量控制是一项复杂的系统工程，包含控制主体运作、控制标准制定、控制技术应用和控制机制设计多个层面。本文提出了移动图书馆信息服务质量控制体系建设思路，构建了控制体系基本框架，旨在为移动图书馆信息服务模式创新与质量优化提供有效的工具。

参考文献：

［1］ 黄群庆.崭露头角的移动图书馆服务［J］.图书情报知识,2004(5):48 - 49.

［2］ 郭瑞芳.基于 LibQual + ™的高校图书馆移动信息服务质量探讨［J］.新世纪图书馆,2013(6):25 - 27.

［3］ Wang Chunyi, Ke Haoren, Lu Wenchen. Design and performance evaluation of mobile Web services in libraries：A case study of the Oriental Institute of Technology Library［J］. Electronic Library, 2012,30(1):33 - 50.

［4］ 茆意宏.移动信息服务的内涵与模式［J］.情报科学,2012,30(2):210 - 215.

［5］ ARL. LibQual + ™: Charting library service quality［EB/OL］.［2013 - 07 - 10］. http：//www. libqual. org/About /Information /index. com.

［6］ Brady M K, Cronin J. Some new thoughts on conceptualizing perceived service quality：A hierarchical approach［J］. Journal of Marketing, 2001,65(7):34 - 49.

［7］ 张龙,鲁耀斌,林家宝.多维多层尺度下移动服务质量测度的实证研究［J］.南开管理评论,2009,12(3): 35 - 44.

［8］ 刘新蒙.图书馆信息服务的互动质量分析及控制研究［J］.图书馆学研究,2010(10):76 - 79.

［9］ 谢强,牛现云,赵娜.移动数字图书馆服务体系研究［J］.图书情报工作,2013,57(4):6 - 10.

［10］ 中国互联网络信息中心(CNNIC)第 32 次《中国互联网络发展状况统计报告》［R/OL］.［2013 - 07 - 10］. http://www. cnnic. cn/hlwfzyj/hlwxzbg/hlwtjbg/201307/P020130717505343100851. pdf.

［11］ 刘冰,张耀辉,卢爽,等.信息交互过程中信息质量影响因素实验研究：基于用户体验与感知视角［J］.情报学报, 2012,31(6):648 - 661.

［12］ 武汉大学手机图书馆［EB/OL］.［2013 - 07 - 10］.http://m. 5read. com/460.

［13］ 书生移动图书馆介绍［EB/OL］.［2013 - 07 - 10］. http://baike. baidu. com/view/6219278. htm.

作者简介

赵杨,武汉大学信息管理学院副教授,E-mail:yangzhao_0813@hotmail. com。

移动图书馆服务质量控制流程
设计与应用[*]

赵杨　高婷

武汉大学信息管理学院　武汉 430072

近年来,随着移动通信技术在图书馆中的广泛应用,移动图书馆正进入快速发展阶段。各大图书馆都在积极依托移动网络平台和智能化移动终端为读者提供多元化信息服务。据统计,全国 108 家"211 工程"大学图书馆中,有 72 家开通了 WAP 站点或推出了 App 客户端应用[1],服务功能包括图书借阅短信提醒、移动 OPAC 检索、移动阅读、个性化订阅、基于位置服务等,满足了读者随时随地获取图书馆服务的需求。随着移动图书馆建设的深入推进,移动服务质量问题日渐受到学者们和图书馆界的普遍关注。保障服务质量是图书馆提高读者满意度的重要基础。传统图书馆服务质量研究经历了引入期、成长期和发展期,已经比较成熟,而移动图书馆服务质量研究仍处于起步阶段[2]。目前的研究主要集中在移动服务质量属性、影响因素、评价方法等基础性研究方面,缺乏对移动服务质量控制与管理机制的深入思考。对于图书馆而言,不仅需要建立度量和评价移动服务质量的科学标准,更要针对读者需求和移动服务特性建立起一套规范有序的服务质量控制流程,引导图书馆更好地开展移动信息服务,提高服务质量。鉴于此,本文从移动图书馆服务质量控制流程设计目标出发,引入 ARIS 方法探讨流程设计机理,结合具体实例构建流程模型并进行实践检验,旨在为移动图书馆服务质量控制研究与实践提供有益参考。

1　移动图书馆服务质量控制流程设计目标

移动图书馆服务拓展了传统图书馆服务的深度和广度,使服务质量影响因素变得更加多维和复杂,服务质量控制难度也随之加大。在这一背景下,图书馆需要以流程化管理思想规范移动服务环节,推动多元服务主体的协同合作,

---

　　* 本文系国家社会科学基金青年项目"数字图书馆移动服务质量控制研究"(项目编号:12CTQ005)研究成果之一。

190

为移动服务创新与发展提供有效的质量保障。总体而言,图书馆进行移动服务质量控制流程设计的目标在于:

1.1　建立系统、规范的服务质量控制流程体系

随着图书馆服务链不断向移动网络平台延伸,涉及的服务主体和服务环节不断增加,服务环境日趋复杂,使得服务质量表现出更多的不稳定性,需要图书馆及时根据环境变化进行动态调整。服务质量控制的动态化实现依赖于控制流程的规范化运作,通过流程中各节点的环环相扣促进不同服务主体的跨系统协作。因此,在服务质量控制流程设计中,应首先明确流程中的关键节点、参与主体和支撑要素,厘清各节点的衔接顺序与执行过程,根据质量控制内容确立核心流程和支持流程,形成系统、规范的流程体系,保证流程的指导性与可操作性[3]。

1.2　实现服务质量控制流程与业务流程的协同运行

移动图书馆服务是一种新兴的服务模式,具有更强的灵活性、交互性和情境敏感性,不能照搬传统信息服务的质量控制模式,需要根据移动服务特性进行控制流程设计。在移动服务过程中勾勒出服务质量控制内容是流程设计的基础,可以根据控制内容中的具体环节和运作机制明确服务质量组成维度与影响要素,将服务质量控制流程有机嵌入到移动图书馆服务体系中,形成质量控制环节与服务环节的一一对应,促进移动服务质量提升与服务创新发展的协同实现。

1.3　形成以流程为导向的移动服务质量管理机制

流程在服务质量管理中扮演着重要角色,贯穿管理的每一项环节。移动图书馆服务质量管理涉及服务环境质量、服务交互质量、信息资源质量、服务结果质量多个层面,是一项复杂的系统工程[4]。管理机制的建立应以服务质量控制流程为主线,围绕流程设计揭示管理维度间的作用关系,实现各类服务要素的优化配置;通过流程运行及时发现服务质量问题,完善移动图书馆服务质量管理体系。

2　ARIS 流程设计原理与适用性分析

移动图书馆服务质量控制流程设计是一项复杂的工作,需要采用合适的理论方法和建模工具直观展现流程运行机制。本文采用目前应用较广的 ARIS 方法进行流程设计,并分析其在移动图书馆服务质量控制中的适用性。

2.1　基于 ARIS 的流程设计原理

ARIS(architecture of integrated information system)是由德国萨尔大学

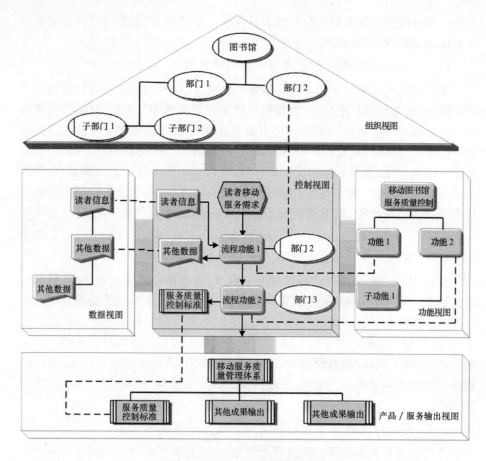

图 1   ARIS 的房式模型架构

A. W. Scheer 教授提出的一种流程建模方法,能够对流程体系进行准确描述和详细设计[5]。由于 ARIS 体系架构源于信息系统集成思想,核心在于通过对流程中各类信息资源、业务单元、参与主体进行有效组织,为流程设计或再造提供有效依据,因此,被广泛应用于信息服务机构或与信息业务相关的流程建模中[6-7]。基于 ARIS 方法构建的流程模型具有多视图、多层次、多关联的特点,不仅能完整反映整个流程的运作过程,还能通过多种表现视图清晰描述流程中各要素之间的关联关系,进而揭示环节、资源、主体间的相互作用机制[8]。ARIS 体系框架包含 5 个基本视图:组织视图、功能视图、数据视图、控制视图、产品/服务输出视图,构成了一个"房式结构模型",如图 1 所示:

(1)组织视图。用来描述流程实施单位的组织结构,包括部门设置、职能规

192

划、人员安排等,便于明晰流程中相应环节的执行部门或人员。例如,图书馆一般下设信息咨询部、资源建设部、系统部、流通阅览部等,在移动服务推进与质量控制中需要各部门的协同合作。

(2)数据视图。用来表示流程中各类数据信息对象,使流程执行者能够及时掌握各环节所需的信息要素。例如图书馆在分析读者移动服务需求时,需要首先了解读者的学历背景、学科专业、移动服务使用经历等基本信息。数据视图通过扩展实体关系模型(e-ERM)来描述数据对象,包括数据类型、属性和关联规则。

(3)功能视图。用来表示实现流程目标需要完成的各项任务,即流程中的活动单元,使流程参与主体可以明确各自的任务分工。例如,移动图书馆服务质量控制流程包括目标定位、服务环境质量控制、交互质量控制、信息质量控制等多项任务环节。功能视图一般以功能树的方式逐层描述任务等级与包含关系。

(4)控制视图。用来描述流程运行全貌,是 ARIS 建模的核心。控制视图应用扩展的事件驱动过程链(e-EPC)将组织视图、数据视图和功能视图中的各类要素有机联系起来,通过不同形状、颜色的模块来表示业务运作中相关组织单元、流程作业、关联数据以及流程之间的逻辑关系,提供了一套规范的流程描述标准,用以全面展现整个流程运行过程,是流程设计的重要依据。

(5)产品/服务视图。用来定义流程的最终输出结果,可以据此判断流程运行效果是否达到既定目标,评估流程绩效。移动图书馆服务质量控制的最终目标是建立科学有效的服务质量管理体系,因此,在流程运作中应构建相应的质量控制标准、评价标准、技术体系等,形成流程输出结果。

2.2 ARIS 在移动图书馆服务质量控制中的适用性

ARIS 以流程为导向的模型设计理念为流程目标定位、流程描述和建模提供了可行性方法,能够有效应用于移动图书馆服务质量控制流程模型构建与评估。首先,ARIS 方法是以信息集成为核心的,在流程分析和描述中时刻关注信息资源在各环节的投入与产出,不仅可以充分展现图书馆的信息服务功能,还能准确把握移动信息服务质量控制的核心问题——信息资源质量控制。其次,ARIS 采用标准化的流程建模视图能够清晰描述移动图书馆服务质量控制的完整过程,为移动服务质量控制实践提供明确指导和标准规范,有效降低操作难度,提高控制水平,真正发挥流程体系的运行效益。此外,ARIS 不仅可以完整呈现流程全貌,还能分别从组织、数据、功能、产品层面明晰流程体系中各类要素的组成结构,并通过控制视图进行要素整合与逻辑连接,建立各要素和流程单元之间的关联关系,帮助图书馆明确流程功能与执行过程,更好地开展跨部门协同合作,充分发挥流程价值,推进图书馆移动服务质量控制工作的顺利开展。

3 基于 ARIS 的移动图书馆服务质量控制流程建模

随着移动图书馆服务的快速发展,移动服务质量问题已成为人们关注的焦点。我国各大图书馆都在积极开展移动服务质量评价与控制工作,但尚未形成规范、可行的流程体系。本文以武汉大学移动图书馆服务为例,应用 ARIS 方法进行服务质量控制流程设计与建模。

3.1 流程建模背景介绍

武汉大学图书馆(以下简称"武大图书馆")是较早推出移动信息服务的高校图书馆之一,2009 年开始着手移动图书馆建设,2011 年建立了图书馆 WAP 站点(http://m.5read.com/460),随后又与超星数字图书馆合作,依托"超星移动图书馆"平台开通了客户端 App 应用,形成以短信息服务、WAP 服务、移动 App 服务和微博服务为主要模式的多元化移动服务体系[9]。在不断完善移动图书馆建设的同时,武大图书馆也非常重视服务质量控制工作,但在实际操作中却存在诸多问题:①移动信息服务质量管理工作没有设置专门的部门,需要信息服务中心、资源建设中心和各分馆进行协同调度,涉及环节多,实施周期长;②缺乏整体的流程管理观念,各服务环节的质量控制工作通常由各部门自行开展,导致交叉业务上存在重复性和冲突性流程,降低了资源配置效率;③移动服务质量控制缺乏多样性和灵活性,现有流程主要是从图书馆的服务职能角度出发,未能根据用户个性化需求和具体移动服务内容进行差异化控制。针对以上问题,笔者认为武大图书馆应以用户需求为中心,在传统服务质量管理体系基础上,针对本馆的移动服务现状和移动网络环境,有效调动各部门资源,建立科学有效的移动服务质量控制流程,规范控制行为,缩短操作时间,提高服务质量控制效率。

3.2 流程体系设计

移动图书馆服务质量控制流程建模的目的是确立统一的流程体系框架,明确移动服务质量控制的任务环节、职能分工以及信息资源投入产出情况。按照 ARIS 流程建模思想,流程体系构建的重要基础是建立流程控制视图。控制视图通过层次结构来展现流程全貌,按照流程任务环节间的递进关系依次分为流程地图、流程区域图、主流程图、子流程图[10]。其中,流程地图是所有流程的入口,从宏观层面反映整个流程包含的活动单元,可细分为"战略流程"、"核心流程"、"支持流程"3 个区域视图,各区域视图中的活动单元又包含自己的运作流程,通过层层递进将移动图书馆服务质量控制落实到每一项具体环节。依据这一逻辑关系,首先应用 ARIS Business Architect 建模工具绘制了武汉大学移动图书馆服务质量控制流程地图(见图2),用以指导具体控制环节的流程设计。

图2　武汉大学移动图书馆服务质量控制流程地图

(1)战略流程。该流程是对移动图书馆服务质量控制工作的总体规划与部署。图书馆应首先立足于本馆的发展目标,结合移动网络发展趋势进行科学的移动服务定位,根据本馆移动服务现状制定服务质量控制方案,明确控制目标、控制主体、控制技术和相应标准,按照核心流程逐步推进各项控制环节的具体实施。在此基础上,进行控制成本预算和管理,保障质量控制工作的顺利开展,最终形成完善的移动服务质量管理体系。

(2)核心流程。该部分是流程地图的主体,是图书馆进行移动服务质量控制的主要路线。根据移动图书馆服务运作机制,服务质量控制可以从服务环境质量、服务交互质量、信息质量和服务结果质量 4 个维度展开。其中,环境质量控制流程着重对移动网络环境质量、移动服务平台运行质量和用户情境感知质量进行管理和优化;交互质量控制流程主要对图书馆 WAP 站点、移动 App、社

195

会化媒体等移动服务交互渠道质量和图书馆员工的服务态度、专业能力进行考察和控制;信息质量控制流程主要从基于移动 OPAC 的信息检索结果、信息组织情况、信息内容呈现等方面进行规划和控制;结果质量控制流程则着重考察移动网络环境下服务交付的实时性、有效性以及最终是否能够满足用户的实际需求[11]。

(3)支持流程。该流程为核心流程运作提供基础保障,包括人力资源管理、服务资源配置、流程风险管理和移动服务质量评估。支持流程旨在通过合理的人员安排和资源投入保障核心流程的顺利运行,并对流程运行中出现的各类风险问题进行有效规避,同时通过移动服务质量评估判断流程运行绩效,使图书馆能够及时诊断流程问题,进行流程优化。

3.3 核心流程描述

按照武汉大学移动图书馆服务质量控制流程地图,进一步对核心流程进行了详细描述。由于核心流程包含的 4 个维度又有诸多子流程,限于篇幅,笔者选择了信息质量控制维度进行具体分析。在移动网络环境下,图书馆的社会化信息服务功能得到进一步强化,需要更加重视移动服务中的信息质量控制,其中,信息内容的优化处理是信息质量控制的关键。根据武汉大学移动图书馆服务现状,目前图书馆在 WAP 站点上为读者提供馆藏查询、学术资源、移动订阅 3 项基本移动服务,每项服务都涉及信息内容管理。馆藏查询和学术资源服务中的信息内容主要通过与图书馆 OPAC 系统集成获取,其管理主要集中在数据库端,而移动订阅中的信息内容则需要进行专门采集和编制,因此,笔者选择移动订阅服务的信息内容质量控制进行流程构建与分析。

通过调研笔者发现,在以往的移动订阅服务中,用户订阅内容主要来自网络资源,这些资源并没有经过专门编辑和加工,也没有实现移动端推送,导致有效订阅量非常有限,用户体验较差。为了提高移动订阅服务质量,笔者按照 ARIS 层层递进的建模思想,首先从流程地图中剥离出区域流程地图,然后根据具体控制维度进一步拓展到主流程模型和子流程模型。通过与武汉大学图书馆信息服务中心、资源建设中心相关工作人员的反复探讨,笔者提出了移动订阅服务信息内容优化思路,并采用 ARIS 建模工具中的 e – EPC 流程描述标准构建了订阅服务信息内容质量控制流程模型,见图 3。

(1)结合用户情境挖掘潜在需求。用户需求是订阅内容质量控制的起点。由于移动网络具有情境敏感性,图书馆在分析用户订阅需求时,不仅要掌握用户基本信息和历史订阅数据,还要根据用户当前所处的环境、在 WAP 站点上检索的关键词、正在阅读的电子文献等情境信息挖掘用户希望了解与学习的内

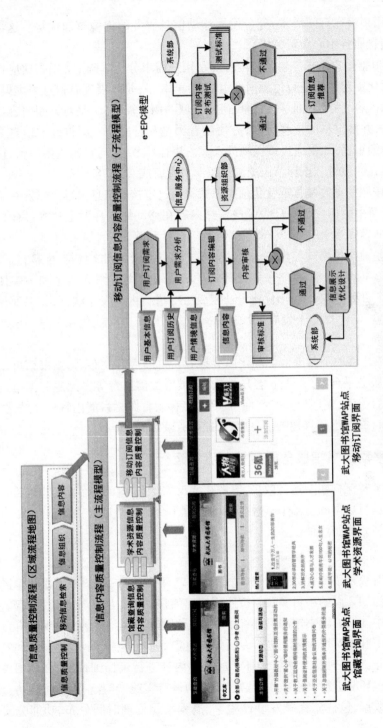

图 3 武汉大学图书馆移动订阅服务质量控制流程模型

197

容,预测用户潜在订阅需求,充分发挥移动信息服务的情境感知优势。这部分工作由信息服务中心负责完成。

(2)根据用户需求编辑信息内容。在用户需求分析基础上,图书馆应按照用户个性化需求特征进行信息内容组织与编辑。一是拓展现有信息采集渠道,丰富订阅内容,满足不同学科背景、研究领域的用户需求;二是对订阅内容进行分类汇总,并推出热门推荐版块,方便读者浏览和订阅。对编辑好的信息内容应进行仔细审核,如果通过审核则进入下一流程环节,未通过则重新编辑,以保证信息内容的质量。该环节由资源组织部负责完成。

(3)按照移动终端标准优化信息格式。通过审核的信息内容可以发布到移动订阅页面中的相应版块。为了使信息内容在移动终端界面上达到最佳显示效果,图书馆需要在信息发布前进行优化设计和测试,例如采用 ePub、AZW、CEBX 等主流文件格式实现不同移动终端的信息编辑和图文混排、屏幕自适应、版式流式实时切换,使用户在移动网络环境下可以浏览图文信息和多媒体信息,提高移动阅读体验[12]。优化设计完成后应进行内容发布测试,如果通过测试则正式在 WAP 站点上发布,没有通过测试则重新进行优化和改进。该环节由系统部负责完成。

(4)依托移动平台进行个性化内容推荐。订阅内容发布后,图书馆可以利用短信息服务平台、移动 App 客户端软件、微博微信平台等多元服务渠道进行个性化内容推荐,使用户随时掌握 WAP 站点移动订阅栏目的内容更新情况,及时关注和订阅自己感兴趣的信息内容,提高有效订阅量。

4 移动图书馆服务质量控制流程运行实践

为了考察流程模型运行效果,笔者在武汉大学图书馆进行了实践检验。在采集流程运行数据的基础上,应用 ARIS 仿真平台对数据进行拟合,通过仿真结果对流程绩效进行评估。

4.1 实践过程与数据获取

为了有效采集流程运行数据,笔者于2014 年9 月1 – 14 日在武汉大学图书馆进行了为期2 周的项目实践。按照所构建的移动服务质量控制流程模型,首先向流程中涉及的图书馆部门详细了解各流程单元的运作现状,发现原有订阅服务操作中并未对用户需求进行专门分析,也未进行信息展示优化设计和发布测试。因此,笔者对这 3 项新增环节的具体内容进行了详细说明,并请相关人员按照流程环节进行严格操作。通过 2 周的运行实践,笔者获取了流程仿真需要的各项数据,包括流程触发事件频率、流程单元处理时间分布、功能分支概

198

率、工作时间和班次、人力资源数据和流程成本数据等。其中,触发事件频率即用户移动订阅需求量,2 周内共有 218 名用户使用移动订阅服务订阅了相关信息内容,结合历史数据经验,笔者将触发事件频率设置为 18 次/天。流程单元处理时间是每项任务单元的实际操作时间,具体统计数据见表 1。

表 1　流程单元处理时间统计数据(单位:小时)

流程单元	最小值	最大值	期望值	方差
用户需求分析	0.35	1.26	0.43	0.36
订阅内容编辑	2.26	5.30	3.20	4.20
内容审核	0.22	1.17	0.30	0.18
内容展示优化设计	1.03	2.36	1.36	2.23
订阅内容发布测试	0.15	1.02	0.22	0.57

为了尽可能考虑实际操作中的差异性,笔者按照 ARIS 离散系统仿真要求,将流程单元处理时间拟合为正态分布,例如用户需求分析的处理时间为 $N(\mu、\sigma) = N(0.43, 0.60)$。功能分支概率是流程中逻辑判断环节执行"是"或"否"的概率,按照历史经验数据,该流程中两个功能分支的概率见表 2。工作时间和班次、人力资源和流程成本等数据遵循图书馆日常工作规范,限于篇幅不一一列出。

表 2　流程功能分支概率数据

流程单元	内容审核		内容发布测试	
功能分支	通过	不通过	通过	不通过
概率	0.95	0.05	0.90	0.10

4.2　流程运行仿真结果与绩效评估

数据采集完毕后,可以将其输入构建好的 e – EPC 模型中,在 ARIS Simulation 仿真平台上进行数据拟合。在流程运行仿真过程中,ARIS 会自动生成随机数,模拟现实的处理情况,各流程单元的执行过程都会显示在模型元素中,方便观察流程运行状态的变化[13]。如图 4 所示:

笔者将仿真周期设为 30 个工作日,通过仿真结果汇总可以发现(见表 3),在仿真周期内,开始节点共产生了 540 项移动订阅需求,最终处理 495 项,完成率为 91.7%,还有 45 项处于"等待"或"处理中"状态。流程运行中总的等待时间约为 1 618 小时,平均每项需求等待 3 小时左右,总的处理时间为 2 803 小时,

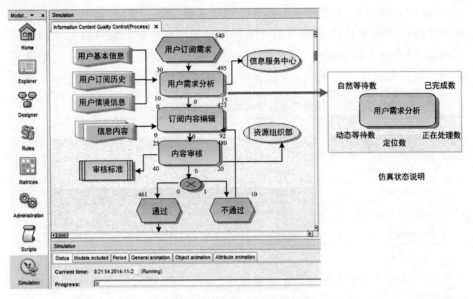

图 4 流程运行仿真状态

平均每项需求处理时间为 5 小时左右。总体而言,处理效率较高,但等待时间需要缩短。从各流程单元的等待与处理时间数据来看,由于在用户需求分析方面图书馆可以利用比较成熟的方法和工具,所以处理时间相对较短。而内容编辑则需要工作人员对各渠道采集的信息进行汇总和加工,所以耗费时间最长。内容展示优化设计同样需要技术人员根据移动终端标准进行格式转换和编排,所需时间较长。内容审核与测试发布则相对简单,所需时间也较短。从流程单元的运行时间分布情况来看,用户需求分析与订阅内容编辑的等待时间都超过了 1 小时,这是导致流程总体等待时间较长的主要原因。因此,图书馆可以对这两个环节进行优化,缩短等待时间,提高运作效率。

表 3 流程仿真结果汇总

统计项目	数据	流程单元	等待时间	处理时间
创建流程数	540 项	用户需求分析	01:05:00	00:40:23
已完成流程数	495 项	订阅内容编辑	01:30:20	03:16:00
执行功能数	2 512 项	内容审核	00:20:15	00:30:46
等待与处理中数	45 项	内容展示优化设计	00:31:21	01:21:10
流程等待时间	1 618:20:43	订阅内容发布测试	00:10:33	00:30:20
流程处理时间	2 803:31:15			

200

从流程运行效果来看,未按移动服务质量控制流程进行信息内容质量控制前,图书馆 WAP 站点的访问量、移动订阅服务使用率、用户订阅需求处理量、订阅内容更新率以及订阅文章收藏量都不高;按该流程体系进行操作后,图书馆对用户订阅需求的处理效率明显提升,而且由每两周更新一次订阅栏目变为每日更新,并设置了热门推荐版块。由于订阅推荐内容是在用户需求分析基础上生成的,能够更好地满足用户的个性化需求,使得图书馆 WAP 站点的访问量和移动订阅服务使用率都得到了极大的提升,见表4。由此可见,应用 ARIS 方法进行移动服务质量控制流程设计与建模能够帮助图书馆更好地开展移动服务质量管理工作,提高服务质量控制水平,推动移动图书馆的创新与发展。

表4 流程运行效果

比较内容	WAP 站点访问量	订阅服务使用率	需求处理量	内容更新频率	文章收藏量
流程设计前	538 次/天	32.7%	0.2 次/天	每2周	465 次/天
流程设计后	1215 次/天	85.2%	15 次/天	每日	1 123 次/天

参考文献:

[1] 江波,覃燕梅.我国移动图书馆五种主要服务模式的比较研究[J].图书馆论坛,2014(2):59 – 62.

[2] 魏群义,袁芳,贾欢,等.我国移动图书馆服务现状调查——以国家图书馆和省级公共图书馆为对象[J].中国图书馆学报,2014(5):50 – 61.

[3] 范炜,李桂华.图书馆知识服务流程再造及其制度优化对策[J].情报资料工作,2011(5):76 – 79.

[4] 赵杨.移动图书馆信息服务质量控制体系研究[J].图书情报工作,2013,57(10):61 – 66.

[5] Scheer A W.集成的信息系统体系结构(ARIS)经营过程建模[M].李清,张萍,译.北京:机械工业出版社,2003:45 – 47.

[6] 董阳,王扬,赵迪,等.基于 ARIS 流程管理平台的信息运维体系构建与实施[J].电力信息与通信技术,2014, 12(8):3 – 6.

[7] Kong Feng, Ren Guanping. The research and optimization of standardization management system and its evaluation effect based on ARIS[J]. Journal of State Grid Technology College, 2014,17(4):13 – 20.

[8] 赵玫.ARIS 与企业建模实例[J].信息技术与标准化,2010(7):24 – 27.

[9] 武汉大学移动图书馆介绍[R/OL].[2014 – 11 – 01]. http://www. lib. whu. edu. cn/web/index. asp? obj_id = 566&menu = h.

[10]　徐国华. 基于 ARIS 企业建模过程的应用研究[J]. 计算机工程,2015(14):33 – 39.

[11]　谢强,牛现云,赵娜. 移动数字图书馆服务体系研究[J]. 图书情报工作,2013(4):6 – 10.

[12]　施国洪,夏前龙. 移动图书馆研究回顾与展望[J]. 中国图书馆学报,2014(3):78 – 91.

[13]　用 ARIS 建模的业务流程梳理报告[R/OL]. [2014 – 11 – 01]. http://wenku. baidu. com/link? url.

作者贡献说明:
　　赵杨:理论研究、模型构建与模型仿真检验;
　　高婷:模型仿真检验与结果分析。

作者简介
　　赵杨 (ORCID:0000 – 0003 – 1784 – 2733),副教授,E-mail:yangzhao_0813@hotmail. com;高婷 (ORCID:0000 – 0002 – 0547 – 2555),硕士研究生。

基于用户感知价值的移动知识学习研究

余波

西南科技大学经济管理学院

当今移动互联网承载的信息具有高度的智能性，互联网正从虚拟走向现实。截至 2012 年 1 月的数据显示，国内移动用户为 9.88 亿，占中国总人口的71%，其中 1.35 亿为 3G 用户。目前智能手机的出货量已经超过 PC 机，很多人手头已不止一部手机，并选择了不同运营商的服务[1]（见图 1）。根据 2012年 12 月爱立信发布的《流量与市场数据报告》，2012 年末全球移动电话用户已达 66 亿，87%的人口用上了移动服务[2]。

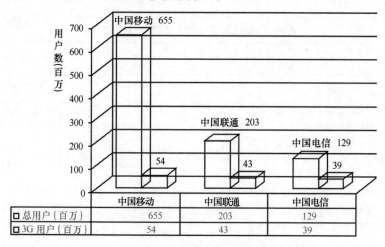

图 1　2012 年 1 月国内移动用户运营商用户分布

（资料来源：mobiThinking，经整理）

笔者曾经研究过基于传统网络教学平台的 D-learning、E-learning 或者 Online Learning 模式，以指导学习者依托互联网学习平台来获得各种资源（专业知识库和数据库）。如今移动通信技术的发展拓宽了知识获取的渠道，"移动知识学习（mobile knowledge learning）"应运而生。目前对这一概念众说纷纭，但笔者认为，它肯定不是一个孤立的概念，可以被看成是传统 E-learning 等模式的延伸和补充。这里，笔者将移动知识学习定义为：学习者可以在自己需要学习的任何时间和地点，利用移动互联技术和小型化的无线移动通信设备（移动电话、智能手机）、个人数字助理（PDA）、平板电脑等，完成传授方与学习者之间的双向交流或协作并最终获取学习资源，实现个人与社会的知识构建。显然，移动用户既是移动知识学习中的主角，又是移动服务的驱动力（pull）。

1 移动服务的业务类型

移动互联网具有实时性、隐私性、便携性和可定位的特征，这都是有别于传统互联网的创新点[3]。它既包括传统功能性的移动语音业务，又包括个性化、内容丰富的各种移动增值业务。艾瑞咨询发布的《2009 – 2010 年中国移动互联网行业发展报告》，把移动互联网各应用服务在"应用服务商业可行度"和"应用服务用户接受度"两个维度上划分为"明星业务"、"中间业务"和"潜力业务"三种呈阶梯式发展态势的类型[4]（见表 1）。

表 1 移动互联网中的主要服务（经整理）

移动服务	服务特点	主要服务	业务描述	知识学习描述
明星业务	1. 处于信息入口 2. 信息密度高，呈现简洁 3. 用户操作简便 4. 与传统互联业务结合好	手机浏览器	用户需求量大	WAP 知识浏览
		手机即时通讯	主流互动手段	短信、QQ 等
		手机门户	方便但受屏面制约	查询、短信
		移动搜索	方便	知识搜索
中间业务	1. 具备一定的市场发展规模 2. 未来成长可期望	手机广告	用户接受度好 但形式单一	市场信息 竞争情报
		手机阅读	以电子阅读产品为主 但瓶颈依然存在	知识阅读
潜力业务	1. 处于发展初期，但空间广阔 2. 目前业务发展限制性因素较多 3. 具有跃迁和突变的发展方式特征	移动电子商务	需要用户体验的支持	B2C、C2C 等
		手机应用商店	目前限制性因素较多	B2C 等
		手机支付	潜力巨大	E-Bank 等
		手机邮件	目前限制性因素较多	知识交流
		手机网游	未来发展空间巨大	游戏、交友
		手机视频	目前限制性因素较多	网上学习课堂
		无线音乐	目前限制性因素较多	音乐、休闲

当然，由于屏幕尺寸、显示格式、信号质量、带宽流量、电池续航、多（流）媒体技术、数据处理与存储能力等方面的局限，目前移动设施在学习内容提供上还存在诸多的不足，比如：内容简化、知识罗列（缺乏连续性和系统性）、短信息居多、资源对不同终端的兼容性差、信息交互不健全、内容缺少情景性，等等[5]，以致造成用户注意力不集中、学习效率低下等问题。所以说，并非所有的内容都适合于移动学习，在资源的设计上，宜充分考虑"非固定""微学习（microlearning）"的移动特点。

2 移动服务中的知识获取模型及用户学习方式

借助于 3G 技术和智能手机、掌上电脑等移动设施设备，用户可以在任何时间或地点方便地获取和传递信息。

2.1 移动知识获取模型

从技术上讲，目前有三种知识获取路线：一是可以通过短信息（SMS）和彩信（MMS）获得；二是通过基于 WAP 连接的浏览器获得；三是基于一定范围内无线网络（Wifi）的准移动学习获得[6]。技术模型包括知识库门户、手机阅读、短信（SMS）、彩信（MMS）发送、网上课堂、知识查询、在线知识咨询、个性化服务等多个学习知识的功能模块，如图 2 所示：

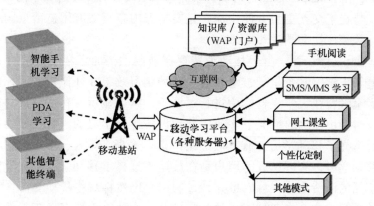

图 2 移动服务中的知识获取模型

基于用户体验，此模型的工作原理可以描述为：用户借助移动智能手持设备（如智能手机、掌上电脑、PDA、PSP 或其他），通过无线网络将知识库/资源库中的知识信息，或通过 WAP 网关和 WAP 内容服务器将多种学习功能引入到用户的移动终端上，用户在一个可操作的、有限的情景之中（包括个人情景、时空情景和技术应用情景等）进行个性化体验（下载到本地、软件互动、在线阅读或手机报均可），并对信息进行收集、甄别和互动，最后将有用的情报信息内化为一种知识。若与其他学习平台交互，则知识呈现社会化趋势，形成各种类型的"移动学习共同体"[7]，从而完成知识的共享。

2.2 移动知识学习的主要方式

与固网不同，移动服务是一个开放的过程，用户可以来去自由。不同用户对同一产品或服务的感知并不相同，他们往往会根据自己的判断而采用这样或那样的学习方式，也可能放弃学习。

2.2.1 共享学习 由于移动设备的方便性，人们在利用移动服务的过程中可以随时和及时地进行信息交流，并聚合成自己的知识圈子、学习社区——开微博、上论坛、发帖子、聊 QQ、进网络课堂、登教学平台等，共同交流与学习。这种移动体验方式促进了知识的传递和共建共享，拓展了用户知识学习的渠道。这是目前一种主流的学习方式。

2.2.2 自主学习 由于网络资源十分丰富，大多用户采用了移动网络与有线网络相结合的自主学习方式，包括在线阅读、下载阅读、及时交流等。在逐渐兴起的移动阅读中，很多用户喜欢登录特定的移动学习网站、喜欢使用移动 QQ 和手机邮件，或利用手机软件等来积极学习。较之互联网络，移动终端的优势在于交互更为方便快捷，只要学习内容真实有用、情景沟通无障碍，学习效果往往会既深入又有效。

2.2.3 被动学习 由于移动消费存在强制性，加之学习环境存在被动性，某些知识学习就会呈现被动状态。这种学习效果往往比较肤浅，随意性比较大。笔者曾在大学生群体中进行过调查，结果显示，有近三成的用户是在无法及时使用电脑的情况下才使用移动设备进行学习的，有三成的用户是在无聊时选择了移动学习，有二成的用户是在等车、等人、排队打发时光时选择了移动学习，有近二成的用户是在旅途中选择了移动学习。大学生是移动知识产品的消费主体，可以推知，目前用户仍然喜欢将移动学习作为一种非正式的学习方式，或者是正式学习的补充，这种处于特定环境下的学习时间通常都不会持续太长。

3 UPV 对移动用户知识学习的影响分析

为了更好地理解用户在移动消费中的心理状况，笔者引入了体验消费学中的"用户感知价值（user perceived value，UPV）"这一观点。UPV 的核心是用户利得与利失间权衡的主观认知和价值判断，用户不但要消费企业的产品和服务，更重要的是个人期望得到满足[8]。在以技术指标（如介质、速度、接通率、话音质量等）为核心的传统网络管理中，UPV 是较少关注到的领域之一。UPV 体现了以用户需求为核心的服务理念。

笔者以 ACSI（美国消费者满意指数）模型为参照，立足研究用户知识学习的驱动力（pull），构建了一个多变量影响的移动知识消费模型，如图 3 所示：

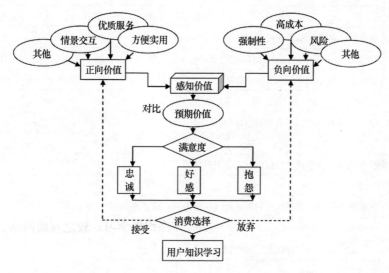

图3　UPV 对移动用户知识学习的影响因素

依据移动用户学习过程中的感受差异，将模型中的多变量影响因素归结为正向价值因素和负向价值因素两个大的维度[9]。按照这一研究思路，笔者组织了问卷调查。共设计了不超过 25 个问题的访问提纲，面向 16 – 40 周岁年龄段的被调查者发放（主要为锁定的学习对象）。共发放问卷 300 份，回收 289 份，剔除回答相互矛盾的问卷 16 份，得到有效问卷 273 份，有效率达 91%。统计结果整理见表 2。

表 2　问卷调查统计

选项		非常赞同		基本赞同		不确定		不赞同	
		人数	比例	人数	比例	人数	比例	人数	比例
正向感知因素	1	移动服务的方便性、实用性对知识学习具有促进作用							
		101	37%	137	50%	35	13%	0	0%
	2	服务方式的亲和友好对知识学习具有促进作用							
		55	20%	167	61%	46	17%	5	2%
	3	优质的学习产品和服务质量对知识学习具有促进作用							
		76	28%	157	57%	30	11%	30	11%
	4	创新业务对知识学习具有促进作用							
		55	20%	131	48%	76	28%	11	4%
	5	学习美感对知识学习具有促进作用							
		41	15%	148	54%	73	26%	11	4%
	6	移动消费的自豪感对知识学习具有促进作用							
		11	4%	145	53%	71	26%	46	17%
	7	资源的娱乐性、趣味性和刺激性对知识学习具有促进作用							
		35	13%	96	35%	82	30%	60	22%
	8	良好的情景体验和人机交互对知识学习具有促进作用							
		82	30%	123	45%	46	17%	22	8%
	9	能有效利用碎片时间对知识学习有促进作用							
		79	29%	118	43%	71	26%	5	2%
	10	公司社会价值对知识学习具有促进作用							
		30	11%	126	46%	95	35%	22	8%
	11	品牌形象对知识学习具有正向作用							
		55	20%	142	52%	65	24%	11	4%

选项		非常赞同		基本赞同		不确定		不赞同	
		人数	比例	人数	比例	人数	比例	人数	比例
负向感知因素	1	消费成本（包括转换成本）过高对知识学习有抑制作用							
		35	13%	137	50%	82	30%	19	7%
	2	学习资源总量过少、有用资源不足对知识学习有抑制作用							
		76	28%	82	30%	96	35%	19	7%
	3	内容无序对知识学习有抑制作用							
		30	11%	66	24%	147	54%	30	11%
	4	消费时的焦虑感对知识学习有抑制作用							
		30	11%	112	41%	101	37%	30	11%
	5	强制消费（捆绑）对知识学习有抑制作用							
		60	22%	106	39%	96	35%	11	4%
	6	笨拙的学习系统对知识学习有抑制作用							
		137	50%	74	27%	57	21%	5	2%
	7	隐私或安全风险对知识学习有抑制作用							
		101	37%	66	24%	101	37%	5	2%
	8	服务中的收入、学历或性别暗示对知识学习有抑制作用							
		35	13%	83	30%	117	43%	38	14%

调查过程中，许多人还没有听说过移动知识学习，或者说不知正在享受移动知识服务，但针对具体问题他们还是认真配合的。可以看出，尽管用户对问卷的回答并不完全一致，但"不赞同"所占比例还是比较低的，证明这样的提问设计是宜于接受的。不赘述繁琐的过程分析，只根据统计结果从正负向两大维度予以剖析。

3.1　正向感知价值对用户知识学习的影响分析

在正向因素中，笔者列举了方便实用、美感、自豪感、娱乐性、情景交互性、服务质量、社会价值、品牌形象等比较常用的指标因素（见图4，数据来源于统计人数）。这些因素有助于用户接受服务和促进知识学习。

3.1.1　移动产品和服务的方便实用性对知识学习具有促进作用　移动设备本身的最大好处就是便携化和个性化，用户不需费太多精力就能体验"微内容、碎片化"的移动学习魅力，进行知识获取和信息传递。学习资源的实用性更是决定用户接受移动学习的最重要因素之一，这种资源可以无关乎情

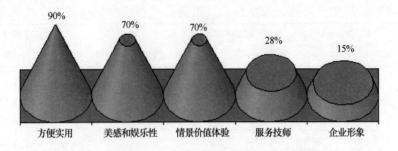

90%　　　70%　　　70%　　　28%　　　15%

方便实用　　美感和娱乐性　　情景价值体验　　服务技师　　企业形象

图 4　正向感知价值对移动用户知识学习的影响

景，但重要的是能解决实际问题。绝大多数被调查对象都认可简单轻松、短文本、多级链接的学习资源更有利于移动知识学习的开展[10]。

3.1.2　移动服务带来的美感、自豪感、趣味性等指标均为影响知识学习的正向因素　移动服务带来的直接感受往往是真实而深刻的。知识的获取已不需要走太多的弯路，只要这种消费方式是愉快的、有趣的、满足的，激励心理反过来会强化用户对移动学习的接受和依赖。从心理学角度看，移动学习能够弥补传统课堂和面对面知识学习过程中的紧张、胆怯和尴尬，带来更多的心理安全感，另外，通过娱乐和电商等业务的调节，用户可以获得更多的额外知识。

3.1.3　情景交互性有助于对知识的吸纳　情景交互指移动系统对知识场景的模拟或仿真，用户通过交互手段灵活地加以吸纳和运用，既有知识系统与使用者之间的交互过程，也包括使用者之间的相互沟通。特别是移动服务中的"中间业务"和"潜力业务"前景广阔，只要更进一步地强化用户的参与技巧，辅之以精彩、实用、丰盛的知识内容，移动知识学习的层次和深度必将大大得到提升。

3.1.4　优质的移动服务质量会促进学习者开展学习
对于传统互联网的服务质量问题，用户往往在离网前是懒于投诉的。但对小屏幕的移动用户来说情况正好相反，他们非常敏感于移动公司的收费、速度或服务质量的变化。通俗地讲，换一张手机卡比销一个有线网络户头要简单得多。尽管移动服务质量不是企业生存的决定因素，但好的服务质量会提高用户知识学习的积极性，反之他们则会放弃这种知识获取方式。因而，主动评估和提高用户质量感知价值对运营商来说是至关重要的。

3.1.5　公司社会价值、品牌形象等因素能提升用户对移动学习的兴趣
公司的社会价值不只体现在自己的产品和利润上，更为重要的是要关注企业

210

的用户及社会环境，要重视公众特别是消费者对公司价值或品牌个性的评价与认知。好的公司品牌形象，是提升知识消费的"正能量"，会促使学习者趋之若鹜，最终与公司的经营绩效和管理目标息息相关。

3.2 负向感知价值对用户知识学习的影响分析

调查中笔者也注意到，在移动知识的学习过程中，存在着不同程度的阅读障碍和不利因素，容易使用户感知出负向价值，抑制了他们利用移动学习功能的积极性。归纳后的主要负向指标如图5所示（数据来源于统计人数）：

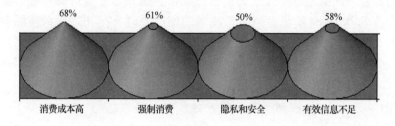

图5　负向感知价值对移动用户知识学习的影响

3.2.1　消费成本过高对移动知识学习具有抑制作用　虽然移动资费较以前有所下降，但是在其他方面的消费成本又有所增加，包括智能终端设施和增值服务。从调查中得知，大多数用户希望每月的移动花销能控制在其生活支出的1%－4%左右。实际上，有些学习和消费属于不得已而为之，例如对另外收费的手机报，目前用户的接受能力就较低，若要定制，就形成了一种知识学习的虚假繁荣，若要放弃，则可能带来更高的转换成本。

3.2.2　强制性消费问题　由于行业的垄断性，在目前的移动消费过程中，存在许多强迫、胁迫的消费行为，包括强行定制、诱导定制、误解定制、退定繁冗、捆绑、锁定、套餐、霸王条款等，消费者往往没有选择的权利或者选择的地位，带给用户的只有压力、痛苦和无奈，毫无疑问，这种或明或暗的强制消费行为会严重抑制用户知识学习的积极性。

3.2.3　隐私和安全带来的风险　用户信息的泄漏和转卖已是网络服务中公开的秘密。隐私权的丧失不但会造成用户个人安全的压力，增加用户的焦虑感和反感，而且会打击用户通过移动产品进行知识学习的积极性。移动服务业者应强化系统的风险管理机制，加强行业自律，借由系统的易用性和安全性来提高消费者对于移动服务的使用意愿[11]。

3.2.4　信息过剩和有用资源缺乏对移动知识学习是一种负向感知因素　学习的目的是为了获取知识并得到精神满足。由于移动通信处于一种泛在状

211

态，目前的信息总量已非常庞大，但有用知识资源却相对不足，这给用户的知识甄别、知识学习、知识挖掘带来负面影响。著名咨询公司埃森哲（Accenture）的一项调查显示，82%的移动用户由于产品而感到恼火，而一个恼火的客户平均将向13个人转告其糟糕的经历[12]，负面的用户体验往往会导致营运公司的市场丢失、坏的口碑以及品牌贬值。

4 UPV 对培育用户持续学习意愿的意义

当然，本次调研以年轻人为主，各项指标也并非都能得到精确答案。但正如学者 F. D. Davis 所说，当信息技术的使用障碍不存在之后，使用者对信息技术的使用意愿就成为信息技术成功的关键[13]。可以说，UPV 对用户来说有着亲肤之感和切肤之痛，因而它对培养用户的持续知识学习具有非常重要的意义。

4.1 正向 UPV 有利于强化用户持续学习的意愿

移动服务就是身边的服务，若能让用户在体验中产生满意、有效而深刻的印象，其无疑将获得学习知识的持久动力，流连忘返于移动知识的海洋。尽管移动业务提供的知识内容还有局限，移动设施还有待完备，技术水平还有待提高，但用户能获得持续知识学习的 UPV，既是对移动互联网创新功能的一种肯定，也将深化移动状态下知识学习的层次。

4.2 正向 UPV 将促进手机阅读的进一步发展

3G 时代是手机媒体化的时代，手机阅读是一种新型的阅读方式，是继手机游戏后最为重要的移动互联业务。自从互联网公司介入手机行业以来，手机就不再只是个硬件，而是各种软件的集成，也不再只是接听的电话，而是客户端、浏览器和电子书。未来的手机阅读市场非常广阔，免费或低费将是未来中国手机阅读网站的主流模式，正向 UPV 将引领更多的人加入阅读。与3G 技术相比，4G 标准将具有更多的高清、广带和交互功能，必将进一步促进手机阅读市场的个性化发展。

4.3 移动图书馆将成为用户持续学习的知识宝库

移动图书馆又称为掌上图书馆，它通过各种智能手机、PAD、E - Book、笔记本等便携设备来进行图书馆信息资源的浏览、查询或参考咨询，不受时空场所和有线的限制，是现代数字图书馆信息服务的移动延伸，目前国内许多图书馆都开展了基于 3G 技术的手机图书馆服务。考虑到目前大多数数字图书馆知识库的异构性，需要在 SMS 和 WAP 接口问题解决的情况下，着力拓展无线带宽，扩大图书馆 Wifi 的覆盖范围，实现传统互联网和移动互联环境的真正融合，迎来泛在的 Lib 2.0 时代。

4.4 UPV 是构成移动信息共享空间（M－IC）的重要元素

传统意义上的信息共享空间（IC）是以物理图书馆为中心、以先进信息技术为手段、以虚拟环境为学习空间的协作研究和知识服务的模式，由此带给用户更多情感上和心理上的知识享受。移动服务无疑创新了 IC 这一学习模式，加入了更多自由元素和 UPV 中对用户价值的尊重[14]。UPV 不但丰富了 M－IC 的内涵，而且使知识交流与信息共享的层次和形式更加多元化。

5 结语

移动互联技术和业务模式解决了用户知识学习的可能性问题而显得更加私密。如果单纯应用 TAM（技术采纳模式）来解释用户的接受行为显然并不完整也不适合，我们应该把目光投向更加深邃的人性关怀和感知价值的体验性上。通过研究可以发现，用户体验的正向因素将会促进知识学习的发展，负面感知则会抑制学习者的积极性。对 UPV 的研究，既分析了学习者的心理，又提醒了移动营运商和合作商去思考，如何才能让用户在移动环境下享受到持续学习和终身学习的快乐。

本研究的不足之处在于，没有太多考虑影响用户感知的外界因素、不同服务点的感知差异、用户的知识层次以及知识内容本身的属性等问题，而且对调查问卷大多采用描述性统计分析，缺乏客观依据，抽样也有限，评估的动态性亦不足。在今后的研究中，笔者将更加关注这些问题，为移动企业的资源投入和服务营销提供有益参考，从根本上提高用户的学习满意度。

参考文献：

[1] 截止到2012年中国移动用户总数多少？［2013－01－10］. http://zhidao. baidu. com/question/414897696. html.

[2] 爱立信《流量与市场数据报告》:2012年底全球移动用户数达66亿［EB/OL］.［2012－12－15］. http://b2b. toocle. com/detail-－6072669. html.

[3] 吴爱琼. 移动互联网平台中的移动图书馆服务［J］. 图书馆学刊,2012(1):80－83.

[4] 艾瑞咨询:移动互联网应用业务快速成长,呈现阶梯式发展态势［EB/OL］.［2011－09－25］. http://www. doc88. com/p－310736332732. html.

[5] 毕乙贺,梁海军. 传播学视角下的智能手机移动学习方式探析［J］. 中国教育信息化,2012(11):24－27.

[6] 孙耀庭. 移动学习和移动服务的实践与研究［J］. 中国远程教育,2008(8):68－70.

[7] 黄蔚,邓舒婷. 大学生移动学习共同体的构建［J］. 科教导刊,2010(5):10－11.

[8] Zeithaml V A. Consumer perceptions of price, quality and value: A means-end model and synthesis of evidence[J]. Journal of Marketing, 1988, 52(3): 2 –22.

[9] 周涛,鲁耀斌,张金隆. 基于感知价值与信任的移动商务用户接受行为研究[J]. 管理学报,2009(10):1407 –1412.

[10] Kukulska – Hulme A. Mobile usability in educational contexts:What have we learnt[J]. International Review of Research in Open and Distance Learning,2007,8(2):1 –16.

[11] 孙权,胡秋灵. 移动服务使用意愿影响因素[J]. 商业研究,2009(6):55 –59.

[12] 李荣. 浅析移动通信中的用户感知[J]. 电信快报,2008(5):34 –36.

[13] Davis F D. A technology acceptance model for empirically testing new end – user information systems:Theory and results[D]. Massachusetts:Sloan School of Management,1986.

[14] 余波. 基于 Wiki-IC 的知识服务研究[J]. 情报理论与实践,2011(1):59 –62.

作者简介

余波,西南科技大学经济管理学院副教授,E-mail:yubo@swust. edu. cn。

移动图书馆用户需求理论研究[*]

叶莎莎　杜杏叶

吉林大学管理学院，中国科学院文献情报中心《图书情报工作》杂志社

1　引言

移动互联网的发展促成了移动图书馆的产生。2010年，美国的大学与研究图书馆协会（Association of College and Research Libraries，ACRL）在预测影响学术图书馆现在及未来发展趋势的报告中指出，图书馆的发展趋势之一是"移动设备呈指数增长，新的应用将推动新的服务"[1]，移动图书馆在为用户提供服务时，应充分考虑用户对移动图书馆的需求。目前，国内研究移动图书馆的论文逐年增加，但对移动图书馆的用户需求理论进行系统研究的论文相对较少。2012年，茆意宏在《面向用户需求的图书馆移动信息服务》一文中率先对移动图书馆的用户需求形式进行了探索[2]；2013年，宋欣等人通过问卷调查的形式，分析了某医学院用户对移动图书馆的功能需求[3]；2014年1月，余世英和明均仁对移动图书馆的用户接受模型进行了实证研究[4]。在此基础上，本文主要将信息需求理论和移动图书馆用户特点相结合，从信息需求类型、需求特征和需求规律等角度对移动图书馆用户需求理论进行研究。

2　移动图书馆用户的信息需求

信息需求是指人们为解决各种问题而产生的对信息的必要感和不满足感，也是用户对信息内容和信息载体的一种期待状态。德尔文的"意义建构理论"认为，用户的信息需求会随着情境的变化而改变。在移动环境下，用户所处的时间情境和空间情境会发生变化，因此，移动图书馆用户的信息需求也会随着时间和空间的变化而呈现出不同的特点。茆意宏认为，移动图书馆用户的信息需求可以根据时间与空间的特点分为两种：一种是与时间相关的信息

　　* 本文系北京市优秀人才培养资助项目"基于情境感知的移动图书馆创新服务研究"（项目编号：2013D005022000010）研究成果之一。

需求，一种是与空间（或地点）相关的信息需求[2]。例如，用户利用候车、排队等时间通过移动图书馆进行移动阅读，获取实时的科研信息，通过移动图书馆进行图书位置查询等。

　　为了更清楚地了解移动图书馆用户的信息需求，笔者于 2014 年 1 月对北京地区移动图书馆的用户需求现状进行了问卷调查。调查对象包括国家图书馆、首都图书馆、中国人民大学图书馆和清华大学图书馆等多个图书馆的移动图书馆用户。共发放问卷 680 份，回收有效问卷 612 份，问卷有效率为 90%。调查结果显示，现阶段移动图书馆用户的信息需求类型主要可归纳为 4 种：①基于时间的信息需求；②基于地点的信息需求；③个性化的信息需求；④互动性的信息需求。下面分别从时间、地点、个性化和互动性的角度，对移动图书馆用户的信息需求进行探讨。

2.1　基于时间的信息需求

　　基于时间的信息需求，是指移动图书馆用户不受时间限制地获取各种移动图书馆服务的信息需求。在这种需求下，用户可以利用等候的碎片时间，阅读移动图书馆提供的书籍或者多媒体信息，随时进行学习和了解专业信息，也可以利用无聊的闲暇时间进行娱乐和消遣等。当用户对移动图书馆有临时的需求时，还可以利用移动设备随时进行文献检索、查询借阅情况，或进行移动参考咨询等。用户对时效性较强的移动图书馆服务有信息需求，如借阅到期提醒、图书馆活动通知、图书馆座位查询或电脑空位查询等；同时还包括文献续借、文献预约、文献挂失及讲座预定等。问卷调查结果显示，超过 80% 的用户对基于时间的移动图书馆服务有较强的信息需求；其中，86.11% 的用户对移动目录检索服务有需求；85.78% 的用户对借阅查询、讲座预定、文献续借等及时性服务有需求；83.17% 的用户对移动图书馆提醒类服务有需求；79.41% 的用户对实时的空余座位查询或电脑空位查询有需求。可见，移动图书馆用户对基于时间的实时性服务有较高的信息需求。

2.2　基于地点的信息需求

　　基于地点的信息需求，是移动图书馆用户对与地理位置相关的信息的需求，如大型图书馆的内部导航服务、馆藏图书定位服务（如通过手机快速找到书架所在的位置）或查询图书馆的地理位置、交通路线、公共图书馆的周边服务信息以及与临近位置的其他用户进行交流等需求。尤其是馆藏图书的定位服务，用户可以利用移动设备方便地找到图书所在的书架位置，这种服务对于用户而言非常实用。移动图书馆还可以根据用户所在的位置为用户提供相关的服务，例如用户在游览某个名胜古迹时，可以通过移动图书馆自动

216

获取该景点的相关信息。此项服务具有一定的新颖性，在国内的移动图书馆服务中还未实现。调查结果显示，共有 77.94% 的用户对此项服务表示感兴趣，这说明用户对于一些新颖、便捷的移动图书馆服务有较强的需求。目前，不应忽视移动图书馆用户对基于地点的信息的需求，移动图书馆的发展应该以用户需求为中心，不仅要满足用户现有的需求，而且要挖掘用户潜在的需求，并引领用户未来的信息需求。

2.3 个性化的信息需求

在基于时间和地点的信息需求的基础上，移动图书馆的用户还具有个性化的信息需求。例如，不同的用户喜好阅读不同的书籍，移动图书馆可以根据不同用户的需求进行相关书籍推荐，用户还可以根据自己的专业或兴趣定制需要的专题信息。移动图书馆可以对资源进行有效的整合，并对用户群体进行细分，根据不同用户的偏好提供不同的个性化服务。调查结果显示，用户对个性化书籍推荐服务有较高需求，总体需求率为 70.59%；但用户对通过移动图书馆定制专题信息以及根据兴趣爱好获得相关移动信息服务的需求率不高，二者的需求率分别为 62.42% 和 63.24%。统计结果说明，多数用户对移动图书馆的个性化服务有需求。邓胜利等人认为，个性化用户需求可分为显性的个性化需求和隐性的个性化需求两种[5]。其中，显性的个性化需求主要是通过用户注册、用户交互、信息创造和发布等行为发掘用户的兴趣偏好、个人情况和专业需求等信息；隐性的个性化需求，主要是通过用户的浏览行为、用户的信息收集行为等来发现用户可能存在的潜在信息需求。由此，移动图书馆的发展不仅应该对用户显性的个性化需求予以重视，还应不断挖掘用户隐性的、潜在的个性化信息需求。

2.4 互动性的信息需求

此外，移动图书馆用户还具有互动性的信息需求。从调研结果了解到，多数用户对移动图书馆的互动服务有需求，只是需求程度不及借阅提醒和查询等服务。调查结果显示，66.18% 的用户希望移动图书馆提供阅读分享或书评服务。目前，由于移动图书馆在我国尚未普及，使用过移动图书馆的用户为数不多，能体验到互动功能的用户较少，很多用户对移动图书馆的互动功能并不了解，因此，用户对互动服务的需求也受到一定影响。

随着移动互联网的发展，越来越多的用户希望通过移动图书馆获得互动的沟通和交流。因此，用户的互动性需求已成为移动图书馆的重要需求之一。如今以微博为代表的社交网络平台发展迅速，用户间的互动变得越来越便利，并且受到年轻用户的广泛欢迎，各种互动式的应用层出不穷。M. L. Brogan 从用户的角度出发，认为下一代移动服务会应用更多的信息推送技术，提供建立社区的工具、协作工具（共享文档、注释、评论等）和体现交互特征的工具[6]。随着移动图书馆的发展，移动图书馆的互动服务（如图书馆移动社区、互动参考咨询、移动阅读分享及书评等服务）将逐渐成为移动图书馆未来的发展趋势。

综上所述，移动图书馆用户的信息需求主要包括：基于时间的信息需求、基于地点的信息需求、个性化的信息需求以及互动性的信息需求。表1归纳了移动图书馆用户信息需求的类型及主要内容。

表1 移动图书馆用户的信息需求

需求类型	需求的主要内容
基于时间的信息需求	提醒类需求（包括借阅到期提醒、预约书到馆提醒等）； 通知类需求（包括图书馆讲座通知、新书通知、开闭馆通知等） 借阅信息查询（如文献到期时间等）、文献续借、预约和挂失等 查询图书馆空余座位或电脑空位、讲座预定、实时目录检索等
基于地点的信息需求	对馆藏图书的定位需求（如通过手机快速找到书架所在的位置） 图书馆内部的导航需求（如通过移动设备快速了解馆内分布等） 对图书馆的地理位置、到馆路线，以及周边信息的需求等
个性化的信息需求	对相关书籍推荐的需求 获取感兴趣的移动资讯的需求 定制相关专题信息的需求
互动性的信息需求	对移动社交性图书馆的需求 对移动阅读分享的需求 对书评信息的相关需求

3 移动图书馆用户的群体分类

3.1 传统图书馆用户群的发展

移动图书馆的用户群是由传统图书馆的用户群发展而来的。2008年，W. Foster和C. Evans对传统图书馆的用户群进行了分类，他们将传统图书馆的用户群体称为典型的图书馆用户群（typical library user groups），主要分为3类[7]，如表2所示：

表2　典型的传统图书馆用户群分类

age group （年龄组）	age range （年龄范围）	user group （用户群体）	IT use （信息技术使用）
1	11 – 25 岁	Net gen（网络一代）	mobile devices（使用移动设备）
2	26 – 55 岁	IT dependent（IT 依赖者）	laptops（使用笔记本电脑）
3	56 岁及以上	silver surfers（老年网友）	library only（只使用图书馆）

从表 2 可以看出，11 – 25 岁年龄段的用户群体被称为"网络一代"，他们主要使用移动设备获取图书馆的信息，这部分人群将成为使用移动图书馆的重要群体。同时，26 – 55 岁年龄段的人群习惯于使用笔记本电脑获取信息，这部分群体正是目前移动图书馆用户的主要群体。此外，大部分 56 岁以上的老年群体，偏向于使用图书馆的纸质资源，他们是典型的传统图书馆用户。W. Foster 等人还预测了 10 – 20 年后，未来典型的图书馆用户群分类。在表 2中，随着时间的推移，26 – 55 岁年龄段的用户群体将逐渐退休，但不会成为传统的老年网友，而会成为能熟练使用计算机的 IT 技术依赖者；同时，会产生新的"普适一代"（pervasive generation），他们使用的是嵌入到环境或日常工具中的嵌入式设备，在无线网络技术支持下，能够在任何时间、任何地点、以任何方式进行信息获取与处理；对"网络一代"（Net gen）而言，移动设备是他们常用的信息工具，移动交流和移动学习成为其主流的生活方式；20年后，老年网友（silver surfers，也称银发网友）使用的信息工具仍以图书馆设备为主。未来典型的图书馆用户群分类如表 3 所示：

表3　典型的未来图书馆用户群分类[7]

age group （年龄组）	age range （年龄范围）	user group （用户群体）	IT use （信息技术使用）
1	11 – 25 岁	pervasive generation（普适一代）	embedded devices（使用嵌入式设备）
2	26 – 55 岁	Net gen（网络一代）	mobile devices（使用移动设备）
3	56 – 75 岁	retired IT dependents（退休的 IT 依赖者）	home and away IT（随处使用计算机）
4	76 岁及以上	silver surfers（老年网友/银发网友）	library only（只使用图书馆）

3.2 移动图书馆用户群的分类

在未来图书馆的用户群中，使用移动设备的网络一代将成为移动图书馆的使用主体，他们的年龄段在 26 – 55 岁之间，是移动图书馆的主力用户。因此，移动图书馆应充分了解该年龄段人群的需求，不断为用户提供高质量的图书馆服务。面向用户的移动图书馆服务，需要根据不同用户的特征（如年龄、性别、身份等人口统计学特征以及信息行为特征等），对用户进行细分与研究，在此基础上设计相应的移动图书馆服务模式。

移动图书馆用户与传统图书馆用户相比，具有一定的差异。移动图书馆用户更注重获取信息的快捷性和方便性，希望能够随时、随地地快速获取信息，因此，移动图书馆用户更倾向于使用现代化的移动设备，通过移动终端获取各种图书馆资源，而不是亲自到图书馆查询和获取信息。传统图书馆的用户，更习惯于到图书馆进行书刊查询和阅读，这些用户更愿意使用纸质版的书籍资源，而较少通过移动设备获取图书馆信息资源。从用户的年龄段来看，多数传统图书馆的用户年龄要大于移动图书馆用户的年龄，这与目前移动互联网的使用人群密切相关。

2013 年中国移动互联网统计报告显示[8]，我国移动互联网的用户已达 6.52 亿，且移动互联网用户的年轻化特征比较明显。统计数据表明，35 岁以下的用户占移动互联网用户总体的 78%，其中 31% 为 24 岁及以下的用户，29% 为 25 岁到 30 岁的用户，40 岁以上的用户所占比例较少（见图 1）。目前我国移动互联网用户呈年轻化状态，对移动图书馆用户有较大影响，但随着移动图书馆的不断普及，未来的移动图书馆用户将覆盖各个年龄层，移动图书馆的用户群体将更加广泛。

从移动图书馆用户群体的覆盖范围来看，移动图书馆用户范围广泛，只要拥有手机等移动设备的用户都可以作为移动图书馆的服务对象。按照不同的分类标准，移动图书馆用户可以分为不同的类型。例如，按照用户年龄段进行分类，可以分为青少年移动图书馆用户、中青年移动图书馆用户和老年移动图书馆用户 3 种。还可以按照用户的不同身份进行分类，可以分为：学生用户群、教师用户群、科研用户群、公司职员用户群等。移动图书馆用户群体与移动互联网用户群体有着密切的关系，但移动图书馆用户群体具有特殊性，其中学生用户、教师用户及科研用户相对较多。对于不同的用户群，移动图书馆可以提供不同的移动信息服务。例如，面向学生用户群，移动图书馆可以提供及时的借阅到期提醒、讲座活动通知等服务；面对教师用户群和科研用户群，移动图书馆可以提供专业性较强的最新研究动态和学术资源

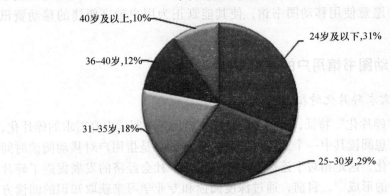

2013年中国移动互联网网民年龄结构

图1　我国移动互联网用户年龄结构分布（2013 年）

推荐服务；面向上班族（如公司职员等），移动图书馆可以提供移动学习和娱乐资讯等服务。根据移动图书馆用户调查结果（2014 年 1 月），目前我国移动图书馆的用户群体主要分类如下，如图 2 所示：

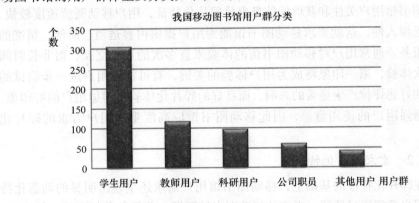

图2　我国移动图书馆用户群体分类

　　由图 2 可知，现阶段我国移动图书馆的用户群主要以学生用户为主，尤其以高校学生为主体；其次是教师用户群和科研人员用户群，这两类也是使用移动图书馆的重要群体；同时，移动图书馆用户群还包括公司职员用户，这类群体对移动阅读及移动信息查询有一定的使用需求；此外，其他用户，如自由职业者、退休人员等也对移动图书馆提供的信息服务有需求。目前我国的移动图书馆服务还未普及，主要服务于一些高校图书馆和公共图书馆，还有相当一部分用户不了解移动图书馆的服务内容。为了让移动图书馆更加普及，各类图书馆应加强移动图书馆的建设和宣传力度，让普通老百姓能够及时了解并愿意使用移动图书馆，使其能真正为用户带来便捷的移动资讯服务。

4 移动图书馆用户的需求特征

4.1 需求碎片化特征

所谓"碎片化"特征，一是指移动图书馆用户对阅读内容需求的碎片化，用户每次只想阅读其中一个或数个片段性内容；二是指用户对移动阅读时间需求的碎片化，这是相对于连续性阅读而言的，社会经济的发展促进了碎片化阅读趋势的形成[9]。目前，通过深度阅读和专业学习来获取知识的阅读方式，正在被旅途中或等候时利用手机等移动设备的"浏览式阅读"、"浅阅读"、"非线性阅读"所取代[10]。用户使用移动图书馆的时间、地点和内容均呈现明显的碎片化特征，主要体现在阅读空间的多样化、阅读时间的片段化以及阅读设备的多元化上。移动图书馆用户的使用行为一般穿插于日常工作和生活中，通常在急需时或等候时会使用，并且每次使用的时间较短；同时，移动图书馆用户关注和获取的信息也呈碎片化特征，用户移动阅读速度较快，但缺乏深入性，这就要求移动图书馆能为用户提供内容适当、简洁、精准的信息服务。通常用户对移动图书馆的体验来自多次的短暂交互，而非长时间的单次体验，第一印象将成为用户体验的关键，有可能对用户进一步尝试的意愿和好恶评价产生显著的影响，而良好的碎片化体验会增加用户的好印象，进而增强用户的使用意愿，因此移动图书馆应高度重视用户需求的碎片化特征。

4.2 需求动态化特征

在碎片化特征的基础上，移动图书馆用户需求还呈现出明显的动态化特征。用户希望通过便捷、丰富的移动图书馆资源，获得各种新颖的、精确的、时效性强的动态信息。移动图书馆用户对动态化信息的需求，形成了用户动态的信息心理与行为特征，从而决定信息需求动态化的认知和表达[11]。对此，美国著名的情报学家兰开斯特（F. W. Lancaster）等将用户划分为以下类型：无需求意识用户群、有需求意识用户群、无服务意识用户群以及有服务意识用户群[12]。在上述4类用户群中，移动图书馆的服务重点是有需求意识的用户群，这些用户需要及时获得最新的动态信息。例如，高校教师、科研人员和医生等需要更多地了解专业领域的发展动态和研究趋势，对信息的时效性、动态性需求较高。此外，对年轻的上班族而言，他们也需要移动图书馆提供不断更新的书目信息和相关资讯等，以满足他们对动态信息的需求。如今，信息资源迅猛增长，信息类型不断扩展，信息种类不断丰富，从根本上影响了用户的信息需求方式，进而也影响了移动图书馆用户的信息需求结构。因此，移动图书馆应从用户需求的角度着想，努力为用户提供及时、准确、新颖、快捷的动态信息，满足用户不断变化的动态需求。

4.3 需求高效化特征

在移动互联网时代，移动信息组织与传递方式的变化激发了移动图书馆用户对信息高效化的需求。移动图书馆用户可以通过各种移动设备进行实时查询和检索，随时随地阅读所需信息，这样不仅为用户节省了时间，而且提高了用户获取信息的效率。对移动图书馆用户而言，其信息需求的高效化特征主要表现在3个方面：①移动图书馆用户对满足工作、学习的精准性信息需求较高；②移动图书馆用户要求获取信息的途径更加便捷，以利于其减少查询成本；③移动图书馆用户要求提供的信息直观、简洁，以利于其进一步节省的时间。

5 移动图书馆用户的需求规律

在移动互联网环境下，移动图书馆用户的信息需求也会遵循一定的原则和规律，但这种需求规律不是移动图书馆用户特有的，而是与网络环境下的用户信息需求规律具有很强的相似性。王志梅等人认为，在网络环境下用户信息需求的心理行为遵循一定的特征和规律，如最小努力原则、穆尔斯定律、信息吸收极限定律、马太效应和罗宾汉效应等[13]。对移动图书馆用户而言，移动性和便捷性是移动图书馆最大的优势所在，用户都希望通过省时、省力的方法获取所需要的移动信息资源。因此，移动图书馆用户的需求规律也可以从最小努力原则和穆尔斯定律等几个方面进行探讨。

5.1 最小努力原则

1949 年，美国哈佛大学的教授齐普夫（G. K. Zipf）提出了"最小努力原则（principle of least effort）"的理论[14]。该理论认为，人们的各种社会活动均受最小努力原则支配，人们总是想要付出最小的代价而获得最大效益。在解决问题的时候，人们总是力图把所有可能付出的平均工作消耗最小化。最小努力原则，在一些文献中被称为"最省力法则"或"齐普夫的最小努力原理"。在日常生活中，人们总是希望通过最小的努力而达到预定的目标。

移动图书馆用户在获取信息资源的过程中，同样希望通过最少的努力达到期望的目标。例如，他们在利用移动设备进行图书馆目录查询的时候，都希望以最短的时间和最快的速度获取想要的移动信息资源。如果移动图书馆不能满足用户这种需求，用户就会转而通过其他途径来满足需求。因此，移动图书馆在进行界面和功能设计时，首先应从便捷性的角度考虑，努力为用户提供更快、更好的移动信息服务。

5.2　穆尔斯定律

1959 年，美国情报学家穆尔斯（C. N. Mooers）指出，如果一个信息检索系统对于用户而言，获取信息比不获取信息更加麻烦的话，那么用户就会倾向于不使用该系统[15]。这就是著名的"穆尔斯定律"。穆氏定律说明，人们接受信息是需要花费时间和精力的，因此人们并不总是乐于去接受信息。目前信息界对穆尔斯定律的理解有所改变，将其表述为：用户在使用信息检索系统时越困难、花费时间越多，则使用该检索系统的次数就越少。从本质上看，穆尔斯定律也可被看做是最小努力原则的一种表现形式。

移动图书馆用户在移动信息检索的过程中，同样遵循穆尔斯定律。移动图书馆信息检索系统的好坏，直接决定了用户体验的好坏。如果对用户而言，使用移动图书馆信息检索系统获取信息比不获取信息更加麻烦的话，那么用户就会倾向于不使用这个系统。因此，为了提高用户体验，移动图书馆在设计时应充分考虑用户的实际需求，尽量为用户提供方便和人性化的信息系统。

5.3　马太效应与罗宾汉效应

马太效应（Matthew effect）原指强者愈强、弱者愈弱的现象，广泛应用于社会心理学、教育学等众多领域。马太效应源自于《圣经》中《新约·马太福音》的一则寓言："凡有的，还要加给他，叫他有余；没有的，连他所有的也要夺过来[16]"。用户信息需求方面，也遵循一定的马太效应。信息需求量大的用户，其信息需求会越来越多，用户在行为上表现为希望占有更多的信息；信息需求量小的用户，其积累的信息量会出现停滞，其信息需求量也会越来越少。与此同时，用户信息需求也遵循罗宾汉效应：一方面，在信息资源不充分的情况下，用户的信息需求势必会受到影响；另一方面，面对信息的激增，多数用户的信息需求水平会逐渐趋于平衡，也就是说，大多数用户的信息需求总量会趋于一个平均值，这就是信息需求的罗宾汉效应。

移动图书馆用户的信息需求也遵循马太效应。对移动信息需求量大的用户，其信息需求会愈来愈多，这类用户也希望占有更多的移动图书馆资源。同时，随着移动图书馆信息的激增，多数移动图书馆用户的信息需求水平会逐渐趋于平衡。根据马太效应与罗宾汉效应，在移动图书馆服务中，是满足一般用户的需求，还是满足重点用户的需求，是一个值得思考的问题。

6 移动图书馆用户的偏好分析

用户偏好是指用户在考量商品和服务时做出的理性的具有倾向性的选择，是用户认知、心理感受及理性的经济学权衡的综合结果[17]。基于用户偏好的研究在心理学、行为学、经济学等领域已有广泛应用。由于用户偏好是种心理倾向特征，是个体对客观事物的一种积极的习惯性心理倾向[18]，因此，分析研究移动图书馆的用户偏好具有重要的意义。

移动图书馆用户偏好的形成和改变，与移动图书馆信息资源的丰富程度和服务情况有较大的关系。胡慕海等人认为，可以通过建立用户偏好模式对用户信息行为进行研究[19]。用户偏好模式（UP：user profile）是通过跟踪和分析用户的需求行为，建立对每个用户偏好的抽象描述，是不能再分割的具有完备表达的知识单位。用户的偏好模式可以将用户偏好显性化，并且可以对用户偏好的内容进行共享和存储。用户偏好模式在逻辑上是完备的，并且具有一定的结构，能够支持推理的行为。用户偏好主要描述的是用户兴趣、资源特征、情境特征等概念节点以及节点间的关联，使用的描述方式通常有矢量模型、分类法、领域本体和分类模型等。

用户在移动图书馆的使用过程中，会产生不同的用户偏好，这些偏好具有不同的性质，并且具有相对稳定的成因。从心理学的角度看，用户偏好实际上是一种心理倾向，主要可以分为 4 种类型：怀疑倾向、惰性倾向、惯性倾向和求新倾向[20]（见表 4）。

表 4　移动图书馆用户偏好的 4 种类型

序号	用户偏好类型	用户偏好内容
1	怀疑倾向	移动图书馆用户在信息使用过程中会存在一定的怀疑倾向，例如当某种带有广告性质的信息出现时，用户会自然产生抵触情绪并采取防御措施
2	惰性倾向	指移动图书馆用户倾向于使用简便的方式，取得容易达到的效果。用户对使用结果往往不是追求最佳，只是想得到一个相对满意的结果，可称之为惰性，这种行为符合边际效应递减的原理
3	惯性倾向	是一种定势心理，是移动图书馆用户习惯选择和使用自己熟悉的某种服务的心理。用户经常会选择以往使用过的、印象良好的工具。例如，移动图书馆用户愿意使用查询速度快、结果准确而全面的移动检索系统，这也是用户选择使用系统的关键要素
4	求新倾向	移动图书馆用户系统的更新换代对用户而言具有较大的吸引力，新颖的系统无论在用户界面、服务项目等服务上，还是在更重要的信息服务内容方面都吸引着用户，用户愿意获得更新颖的移动图书馆服务

移动图书馆的设计者应考虑用户的需求和感受，可以对用户需求进行调查研究，或通过用户填写的资料，或通过系统日志等方式，获取和了解移动图书馆用户的需求偏好，从而为更多用户提供更好的移动图书馆服务。如今，移动图书馆用户的信息需求观念日益更新，信息需求范围不断扩大，移动图书馆用户对信息内容和质量的要求也越来越高，这就对未来的移动图书馆服务提出了更新的挑战。

7 总结

本文将用户需求理论与移动图书馆的用户特征相结合，对移动图书馆用户需求理论进行了较为全面的探讨。首先，在分析移动图书馆服务特点的基础上，归纳了移动图书馆用户的信息需求类型及主要内容，包括基于时间的信息需求、基于地点的信息需求、个性化的信息需求以及互动性的信息需求；其次，对图书馆的用户群体进行了分类，并对移动图书馆用户的需求特征进行了总结；随后，对移动图书馆用户的需求规律进行了探讨，并对移动图书馆的用户偏好理论进行了分析。移动图书馆的用户需求研究，具有比较重要的理论意义和现实意义，移动图书馆只有充分关注和了解用户需求，才能为用户提供更加实用、便捷的移动图书馆服务。

参考文献：

[1] 2010 top ten trends in academic libraries：A review of the current literature[EB/OL].[2012 – 12 – 05].http://crln.acrl.org/content/71/6/286.short.

[2] 茆意宏.面向用户需求的图书馆移动信息服务[J].中国图书馆学报,2012,38(1):76 – 86.

[3] 宋欣,金松根,孙常丽,等.面向用户需求的移动图书馆功能[J].图书馆建设,2013 (6):43 – 45.

[4] 余世英,明均仁.移动图书馆的用户接受模型实证研究[J].图书馆建设,2014(1):21 – 27.

[5] 邓胜利,孙高岭.面向推荐服务的用户信息需求转化模型构建[J].情报理论与实践, 2009(6):14 – 17.

[6] 邓胜利,张敏.基于用户体验的交互式信息服务模型构建[J].中国图书馆学报,2009 (1):65 – 70.

[7] Needham G, Ally M. M-libraries：Libraries on the move to provide virtual access [M]. London：Facet, 2008.

[8] 2013 年中国移动互联网统计报告[EB/OL].[2014 – 01 – 26]. http://www.eguan.cn/ download/zt.php? tid = 1979&rid = 1988.

[9] 段志兵. 巧对碎片化阅读需求,优化科技图书设计[J]. 中国编辑,2012(5):29-31.

[10] 郭溪川. 国内外基于3G网络的移动数字图书馆实践现状和创新应用[J]. 图书情报工作,2011,55(9):54-57.

[11] 杨霞,徐征,王雪燕. 基于用户心理需求的网络信息组织[J]. 情报探索,2008(9):123-125.

[12] 黄清芬. 用户信息需求探析[J]. 情报杂志,2004(7):38-40.

[13] 王志梅,杨玉洁,范超英,等. 网络环境下用户信息需求研究[J]. 图书情报工作,2004,48(7):90-92.

[14] Grant D A. Human behavior and the principle of least effort[J]. Psychometrika, 1951, 16(2):243-245.

[15] Mooers C N. Why some retrieval systems are used and others are not[J]. Scientist,1997, 11(6):10-12.

[16] Thomas N. Holy Bible[M]. Scotland:Thomas Nelson Publishers, 2012.

[17] 移动LABS. 用户偏好分析[EB/OL]. [2013-04-15]. http://labs.chinamobile. com/mblog/382108_49663.

[18] 罗石. 社会心理学[M]. 北京:北京大学出版社,2008:181-182.

[19] 胡慕海,蔡淑琴,张宇,等. 情境化信息推荐机制的研究[J]. 情报学报,2011(10):1053-1064.

[20] 闫健. 网络信息使用中的用户偏好分析[J]. 农业图书情报学刊,2012(1):122-125.

作者简介

叶莎莎, 北京联合大学应用文理学院讲师, 博士, E-mail：yeshasha@buu. edu. cn; 杜杏叶, 中国科学院文献情报中心《图书情报工作》编辑部主任。

国外移动服务可用性研究综述[*]

贾欢　彭晓东　魏群义

重庆大学经济与工商管理学院

1　引言

　　移动设备和无线网络的发展，为读者随时随地进行阅读和学习提供了条件和更多的可能。随着智能终端的普及率不断提升，移动图书馆服务越来越受到用户的青睐，如何提高移动图书馆的服务水平，提升用户对移动服务的满意度，成为移动图书馆发展面临的新课题。可用性最初诞生于人机交互领域[1]，之后被其他领域学者所引用。例如国外学者逐步将可用性研究引入到移动图书馆研究领域，用于发现移动图书馆存在的问题以及改进移动服务，国内学者对此则涉及很少。因此，本文重点综述国外移动服务可用性的相关研究，以期给可用性在国内移动图书馆领域的研究发展提供借鉴和参考。

2　国外研究现状分析与评价

2.1　可用性的概念

　　可用性定义最初诞生于人机交互领域，学者们所给出的具有代表性的定义如下：

　　Shakel[2] 1991年对可用性的定义为：可用性是指技术的"能力（按照人的功能特性），它很容易有效地被特定范围的用户使用，经过特定培训和用户支持，在特定的环境情景中，去完成特定范围的任务。"GB/T3187 – 97[2] 对可用性的定义是：在要求的外部资源得到保证的前提下，产品在规定的条件下和规定的时刻或时间区间内处于可执行规定功能状态的能力。它是产品可

　　* 本文系重庆市社会科学规划项目"泛在信息环境下重庆市移动阅读研究"（项目编号：2011YBCB057）和中央高校基本科研业务费科研项目"移动图书馆的信息获取行为研究"（项目编号：CQDXWL – 2013 – 097）研究成果之一。

228

靠性、维修性和维修保障性的综合反映。被引用较多的是 ISO 9241 – 11 国际标准提出的可用性的定义[3]：指产品在特定使用环境下为特定用户用于特定用途时所具有的有效性（effectiveness）、效率（efficiency）和用户主观满意度（satisfaction）。

这三个可用性的定义有着共同特点：都是在特定环境、针对的是特定的用户产品、用于特定的用途。GB/T3187 – 97 的定义与 Shakel 和 ISO 9241 – 11 的有明显不同，前者把重点放在产品上，后者更注重用户使用的感受，着重以用户为中心。比较 Shakel 和 ISO 9241 – 11，不难看出，两者都提到了有效性，但后者比前者多提出了可用性的两个属性：效率和用户主观满意度。目前学者引用较多的是 ISO 9241 – 11 国际标准提出的可用性定义，有些研究直接使用定义中提到的三个指标（有效性、效率性和主观满意度）研究移动服务的可用性，部分学者在此定义的基础上进行了扩展。

2.2 研究目的

本文的研究目的是移动服务的可用性，因此调研的文献有两个共同的特点：一是以移动设备为载体；二是与移动网站的可用性研究有关。但每篇文献研究的具体角度和研究目的有所不同，具体见表 1。

表 1 移动服务可用性研究目的

作者	研究目的
R. Hegarty[4]	评估 EBSCOhost 数据库在移动应用方面的可用性
S. T. Yeh[5]	网站在优化前后的可用性比较
S. Veronikis[6]	混合环境下移动设备无线使用的障碍因素
Huang Ching-Hua[7]	用户使用移动设备阅读电子书的手势操作可用性分析
R. Toteja[8]	移动技术在教学方面的应用
R. Harrison[9]	建立可用性指标模型
K. D. Pendell[10]	不同的移动设备是否对移动图书馆的使用有影响
Ma Xiao Xiao[11]	使用用户界面控件 Toolkit 搜集用户界面并验证其有效性
S. W. S. Sahilu[12]	评估移动设备的有效性和可用性

以上学者在研究过程中均对移动网站的可用性进行了研究，但研究出发点有所不同。R. Hegarty 针对移动图书馆中 EBSCOhost 数据库的使用进行了较微观的研究，R. Toteja 则针对移动设备在教学方面的应用进行了较宏观的研究。部分学者以可用性模型的建立、手势操作对移动阅读的影响、移动设备

的障碍因素为出发点开展研究。学者们还从各个角度研究了移动设备的可用性，S. T. Yeh 采用比较法比较了网站优化前后的可用性，其他学者更多地是先对移动网站的可用性进行测试，之后提出优化措施。总之，可用性研究的目的就是不断优化人机交互过程，使产品更好地满足用户需求。

2.3 研究方法

根据实验地点的不同，移动服务可用性领域的研究方法，可划分为实验室方法和实地调研[13]。大多数学者采用的是实验室方法，因为实验室方法相对实地调研而言更好控制，更容易进行。在针对可用性的实验室研究中，学者们采用了表 2 所示的具体研究方法：

表 2 移动服务可用性研究方法

作者	实验方法（具体方法）
R. Hegarty[4]	可用性测试（测前调查问卷、测中有声思考、测后调查问卷）
Huang Ching-Hua[7]	启发式评估
R. Toteja[8]	在线调查问卷
A. S. Hashim[14]	调查问卷（五等级李克特量表）及观察法
Hong Sungmoo[15]	任务分析（有声思考和录像记录）、深入访谈、内容分析、附加奖励措施（50 美元/每人）
A. Fry[16]	执行任务（有声思考、李克特量表）
J. Nielsen[17]	启发式评估
S. W. S. Sahilu[12]	问卷调查测试可用性属性排序

从表 2 不难看出，移动服务可用性研究方法主要有两种：可用性测试和启发式评估。除了 Huang Ching-Hua 和 J. Nielsen 外，其他人的研究方法均可归为可用性测试类方法。

可用性测试是一种直接针对用户的测试方法，而启发式评估一般是请专家来进行评估的，这两种方法各有优缺点[18]。相比可用性测试，启发式评估会更加节省时间成本和经济成本。相比启发式评估，可用性测试则是面对真实的用户，因为用户和专家对产品的认识程度是很不相同的，所以可用性测试会更能反映出大量真实的用户群在使用移动设备时所存在的问题。

综合以上方法，比较完整的可用性测试过程如下：一般都分为测前、测中和测后三部分。在测试以前，研究人员会采用问卷调查的方法来了解用户的基本信息以及对移动服务使用的基本认识。问卷调查大多是在现场进行，

230

也有部分选择在线调查，笔者认为现场调查的可信度会更高一点。在测试中途，研究人员建议参与者进行有声思考，大声说出自己的感受和执行任务时的困难以及存在的其他问题等。工作人员会观察参与者的操作过程，甚至用录像记录，以便于后期分析，也有学者通过用户界面控件 Toolkit 搜集用户界面，并验证了其有效性。在测试途中，大多数实验采用了执行任务的方式，根据执行任务的过程和结果分析移动网站的可用性。测试环节结束后，研究人员会对部分用户进行深入访谈，此阶段注重用户的满意度调查，一般采用的方法是李克特量表，因为李克特量表有助于测评用户难以定量描述的主观观念。

2.4 研究内容

本节主要探讨移动服务可用性的研究内容，在了解具体研究内容之前，需要先对参与者及移动设备类型的选取有所了解，因为这两者是进行具体研究前的必备条件。参与者及移动设备类型的情况如表 3 所示：

表 3 移动服务参与者人数及移动设备类型

研究者	参与者人数	移动设备类型
R. Hegarty[4]	6	iPhone3GS
S. T. Yeh[5]	12	智能手机
Huang Ching-Hua[7]	5	未具体说明移动设备类型
K. D. Pendell[10]	12	3 个 iPhone，4 个安卓系统的手机，5 个其他智能手机或移动设备
Hong Sungraoo[15]	8	LGLG's KU9000，IPhone 3GS

2.4.1 参与者及移动设备类型 R. Hegarty 的研究中，采用随机访问等待志愿者参加的方式，参与者共 6 人（3 名本科生、2 名研究生、1 名非全日制学生），研究过程中使用的移动设备类型只有一种，即 iPhone 3GS。参与者之前没有使用或拥有过智能手机。S. T. Yeh 采用发布消息等待志愿者参加，参与者共 12 人（10 名学生、1 名教职员、1 名行政人员），选择的设备为智能手机。Huang Ching-Hua 邀请了 5 名用户界面可用性评估专家（4 男 1 女），评估时间为 1 - 2 个小时，专家都熟悉触摸屏，其中 3 人经常使用 iPad。K. D. Pendell 根据手机型号选择了 12 名学生，在波特兰州立大学图书馆进行测试，这 12 人都是移动图书馆的主要用户。由于文章研究目的是不同的移动设备是否对移动图书馆的使用有影响，因此移动设备的选取类型多样，有 iPhone、安卓系统的手机以及其他。Hong Sungmoo 根据性别、职业、移动网站使用经验的不同，选择了 8 名用户参与。此外，A. Fry 选取 9 名本科生（5

女 4 男）和 6 名研究生（4 女 2 男）；S. W. S. Sahilu 研究的人数达到 120 人，分实验组和控制组，每组各 60 人，来自 4 个学院，每个学院 30 人。

从以上参与测试的人数可以看出，除了 S. W. S. Sahilu 的参与人数为 120 人之外，其他学者在进行可用性测试时选取的人数较少，大都在 15 人以下。J. Nielsen 研究过，在可用性测试中，仅仅需要 5 个用户就能发现 85% 的可用性问题[19]。因此，考虑到成本，在研究时需要适量选取参与人数，尽量以最小的成本获取可靠的研究成果。参与者大体分为两类，一类是专家，另一类是现实用户。参与者种类的不同也是由于研究方法的不同导致的，上文提到，专家一般参与启发式评估，而普通用户则参与可用性测试。移动设备类型也是根据研究目的而选取的，其共同点是研究中都选用了智能手机，而不是中低层次的手机，这也说明了智能手机的兴起是移动服务实现的硬件基础。

2.4.2 具体研究内容 从表 4 可以看出，学者们的研究内容有相似之处，因为本文所调查的文献都是有关移动服务的可用性问题的。R. Hegarty 和 K. D. Pendell 的研究内容都分为测前、测中和测后三个部分，但 K. D. Pendell 在测后阶段的调查内容与其他研究有所不同——侧重于调查用户在未来将要使用移动设备的情况。Hong Sungmoo 也有执行任务和任务评估的过程。但不难看出，研究内容既有相同点，也有很多不同点，这些不同主要是由具体研究目的、研究方法以及选取的移动服务可用性指标不同等因素导致的。如 Hong Sungmoo 用内容分析法把 33 个网站总结为 5 个标准的网页设计布局；J. Nielsen 综合了 3 个领域的知识，总结出可用性测试的阶段、可用性设计的原则；Huang Ching-Hua 由于采用的是启发式评估，因此选取参与者为专家，并对专家的分析进行了总结。

表 4　移动服务可用性具体研究内容

研究者	具体研究内容
R. Hegarty[4]	1 测前调查参与者在线学术研究采用的方法、使用智能手机的经历、期待图书馆通过移动网址提供哪种服务； 2 测试中说出对 EBSCOhost 网址的第一印象，执行 4 个具体任务，有声思考贯穿于每个任务中； 3 测后调查用户总体的感受和意见
S. T. Yeh[5]	从以下方面比较优化前后网站的可用性： 1 测量任务完成率； 2 任务完成时间； 3 满意度得分

232

研究者	具体研究内容
Huang Ching-Hua[7]	1 5 个用户界面可用性评估专家使用 iPad 对杂志网页的可用性进行评估； 2 研究者根据专家评估分析界面可用性的手势操作及设计原则
K. D. Pendell[10]	1 测前用户阅读操作说明； 2 测中执行任务，鼓励用户有声思考、执行移动图书馆的 5 个主要功能（使用文本摄像机记录用户对移动设备的操作情况）； 3 测后调查
R. J. Ramíre[20]	1 列出了用户分析的详细指标； 2 综合人机交互、可用性工程及软件工程的知识，总结可用性测试的阶段、可用性设计的原则
Hong Sungmoo[15]	1 执行 4 个任务：看文章、听歌及下载、查天气、查新出版发行的电影； 2 评估 4 个任务，如执行期间遇到的困难； 3 把 33 个网站总结为 5 个标准的网页设计布局：混合型、图表型、图像型、文本型、检索型

因此，在分析研究内容时，不能单一来看，应根据其研究目的、方法、可用性指标等因素综合分析，即不能只进行横向或纵向分析，而应把横向分析和纵向分析结合起来，以更好地了解此领域现有的研究状况。

2.5 评估指标

评估移动服务的可用性，首先要建立移动服务的可用性指标，国外学者就移动服务的可用性指标提出了不同的划分方法，如表 5 所示：

表 5 移动服务可用性评估指标

提出者	可用性指标
ISO 9241 – 11[3]	有效性、效率性、满意度
J. Nielsen[17]	效率性、可学习性、可记忆性、低出错率、满意度
R. Harrison[9]	有效性、效率性、满意度、可学习性、可记忆性、低出错率、认知负荷
R. Hegarty[4]	易学性、导航性、有效性、效率性、审美性
R. Toteja[8]	有效性、成本效率、易用性、易于操作、检索速度
A. S. Hashim[14]	前后一致性、可学习性、灵活性、最小动作量、最小记忆负荷
S. W. S. Sahilu[12]	可学习性、可记忆性、简洁性、满意度

如表 4 所示，ISO 9241 – 11 提出的可用性指标被广泛用于移动设备的可

233

用性评价，如 S. T. Yeh 直接运用 ISO 9241 – 11 的有效性、效率性和满意度 3 个指标比较优化前和优化后的网站可用性。K. D. Pendell 也使用此指标研究在多种多样的手机移动设备上，图书馆移动网站是否友好和有效。J. Nielsen 提出的可用性指标除了效率性和满意度与 ISO 9241 – 11 相同之外，认为可学习性、可记忆性、低出错率也影响可用性。Huang Ching-Hua 在评估时使用了 J. Nielsen 的指标评估标准。R. Harrison 则综合了 ISO 9241 – 11 和 J. Nielsen 的指标，另外还提出来一个可用性指标：认知负荷。认知负荷应让读者尽量把有限的注意力放在应该完成的任务上[21]。R. Hegarty 把可用性指标划分为易学性、导航性、有效性、效率性、审美性 5 个方面，以 iPhone 3GS 智能手机为移动终端，研究了 EBSCOhost 网站的可用性。R. Hegarty 的指标和 ISO 9241 – 11 相比，没有满意度，而增加了另外的 3 个指标，笔者认为这样的划分是较为合理的，因为满意度是一个综合性指标，其他指标对其影响很大，因此不应作为一个独立的指标来衡量。R. Toteja 把检索速度单独作为一个指标。A. S. Hashim 提出的前后一致性指标与 R. Hegarty 的导航性指标本质相同，其最小记忆负荷与其他学者提出的可记忆性指标相同，而灵活性指标指使用快捷键和主菜单的频率。

由表 5 可以看出，研究者们提出的部分可用性指标虽然名称不同，但本质相同。通过统计采用不同指标的人数来进一步分析表 5 中 7 位研究者的指标采纳情况，结果如图 1 所示：

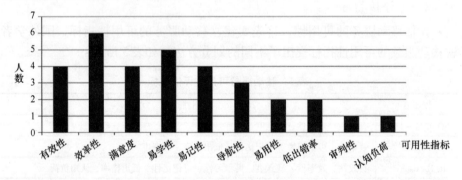

图 1　可用性指标采纳情况统计

由图 1 可知，直接提出有效性指标的有 4 人；明确提出效率性指标的也有 4 人，但是 R. Toteja 提出的成本效率和检索速度两个指标以及 A. S. Hashim 的最小动作量指标，其实都可以被认为是效率性的子指标，因此提出效率性指标的总计为 6 人；提出满意度指标的 4 人；R. Hegarty 提出的易学性指标与

234

其他 4 位学者提出的可学习性指标本质相同，可以都称为易学性，共 5 人；将可记忆性和最小记忆负荷指标归为易记性，共 4 人；A. S. Hashim 提出的前后一致性和 S. W. S. Sahilu 提出的简洁性指标其实都是导航性的具体要求，因此归为导航性，共 3 人；易于操作、灵活性指标应属于易用性的范畴，共 2 人；提出低出错率指标的 2 人；本文认为认知负荷和满意度一样，也是一个综合性指标，是由其他具体指标决定的，因此在进行一级指标划分时可不包括在内。由以上分析可知，移动服务的可用性指标按照提出人数的多少可排列为：效率性（6）、易学性（5）、有效性（4）、满意度（4）、易记性（4）、导航性（3）、易用性（2）、低出错率（2）、审美性（1）、认知负荷（1）。

此外，部分学者提出了可用性界面设计的原则，其对可用性指标的建立提供了参考作用，如 R. J. Ramíre 提出可用性设计应遵从以下原则：审美性、整合性、连贯性、可操作性、反馈性、隐喻性、可控性；据经典用户界面交互设计黄金 8 法则[22]，界面设计应符合以下原则（归纳为 7 个）：一致性、快捷方式、回馈、错误处理、返回、主动性（控制性）、可记忆性。

关于可用性的指标划分还有很多看法，本文未列出的一些大多是在以上指标划分的基础上进行扩展或交叉，有的指标名称不同，但其基本含义相同。之所以出现不同的指标划分，笔者认为最重要的原因是研究的对象不同。但指标划分之间又很相似，原因是可用性的概念最初诞生于人机交互领域，随后被学者们用于其他领域的研究，再根据研究领域的不同对其指标做进一步延伸或重新认识。

3 研究趋势及展望

国外对移动服务可用性的研究主要集中在可用性的障碍因素、可用性指标建立、移动网站优化以及可用性对教学和移动图书馆的影响等方面。国外学者在移动服务可用性方面的研究，可给国内相关研究提供借鉴。然而，在移动服务可用性指标评估方面，只有较明确的一级指标，没有完整的指标体系，移动服务可用性指标体系的建立应引起重视。在移动服务可用性测试时，较常用的方法有可用性测试和启发式评估，这两种方法各有优缺点，因此应结合起来综合分析。再者，移动服务有很多种，不同移动服务的评估指标，应根据研究对象的不同，建立各自完整的指标体系。国内学者对此领域的研究存在一些显著问题，如移动服务可用性研究的时间段问题。可用性测试越滞后，成本就越高，因此要尽早对产品进行测试，避免一些不必要的错误和毫无意义的产品功能开发问题等，造成资源的浪费；参与者不能只是技术人员和组织者，用户的需求不能忽视。未来移动服务可用性研究应注重以下几个方面：

3.1 移动服务可用性研究中应切实注重前测试

目前可用性研究大部分都是后测试，即对于设计完成的服务开展测试工作，发现问题以便改进与改善，容易给用户造成思维定式，影响可用性研究结果，应切实注重前测试，在设计前即开展可用性测试。因为可用性评估不是某一阶段的任务，任何一个阶段都可以进行，可用性评估进行得越早，就越能节省后期不必要的开发造成的成本浪费，整个可用性评估应是螺旋上升的过程。

3.2 移动服务可用性研究与用户行为研究相结合

可用性研究注重用户体验，但由于参与人员较少，难免遗漏重要细节和改进思路。可以尝试将可用性研究与用户行为分析研究相结合，通过系统日志分析等方式开展用户行为研究，分析和发现用户在使用各项移动服务中存在的问题，共同为移动服务的改进和改善提供有价值的意见。

3.3 移动服务可用性研究在电子政务中的应用

电子政务伴随着计算机、网络和通信等现代信息技术手段发展起来，但由于有线网络环境下，用户并不能随时随地上网，因此实时性差，移动服务在电子政务领域的发展将解决这一难题，可以缩短用户和政府的沟通距离，提高用户对政府之间的响应力和满意度[23]，有助于构建一个精简、高效、廉洁、公平的政府运作模式[24]，因此需要对电子政务移动服务的可用性进行研究，不断完善，更好地为公民服务。

3.4 移动服务可用性研究在移动图书馆领域中的应用

移动图书馆服务普及率不断提升，受到了读者的广泛关注，但是移动图书馆服务的可用性到底怎么样，是图书馆界需急切关注的问题。图书馆拥有较其他网站更系统全面的可靠资源，并且用移动设备会更好地扩展移动图书馆资源及服务的可用性，更好地满足用户需求。在进行移动图书馆服务可用性评估时，可选择智能手机和平板电脑作为主要研究对象，智能手机的系统包括 iOS、Android、Windows8，加之屏幕大小存在差异，可选择各种系统、不同屏幕大小的各类智能手机开展可用性研究，平板电脑可以选择应用最为广泛的 iPad。测试时应选择几种常用的操作和服务，如移动 OPAC 检索、论文获取、移动阅读、电子书下载、个人图书馆、移动咨询等，让用户当场体验。参与者人数不必太多，应注重质量。在测试方法的选择上，可把启发式评估与可用性测试相结合，对其调查结果进行综合分析，更准确地反映移动

236

图书馆的可用性，促进提升移动图书馆的服务水平。

参考文献：

［1］ 王建冬. 国外可用性研究进展述评[J]. 现代图书情报技术. 2009(9):7 - 16.

［2］ 可用性[EB/OL]. [2013 - 10 - 08]. http://baike. baidu. com/view/1436. htm.

［3］ 中国欧盟可用性研究中心[EB/OL]. [2013 - 09 - 17]. http://www. usabilitychina. com/ chinese/kyxrd. htm.

［4］ Hegarty R, Wuseman J. Evaluating EBSCOhost mobile[J]. Library Hi Tech,2011,29(2): 320 - 333.

［5］ Yeh S T, Fontenelle C. Usability study of a mobile website: The Health Sciences Library, U- niversity of Colorado Anschutz Medical Campus, experience [J]. Journal of the Medical Li- brary Association,2012,100(1):64 - 68.

［6］ Veronikis S, Tsakonas G, Papatheodorou C. Assessing use intention and usability of mobile devices in a hybrid environment[J]. Computer Science,2011,6966:77 - 88.

［7］ Huang Ching-Hua, Wang Chao-Ming. Usability analysis in gesture operation of Interactive e- books on mobile devices[J]. Computer Science,2011,6769:573 - 582.

［8］ Toteja R, Kumar S. Usefulness of m-devices in education: A survey[C]//Social and Behav- ioral Sciences. New Delhi: Elsevier,2012:538 - 544.

［9］ Harrison R, Flood D, Duce D. Usability of mobile applications: Literature review and rationa- le for a new usability model [J]. Journal of Interaction Science,2013,1(1):1 - 16.

［10］ Pendell K D, Bowman M S. Usability study of a library's mobile Website: An example from portland state university [J]. Information Technology & Libraries,2012,31(2):45 - 62.

［11］ Ma Xiaoxiao, Yan Bo, Chen Guanling, et al. Design and implementation of a toolkit for usa- bility[J]. Mobile Networks and Applications,2013,18(1):81 - 97.

［12］ Sahilu S W S, Ahmad W F W, Haron N S. Development and usability evaluation of platform independent mobile learning tool[J]. International Journal of Computer & Information Engi- neering, 2010,4(4):1310 - 1321.

［13］ Zhang Dongsong, Adipat B. Challenges, methodologies, and issues in the usability testing of mobile applications[J]. International Journal of Human - Computer Interaction, 2005,18 (3):293 - 308.

［14］ Hashim A S, Ahmad W F W, Ahmad R. Usability study of mobile learning course content application as a revision tool[M]. Heidelberg: Springer-Verlag Berlin, 2011: 23 - 32.

［15］ Hong S, Kim S C. Mobile Web usability: Developing guidelines for mobile Web via smart phones[C]//Lecture Noter in Computer Science, 2011(6769):564 - 572.

［16］ Fry A, Rich L. Usability testing for e-resource discovery: How students find and choose e- resources using library Web sites[J]. Academic Librarianship,2011,37(5):386 - 401.

［17］ Nielsen J. Finding usability problems through heuristic evaluation [C]//Proceedings of the

SIGCHI Conference on Human Factors in Computing Systems. New York:ACM Press,1992:
373 –380.

[18] 可用性测试[EB/OL]. [2013 –10 –08]. http://baike. baidu. com/view/2325591. htm.

[19] Why you only need to test with 5 users[EB/OL]. [2013 – 09 – 08]. http://www.
nngroup. com/articles/why – you – only – need – to – test – with –5 – users/.

[20] Ramírez R J,Licea G,Barriba I,et al. Engineering the development process for user inter-
faces:Toward improving usability of mobile applications[J]. Communications in Computer
and Information Science,2011, 167:65 –79.

[21] 认知负荷[EB/OL]. [2013 –09 –27]. http://baike. baidu. com/view/4583445. htm.

[22] 经典用户界面交互设计黄金8法则[EB/OL]. [2013 – 08 – 31]. http://www. 360doc.
com/content/10/0121/17/748592_14102159. shtml.

[23] 闫涛蔚,王丽荣. 我国电子政务网站移动服务可用性研究[J]. 图书馆学研究,2009
(4):37 –42.

[24] 电子政务[EB/OL]. [2013 – 10 – 10]. http://baike. baidu. com/subview/2056/
5064233. htm.

作者简介

贾欢,重庆大学经济与工商管理学院硕士研究生, E-mail:jiahuan923@
126. com;彭晓东,重庆大学图书馆教授,博士生导师;魏群义,重庆大学图
书馆副研究馆员,硕士生导师。

国内外移动图书馆的应用发展综述

叶莎莎　杜杏叶

北京联合大学应用文理学院

1　引言

随着数字资源的丰富和移动互联网技术的发展，人们期待能够不受时间和空间限制地享受各种方便快捷的信息服务，移动图书馆作为一种新型的图书馆服务方式正日益受到广泛的关注。移动图书馆源自英文"mobile library"，原指大家熟知的"汽车图书馆"，G. Davidson 等人认为早期的移动图书馆是指"为不能到达公共图书馆看书的民众设计的一种图书馆流动车，旨在为广大民众提供一种便捷的图书馆服务"[1]，这种以流动书车的形式为读者提供服务的图书馆，可称为传统的移动图书馆。随着信息技术的发展和移动设备的普及，移动图书馆逐渐从实体的流动图书馆发展成为利用现代移动设备获取信息的新型服务方式，这种通过现代移动设备为读者提供服务的图书馆，可称作现代的移动图书馆。笔者主要以现代的移动图书馆为研究对象。

从长远的角度看，现代的移动图书馆不仅具有广阔的发展前景，而且具有高度的便携性、互动性及用户海量性等优势，是未来图书馆的一个发展方向。通过相关文献的检索和阅读，笔者发现国内关于移动图书馆研究的综述类文献不少，但其中缺乏对国内外应用发展现状的对比研究，尤其缺少对国内外移动图书馆发展现状的综合性调查研究。因此，本文通过文献调研和网络调研相结合的方法，对国内外移动图书馆的应用发展状况进行系统的研究，希望能对今后的移动图书馆发展提供一定借鉴。

2　国外移动图书馆的应用发展状况

2.1　早期国外移动图书馆应用发展概况

国外图书馆最早采用移动方案始于医学图书馆，医学人员是移动图书馆的第一批用户[2]。早期对于移动图书馆的研究主要集中在 PDA（personal digital assistant）设备的使用方面，美国亚利桑那州健康医学图书馆（Arizona Health Sciences Library）是最早使用掌上电脑开展移动服务的图书馆之一，1993 年，该馆即为医学和护理专业学生提供培训，帮助他们使用掌上电脑。1993 年 11 月，美国南阿拉巴马大学图书馆（University of South Alabama Library）推出了"无屋顶图书馆计划"（The Library without a Roof Project），目的是测试在图书馆环境中使用 PDA 的可行性，这是图书馆第一次系统地使用蜂窝通信网络将 PDA 接入联机公共检索目录（OPAC）、商业在线数据库（commercial online databases）和互联网[3]。然而，由于受到当时移动终端功能与普及率的限制以及通讯传输技术不成熟等因素的影响，该项目几年后就终结了，但是这次利用 PDA 来检索图书馆资源的实例，开启了图书馆为用户提供移动服务的先河。随后，世界各地的图书馆纷纷推出移动图书馆服务。

移动图书馆服务在国外图书馆中应用较早，其中以日、韩及欧美等国为主，例如：日本富山大学图书馆（Toyama University Library）、芬兰赫尔辛基理工大学图书馆（Helsinki University of Technology Library）、韩国西江大学图书馆（Sogang University Library）、英国汉普郡图书馆（Hampshire Libraries）以及美国的北卡罗来纳州立大学图书馆（North Carolina State University Library）等相继推出了移动图书馆应用服务。通过文献调研了解到，日本、芬兰和韩国是开展移动图书馆服务较早的几个国家，其早期的移动图书馆应用情况具体如下：

2.1.1　日本　在全球范围内，日本的移动通信技术较为发达，是世界上第一个开展 W – CDMA（一种第三代无线通讯技术）通信服务的国家[4]。日本图书馆较早地将移动技术应用于图书馆服务中，最早可以追溯到日本的富山大学图书馆——2000 年 9 月，富山大学图书馆开发了首个基于"I-mode"服务的手机书目查询系统"I-Book Service"[5]（I-mode 是日本 NTT DoCoMo 公司 1999 年推出的移动上网服务）。在 I-mode 模式下，移动用户可以随时连接互联网进行浏览，只要开机就能一直保持在线，这种随时随地传送信息的方式深受用户喜爱。2001 年 5 月，日本东京大学图书馆（Tokyo University Library）也开通了基于 I-mode 服务的移动书目查询系统。图书馆移动手机用户可以进行在线书目查询，还可以享受图书的催还提醒、预约提醒、实时通知以及办理续借等服务。

2.1.2　芬兰　位于北欧的芬兰，是制定全球第一套 GSM 系统的国家，也是较早开展移动图书馆服务的国家之一。2001 年 11 月，芬兰的赫尔辛基理工大学图书馆开始推行移动图书馆服务，通过使用 Portalify 公司开发的图书馆系统 Liblet，以短信的方式为读者提供图书到期提醒、续借、预约通知、馆藏

240

查询和参考咨询等服务[6]。随后，芬兰其他图书馆也陆续开展了移动图书馆服务。2002 年 2 月，芬兰奥卢市公共图书馆（Oulu City Public Library）、赫尔辛基经济学院（Helsinki School of Economics）以及芬兰国会图书馆（Library of the Parliament）相继采用 Liblet 图书馆系统，主要通过短信形式提供移动图书馆服务。此外，芬兰奥卢大学图书馆（Library of University of Oulu）提供 SmartLibrary 服务，其最大的特色是将学生位置信息纳入图书馆服务当中，根据学生所在的位置提供基于地点感知（location-aware）的服务[7]，例如查询馆藏并通过 PDA 找到图书。SmartLibrary 的服务对象不仅包括台式机用户，还包括 PDA 用户和手机用户。从某种程度上讲，SmartLibrary 服务是移动图书馆智能化服务的延伸。

2.1.3　韩国　韩国也是较早开展移动图书馆服务的国家。2001 年 7 月，韩国西江大学与 WISEngine 公司签订协议，共同推出了利用手机查阅馆藏资源的移动图书馆服务。该项服务以移动电话或 PDA 为无线通信终端机，将现有的有线互联网网站的内容同步地传递给用户。学生们利用这种服务不仅可以随时随地查询书目，而且可以查看检索的图书是否借出，并及时预定图书；还可以查询自己借阅的图书目录、借出图书的期满日、归还预定日以及图书是否逾期等信息。韩国亚洲大学图书馆（Ajou University Library）则将传统的图书馆服务转到移动图书馆服务中，包括馆藏查询、图书续借、图书预约服务等，同时也提供电子书下载服务，方便学生利用 PDA 浏览，使学生可以突破时空的限制使用图书馆服务[8]。随着移动服务的增加，早在 2002 年，通过手机阅读书籍的 e-Book 服务就在韩国成为时尚，移动阅读服务不仅改变了人们的阅读习惯，而且成为了一种全新的生活方式。

日本、芬兰、韩国是开展移动图书馆应用服务较早的国家，但早期的服务范围比较有限。随着移动互联网和通信技术的飞速发展，目前国外许多图书馆都已经开展移动图书馆服务，其服务内容也在不断拓展，包括借阅到期提醒、图书续借、图书预约、书目信息查询、图书馆新闻通知、借阅信息查询、讲座信息、新书通告、书刊推荐、电子书阅读、移动参考咨询、图书馆导引视频、开馆时间查询、可用计算机设备查询、到馆路线导航以及查询离当前位置最近的图书馆等多种服务。

2.2　国外移动图书馆应用发展现状

为进一步了解国外移动图书馆发展现状，笔者对国外一些经典的移动图书馆进行了调研。主要采用网络调研的方式，对国外移动图书馆的最佳实践网站 M-Libraries（http：//www. libsuccess. org）中 100 多个移动图书馆逐一进行访问和调查。M-Libraries 是国际上重要的英文移动图书馆网站，上面汇聚了世界著名的移动图书馆的网址和应用。截至 2012 年 10 月，笔者调查了美国、加拿大、英国、西班牙、荷兰、挪威、德国、丹麦和意大利等 15 个国家的 127 家移动图书馆，包括各类大学图书馆、公共图书馆和专业图书馆等，其中以美国的移动图书馆为主（约占 78%），其次是加拿大和英国，即本次调研的对象主要为欧美的移动图书馆，此外还包括新加坡、南非、智利和墨西哥等国。

从服务开通时间来看，欧美等国的移动图书馆服务始于 2001 年左右，随后不断发展并走向成熟。2011 年，国内有学者统计了美国排名靠前的 20 家大学图书馆和 20 家城市公共图书馆，其中有 19 家大学图书馆和 18 家城市图书馆已经开展移动图书馆服务，覆盖率高达90%[9]，可见欧美国家的移动图书馆服务已经比较普及。

2.2.1 移动图书馆的服务方式 从移动图书馆的服务方式看，目前国外移动图书馆服务以 WAP（wireless application protocol，无线应用协议）网站服务为主，以 SMS（short message services，短信服务）为辅，还有一些图书馆使用 I-mode 方式和客户端软件服务方式。在这几种服务方式中，以 WAP 网站服务的应用范围最广，美国不少图书馆为满足特定群体的需要，纷纷建设图书馆移动门户网站，用户只要登录该网站，就可以随时随地利用图书馆的馆藏和服务。

相比较而言，短信服务则主要是作为 WAP 网站服务的有益补充。目前，国外移动图书馆的短信服务主要有 8 项内容：①图书到期提醒；②续借图书；③查询馆藏图书；④查询已借阅图书；⑤查询过期罚款；⑥查询可看书目；⑦查询开馆时间；⑧短信参考咨询。

此外，一些图书馆建立了专门的移动联机公共检索目录（mobile OPAC）为用户服务，如德国慕尼黑的巴伐利亚州立图书馆（Bayerische Staatsbibliothek, München OPAC）、美国乔治城大学图书馆（Georgetown University Library OPAC）、新加坡国立大学图书馆（National University of Singapore Libraries OPAC）、加拿大瑞尔森大学图书馆（Ryerson University Library OPAC）以及西班牙加的斯大学图书馆（University of Cadiz Library，OPAC）等。移动联机公共检索目录（简称移动 OPAC）与移动图书馆 WAP 网站紧密相连、相互补充，共同为用户提供高效率、高质量的移动图书馆服务。

2.2.2 移动图书馆的服务内容 国外的移动图书馆提供的服务十分丰富。除传统的馆藏目录查询（search the catalog）、开馆时间（library hours）、移动数据库（mobile databases）、图书馆位置（library address/directions）、图书馆新闻和活动（library news & events）、参考咨询（ask a librarian）、读者账户（my account）、联系方式（contact us）、续借图书（renew books）和新书通报（new acquisitions）等服务之外，移动图书馆的服务内容还在不断地拓展。例如：用户利用便携式移动设备实时查询图书馆的可用计算机情况（available computers）、预定研讨室/学习室（reserve a study room）、预定移动课程（course reserves），图书馆则通过移动服务提供相关移动应用程序（mobile apps）、为访客提供停车位（visitor parking）、提供到博客或社交网络（blog/social networking）的链接、提供图书馆参观（library tour）或视频导览（videos tutorials），等等。为更清楚地了解国外移动图书馆的服务情况，笔者对所调查的 127 家国外移动图书馆的服务项目进行了详细的归类和统计，通过 EXCEL 软件逐项分类、排序后得到国外移动图书馆的主要服务项目数量，如图 1 所示：

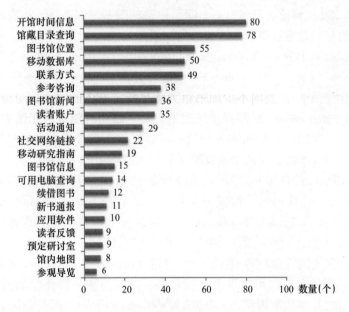

图 1　国外移动图书馆的主要服务项目

从图 1 中可以看出，传统的图书馆服务仍占据主要地位，如较多图书馆提供开馆时间、地理位置、联系方式、新闻和活动等方面的信息；还包括一些实用的移动图书馆服务，如馆藏目录查询、移动数据库、参考咨询、图书续借和新书通报等。一些新型移动图书馆服务正在逐步涌现，如社交网络链接、可用电脑查询、移动应用软件、预定研讨室、参观视频导览等。美国博

243

伊西州立大学艾伯森图书馆（Boise State University, Albertsons Library）提供的"computers busy"服务，使读者能够随时查看图书馆电脑的占用情况，不仅方便了读者，而且提高了计算机的利用效率[10]。美国伊诺克普拉特免费图书馆（Enoch Pratt Free Library）提供 Facebook 和 Twitter 等社交网络的链接，还有关于讲座和健康建议等方面的播客（podcasts）服务[11]。美国阿肯色大学医学图书馆（University of Arkansas for Medical Sciences Library）为用户提供了 5 种不同类型的移动应用程序，分别适用于 Android、BlackBerry、iPhone/iPad、Palm 和 Windows 系统[12]；美国杨百翰大学图书馆（Brigham Young University, Harold B. Lee Library）、弗吉尼亚联邦大学图书馆（Virginia Commonwealth University Libraries）以及北卡罗来纳州立大学图书馆提供研讨室/学习室预订服务。美国迈阿密大学图书馆（Miami University Libraries）和加拿大的瑞尔森大学图书馆则为用户提供了移动视频导览（video tutorials）等服务。

2.2.3　其他移动图书馆服务　除上述移动图书馆服务外，还有些图书馆提供独特的移动馆藏资源，如西班牙的加泰罗尼亚理工大学图书馆（Biblioteca Rector Gabriel Ferraté. Universitat Politècnica de Catalunya）提供专门的移动"知识共享库"（称作 UPCommons），包括各类教学、科研及特殊馆藏[13]。美国波士顿学院图书馆（Boston College Libraries）移动网站上设有的"数字馆藏精选"（digital collection highlights），包括一些珍贵的历史图片和档案等[14]。智利 DuocUC（Sistema de Bibliotecas DuocUC Chile）移动图书馆的网站设计比较有特色，含有丰富的移动馆藏资源（如有声读物和数字文档等），并与维基百科（Wikipedia）直接相联[15]。美国切姆斯福德公共图书馆（Chelmsford Public Library）的移动图书馆服务还包括读者的购书建议（purchase suggestion）和在线报刊（online newsstand），并且在新书推荐中将书籍评价直接与亚马逊网站相联，方便了读者对书籍的了解和阅读[16]。

此外，在美国克劳利岭地区公共图书馆（Crowley Ridge Regional Public Library）移动网站上不仅可以下载免费音乐，还有为孩子们提供的阅读服务，并设有专门的儿童故事时间（children's storytimes）[17]。而荷兰阿姆斯特丹大学图书馆（University of Amsterdam Library）的移动网站比较注重用户的体验效果，设有简单便捷的网站好坏评价项，能够及时获得用户的反馈情况[18]。南非比勒陀利亚大学（University of Pretoria）移动图书馆服务中还包括移动字典和移动版大英百科全书，方便读者进行实时查询[19]。美国伊利诺伊大学图书馆（University of Illinois Library）的移动服务中有一项移动实验室（mobile labs）服务，包括校园公交站及时刻表、虚拟新书架、Android 系统应用、IPhone 应用程序等新型服务。调研结果显示，国外的移动图书馆服务开展较早、普及程度较高，具有服务内容丰富、服务形式新颖等特点。随着移动技术的发展，越来越多的图书馆意识到开展移动图书馆服务不仅能方便用户、提升用户体验，而且能提高图书馆的服务水平，促进图书馆的全面发展。

2.2.4 移动图书馆服务主导者 如今，移动图书馆服务的主导者除图书馆之外，还包括一些数据库提供商（如 EBSCOhost Mobile、IEEE Xplore Mobile、Web of Knowledge Mobile、OCLC WorldCat Mobile）和网络出版商，如 BBC 有声图书出版社（BBC Audio books）。在数据库生产商中，OCLC 的 WorldCat Mobile 是一个典型代表，它是 OCLC 和 Boopsie 公司共同合作开发的移动应用程序，不仅方便了用户通过移动设备查找图书、电影和音乐资源，而且能够帮助用户找到附近的图书馆，查看图书馆信息（包括位置、电话和 Email 地址），并链接到馆藏目录中查找更多的信息，还可以直接电话咨询确认有用的资源[20]。全球联合目录 WorldCat 的移动版网站上还设有艺术摄影（artistic photography）、传记（biography）、儿童书籍（children's books）、烹饪（cooking）、绘画小说（graphic novels）、军事历史（military history）和电影评论（movie reviews）等多个项目[21]。而德国施普林格出版社的 Springer eBooks 在一些国家的发展速度较快，例如在土耳其，一些大学和研究机构的 Springer eBooks 使用率 2008 年比 2007 年增长了 60%[22]。此外，以 Google 为代表的网络出版商也相应地推出了移动图书搜索界面[23]，并设有探险类（adventure）、商业和经济类（business & economics）、戏剧类（drama）和历史类（history）等 18 个分类项目，以满足不同手机用户查找图书信息的需要。随着移动设备功能的进一步增强、程序设计开发的完善及用户需求的提升，面向各种移动设备的图书馆应用程序将成为移动图书馆的发展趋势。

3 国内移动图书馆的应用发展状况

3.1 我国移动图书馆的发展概况

我国移动图书馆应用可以追溯到 2003 年 12 月，北京理工大学图书馆在国内最早开通手机短信服务平台（主要功能是流通借阅通知的实时提醒），拉开了国内移动图书馆应用发展的帷幕。2005 年，上海图书馆正式开通了全国首家基于短信服务的手机图书馆，其后又推出了集移动手机网站、移动聚合浏览器、移动书目查询、移动个人图书馆和移动阅读等为一体的服务平台。随后，重庆大学图书馆、吉林省图书馆、北京大学图书馆、清华大学图书馆和湖南理工学院图书馆等相继开展了以手机短信为主的移动图书馆服务。2008 年，国家图书馆推出了"掌上国图"服务，内容包括移动数图、短信服务、WAP 网站、手机阅读和国图漫游 5 个部分，为读者提供更方便、更快捷的移动图书馆服务。近几年，我国一些高校图书馆和公共图书馆纷纷将图书馆服务延伸到移动终端，开辟了移动信息服务的新天地。

3.2 我国移动图书馆的现状调研

为更全面地了解我国移动图书馆的发展情况，笔者在 2012 年 9 – 10 月通过网络对国内开通移动服务的图书馆进行了详细调研。调查对象主要参考中国大型图书馆名录和国内图书馆名录而确定，包括我国华东、华南、华中、华北、西北、东北和西南地区 31 个省的 141 家图书馆以及港澳台地区的 10 家图书馆，其类型主要为高校图书馆和公共图书馆。笔者对这些图书馆网站逐一进行了访问。

在所有调查对象中（除国家图书馆外），高校图书馆居多数，约占 68%，公共图书馆约占 28%，其他类型的图书馆则占 4% 的比例。如图 2 所示：

图 2　我国开通移动图书馆服务的图书馆类型

从开通时间来看，国内移动图书馆服务始于 2003 年，从 2005 年起正式进入发展阶段；2007 – 2010 年，开展移动图书馆服务的图书馆数量逐年递增，但增长幅度不大；2011 – 2012 年间，国内开通移动图书馆服务的图书馆数量迅速增长。目前，全国开通移动图书馆服务的图书馆已经有 100 多家，如图 3 所示：

从移动图书馆的地域分布来看，北京和上海开展移动图书馆服务相对较早，公共图书馆以国家图书馆和上海图书馆为代表，高校图书馆则以北京大学、清华大学、同济大学和复旦大学的图书馆为代表，同时两地的高校移动图书馆数量优势相对明显；近两年，东南沿海地区的移动图书馆发展迅速，广东、江苏、浙江和福建等地的移动图书馆数量增幅明显，其中以东莞图书馆、广东省立中山图书馆、苏州图书馆的移动图书馆服务比较有代表性；其次，陕西和湖北两地的移动图书馆数量也较多，以西安交通大学和武汉大学

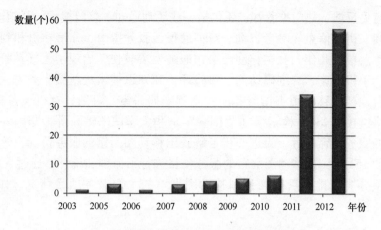

图3 我国移动图书馆服务的开通时间情况

的移动图书馆服务为典型；与此同时，西南地区的重庆大学和成都理工大学的移动图书馆服务也比较有特色；我国港澳台地区的移动图书馆服务也开展得如火如荼，如"国立"台湾大学图书馆、香港大学图书馆以及澳门科技大学图书馆均开展了移动服务。虽然目前国内有许多图书馆（包括新疆和西藏的图书馆在内）都相继开展了移动图书馆服务，但总体而言分布不平衡，主要集中在经济较为发达和教育资源比较集中的地区。

3.3 我国移动图书馆的服务方式

我国的移动图书馆服务以 SMS 短信服务和 WAP 网站服务为主，还有少数移动图书馆提供移动客户端软件和电子书阅读器服务。根据学者宋恩梅和袁琳的统计[24]，我国移动图书馆服务在 2007 年以前主要以短信服务为主，2007年以后以 WAP 网站服务与短信服务互为补充。从服务方式来看，短信服务在催还提醒和预约书籍到馆通知等方面具有独特的优势，而 WAP 网站服务在信息浏览查询以及交互功能方面更有所长。目前，国内移动图书馆处于从短信服务向 WAP 服务的过渡阶段，实现的功能已从短信通知、图书续借、预约通知等简单的功能逐渐向书目查询、数据库检索，甚至统一检索、全文阅读等复杂功能转变。近几年，国内越来越多的图书馆陆续开通移动图书馆服务，其中多以 WAP 网站服务为主。但是从整体来看，无论是短信方式还是 WAP方式，很多还是传统图书馆服务的转移，缺乏针对移动图书馆的特点而开展的服务。

3.4 我国移动图书馆的服务内容

我国移动图书馆的服务主要包括馆藏查询、期刊导航、图书导航、读者账户、意见反馈、热门推荐等，还包括一些活动通知、热门搜索、开馆时间、相关新闻、讲座信息、参考咨询、新书通报、服务指南、分馆导引和到馆路线查询等。最近几年，我国移动图书馆服务发展较快，出现了天气预报、微博链接、手机测速、二维码访问、热门评价和知识搜索等新型服务方式。我国港澳台地区的移动图书馆服务还包括预定研讨室、可用计算机设备查询、社交网络链接和 ISBN 检索（如"国立"清华大学图书馆）等，与国外移动图书馆的服务内容相近。为进一步了解我国移动图书馆的服务情况，笔者对所调查的 151 家国内移动图书馆的服务项目进行了梳理和统计，通过 EXCEL 软件逐项分类、排序后得到我国移动图书馆的主要服务项目情况，如图 4 所示：

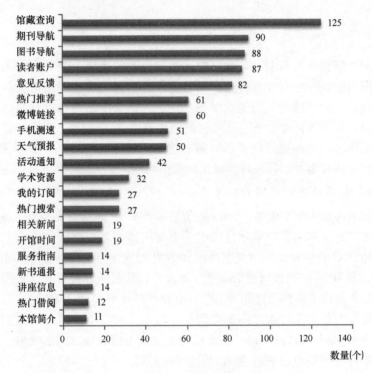

图4　国内移动图书馆的主要服务项目

　　与国外移动图书馆服务相比，我国的移动图书馆服务更注重期刊导航、图书导航、读者意见反馈和热门资源推荐等服务，主要服务项目中不包括国外图书馆所重视的移动参考咨询、社交网络链接和移动研究指南等。比较而言，国内移动图书馆更注重移动馆藏资源的建设，而国外移动图书馆则更注

248

重开展新颖丰富的移动图书馆服务（如研讨室预定、参观视频导览、移动应用软件提供和移动课程预订等），可见，国内外移动图书馆在服务理念上还存在一定的差距。值得注意的是，国内外移动图书馆的主要服务中都包含馆藏查询项目，这说明国内外图书馆都在积极建设移动馆藏检索目录（移动OPAC），努力为用户提供更好的移动图书馆服务。

3.5 我国移动图书馆的建设模式

目前我国移动图书馆建设主要有三种模式：第一种是自主建设模式，第二种是合作联盟模式，第三种是第三方开发模式[25]。采用自主建设模式的图书馆，例如清华大学图书馆（TWIMS系统）、南京师范大学图书馆、上海交通大学图书馆及陕西师范大学图书馆等，通常具有较强的资源基础和技术实力，但是由于开发和维护成本较高，采用该模式的图书馆较少。相对而言，采用合作联盟模式的图书馆较多，有些选择与图书馆管理系统供应商合作，有些选择与通信运营商合作，还有些图书馆选择与信息技术公司合作；从调研结果来看，移动图书馆的短信服务与当地移动运营商合作得较多，而WAP形式的移动图书馆服务中以"超星移动图书馆"所占的份额最大，其次是"书生移动图书馆"和"汇文掌上图书馆"。采用第三方开发模式的图书馆较少，这种模式一般由非正式组织为促进资源共享和学习交流而采用推广，如2009年南京大学小百合工作室开发了WAP版书目查询系统。总体来看，我国的移动图书馆建设以合作联盟模式为主，其参与者包括图书馆、图书馆系统供应商、移动运营商和信息技术公司等，而目前移动图书馆服务的主要推动者还是图书馆管理系统供应商、移动运营商以及信息技术公司，图书馆自身的积极性还未充分展现，因此我国图书馆界要增强危机意识，不断学习和探索，借鉴国外移动图书馆的成功经验，推动我国移动图书馆更快、更好地发展。

4 国内外移动图书馆发展比较

通过国内外移动图书馆发展状况的对比不难发现，目前我国的移动图书馆服务与欧美等国相比还存在一定差距。从移动图书馆的普及范围看，欧美等国的移动图书馆服务普及程度较高，而我国的移动图书馆服务尚未普及，并且地域分布不平衡。从移动图书馆的服务方式看，国外移动图书馆服务以WAP网站服务为主，短信服务为辅，还有一些使用I-mode模式和客户端软件方式，服务具有多样性，而国内的移动图书馆则以短信服务和WAP服务为主，仅有少数图书馆提供客户端软件服务，服务方式趋于雷同，缺乏多样性。

由于欧美等国的移动图书馆服务开展得较早、普及程度较高，因而具有服务内容全面、服务形式新颖等特点。相比之下，我国移动图书馆服务内容比较简单，服务相似度较高，服务形式缺乏新颖性。此外，国外的移动图书馆网站在用户界面设计等方面比较注重交互性和人性化，而国内移动图书馆建设在界面设计等方面的考虑还比较欠缺。从总体上看，国内外移动图书馆在服务理念、服务模式、服务内容以及服务深度等方面都存在一定的差距。

5 总结

本文主要通过文献调研和网络调研相结合的方式，对国内外移动图书馆的应用发展状况进行综述研究。首先，对国外移动图书馆的早期应用发展情况进行了梳理，并对日本、芬兰等国较早开展移动图书馆服务的情况进行了介绍；为进一步了解国外移动图书馆应用发展现状，根据国外移动图书馆的最佳实践网站"M-Libraries"，对欧美15个国家的127家移动图书馆进行了系统的网络调研，并从服务时间、服务方式、服务内容等方面对国外移动图书馆的发展现状进行了总结。与此同时，通过网络调研的方式对我国151家移动图书馆发展情况进行了调查（包括港澳台地区），并对我国移动图书馆的服务方式、服务内容、建设模式等进行了分析。在此基础上，对国内外移动图书馆的发展状况进行了比较，希望能为今后我国移动图书馆的发展提供一定的参考。

参考文献：

[1]　Davidson G, Dorner D. Selection criteria for mobile library collections[J]. Collection Building, 2009,28(2):51-58.

[2]　Spires T. Handheld librarians: A survey of librarian and library patron use of wireless handheld devices[J]. Internet Reference Services Quarterly, 2008,13(4): 287-309.

[3]　Foster C D. The library without a roof[J]. Online,1995,19(5):20-21.

[4]　Srivastava L. Japan's ubiquitous mobile information society[J]. The Journal of Policy Regulation and Strategy for Telecommunications, Information and Media, 2004,6(4): 234-251.

[5]　Negishi M. Mobile access to libraries: Librarians and users experience for "i-mode" applications in libraries[C]//Proceedings of 68th IFLA Council and General Conference. Glasgow:Scotland, 2002:1-8.

[6]　Pasanen I. Around the world to Helsinki University of Technology:New library services for mobile users [J]. Library Hi Tech News, 2002,19(5):25-27.

[7]　Aittola M, Ryhänen T, Ojala T. SmartLibrary-Location aware mobile library service[EB/

OL]. [2012 - 09 - 20]. http://www.mediateam.oulu.fi/publications/pdf/442.pdf.

[8] Mobile campus information[EB/OL]. [2010 - 09 - 20]. http://library.ajou.ac.kr/eng/.

[9] 高春玲. 中美移动图书馆服务 PK[J]. 图书情报工作,2011,55(9):63 - 66.

[10] Albertsons Library[EB/OL]. [2012 - 08 - 21]. http://library.boisestate.edu/m/.

[11] Enoch Pratt Free Library[EB/OL]. [2012 - 08 - 21]. http://prattlibrary.mobi/.

[12] University of Arkansas for Medical Sciences Library[EB/OL]. [2012 - 08 - 21]. http://www.library.uams.edu/m/.

[13] Biblioteca RGF[EB/OL]. [2012 - 09 - 17]. http://bibliotecnica.upc.edu/BRGF/m/.

[14] Boston College Libraries[EB/OL]. [2012 - 09 - 17]. http://www.bc.edu/libraries/mobile/.

[15] Bibliotecas DuocUC[EB/OL]. [2012 - 09 - 19]. http://mbiblioteca.auroralabs.no/.

[16] Chelmsford(MA) Public Library[EB/OL]. [2012 - 09 - 20]. http://www.chelmsfordlibrary.org/mobile/.

[17] Crowley Ridge Regional Public Library[EB/OL]. [2012 - 09 - 20]. http://m.libraryinjonesboro.org/.

[18] Bibliotheek UvA. University of Amsterdam library[EB/OL]. [2012 - 09 - 21]. http://cf.uba.uva.nl/mobiel/.

[19] University of Pretoria Library [EB/OL]. [2012 - 09 - 21]. http://www.library.up.ac.za/mobi/.

[20] Find in a library on your mobile device[EB/OL]. [2012 - 09 - 21]. http://www.worldcat.org/mobile/default.jsp.

[21] WordCat Mobile Web Beta[EB/OL]. [2012 - 09 - 25]. http://worldcatmobile.org/?site = www.

[22] Velde W V, Ernst O. The future of eBooks? Will print disappear? An end-user perspective [J]. Library Hi Tech, 2009,27(4):570 - 583.

[23] Google book search[EB/OL]. [2012 - 09 - 25]. http://books.google.com/m.

[24] 宋恩海,袁琳. 移动的书海:国内移动图书馆现状及发展趋势[J]. 中国图书馆学报,2010(9):34 - 48.

[25] 余世英,明均仁. 国内高校手机图书馆移动信息服务调查与分析[J]. 图书馆杂志,2011(9):45 - 48.

作者简介

叶莎莎, 中国人民大学信息资源管理学院博士研究生, E-mail: permafrost@163.com; 杜杏叶, 中国科学院国家科学图书馆《图书情报工作》编辑部主任, 硕士。

实　践　篇

美国图书馆移动服务发展现状

——纽约州图书馆的调查

刘奕捷　吕荣胜　刘燕权

美国康涅狄格州立大学，纽黑文

1　引言

智能手机、平板电脑和各类应用软件的兴起，改变了用户访问图书馆的传统模式。智能手机以及其他智能移动设备大量浏览网页和快速回复的功能促使图书馆服务从实体传统型向移动化信息型的快速转变。2010 年，L. Thomas 通过对美国 483 家公共图书馆和高校图书馆的调研，认为图书馆目前所面临的问题是"传统图书馆服务模式与不断发展的信息技术服务模式之间正在博弈"[1]。图书馆移动化服务对传统图书馆的冲击，促使图书馆向支持和应用移动服务方面转型。

当前对有关移动服务工具在图书馆网站中的单一应用研究较为普遍，而有关整体移动服务、图书馆支持移动设备类型以及移动服务规范的文献却十分少。本研究以美国纽约州图书馆系统为例，实证调研移动服务在公共图书馆和高校图书馆应用现状与问题，以此了解移动服务在美国图书馆中的实际状况，例如图书馆提供移动设备服务的方式、过程、种类以及图书馆针对移动设备制定的相关规章制度政策等。希望一方面有助于移动服务在图书馆中的应用和推广，另一方面为我国图书馆推广移动服务提供参考意见。

2　文献综述和现状描述

2.1　图书馆应用移动设备现状

随着移动服务技术的成熟，移动服务变得越来越广泛。2010 年，美国图书馆用户达到169 000 000，普及率达到69%。在学术机构中，图书馆用户达到92 000 000，普及率达到37%。2012 年，H. Rainie 等在移动技术与图书馆

255

关系的研究中发现，年龄在 16 岁以上的用户中 13% 是通过移动设备方式获得图书馆目录等相关服务[5]。比华盛顿大学（University of Washington）在 2009 年的类似研究结果高出 7%[2]。互联网用户在网络中最普遍的应用是发送电子邮件和发送信息。K. Purcell 发现早在 2002 年，互联网成人用户中每天至少发一封邮件的比例为 49%[3]；A. Smith 发现发送和接收短信的用户达到 73%[4]。F. D. Barnhart 和 J. E. Pierce 发现，人们对移动技术和移动设备应用意识的提高，是改变图书馆应用方式和信息检索方式的基础[5]。

随着智能手机在人们生活中的普及，移动服务逐渐变成一种趋势。图书馆支持移动设备提供移动服务的工作也提上日程[6]。M. Enis 认为移动设备的快速普及促使图书馆要尽快实现移动服务以满足顾客需求[7]。据联机计算机图书馆中心（OCLC）统计，目前已有超过 2 200 家图书馆支持并应用其发起的 QuestionPoint 虚拟参考咨询服务。北卡罗来纳州立大学（North Carolina State）图书馆目前已采用移动应用程序、GPS 定位和移动设施来整合图书馆资源，增强移动设备实现性；纽约公共图书馆也有类似实验并建立企业移动服务。

移动时代，人们渴望图书馆全方位实现移动服务[8]。然而移动图书馆的设计并提供移动服务并非易事，主要是移动设备的不稳定性以及在不同社区图书馆创建移动项目的受条件所限[9]。

2.2　图书馆移动服务

公共图书馆和高校图书馆主要采用改进数字化内容和提供移动设备服务的方式来满足移动设备用户的期望。据 L. Thomas 的研究，"44% 的高校图书馆和 34% 的公共图书馆员表示，他们已经'具有为图书馆用户提供某一类型移动服务的能力'，并且约有五分之二的图书馆计划进一步开展移动服务"[8]。图书馆移动设备服务主要包括：短信服务、移动图书馆数据库、参考服务、指令、简易信息聚合（RSS）以及博客访问等。早在 20 世纪 90 年代，短信和电子邮件已经开始普及，而图书馆采用短信形式提供移动服务，据 A. Walsh 的研究，也仅仅是在过去的 8 年里[10]。移动电话的普及促进了短信的使用，但是短信的使用则不仅仅局限于手机。图书馆移动服务可面向多种便携无线网络设备，如平板电脑、苹果系列产品、MP3 播放器、视频游戏平台以及电子阅读器等。K. Zickuhr 在 2013 年对互联网与美国国人生活关系的调研中发现，大约有三分之一的美国成年人（34%）拥有自己的平板电脑，是 2012 年人数的近两倍[11]。

位于东南路易斯安那大学（Southeastern Louisiana University）的西姆斯纪

256

念图书馆（Sims Memorial Library），是第一个应用手机短信服务（SMS）进行参考咨询服务的图书馆。该图书馆在 2005 年春调研了 SMS 应用超过 5 年的图书馆和圣路易斯大学公共卫生学院（School of Public Health in Saint Louis University）图书馆移动服务状况，确定了图书馆用户应用数量和移动服务工具的应用性等问题。

2007 年 6 月至 2008 年 6 月，来自业内的调查发现，进入大学前的学生，相比于打电话而言，更倾向于发信息，短信应用增加了近160%，相互往来短信量达到 75 000 000[12]条。

纽约大学（New York University，NYU）图书馆展开短信跟踪调查。调查发现，在 2009 年纽约大学图书馆短信服务使用量每月增加近一倍[13]。截至 2010 年，82% 的美国成年人拥有自己的移动设备[14]，其中 98% 的用户在购买时已经熟练掌握短信收发功能[15]。短信作为图书馆移动服务，是基于通用平台的设计。

发展中的移动设备越来越智能，具有和个人电脑联网和信息检索的同样功能，这直接影响图书馆服务的发展方式。据 A. Buckland 和 K. Godfrey 2010 年的研究，应用移动设备读取数字化信息的用户比通过传统方式获得信息的用户要多，他们认为，"移动设备在图书馆中的应用，是对动态可管理资源集合的变革"，在虚拟环境中，"现存"的概念可以被定义为一种数字形式的"存在"[18]。智能移动设备的应用，能够不受地点的限制享用服务，这是图书馆用户最倾向的选择。北英属哥伦比亚大学（The University of Northern British Columbia）G. R. Weller 图书馆和昆士兰大学（University of Queensland）图书馆支持授权移动参考服务的应用[10]，它们对移动设备提供参考咨询服务，方便快捷，其数字化移动服务提供当场演示解决问题的过程以及移动设备获取信息的过程。移动参考咨询服务允许用户在不到馆的情况下利用移动设备访问图书馆获得信息，已成为一种风尚。

3 研究方法

3.1 方法设计

本研究采用网站访查和电子邮件问询方式，用基于定性和定量调查分析的方法对数据进行挖掘处理，用以了解纽约州公共图书馆和高校图书馆移动服务状况。

调查样本选取美国图书馆协会和国家教育统计中心注册在案的纽约州 18 个图书馆系统库中的全部图书馆，共计 1 227 家，其中 1 082 家公共图书馆和

145家高校图书馆。纽约州教育部门（NYSED）的分支图书馆作为单独个体进行统计。

移动设备概念在本研究中的界定是易于携带，具有存储和简单数据处理功能，并能够在互联网等支持条件下实现信息接收、浏览和传递的电子设备。单纯的存储媒介不在本研究范围内。

移动服务在本研究中的概念界定是为拥有移动设备用户所提供的服务。其服务内容包括电子图书供应商数据库、图书馆开馆时间表、图书馆指南、图书馆信息、目录访问、参考咨询服务、用户登录访问、社交网站或博客等。提供移动服务的设备载体包括各种移动通信设备，如智能手机、平板电脑和电子阅读器等。

访查内容集中在图书馆移动服务状况，共分为5类28项，包括：①图书馆网站基本情况；②移动服务的使用；③社交媒介；④电子数字资料；⑤移动服务的规章制度和用户指南。受访人员需明确填写各项问题，或可在开放式选项"其他"中另说明。电子邮件问询共计5个问题。主要问询内容是在移动设备或移动服务应用的预算支持以及考虑在移动设备或服务支持中，员工培训所需增加的费用。

本研究的核心调查问题为：

● 哪些图书馆为移动设备用户提供移动服务？

● 目前移动设备可用于哪些移动服务项目？

● 图书馆提供的移动服务主要有哪些？

● 图书馆有哪些有关移动设备或移动服务的规章、制度？规章、制度必须明确适用于移动设备或移动服务，如移动设备外借程序守则或者限制移动手机在图书馆中使用的行为准则。

3.2 数据收集

图书馆网站访查始于2013年底。为方便公共图书馆和高校图书馆两组数据对比，所选调研是两组完全独立的数据系统。访查所收集的数据建立两个独立的Excel表格，分别为公共图书馆表格和高校图书馆表格。调研的定量数据统计基于受访答复中"是"或者"不是"进行分析处理。

电子邮件问询内容用以补充网站访查数据，允许匿名完成。电子邮箱的地址是从美国图书馆目录中查询获得，共计839个，占纽约图书馆总数68.4%。电子邮件所发放的问卷调查公布在SurveyMonkey.com（https://www.surveymonkey.com/s/VFC92Z2）网站上。

3.3 数据分析

K. A. Neuendorf 认为对所收集的纸质数据分析的基本要求是"系统性、客观性和定量分析"[17]，分析网络收集的数据也遵循以上原则。本文采用 I. Kim 和 J. Kuljis 提出的基于网站内容的内容分析法[18]，用以分析本研究网络收集的内容。网站内容具有多媒体混合性、互动性、分散性以及超链接结构，并具有不断更新改进的特性[18]等，因此应用该方法分析时有一定难度。但该分析方法亦具有灵活性、不需人工干预等特点，能较好地应用于图书馆移动服务的研究中；同时，该方法也拓宽了当前的内容分析法。

4 调查结果

在调研当前纽约州 1 227 家样本图书馆中，完成访查的图书馆共计 907 家，其中公共图书馆 782 家，占公共图书馆总数的 72%，高校图书馆 125 家，占高校图书馆总数的 86%。在所完成访查的 907 家图书馆中，有 56 家公共图书馆和 1 家高校图书馆网站不支持移动设备访问，因此，图书馆网站移动服务应用研究的基数为 850 家，其中 726 家公共图书馆，124 家高校图书馆。调研过程中，由于对每个图书馆仅访查一次，在初次调查后图书馆内部的调整可能会导致数据微量增加或减少，故从所收集数据中提取的信息可能具有不完全的准确性，但并不影响主要调查结果。电子邮箱问询从 2013 年 12 月 1 日开始，在发出的总计 839 电子邮箱中，有 41 家图书馆（4.9%）因电子邮箱地址错误或邮件回复过慢而未参与调研，收到回复共计 106 份，回复率为 12.63%。

4.1 图书馆支持移动服务

结果显示，在受访的 907 家公共图书馆与高校图书馆中，绝大多数均提供对移动设备的支持，即用户可通过其移动设备对该图书馆网站进行访问。其中高校几乎是 100%（99.20%，其中一所高校图书馆在调研期间正在维护服务器，因此信息无法获得），公共图书馆也在 90% 以上（92.84%）。然而在这些图书馆中具有移动网站功能的高校图书馆相对较少，仅占 21.60%，远低于公共图书馆 46.04% 的比例。其次拥有移动应用程序网站的图书馆中，高校图书馆比例远低于公共图书馆比例。具体如图 1 所示：

公共图书馆网站编写移动应用程序，采用分工合作、成果共享的方式，如纽约公共图书馆（New York Public Library，NYPL）和皇后区公共图书馆（Queens Public Library）系统，而高校图书馆则倾向于采用已有的第三方移动应用程序，如 LibAnywhere。

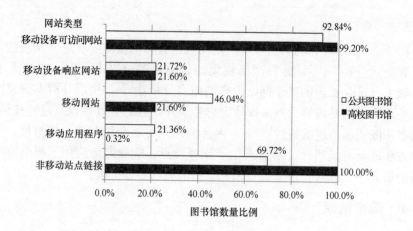

图1 受访图书馆网站基本情况

4.2 图书馆网站针对移动设备的服务项目

在支持移动设备访问的 850 家图书馆中，具体服务项目有目录访问、图书馆信息（包括联系方式和营业时间）、电子图书供应商数据库访问以及参考咨询服务等。一半以上图书馆网站优化后支持移动设备的服务项目可达 6 项以上，最多可达到 8 项服务项目。具体如图 2 所示：

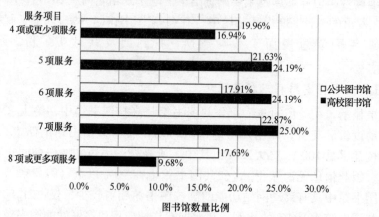

图2 图书馆网站支持移动设备访问的服务项目

目录访问作为图书馆针对移动设备提供的最普遍的一种服务方式，在 850 家图书馆中所占比例均在 85% 以上。这是因为目录访问可以直观地了解图书馆的环境、制度和组织方式。现有的移动设备访问系统以图书馆联机目录

260

（OPAC）系统为代表，以嵌入式应用程序或者目录超链接的方式应用于移动设备。

图书馆信息是图书馆最想利用网络数字化形式进行的宣传，所以在高校和公共图书馆移动服务项目中比例相对更高，分别为95.20%和80.82%。与此有关的服务项目是提供帮助指南链接，但公共图书馆似乎是有所疏忽，比例仅为高校图书馆比例的三分之一。

电子图书供应商数据库访问和参考咨询服务作为满足图书馆用户信息需求的最主要工具在图书馆所占比例均超过一半。其中高校图书馆参考咨询服务比例为73.60%，高于公共图书馆的35.68%。拥有电子图书供应商数据库项目的图书馆比例显示，高校图书馆明显高于公共图书馆，分别为87.82%和52.56%。

拥有社交网站或博客和图书馆日历访问功能的公共图书馆占公共图书馆总数的比例远高于高校图书馆，明显超过高校图书馆，日历访问服务中公共图书馆比例几乎是高校图书馆的3倍。

事件注册是美国图书馆的一个特色，即为用户提供注册服务项目如专题讲座论坛，拥有事件注册项目的图书馆数量和拥有非移动网站链接项目的图书馆数量相当，但是这两个项目中，公共图书馆所占比例均高于高校图书馆，这是因为公共图书馆面向社会，具有免费为公众服务的性质，公众采用事件注册项目和非移动网站链接项目较多，因此公共图书馆拥有这两项服务的数量也较多。

图3为图书馆网站支持移动设备访问的服务项目。

4.3　图书馆网站支持移动设备应用的环境平台

支持移动设备和非移动设备访问的平台，主要以导航应用或者与图书馆主页的超链接方式实施服务。在这些平台中，多数高校图书馆支持目录访问界面、社交网络服务以及移动网站或客户端入口等，而公共图书馆提供的平台，在种类和数量上都多于高校图书馆，例如，支持目录访问界面的公共图书馆比例为84.91%，而高校图书馆为57.60%，公共图书馆的数字化内容界面为76.72%，远高于高校图书馆的8.80%。个别公共图书馆（7.03%）还提供了高校图书馆所没有的虚拟体验。

用户通过移动设备获取参考咨询帮助有两种形式：虚拟参考咨询和文本参考咨询。虚拟参考咨询服务方法有即时信息和语音聊天，两种方式也可共同使用。高校图书馆和公共图书馆虽然不同程度地支持虚拟服务界面，但两类图书馆提供虚拟参考服务的过程有所不同，高校图书馆通过馆内工作人员

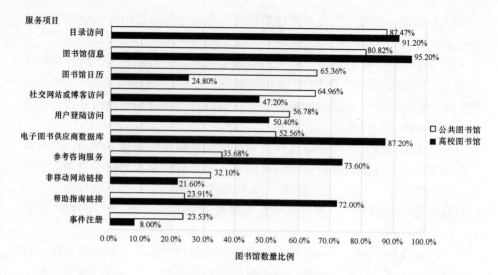

服务项目

目录访问 87.47% / 91.20%
图书馆信息 80.82% / 95.20%
图书馆日历 65.36% / 24.80%
社交网站或博客访问 64.96% / 47.20%
用户登陆访问 56.78% / 50.40%
电子图书供应商数据库 52.56% / 87.20%
参考咨询服务 35.68% / 73.60%
非移动网站链接 32.10% / 21.60%
帮助指南链接 23.91% / 72.00%
事件注册 23.53% / 8.00%

□ 公共图书馆
■ 高校图书馆

0.0% 10.0% 20.0% 30.0% 40.0% 50.0% 60.0% 70.0% 80.0% 90.0% 100.0%

图书馆数量比例

图3　图书馆网站支持移动设备访问的具体服务项目

技术研发来提供虚拟参考咨询，而公共图书馆则主要采用外包的方式，让第三方来提供虚拟参考服务，主要的第三方有 ASK.com。五分之一的公共图书馆中文本参考咨询服务较为常见。图 4 为应用移动支持工具的移动设备访问图书馆网站的途径：

　　支持非移动设备访问的平台其服务项目和服务模式基本相同，例如高校图书馆和公共图书馆支持数字化内容、目录访问的比重均较大。但有意思的是，与支持移动设备访问的平台比正相反，提供这些服务内容的高校图书馆普遍要比公共图书馆多。例如 93.60% 的高校图书馆支持数字化内容和目录访问，而公共图书馆均低于 90%。

　　社交网络服务平台和博客呈现高频率使用。虚拟体验以及 GPS 地图正逐渐链接到公共图书馆网站主页的移动内容中。但是作为图书馆传统服务项目的参考咨询仅有一半或三分之一，图书馆将其转化成数字化移动服务，如高校图书馆中，提供虚拟参考咨询服务的高校占 50%，提供文本参考咨询服务的高校约占 33%。

　　二维码在公共图书馆和高校图书馆中是最不常用的工具，提供二维码服务的公共图书馆仅占 4.86%。图 5 为应用移动支持工具的非移动设备访问图书馆网站途径。

　　4.3.1　社交网络服务平台与博客的应用　进一步分析社交网络服务平台和博客的应用发现，850 家图书馆中有 637 家，即 74.94% 的图书馆支持移动

262

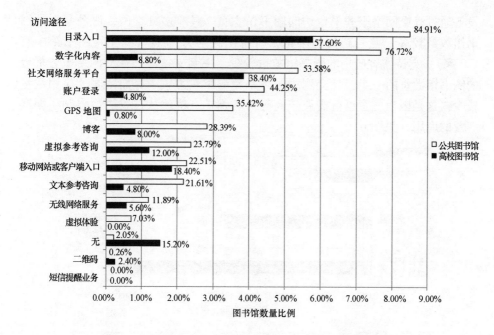

图4　应用移动支持工具的移动设备访问图书馆网站途径

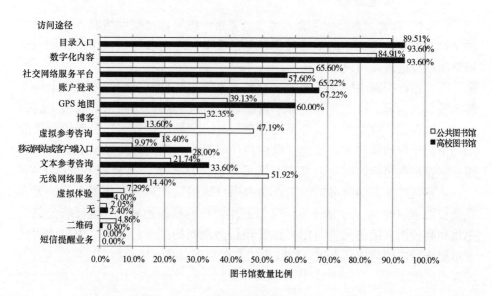

图5　应用移动支持工具的非移动设备访问图书馆网站途径

设备通过社交网络服务平台访问图书馆主页。具有多社交网络服务平台的图书馆数量较多，尤其高校图书馆，所占比例约为97%（即124图书馆中有120家）。支持博客应用的图书馆数量较少，不到支持单一社交网络服务平台的图书馆数量的一半。社交网络服务平台的影响力较大，而博客的应用数量较少，这是因为博客运行需要较高等级的维护，这就从技术层面限制了博客广泛的应用（见图6）。

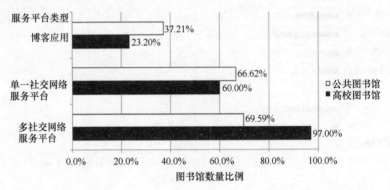

图6　社交网络服务平台和博客的应用

4.3.2　社交网络服务平台与博客的更新　图书馆社交网络服务平台的维护工作主要有4方面：图书馆移动服务的完善、专用服务或程序的升级、快速更新以及潜在新用户的扩充。

图书馆社交网络服务平台的日常更新主要包括发帖、发微博以及上传关注度较高的内容。社交网络服务平台的管理工作对用户访问量具有较大的影响。一般而言，社交网络服务平台管理较好，发帖次数较多，更新较频繁的图书馆，用户访问量多；反之，则用户访问量少。例如每天发帖多次的图书馆，调查期内用户访问量公共图书馆可高达100 000人，高校图书馆达7 434人；从不更新发帖的图书馆，调查期内用户访问量甚至为公共图书馆的无人或高校图书馆的90人。表1和表2按照用户访问量的递减，分别反映公共图书馆和高校图书馆访问量与图书馆管理行为之间的关系，其中，用户访问量表示调查期内用户访问人数，所收集的数据均来自Facebook。

264

表 1 （a） 管理较好的公共图书馆访问量和图书馆行为的关系统计

用户访问量（次）	图书馆行为
100 000	每天发帖多次
32 000	每天发帖 1 次
17 000	每天发帖多次
4 500	每天发帖 1 次
2 305	每天发帖 1 次
1 733	每天发帖多次
1 444	每周发帖 1 - 3 次
1 347	每天发帖 1 次
1 294	每天发帖 1 次
1 170	每周发帖 1 - 3 次

表 1 （b） 管理欠佳的公共图书馆访问量和图书馆行为的关系统计

用户访问量（次）	图书馆行为
42	每两周发帖 1 - 3 次
41	从不
26	从不
19	从不
19	从不
19	每月发帖 1 - 3 次
15	每月发帖 1 - 3 次
13	从不
11	从不
0	从不

表 2 （a） 管理较好的高校图书馆访问量和图书馆行为的关系统计

用户访问量（次）	图书馆行为
7 434	每天发帖多次
3 305	每天发帖多次
2 541	每周发帖 1 - 3 次
2 022	每天发帖 1 次
1 859	每周发帖 1 - 3 次
1 439	每周发帖 1 - 3 次
1 297	每天发帖 1 次
953	每周发帖 1 - 3 次
870	每天发帖多次
779	每周发帖 1 - 3 次

表 2（b）　管理欠佳的高校图书馆访问量和图书馆行为的关系统计

用户访问量（次）	图书馆行为
125	从不
110	每两周发帖 1 – 3 次
108	每周发帖 1 – 3 次
105	从不
93	每月发帖 1 – 3 次
90	从不
65	每周发帖 1 – 3 次
37	每周发帖 1 – 3 次
18	每两周发帖 1 – 3 次
16	每周发帖 1 – 3 次

　　公共图书馆对社交网络服务平台的更新比高校图书馆频繁，每天至少更新一次的频率在 60% 以上。具体见图 7。

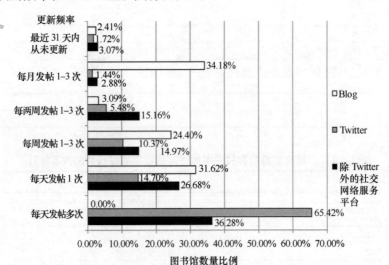

图 7　公共图书馆社交网络服务平台更新状况

　　高校图书馆中，每天至少更新一次的频率在 10% 上下，其频率远远小于公共图书馆。具体见图 8。
　　相比而言，公共图书馆的社交网络服务平台更新频率远高于高校图书馆。

266

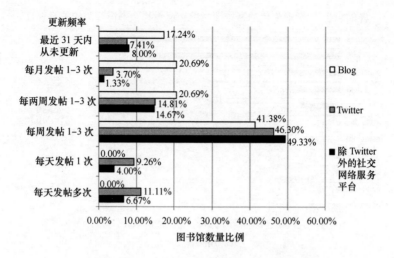

图8 高校图书馆社交网络服务平台更新状况

需要说明的是，图书馆每天发帖多次是指每天发帖大于等于 2 次的更新行为，与每天发帖 1 次的更新行为没有包含与被包含的关系，因此，在汇总至少每天发帖 1 次的图书馆数量时，需将每天发帖 1 次和每天发帖多次的图书馆数量相加。

4.3.3　社交网络服务平台应用状况　网站访查表明，美国社交媒体平台中，公共图书馆和高校图书馆参与至少 1/13 的社交网络。它们几乎都允许一种或多种社交媒体平台在图书馆网站搭建联通渠道，然后通过此第三方应用程序提供图书馆移动服务。

应用最多的社交服务网站是 Facebook 和 Twitter，均超过三分之二。其他应用较为普遍的是 YouTube、Flickr 以及 Pinterest。这是因为以上社交网站在成年人和大学生群体中最受欢迎，具有很大的应用基数。高校图书馆和公共图书馆相比，除去 Facebook 和 Twitter 的应用，在其他社交网站方面的应用率非常低。具体应用比例见图9。

4.4　培训与指南服务

4.4.1　员工培训　图书馆移动设备应用环境的成功开发和移动服务的具体实施要依靠员工来完成，因此对员工培训至关重要。调查显示，超过半数的图书馆（54.72%）对员工进行移动设备方面的培训；仅有25.47%的图书馆对员工进行移动服务方面的培训。访查显示对图书馆员工培训的有关制度极少。调研的 850 家图书馆中，仅有 5 家（0.58%）图书馆的制度涉及对员

267

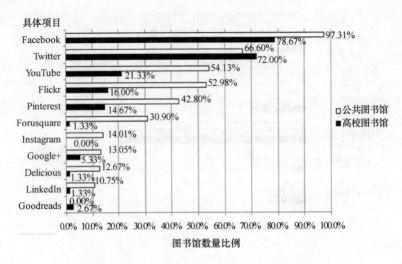

图9 可通过图书馆网站访问的社交网络服务平台

工在移动设备和服务方面的培训。具体培训内容如图10所示:

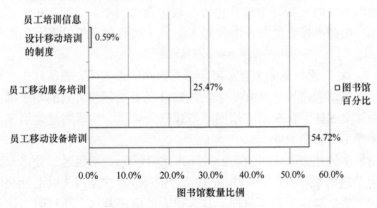

图10 员工培训情况

4.4.2 入门须知服务 针对用户应用图书馆移动服务提供的入门须知主要包括:帮助指南,类别划分,教程指南、视频指南、下载帮助指南,移动服务培训,或通过图书馆网站链接到的第三方帮助指南等。在入门须知中,帮助指南是高校图书馆和公共图书馆使用最广泛的服务,主要表现形式为"常见问题"、"简述"以及"简介"。公共图书馆提供的各项入门须知,除了移动服务培训项目外,均比高校图书馆详细。但在移动服务培训上60%的高

268

校图书馆提供该服务，高于公共图书馆的 38.87%。另外，公共图书馆中，有
3 家图书馆应用图书馆指南（LibGuides）为移动设备服务提供应用须知，有 1
家应用 Wiki 网站。

高校图书馆与公共图书馆在提供移动设备服务入门须知方面，有显著差
异。前者倾向于为移动设备应用提供教学性引导，而后者则倾向于提供较为
广泛的须知服务。具体如图 11 所示：

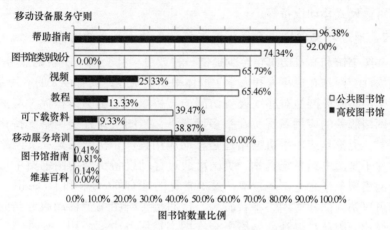

图 11　图书馆移动设备服务入门须知

4.4.3　图书馆对移动设备服务的支持计划　在经费支持上，受访图书馆
均支持电子书、有声读物等数字化内容，但计划支持移动设备和移动服务的
图书馆数量较少。在电子邮件问询的 106 家图书馆中，近一半的图书馆
（49.06%）计划到 2014 年底提供移动设备服务，但仅有 8 家图书馆
（7.55%）有移动服务预算，计划到 2014 年底创建移动服务预算的也仅
有 15.09%。

5　结论与建议

5.1　图书馆移动服务已普及但应进一步优化

调查结果显示，美国纽约州 92.84% 的公共图书馆和 99.20% 的高校图书
馆具有移动设备可访问网站，并开展各种支持移动设备应用的环境平台，主
要方式有目录入口和数字化内容访问；同时，提供支持移动设备的服务项目
达 6 项之多，并且 90% 以上的图书馆为移动设备服务提供帮助指南。移动服
务已普及，但拥有移动应用程序的网站非常少，高校图书馆为 0.32%，公共

269

图书馆为 21.36%，网站支持兼容可读模式移动设备的访问还具有一定难度。这说明虽然移动服务已经渗透到图书馆服务中，但是还需要进一步优化，尤其是在高校图书馆，拥有移动网站所占比例仅为 21.6%，远低于公共图书馆 46.04% 的比例。图书馆移动服务项目还应增加并推广短信提醒业务。我国图书馆移动服务亦如雨后春笋般在各地推广。进一步发展图书馆移动服务，急需增加图书馆移动服务项目，拓展拥有移动应用程序的网站数量以及网站支持兼容可读模式移动设备等。

5.2 通过社交网络平台提供图书馆服务的方式成为时尚

公共图书馆和高校图书馆至少提供一种或更多社交网络平台的服务方式，这是因为社交网站在成年人和大学生群体中最受欢迎，具有很大的应用基数。

社交网络服务网站对移动设备访问的支持取决于图书馆积极参与的程度和社交网络服务的应用状况，在很多情况下，当图书馆社交网络支持移动设备访问时，无论是应用手机网站还是移动应用程序，访问的是社交网络的网页，而并不是图书馆系统网站。美国可通过移动设备访问的图书馆中最常见的社交网络服务平台是 Facebook，最不常见的是 Goodreads 和 LinkedIn。我国图书馆可以访问的社交网络平台较少，这间接影响图书馆移动服务访问的普及与多样化，因此扩展社交网络平台在图书馆服务中的应用，允许第三方社交网络服务应用程序接入，有助于促进图书馆移动服务的发展。

5.3 图书馆移动服务项目的类型取决于用户群的需求

图书馆提供的服务项目中，目录访问对账号登录访问数量有很大影响；在所提供的服务项目方面，高校图书馆和公共图书馆数量差异明显。如果图书馆网站有目录访问服务项目，那么用户通过账号登录访问的数量将会锐减。这与目录访问的便捷性有很大关系，同时这一变化的产生是基于 Web 2.0 应用程序的发展。由于高校图书馆和公共图书馆面对的用户不同，因此在提供服务项目上的侧重点不同，提供日历和事件注册访问服务项目的公共图书馆数量较多，而提供帮助指南链接和参考咨询服务的高校图书馆数量较多。我国图书馆在发展移动服务中，需要准确定位自身性质和所要面向的用户群体，根据用户需求，侧重发展移动服务项目类型，才能最大限度地满足用户移动服务需求。

5.4 移动技术的发展推进了图书馆移动服务的发展

图书馆利用移动设备提高服务水平，需要在了解用户、图书馆资源和可用技术的基础上完成。因此，进一步开发移动设备服务技术是促进图书馆移动服务的基础。同时，图书馆移动服务的实现，依赖于支持移动设备的技术，

270

如无线网络、全球定位系统（GPS）等；图书馆博客的推广和网站更新维护，成年人和大学生群里受欢迎的社交网络平台开发，图书馆移动设备服务的应用进一步推进，也需要先进的技术的支撑。我国在开发移动设备服务技术方面，近些年所取得的成果和进步对移动服务的发展支撑已初见端倪，但还需进一步推进移动图书馆技术的研发。

5.5 有关移动服务的图书馆规章制度仍在建立中

研究发现，图书馆规章制度涉及员工在移动设备和移动服务方面的培训规定较少；移动设备服务的规章制度主要针对图书馆应用移动设备的主体，而对图书馆在支持移动设备应用方面的制度较少；高校图书馆规章制度中，大多数对在图书馆中的饮食行为进行明确限制，而对移动设备的应用规定较少。发展我国图书馆移动服务，要有明确的规章制度给予支持。全面的规章制度和对员工在移动设备和移动服务方面的培训，将为图书馆移动服务提供良好的发展环境。

美国纽约州图书馆移动服务的现状和模式应具有普遍性。此次调研结果有助在了解纽约州图书馆移动服务应用状况的基础上，对美国全国图书馆移动服务的情况有进一步的了解。对图书馆移动服务目前的应用程度、发展所面对的问题以及健全规章制度等方面的分析，可为我国图书馆实施移动服务提供参考。

参考文献：

[1] Thomas L. Mobile libraries survey 2010[J]. Library Journal, 2010,135(17):30 – 34.

[2] Rainie H,Zickuhr K,Duggan M. Mobile connections to libraries[EB/OL]. [2013 – 10 – 29]. http://libraries. pewinternet. org/2012/12/31/mobile-connections-to-libraries/.

[3] Pucell K. Search and email still top the list of most popular online activities[EB/OL]. [2012 – 11 – 24] http://www. pewinternet. org/Reports/2011/Search-and-email. aspx.

[4] Smith A. Americans and text messaging [EB/OL]. [2014 – 01 – 13] http://www. pewinternet. org/Reports/2011/Cell-Phone-Texting-2011. aspx.

[5] Barnhart F D,Pierce J E. Becoming mobile：Reference in the ubiquitous library[J]. Journal of Library Administration,2011,51(3)：279 – 290.

[6] Lippincott J K. A mobile future for academic libraries[J]. Reference Services Review, 2010,38(2)：205 – 213.

[7] Enis M. Patrons expect more mobile services[EB/OL]. [2014 – 01 – 13]. http://www. thedigitalshift. com/2012/08/mobile/patrons-expect-more-mobile-services-handheld-librarian-conference/.

[8] Thomas L. Mobile Libraries 2012[J]. Library Journal,2012,137(2)：26 – 28.

[9]   Kosturski K,Skornia F. Handheld libraries 101: Using mobile technologies in the academic library[J]. Computers In Libraries,2011,31(6):11 - 13.

[10]   Walsh A. Using mobile technology to deliver library services: A handbook[M]. Lanham, Maryland:Scarecrow Press, 2012.

[11]   Zickuhr K. Tablet ownership 2013[EB/OL]. [2013 - 06 - 10]. http://pewinternet. org/ Reports/2013/Tablet-Ownership-2013. aspx.

[12]   Cole V,Krkoska B B. Launching a text a librarian service: Cornell's preliminary experiences[J]. Reference Librarian,2011,52(1):3 - 8.

[13]   Pearce A. Text message reference at NYU Libraries[J]. Reference Librarian,2010,51(4): 256 - 263.

[14]   Purcell K,Entner R,Henderson N. The rise of apps culture [EB/OL]. [2014 - 01 - 14]. http://pewinternet. org/Reports/2010/The-Rise-of-Apps-Culture/Overview. aspx.

[15]   Pope K,Peters T,Bell L,et al. Twenty-first century library must-haves: Mobile library services [EB/OL]. [2014 - 01 - 15]. https://wiki. ucop. edu/download/attachments/ 34668692/TwentyFirst + Century + Library + Must-Haves + Mobile + Library + Services. pdf.

[16]   Buckland A,Godfrey K. Save the time of the avatar: Canadian academic libraries using chat reference in multi-user virtual environments[J]. The Reference Librarian,2009,51(1):12 - 30.

[17]   Neuendorf K A. The content analysis guidebook [M]. California: Thousand Oaks: Sage,2002.

[18]   Kim I,Kuljis J. Applying content analysis to Web-based content[J]. Journal of Computing and Information Technology,18(4):369 - 375.

作者简介

刘奕捷，天津大学管理与经济学部博士研究生；吕荣胜，天津理工大学管理学院教授，博士生导师；刘燕权，美国南康涅狄格州立大学终身教授，博士生导师，通讯作者，E-mail: liuy1@southernct. edu。

272

美国高校图书馆中的移动流通自助服务

潘永明　刘辉辉　刘燕权

美国康涅狄格州立大学，纽黑文

1　引言

目前，自助服务和移动网络这两项技术在图书馆方面的应用价值已被普遍接受，且都有不同程度的创新[1]。然而，在对以往文献的回顾中笔者发现：只有为数不多的图书馆能够使读者利用移动网络实现其自助服务。更加令人诧异的是，有关此方面的研究竟然也十分匮乏。

图书馆方面的实践研究表明，自助服务在流通借阅管理实践中早已被成功运用[2]；图书馆的技术市场也完全能够满足流通自助服务的各种需求[3]。一系列商用的自助服务台及相应的图书馆集成系统（ILS）的自助服务界面组件都是根据图书馆特定的流通和安全政策要求被设计出来的。读者可以在台前自行完成许多之前由图书馆员在流通台前进行的简单操作，如安全磁条的消磁或 RFID（射频识别技术）标签的改写、借书单的打印等。

读者对在图书馆中利用移动网络进行服务的迫切性在以往的文献中已有很好的阐释[4]。而且可以据此推知，图书馆中移动服务的最可能实现方式即完成一些类似图书馆借阅记录管理、图书借还等相对简单实用的操作[5]。

鉴于以上两种趋势都会被聚合在移动流通自助服务中，一系列关于怎样最好地实现、接受和使用此种新技术的问题被相继提出，其中最常见的两个问题是：①移动流通自助服务是否能够轻松完成那些在传统图书馆内被反复执行的基本操作？②哪种现存的流通作业和藏书安全系统最适合去实现移动和自助服务在流通借阅实践中的成功整合？本文通过调研图书馆员们对移动流通自助服务的兴趣和评价来解答以上问题。

2　文献综述

2.1　基于图书馆的自助服务模式研究

随着自助借还书行为的出现，自助服务模式在 20 世纪 70 年代的美国公共图书馆被首次采用[6]。图书馆的自助服务系统借助一系列产品技术实现了多种多样的功能。除了对藏书的自助借还外，还包括读者在线赔付、在线预约借书、计算借阅剩余时间等。这些功能在传统服务模式中通常都是由图书馆员帮助读者实现的。之后在一些公共图书馆开始陆续出现一些独立的全自动自助服务厅、自助服务台等[3]。在诸如电商自助交易、超市自助结账等商业自助服务应用大发展的背景下，这毫无疑问给图书馆自动化发展提供了技术支撑。到20世纪90年代，一系列商用的自助服务站以及自助服务产品被相继推出[3,7]。

2.2 基于图书馆移动网络用户的研究

用于图书馆的移动技术需要支持移动的门户网站、OPAC（联机公共目录查询系统）接口、图书馆目录搜索应用程序、移动数据库、电子书下载、信息订阅服务及短信推介、短信咨询、指令播客等。2011年，加州数字图书馆联盟的研究人员为了给CDL移动策略提供建议，研究了移动用户的偏好，评估了移动技术在学术工作中的应用水平，然后着手进行了一次全面的文献综述，并对图书馆移动服务的未来进行了展望。他们的工作内容包括对移动互联网应用普遍性的研究和在高校图书馆中移动服务的具体流程等。通过此项工作，他们还发现了移动网络应用的局限性和用户采用该技术的方式[8]。

接下来，R. Hu和A. Meier调查了加州大学伯克利分校的本科生、研究生以及教师共计268位，并针对信息专业人士和大学生用户进行了14次调查采访[5]。问卷调查和访谈的最终结论为：一般情况下，笔记本电脑是首选的学术工具和个人移动设备，用户不倾向于在移动设备上做大量的电子阅读和研究。因此，移动服务应着眼于怎样快速完成任务，而不是替代实现整个网络的功能。

J. Seeholzer和J. A. Salem在肯特州立大学应用焦点小组的实证研究，探讨学生对移动网络的使用情况，旨在获取学生对其校内图书馆移动网站的期望值。他们通过发传单和提供小奖品以及免费午餐的方式来招募志愿者。之后组成了4个焦点小组，每个小组中的5~9个学生分别根据所给的11个提示信息进行实证讨论[9]。所涵盖的主题包括：移动网络的使用和偏好、移动图书馆资源以及其他技术。

20名不同年龄的本科生和研究生关于此问题的回复被采用并作为本次调查的代表数据。受访者表示，他们在一个项目的早期阶段最有可能使用自己的移动设备，也有一些人强烈表示会首选笔记本电脑或台式机，查找和搜索时也更倾向于阅读全文。用户表达了其对使用手持移动设备进入和控制个人借阅记录如办理续借以及查询书目可用性方面有极大的兴趣。

据统计，25%的美国成年人为移动应用程序市场的用户，占全美 1/3 的人口使用移动网络[10]，一半以上的研究生使用移动设备访问网络[12]。此数据表明，尽管尺寸相对较小的手持设备不能取代笔记本电脑以及个人计算机，但它们在移动网络方面的使用已经越来越普遍。一个焦点小组在加利福尼亚数字图书馆进行的一项调查中发现：高校图书馆的移动用户通常希望能通过他们的移动设备完成一些快速、实用的操作，而不仅仅是一些广泛的搜索浏览工作[5]。因此移动 OPAC 承诺用户可以访问和管理图书馆的个人记录，比如由 Innovative Interfaces 股份有限公司设计的 AirPAC 或由 SirsiDynix 公司提出的 BookMyne 都支持该功能[4]。同时 SirsiDynix 也推出一个手持的移动流通装置 PocketCirc，利用该装置能够查看读者借阅记录里的书籍。

第一个基于智能手机的个人移动服务应用程序 BoopsieBookCheck 是在 2001 年被开发出来的[9]，支持 IOS、Android 和 blackberry OS 三种手机系统[12]。此应用程序通过专利标准交换协议（SIP2）接口兼容了多种图书馆集成系统。最早在拥有 28 个分支系统的俄亥俄州凯霍加县公共图书馆（CCPL）实现[11]，现已被 ILS 供应商们广泛采用。

自从 Boopsie 公司的应用程序在图书馆自助服务产品技术市场出现以后，行业期刊的几篇文章，例如"图书馆先进技术"以及在 A. Mulvihill 和 D. Rapp 的著作中都曾介绍过该应用程序[1,12]。此外，R. Hu 和 A. Meier，J. Seeholzer 和 J. A. Salem 都曾粗略地提到过此种移动用户服务[5,9]。

然而迄今为止，关于移动自助服务的实现和应用的研究还不够系统，相关文章亦没有被公开发表过。此类报告也仅出自几家个人图书馆，例如 P. Kahl 和 R. Rua 曾报道过 Coyahuga 县图书馆与 Boopsie 公司的合作[11]。B. T. Johnstone 的关于移动自助服务实现和应用的综述类文章虽包含有较详细统计数据，也仅旨在提升人们对这种新兴技术在公共图书馆的应用意识。

鉴于图书馆中移动自助服务的最可能实现方式就是完成一些类似图书馆借阅记录管理、图书借还等相对简单实用的操作。读者利用其个人电子设备（如智能手机）及移动应用程序实现流通借阅的自助服务将是移动自助服务发展的必然趋势。然而目前为止尚没有任何研究可以揭示人们对于实现图书馆移动流通自助服务模式的普遍态度、意图和经验。

Chang Kuochung 和 Chang Chiao-Chen 曾对读者在图书馆采用移动自助服务技术的模型进行了检测[13]。他们在台湾调查了非随机抽样的 266 名大学生。采用 5 分制问卷的方式最终找出会影响其使用一个特定技术意图的 5 个个人因素（采用两个理论框架），分别为：感知有用性（PU），感知易用性

（PEU）、认知态度（ATT）、主观规范（SN）和感知行为控制（PBC）。其中，感知有用性是决定用户态度的最主要因素，紧随其后的则是感知易用性。并得出结论：实现自助服务最有效的策略是确保和证明其易用性，并去影响和改变用户对自助服务的感知有用性。

3 研究方法

本研究采用电子邮件的方式对 100 所美国高校图书馆的系统负责人或图书馆管理员进行了问卷调查。此样本内 100 所高校图书馆是依据美国高校类型的分类标准手动选取出来的。标准有三：授予学位的最高等级、管理属性（州立或私人）和招生规模。本研究所涉及的样本范围包括社区学院、四年制大学以及大型研究性高等教育机构。其中最小的学院有学生 1 500 人，最大的大学则为宾夕法尼亚州立大学和亚利桑那州立大学，分别有学生 45 000 人和68 000 人。本调查没有采取随机抽样的方式是为了更全面地反映不同规模不同类型的高校图书馆现状。

被选定的高校图书馆里的具体受访者及其电子邮箱地址是通过其校园网站的员工列表及组织结构图获取的。受访者的电子邮件地址被储存到 Excel 表格并导入 Qualtrics 网站中。然后通过 Qualtrics 网站的自动发送功能单独邀请每位受访者。邀请信中包含有一个可以连接到 Qualtrics 网站上的 URL（统一资源定位符）。为了保护受访者的隐私，受访者的姓名身份及其所属机构俱不在记录当中。

访查问卷共包括 14 道多项选择题以及卷尾的一道开放式问答题。问题 1.贵馆所服务高校类型？问题 2. 贵馆内自助服务台的开设现状？问题 3. 自助服务台前的自助服务量在总流通量中所占比例是否达到预期？问题 4. 贵馆内是否设有一个类似 RirPAC 或者 MobilePAC 的移动平台使读者能完成一定程度的自助服务？问题 5. 贵馆内使用移动自助服务的人数是否达到预期？问题 6.您对自助服务移动应用程序的了解程度，如由 Boopsie 公司的 MyMobileLibrary？问题 7. 馆内传统借阅流通台前提供何种形式的纸质借书单？问题 8.馆内自助服务台前提供何种形式的纸质借书单？问题 9. 贵馆内纸质借书单是否被用来确保交易安全？问题 10. 您认为移动流通自助服务模式是否也应提供纸质借书单？问题 11. 贵馆是否采用 RFID 技术？问题 12. 贵馆现采用何种类型的安全系统？问题 13. 移动流通自助服务模式与贵馆的安全系统是否兼容？问题 14. 贵馆对移动流通自助服务模式持何种态度？问题 15. 请分享关于通过移动设备进行自助服务的任何其他的评论或意见。

问卷前半部分设立的问题，就传统自助服务模式以及利用移动自助服务模式的实现现状进行了一个全面调研，后半部分则旨在获取该图书馆对移动流通自助服务的兴趣以及此服务模式在该馆实现的可行性等问题，能较全面地涵盖本研究意在获取的全部信息，反应移动流通自助服务模式实现的可行性及障碍等问题。

最后通过使用 Qualtrics 用户数据分析网站对数据进行整理分析。

4　调查结果

此次调研的总回复率为54%，即 54 所高校图书馆，其中完整率达 80%，剩下 20% 的不完整回复也被纳入分析。54 所高校图书馆的回复数据经过 Qualtrics 网站的数据分析工具归纳处理，以最感兴趣的调查焦点问题方式呈现如下。

4.1　图书馆类型

回复的 54 所高校图书馆中，一半以上（占 53%）为研究型大学图书馆，44% 为四年制大学图书馆，剩下的为社区大学图书馆。

4.2　自助服务平台的开设现状

调查结果显示，超 1/3（占 35%）的受访图书馆设有具备藏书自助借还、读者在线赔付、在线预约借书、计算剩余时间等功能的自助服务平台；而其余 65% 的图书馆并未提供该服务。这说明此项服务在高校图书馆中发展还不平衡，或其服务功能还有待进一步集成。

4.3　自助服务量在总流通量中所占比例的达标情况

调查结果显示，在配备有自助服务台的图书馆中，74% 的图书馆未设置自助服务量占全部流通总量比例的具体目标。在那些设有具体目标的图书馆中，也仅有 38%（即占全部受访者 10%）可以完成其目标，剩余 62%（即占全部受访者 16%）都未能达标。以上数据充分表明，大众对自助服务模式的关注度还不够高，其应用程度有待进一步加深。

4.4　读者能否利用移动网络完成一定程度的自助服务

据调查，美国高校图书馆目前流行的移动服务平台为 RirPAC 或者 Mobile-PAC，这些平台可供读者自行完成一些简单实用的操作流程，诸如馆藏查询、图书续借、预约、借阅证挂失、借书到期提醒、热门书排行榜发布、咨询等。调查结果显示，仅有 29% 的图书馆设有类似的移动服务平台，超过七成（占 71%）的图书馆还没有设置这样的移动自助服务平台或对此调查无答复。

4.5 对图书馆移动服务实现期望的满意度

图书馆工作人员对图书馆移动服务是否满意关系到这项服务的开展。在期望满意度的调查中，仅有1名馆员（占开设移动服务图书馆的8%）对移动服务达到预期，17%的馆员认为移动服务模式在其图书馆内服务人数并未达到预期，剩余75%的受访者表示从未就移动服务进行过系统性的评估，所以没有对这项移动技术的满足期望值。从以上数据也可看出图书馆方面还没有对移动服务产生足够的兴趣，可能主要还在于此项技术仍在发展中。受访图书馆内使用移动服务的人数是否达到预期的回复数据如图1所示：

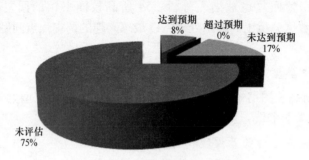

图1 对移动自助服务的满意期望度

4.6 对自助服务移动应用程序的了解程度

移动自助服务需要相关的应用程序支撑，而对这些软件程序的了解影响此项服务的开展。此次调研过程中，竟有几乎一半（占49%）的受访图书馆工作人员表示对移动自助服务应用程序（如由 Boopsie 公司开发的 MyMobileLibrary）的概念不甚清楚，另外43%的图书馆员只是通过一些产品评论、演示或口耳相传对该技术有一定了解。亲自尝试过此类应用程序的仅有4名（占8%）。而在所有受访者中竟未有一家图书馆支持读者使用此类应用程序进行其自助流通服务。

4.7 传统借阅流通台前的纸质借书单服务

调查数据显示，在受访图书馆中有58%的图书馆的馆员在传统的借阅流通台为读者打印记载有包括书名、借阅起讫日期在内的纸质借书单。其中为每本书分别打印借书单的图书馆为6%，为读者该次所有的借阅书目打印总单据的图书馆为23%，其余的图书馆（占29%）只为要求打印的读者打印。受访图书馆流通台借书单的打印情况见图2。

278

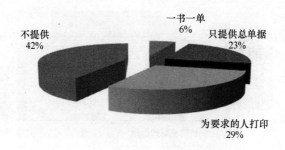

图 2   流通台借书单的打印情况

4.8   自助服务台前的借书单打印服务

而在提供自助服务台的图书馆中，89%的图书馆能为读者提供纸质借书单的打印服务，大大高于传统借阅流通台前的纸质借书单服务。其中近三成（占31%，占总数28%）的图书馆实行一书一单制，剩余2/3（占61%）的图书馆仅为读者该次全部的借阅书目打印总单据。以上数据说明，绝大多数自助服务台都能为读者提供借书单的打印服务。其中一个图书馆采用3M自助服务终端可以自动生成电子借书单并发送至读者邮箱，读者还可以自主选择是否将其打印成纸质借书单，可它并不属于移动自助服务的范畴。

在提供借书单打印服务的图书馆中，该单据仅被用来记录读者所借藏书的到期时间，而非作为读者完成借阅流程的一个证明，并要求其在离开图书馆时必须出示。这一点受访图书馆均表示无需读者在离开时出示借书单以确保藏书安全。

4.9   移动流通自助服务与纸质借书单

比较传统和自助流通的纸质借书单服务，现有的移动流通自助服务技术体系暂且不支持任何形式的纸质借书单打印服务。但是超过七成（占71%）的受访者认为移动流通自助服务应该有纸质借书单产生，即应提供该服务。在这七成中近一半（占43%）的图书馆表示此纸质借书单亦应像传统的借书单一样可满足要求，另外不到三成（占28%）的图书馆员则认为配合这种服务模式产生的单据应是在传统借书单基础上的改进版本。也有极少数（占4%）的图书馆认为借书单并非必要。最后1/4的受访者则表示其所在图书馆对此问题仍处于调查研究当中，尚未得出一致结论。如图3所示：

4.10   RFID 的采用率

关于RFID的采用率，调查发现这样一个事实，即真正计划在近期采用

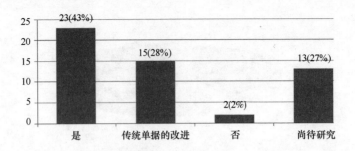

图3 移动流通自助服务产生纸质借书单据的必要性

RFID 技术的受访图书馆仅为一小部分（占 10%），还有近一成（占 9%）的图书馆表示关于是否应该将 RFID 推广至其图书馆仍在调研当中，尚未得出一致结论。而绝大多数图书馆（占 81%）则声称近期不会考虑此技术，在回复的原因中，有的明确表示"实现 EM 到 RFID 的转换并不是经济驱动下优先选择，有的则表示基于 RFID 技术的安全保障系统并非是惟一的选择。

4.11 图书馆现存安全系统

图书馆内安全标签及安全门已经在美国形成标准，81% 的受访图书馆表示其图书馆使用了标准的安全标签系统。读者在离开时无需对安全标签进行消磁，所借图书可通过馆员绕过安全门，之后读者空身通过。只有在使用 RFID 技术的 9% 的图书馆里需要读者对书内的电子标签信息进行阅读和重写，仅一成的图书馆声称还未采用任何形式的电子安全系统。

4.12 移动流通自助服务模式与馆内安全系统的兼容性

由于读者的个人移动设备在移动流通自助服务过程中不能为安全标签充磁消磁，不能阅读、重写 RFID 电子标签中的数据以及不能提供纸质借书单的打印功能等原因，当被问及移动自助服务模式与其现有安全系统的兼容性这个问题时，只有 9% 的受访者表示移动流通自助服务模式与图书馆兼容。6%（3 个图书馆）的受访者相信移动流通自助服务模式经过修改，可与目前安全系统兼容。另有 59% 的受访者表示不兼容。其余 26% 的图书馆尚未对此问题得出明确结论。统计数据如图 4 所示：

在卷尾的开放式问答环节，许多受访者就移动流通自助服务过程中的安全方面提出了他们的忧虑。其中有两个代表性的回答："用户更倾向于自助服务模式。如果安全问题有保证，我馆一定积极采用此类型的应用程序来实现移动流通自助服务。""我不认为任何形式的移动自助服务系统对我们图书馆有用，因为那样做会太容易造成失窃了。"

280

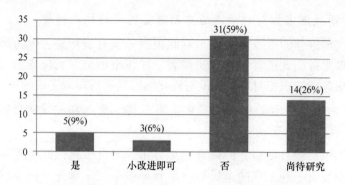

图4　移动流通自助服务与现有安全系统的兼容性

4.13　对移动流通自助服务模式的态度

很遗憾的是，出乎调查者意外，近 2/3 的受访图书馆表示他们暂时不考虑使用移动流通自助服务，持肯定态度的仅占 11%，另外有约两成（占19%）表示还未得出明确结论。这些数据说明大多数图书馆员对移动流通自助服务模式还没有兴趣或迫切需要，这可能会导致高校图书馆在移动自助服务模式的实现上有一个缓慢的过程。

此外在卷尾开放式问答环节有个别受访者表示，"我们使用的是一个开放的图书馆集成系统（Koha），以后可能会考虑赞助发展自助服务模式。"也有受访者表示"我个人很想去探索其他的服务模式，例如自助服务模式，但尚未得到学校方面的支持。"最后一个表述最为直接："如果移动设备可以使书刊中的 RFID 芯片消磁或无效的话，读者可在图书馆系统遥控下自行完成借阅而无需自助服务台，那这种服务模式将会变得很有意思，但目前这是不可能的。"

5　结论和建议

5.1　移动流通自助服务在高校图书馆的实现尚处于起步阶段

调查结果显示一个令人不争的事实，尽管目前大多数图书馆或多或少提供一定程度的自助服务，移动流通自助服务的实现仍在起始阶段。几乎还没有任何一家图书馆提供能够使读者利用其个人设备自行完成借阅流程的移动流通自助服务。这说明尽管移动流通自助服务的概念早已被大家普遍接受，但其在高校图书馆的应用，仍处于刚刚起步或实验阶段。

5.2 高校图书馆对移动流通自助服务的实施缺乏兴趣

这种实现进程的缓慢主要源于对此项服务没有迫切感。因为即使是那些对移动自助服务模式还算熟悉的决策者，往往也不会对它优先考虑。他们对移动自助服务的知识相对来说还没有转化为将其进行即刻实施的计划之中。

5.3 对移动平台的缓慢适应也是图书馆专业人员对移动自助服务谨慎接受的影响因素

对图书馆移动自助服务的调查结果显示，来自于提供此类服务的图书馆的受访者中仅有不到三成的馆员对移动自助服务表示满意。由于移动流通自助服务只能作为图书馆移动应用程序的一个附加而存在，所以图书馆专业人员对移动平台的缓慢适应是其对移动自助服务谨慎接受的一个重要影响因素。

5.4 安全是一个可能会影响人们对移动自助服务的感知有用性的焦虑点

在调查最后的开放式问答环节，一些受访者明确提出安全是一个可能会影响人们对移动流通自助服务的感知有用性的重要话题。他们表示如果安全问题能够得到解决，将会很乐意采用此服务模式。

5.5 流通政策和安全系统也是影响图书馆决策者对移动流通自助服务模式态度的重要考量因素

由于种种原因，半数以上的受访者表示移动流通自助服务模式与其图书馆原有的安全系统无法很好地兼容。而回应结果同时表明，当移动流通自助服务与原来安全系统不相兼容时，其不会被考虑。

综上所述，迄今为止，几乎还没有任何一种自助服务台以及移动平台被多数受访高校图书馆所普遍应用。一个类似移动与自助服务相结合的流通服务理念对大多数高校图书馆来说都更只是一个舶来词。研究结果同时显示出那些可能在此种新兴读者服务模式的实现中构成潜在挑战或障碍的影响因素。解剖分析此项服务在美国高校图书馆工作的现状可以使我们对其服务模式有一个初步了解，同时也使图书馆工作人员对什么样的图书馆更适合将移动流通自助服务集成到现有的政策和实践中有了一个清晰直观的认知，这将有助于特定图书馆在决定其是否采用移动自助服务模式时做出更恰当的选择。

参考文献：

[1] Mulvihill A. Tech logic and boopsie power mobile self-checkout[J]. Computers In Libraries, 2011, 31(7):42.

[2] Carey R. Self-service circulation:An exploratory study[J]. Public Libraries,1998, 37(2): 118 - 123.

[3] Dempsey B. Do-it-yourself libraries[J]. Library Journal, 2010, 135(12):24-28.

[4] Krosky E. On the move with the mobile Web:Libraries and mobile technologies[EB/OL]. [2012 - 02 - 13]. http://eprints. rclis. org/bitstream/10760/12463/1 /mobile_web_ltr. pdf.

[5] Hu R, Meier A. Planning for a mobile future: A user research case study from the California Digital Library[J]. The Journal for the Serials Community, 2011,23(3):517.

[6] Brooks D. A program for self-service patron interaction with an on-line circulation file[C]// Martin S K. Proceedings of The ASIS 39Th Annual Meeting. New York:ISTP,1976.

[7] Jackie M. Self-service charge systems: Current technological applications and their implications for the future library[J], Reference Services Review, 1995, 23 (4):19-38.

[8] Walsh A. Mobile phone services and UK higher education students,what do they want from the library? [J]. Library and Information Research,2010,106(34):2513-2525.

[9] Seeholzer J, Salem J A. Library on the go: A focus group study of the mobile Web and the academic library[J]. College & Research Libraries,2011, 72 (1):9-20.

[10] Horrigan J. Wireless Internet use,pew research center's Internet & American life project [EB/OL]. [2012-02-06]. http://www. pewintemet. org/Reports/2009/12-Wireless-Internet-Use. aspx.

[11] Kahl P, Rua R. Cuyahoga county checks out Boopsie's checkout app[J]. American Libraries, 2011, 42(11/12):26.

[12] Rapp D. Apps: What Do Patrons Want? [J] . Library Journal,2012, 137(2), 27.

[13] Chang Kuochung, Chang Chiao-Chen. Library self-service: Predicting user intentions related to selfissue and return systems[J]. The Electronic Library, 2009, 27(6):938-949.

作者简介

潘永明, 天津理工大学管理学院教授; 刘辉辉, 天津理工大学管理学院硕士研究生; 刘燕权, 美国南康涅狄格州立大学教授, 博士生导师, 通讯作者, E-mail: liuy1@southernct. edu。

微信在图书馆移动服务中的应用研究与实践[*]

孙翌　李鲍　高春玲

上海交通大学图书馆

1　前言

微信是腾讯公司于 2011 年 1 月 21 日推出的一款手机聊天软件，主要以 APP 的方式提供服务。以 iOS 平台为例，截止至 2013 年 12 月已经推出 25 个版本，在最初的即时通讯软件的基础上增加了诸多的拓展功能，最新版本的微信支持发送文字、图片、语音、视频以及视频通话、实时对讲等通讯功能及其他拓展功能。作为全媒体时代的新兴产物，其具有诸多特性：①支持跨通信运营商、跨操作系统平台。例如 Wi - Fi、2G、3G 和 4G 数据网络，支持 iOS、Android、塞班等多种操作系统平台。②支持多种交流沟通方式。例如可发送语音、视频、图片和文字，支持多人群聊、实时对讲机等功能。③具备强大的社交功能。拥有"扫一扫"、"摇一摇"等功能，可以让微信用户迅速建立起一个庞大的人际关系网。

微信作为腾讯公司继 QQ 之后的又一即时通讯工具，在 2013 年第三季度"微信和 WeChat"的合并月活跃账户数达到 2.719 亿，比第二季度增长 15.3%，比去年同期增长 124.3%[1]。根据腾讯官方公布的信息，微信用户中 20 - 30 岁之间的青年占了 74%，大学生占 64.51%[2]。如此高速发展的用户群，不得不让图书馆关注和参与到微信的服务中。通过微信公共号查询关键词"图书馆"，可以找到大量的图书馆服务账号，这些图书馆公共服务号通过微信平台提供"订阅号"或"服务号"服务。

---

　　* 本文系国家社会科学基金项目"移动阅读与图书馆延伸服务研究"（项目编号：10CTQ004）研究成果之一。

2 设计思路

随着微信公共服务平台接口日趋丰富，基于微信的图书馆移动服务有利于将图书馆的各类资源与服务推广至用户的移动环境中。上海交通大学（以下简称"上海交大"）图书馆在国内较早应用微信公共服务号向师生提供移动图书馆服务，本文以上海交大图书馆官方微信服务为例，探索微信在图书馆移动服务中的应用实践。

2.1 服务模式选择

微信 5.0 版公共服务号提供"订阅号"和"服务号"两种服务模式[3]，订阅号主要是提供信息和资讯，一般媒体或图书馆活动推广用得比较多[4]。服务号主要用于为客户提供服务，一般银行和企业客户服务用得比较多[5]。两者在提供服务中有三点不同：①服务号可以申请自定义菜单，而订阅号不能；②服务号每月只能群发一条信息，订阅号可以每天群发一条消息；③服务号群发的消息有消息提醒，订阅号群发的消息没有，并直接放入订阅号文件夹当中。

图书馆可以根据自身需求选择服务模式，若更注重于新闻、活动、资源推广，偏重于主动式的广播服务，则更适合选择"订阅号"；若更注重于提供各类服务，偏重于触发式的信息服务，则更适合选择"服务号"。上海交大图书馆希望在微信服务中应用自定义菜单为用户提供简便的触发式信息服务，因此在 2013 年 8 月选择微信服务号作为服务模式，并进行设计与开发。

2.2 设计原则

微信是针对手机的移动应用产品，图书馆的微信服务属于移动图书馆服务模式之一，在功能设计上应遵从移动服务的所有特性，主要表现在以下几个方面：

2.2.1 服务个性化 微信作为即时通信软件，强调了个体与个体的通信模式。图书馆微信服务是将"图书馆"作为用户的好友进行信息资源服务，因此在服务过程中应注重体现服务的个性化，根据用户的设定与身份来提供服务，依据各种渠道对资源进行收集、整理和分类，向用户提供和推荐相关信息，以满足用户的需求。从整体上说，基于微信的个性化服务可以准确定位用户，打破传统的被动服务模式，能够充分利用图书馆的各种资源优势，主动开展以满足用户个性化需求为目的的全方位服务。

2.2.2 资源移动化 移动图书馆的核心功能是信息资源在移动端的发现与获取，图书馆微信服务应为用户提供各类资源（包括学术资源）的检索与获取功能，以满足用户随时随地获取图书馆资源的需求。

2.2.3　信息轻便化　基于手机端的图书馆微信服务，依靠 2G、3G、4G、Wi-Fi 等提供网络通信，信息资源的轻便化将使通信量更小以及更适合移动阅读，减少微信接口以及图书馆服务器的通信压力。对于用户而言，获取信息资源的渠道更通畅，大大提升了使用体验。

2.3　栏目功能设置

基于微信服务号的接口功能[6]，可以为微信定制 3 个一级菜单，每个一级菜单最多包含 5 个二级菜单。通过用户调研，上海交大图书馆官方微信服务栏目定制如图 1 所示：

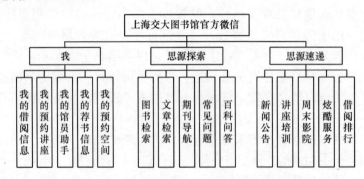

图 1　上海交大图书馆官方微信栏目设置

通过栏目设置可以看出，上海交大图书馆的微信服务主要从个性化、资源获取、服务推广 3 个方面进行建设，整合了用户通过手机等移动端希望获得的图书馆相关资源与服务：

（1）我：通过身份绑定，集成 ILS、讲座系统、馆员信息、荐购系统、空间预约系统等多个系统的数据对接，随时随地了解个人信息动态，使得用户能在微信获取一系列个性化服务。

（2）思源探索：以图书馆资源获取为主，为用户提供方便移动端获取的学术资源。此外，利用即时通信软件的实时交流特点，提供图书馆常见问题以及百科问答功能。

（3）思源速递：以图书馆服务推广为主，将用户较为感兴趣的信息资源以简单的查询和浏览方式展示，体现手机获取的便利性。

3 系统架构与关键技术

3.1 系统架构

从图 2 所示的系统架构可以看出，系统核心开发部分是"图书馆微信功能发布"，此部分需要针对微信公共服务平台的开发接口进行功能开发与数据对接。上海交大图书馆采用 C#语言在 .NET 开发环境中进行开发。主要工作流程如下：

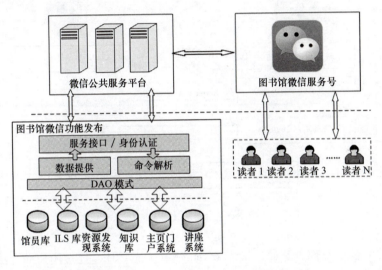

图 2 上海交大图书馆官方微信服务系统架构

（1）接口对接：利用微信公共服务平台的接口与图书馆微信功能发布平台进行数据交换。

（2）身份认证：为第一次使用图书馆微信的用户进行身份绑定，并在图书馆微信数据库记录微信与用户身份信息，以便提供个性化服务。

（3）命令解析：用户以层级性的命令形式进行咨询，系统接收用户的咨询信息，并进行解析，将其转变为系统可以处理的机器语言。

（4）数据库连接：由于上海交大图书馆各系统数据库大多选择 MS SQL，因此在数据互联上主要通过 DAO 等模式连接后台数据库系统，将用户的访问需求与用户身份信息结合进行信息查询。

（5）信息回复：通过服务接口将用户所需要的信息反馈给微信公共服务平台，最终由图书馆微信服务号发送给用户。

3.2 关键技术

3.2.1 身份绑定 当用户关注图书馆微信的时候，将图书馆认证与微信认证进行联合认证，便于图书馆了解用户的基本信息，并记录用户特征，为其提供个性化服务。上海交大图书馆以校统一身份认证体系（jAccount）的OAuth协议[7]与用户微信账号进行身份绑定，以确定用户身份信息，绑定流程如图3所示：

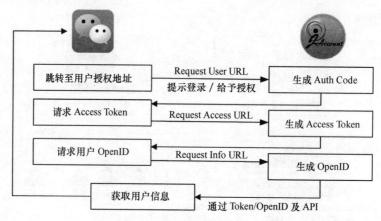

图3 身份绑定流程

OAuth的核心部分是通过认证Token获取认证URL，经过用户的合法认证后将个人身份信息授权给图书馆微信服务平台。此处以OAuth 1.0a版本为例，主要阐述两个部分的关键代码：

（1）若用户没有认证过，则引导用户通过jAccount的OAuth进行认证，记录通信中用户和图书馆的微信UserName，并生成XML文件与微信平台进行信息交互。

```
//图书馆自行搭建Web Service接口，以获取用户的身份信息
string str = @ " < a href = "" http：//webservice. lib. sjtu. edu. cn/regis-
ter. asp? wxname = " + requestXML. FromUserName + @ """ >身份信息绑定
</a>";
resxml = " < xml >" +
    " < ToUserName > < ! ［CDATA ［" + requestXML. FromUserName +
"］］ > </ToUserName >" +
    " < FromUserName > < ! ［CDATA ［" + requestXML. ToUserName +
"］］ > </FromUserName >" +
```

288

" < CreateTime >" + ConvertDateTimeInt（DateTime. Now）+ " </
CreateTime >" +

" < MsgType > < ! ［CDATA［text］］ > </MsgType >" +

" < Content > < ! ［CDATA［" + str + "］］ > </Content >" +

" </xml >";

（2）通过 OpenID 将用户的 wxName 与 jAccount 相关联，获取用户的 ID
（卡号）、Name（姓名）、xgh（学工号）、UserDept（院系）等信息，并保存
至图书馆微信服务器端。

```
string sqlstr = " Select * from UserInfo where wxName = @ wxName";
SqlCommand Cmd = new SqlCommand（sqlstr, con）;
……
SqlDataAdapter dt = new SqlDataAdapter（Cmd）;
DataTable aDataTable = new DataTable（）;
dt. Fill（aDataTable）;
if（aDataTable. Rows. Count > 0）
{
    curUser. UserID = aDataTable. Rows［0］［" ID"］. ToString（）;
    curUser. UserName = aDataTable. Rows［0］［" Name"］. ToString（）;
    curUser. Userxgh = aDataTable. Rows［0］［" xgh"］. ToString（）;
    curUser. UserDept = aDataTable. Rows［0］ ［" UserDept"］. ToString
（）;
    ……
}
```

3.2.2　个性化信息服务　当用户身份信息绑定后，图书馆微信可以为用
户提供各式各样的个性化信息服务，当获取用户除学工号之外的其他信息，
尤其是用户所在院系、身份（学生或教师）等深层次信息后，微信的个性化
信息服务优势则更明显。

例如"我的馆员助手"的作用是：当用户需要得到图书馆帮助的时候，
可随时通过微信联系到图书馆为其提供服务的学科馆员。技术实现上分为两
个步骤：首先将图书馆所有的服务于用户的馆员（例如学科馆员）进行院系
分配，甚至可以细分至服务于教师还是学生；当用户登录之后即可通过其个
人信息提供相关的馆员信息。核心代码如下：

```
//从图书馆 sublibrarian 馆员信息库中获取用户所在院系的学科馆员信息
string sqlstr = " select * from sublibrarian "
```

        + " where 学科团队 in（select subject from subjectinfo where dept ＝ @ dept）"

        + " order by 姓名";

//根据微信的通信模型"＜Title＞＜!［CDATA……］＞＜/Title＞"构造图文信息 XML,以便用户在微信端能获取表格形式的馆员信息

resxml ＝ resxml ＋ "＜item＞" ＋

        "＜Title＞＜!［CDATA［姓名:" ＋ aDataTable. Rows［i］［" 姓名"］. ToString（）＋ " 学科团队:" ＋ aDataTable. Rows［i］［" 学科团队"］. ToString（）＋ " \ n 电话:" ＋ aDataTable. Rows［i］［" 办公电话"］. ToString（）＋ " \ neMail:" ＋ aDataTable. Rows［i］［" 邮箱"］. ToString（）＋ "］］＞＜/Title＞" ＋

        ……

        "＜/item＞";

3.2.3　学术资源查询　基于微信的图书馆资源查询有两种实现方式:一种是利用指令代码进行资源查询,例如清华大学小图[8]使用"book:鲁迅"即表示查找图书馆关于"鲁迅"的图书;另一种是利用微信内嵌的浏览器调用网页的方式进行资源查询。

随着校园网、3G 和 4G 网络条件的改善,网页方式能为用户提供更丰富的内容和更好的检索体验,上海交大图书馆以资源发现系统为基础,为微信服务定制适合微信浏览器的服务平台,提供内嵌页面的资源检索,受制于手机屏幕和网络限制,在定制资源检索平台中需要遵从资源移动化和信息轻便化原则,减少不必要的页面加载以及提供可移动端浏览的学术资源。上海交大图书馆的资源发现系统是基于 Primo 平台建设而成的[9],以"图书检索"栏目为例,主要分为以下两个步骤:

（1）创建资源检索平台:首先在 Primo 后台管理平台的"Views Wizard"下新建"Mbook"检索页面;然后在 primo_ library - libweb. war 的 static_ html-mls 和 css 目录下生成页面样式文件,为了尽量减少页面加载负担,省略了书封、分面、书评等信息资源;最后根据微信的移动特性,配置馆藏纸质图书和第三方电子图书（如超星电子书等）搜索引擎。

（2）创建微信自定义栏目:根据微信接口标准,利用微信的 URL 参数创建 view 类型栏目,并指向资源检索平台。

图书检索栏目实现后,用户通过微信不仅可以查询馆藏纸质图书的情况,还可以以图片方式获得电子图书全文（如图 4 所示）,更好地发挥电子资源特点,实现学术资源移动化阅读。以此方式,图书馆微信可提供如期刊文章、

专利、讲座视频等更多学术资源检索服务。

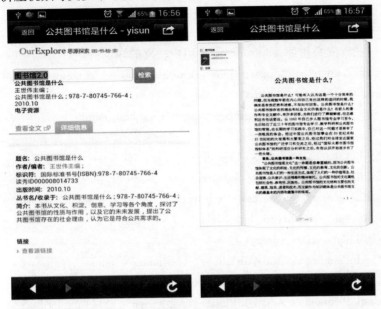

图4 图书检索效果

3.2.4 自主应答机器人 基于手机的微信是一种移动端即时通信工具，图书馆在微信服务中可以为用户提供各类知识库的实时应答服务，例如图书馆 FAQ、知识百科等。以"百科问答"栏目为例，它集成了维基百科 40 多万条词条信息，为了增强用户体验，除了百科词条应答之外，还增加了自主学习功能，馆员可通过与图书馆微信交互补充图书馆的百科知识，例如开放时间、借阅规则等各种用户关心的信息。同样，用户也可以与图书馆微信交互，教授其更多有趣的学习和生活资讯。关键步骤如下所示：

（1）从维基百科官方网站获得维基百科数据库[10]，并将其导入至 MS SQL 等关系型数据库中。

（2）当用户咨询（requestXML. MsgType = = " text"）时，通过知识库查询用户咨询的词条是否有答案，若有答案则以 XML 方式反馈信息 reMsg = Getwiki（requestXML. Content）。

（3）知识库自主学习即应用命令解析的方式，通过预定的命令格式与图书馆微信通信，让系统学习更多知识信息，核心代码如下：

//若以 sjtu *为首的命令，则执行自主学习模式，例如"*sjtu *开放时间@图书馆开放时间为 8：00 – 22：00"*

```
if ( ( requestXML. Content. Length > 6) && ( requestXML. Content. Substring
(0, 4). ToUpper ( ) = = " SJTU" ) )
    {
    ……//向数据库 wikiwords 注入用户教授的知识信息
    string sqlstr = " insert into wikiwords ( name, content, memo) values
(@ name, @ content, @ memo)";
    SqlCommand Cmd = new SqlCommand ( sqlstr, con);
        string sourcestr = requestXML. Content. Substring ( 4,
requestXML. Content. Length – 4);
    string name = sourcestr. Substring (0, sourcestr. IndexOf (" @ "));
    string content = sourcestr. Substring ( sourcestr. IndexOf (" @ ") + 1,
sourcestr. Length – sourcestr. IndexOf (" @ ") – 1);
    Cmd. Parameters. Clear ( );
    Cmd. Parameters. AddWithValue (" @ name", name);
    Cmd. Parameters. AddWithValue (" @ content", content);
    Cmd. Parameters. AddWithValue (" @ memo", " L"); //为此命令自学
的信息备注为 "L", 以便对信息来源进行分类。
    int rscount = Cmd. ExecuteNonQuery ( );
    if ( rscount = = 1)
    _ reMsg = " 我学会啦!";
    ……
    }
```

当图书馆微信知识库添加了被教授的知识后，用户再次咨询相同问题时，
微信机器人即可准确回答。最终，由维基百科、馆员和用户共建的图书馆微
信知识库，使得图书馆微信成为具有海量信息的问答机器人。

4 应用效果

上海交大图书馆官方微信自从 2013 年 12 月正式对外服务以来，经过各
网站的宣传和图书馆服务的推广，截至 2014 年 2 月已有 1 500 余用户关注。
以 2013 年 12 月微信平台的互动交流数据分析，用户与上海交大图书馆官方
微信的互动次数平均约为 115 次/日，最大峰值达到 588 次；约 19% 的信息交
互来源于学术资源查询，约 9% 的信息交互来源于个性化信息查询，约 63%
的信息交互来源于用户的问题咨询，其中 90% 以上是向百科问答机器人提问，
可以看出此类快捷的交流模式更符合用户的使用习惯。为了给用户提供较好

292

的交流体验，上海交大图书馆制定了咨询馆员定期巡检机制，当百科问答机器人无法正确回答用户问题的时候，咨询馆员人为干预，主动回答用户提出的各类咨询问题，得到了良好反馈。

5　规划与设想

基于微信的图书馆移动服务不失为一种良好的移动图书馆服务推广模式，改变了传统的移动图书馆服务推广思路，也减轻了图书馆的开发工作量。随着微信平台接口的日益丰富，图书馆微信可开展更多有益的服务。

5.1　基于位置的增强现实服务

微信公共服务平台提供获取用户位置信息的接口，如今的智能手机大多具有 GPS 功能，通过位置信息可与图书馆的特色库结合起来实现移动增强现实（augmented reality，AR），尤其是"强化旅行"（augmented walking tour）领域。强化旅行是让用户在移动场所直接从图书馆数据库中调用相关资料，如照片、历史记录、录音、视频等。例如，2011 年，弗吉尼亚海滩公共图书馆（Virginia Beach Public Library）与 Tagwhat 公司合作，将数字化后的本地历史特藏与该公司开发的"景点伟大故事"（Great Stories at Places）应用程序结合，用户通过应用程序观看景点时，关于该景点的资料就会出现在屏幕上，随着用户观看方位和角度的改变，所看到的信息也有所不同[11]。图书馆可以通过位置坐标信息为读者提供不同的历史特藏资源，图书馆只需要维护图书馆特藏数据接口与微信接口的稳定性。

5.2　基于身份特征的学科服务

学科化服务是一种基于馆藏文献资源，以用户为中心，根据用户需求，面向知识内容，融入用户决策过程并帮助用户找到问题的解决方案的一种信息服务。当用户身份绑定后，利用微信可进行学科信息推送，可以把特定学科内的专家馆员、学科信息资源、数据库信息和网络信息资源，以学科知识单元的方式发送到用户手中。通过微信开展学科化信息推送服务，使用户不受时间、空间和人员的限制而获得各类定制的学科化信息服务，大力支持用户教学与科研工作。

5.3　基于实时交互的参考咨询服务

作为新兴媒体的微信，具有强烈的自媒体特色，其在实时交互方面具有语音、图片、文字等多样化的交互模式，相比传统的参考咨询服务平台具有更良好的沟通方式，因此可以成为图书馆及时了解用户感受、收集用户反馈的重要工具，有效协助图书馆准确地把握用户心理，了解用户需求，并且利用微信一对一的私密互动，通过文字、语音、视频、图片的不同组合、混搭来回答不同用户的咨询，可以更加生动形象地解决用户的问题，满足用户的各种需求，成为以用户为中心的参考咨询服务平台。

5.4 基于社群的图书馆活动推广服务

借鉴论坛版块或豆瓣小组的模式，在微信平台中打造多个不同主题的社交圈，并以"主题圈子"的形式显现。每个微信账号都可以加入自己想要加入的圈子，并在圈子中发布信息、评论或赞他人信息、转发他人信息。例如：①结合荐书系统，推出读书圈，圈子中可以推荐和评论看过的好书、推荐想看的好书、赞别人推荐的好书、想看别人推荐的好书，模拟蘑菇街的运行模式，置顶高被赞的推介；②结合学校公共课，开设公共课圈子，圈子中可以共享公共课资料、发布公共课消息、讨论公用课内容等；③结合学生组织，开设学生会圈、宿舍联盟圈、后勤维权圈等，为学生团体组织的交流共享提供平台。

参考文献：

［1］ 腾讯公布2013年第三季度业绩［EB/OL］.［2014 – 01 – 21］. http://www. tencent. com/zh-cn/content/at/2013/attachments/20131113b. pdf.

［2］ 微信用户属性数据：性别比例和年龄比例［EB/OL］.［2014 – 01 – 21］. http://www. 199it. com/archives/76608. html.

［3］ 微信公众平台更新说明［EB/OL］.［2014 – 01 – 22］. https://mp. weixin. qq. com/cgi-bin/readtemplate? t = news/mpupdate-sysi-33_tmpl&lang = zh_CN.

［4］ 蒋琦琦. 微信服务在图书馆应用的探索与实践［J］. 数字技术与应用, 2013(7):201 – 202.

［5］ 招商银行微客服［EB/OL］.［2014 – 01 – 23］. http://cc. cmbchina. com/Common.

［6］ 微信公共平台开发者文档［EB/OL］.［2014 – 01 – 24］. http://mp. weixin. qq. com/wi-ki/index. php? title = % E9% A6% 96% E9% A1% B5.

［7］ jAccount-SJTU Developers［EB/OL］.［2014 – 01 – 18］. http://developer. sjtu. edu. cn/wi-ki/JAccount.

［8］ 清华大学图书馆：小图［EB/OL］.［2014 – 01 – 27］. http://166. 111. 120. 164:8081/pro-gramd/.

［9］ 孙翌, 郭晶. 上海交大资源发现与获取平台建设［J］. 图书馆杂志, 2013(6):70 – 76.

［10］ 维基百科：数据库下载［EB/OL］.［2014 – 01 – 24］. http://zh. wikipedia. org/wiki/Wikipedia:% E6% 95% B0% E6% 8D% AE% E5% BA% 93% E4% B8% 8B% E8% BD% BD.

［11］ Library partners with Tagwhat mobile app to lauch new chapter in local story telling［EB/OL］.［2013 – 12 – 24］. http://www. vbgov. com/news/Pages/selected. aspx? release

=171.

作者简介

孙翌，上海交通大学图书馆馆员，系统发展部主任，E-mail：ysun@lib. sjtu. edu. cn；李鲍，上海交通大学图书馆工程师；高春玲，辽宁师范大学管理学院副教授。

高校图书馆展览服务的"移动"时代

庄玫　张蓓　李洁芳

清华大学图书馆

1　引言

图书馆的展览服务通常是指借助图书馆的地域与网络空间，通过展品陈列、技术展现等各种方式，以展示文化艺术、馆藏资源等为主要内容的读者服务[1]。随着图书馆服务职能的不断加强，在公共图书馆的评估体系中，展览由原来的"读者活动"部分调整为"社会教育活动"部分，并相应提高了评价的分值比重[2]。作为高校图书馆综合服务的重要组成部分，展览服务一直以来都承担着拓宽资源视野、引领先进文化和辅助受众教育的重要职能。进入 21 世纪以来，互联网和移动技术的紧密结合为信息传播、获取和共享提供了全新的渠道，如何适应"移动"时代的变革，持续提高图书馆展览在资源整合、信息投送与技术革新等方面的服务水平成为展览服务能否有效履行其既有职能的关键问题。

2　移动时代图书馆展览服务的需求特点

当今社会正在全面进入移动互联网时代，包括智能手机、平板电脑和电子书在内的移动媒体在高速互联网的支持下极大地改变了人们获取信息和分享资源的方式与习惯[3]。这些移动产品具备许多传统电子通信所设备所缺乏的优势：便携、具备双向多媒体功能、可定位、可扫描、配有重力感应装置等。在应时而生的各类 Web 或移动 APP 的服务支持下，移动产品迅速博得了广大用户尤其是青年和学生群体的青睐。清华大学图书馆于 2012 年对全校随机选择的 533 名新生进行了移动服务的调查，调查结果显示：使用手机、平板电脑等移动媒体设备上网的读者达到了 90.8%[4]。

2.1　通过移动终端设备快速获取定制型的展览服务信息

便携式的智能化移动终端设备逐步成为人们获取信息的主要途径之一，

296

图书馆的展览服务信息应当通过 SMS、手机网站和即时通讯软件等渠道进行迅捷的投送，以满足读者的多样化需求。与此同时，还需要通过 RSS、网站及邮箱订阅等形式为读者提供高效的展览信息的定制化服务。

2.2 不谢幕的展览服务

突破时间与空间的限制，在移动终端上实现在线展览无疑是移动时代用户对展览服务的核心需求。在展览素材数字化的基础上，通过 XHTML 和 HTML5 为移动终端量身打造适应终端显示条件的在线展览，使读者获得具备操作性的可用性设计[5]是展览服务在新时代需要不断完善的发展方向。

2.3 开发移动设备的体验式增值服务

移动终端的整合型硬件优势为增值型的展览服务提供了条件。使用多媒体摄录设备让读者参与到展览的制作与展示当中，使用扫描和 GPS 功能辅助展览过程，提高展览效率，拓展移动终端的游戏功能，可以使读者获得更加深刻的展览体验，从而有效提升展览服务的质量。

2.4 提升展览服务的交互性与共享能力

以个人为中心进行即时的信息交互和共享是移动服务的重要特点。读者通常希望能够切实地对展览服务的内容和效果进行反馈；同时，作为信息的发布节点，读者还希望能够把相关的体验分享到自己的社交群。借助社交网络和新型即时通讯软件的帮助，提升展览的相关服务质量成为展览服务保持活力的客观要求。

3 高校图书馆展览服务在"移动"时代的现状与问题

由于各高校图书馆的馆藏资源、图书馆服务能力与工作侧重点不同，其展览服务水平存在着较大的差别。哈佛大学[6]、耶鲁大学[7]和清华大学[8]等高校立足于其丰富的馆藏和突出的资源优势，形成了较为完整的展览服务运行体系。展览安排由专人负责，图书馆网站设立展览专区，展览活动实现了从组织安排、信息通告、多方位展示到内容存档等各个环节的系统化管理，移动互联网技术在这些高校的展览服务中得到了相当程度的应用。而大部分中国高校图书馆，包括香港、台湾地区的高校图书馆仍然采用以实体展览为主的服务形式，尚未设立专门的网上专区，移动互联网技术的应用一般仅仅体现在展览信息的投送方面。

对照移动时代展览服务的需求特点，可以发现：大部分高校图书馆尚未形成展览信息通过移动设备发布的立体化构架；移动图书馆网站尚未全面推广适应移动终端条件的 WAP "在线展览"；展览的体验增值服务应用相对有限；结合微信的发展，一些高校的图书馆在展览服务的交互性与共享方面做了有益的尝试。以国家图书馆和国家博物馆为代表的综合性机构在展览的移动服务方面做出了大量的探索，为高校图书馆提供了借鉴。

面对着高素质和全面"移动"信息化的读者群体，传统的高校图书馆展览服务在形式与内容等各个方面的发展明显滞后于读者的需求。走进"移动"时代，结合高校馆藏的优势，立足技术革新，实现立体的、互动的、读者主导型的展览是高校图书馆展览服务发展的必然趋势。

4 展览服务在"移动"时代的创新与发展

4.1 展览信息的立体化投送是"移动"时代受众增加的重要保障

移动互联网时代是消费者主导的信息时代，只有保证展览信息投送具备精准、即时和可定制的特点，才可以引起读者对展览本身的充分关注和参与。

4.1.1 传统公共媒介的移动化 在高校的环境中，招贴海报、报纸、广播、电视、电子公告系统与网站公告共同构成传统的展览信息公共投送媒介。这些传统媒介各自有着其无法替代的受众群体。二维码的引入极大地提高了传统媒介"接入"移动时代的效率。二维码是指在一维条码的基础上扩展出另一维具有可读性的条码，使用黑白矩形图案表示二进制数据，经设备扫描可获取其中所包含的信息[4]。移动媒介硬件独特的扫描功能带来了二维码的广泛应用，从而搭建了传统物理媒介与电子化的展览之间无缝的对接渠道。

4.1.2 社交网络与"微"平台 与公共媒介形成对应的是基于较强定制特点的移动互联网新媒介。方兴未艾的各种社交网络软件与相关技术为展览信息的快速传递和展览辅助功能的增强创造了有利的条件。参见耶鲁大学的展览网站[8]：当读者对相关的展览信息感兴趣时，可以选择下载 ics 文件，从而直接把具体的展览日程安排同步到 Outlook 的日程表；在点击 E-mail 通知时，展览信息可以自动地被转发到填入的信箱地址；Facebook 和 Twitter 的快捷链接则能够把相关信息快速地通过读者的社交网络进行传播；RSS 则为读者提供了信息定制的选项。近两年来，微博与微信构筑的"微"平台随着用户数量的激增成为了国内高校读者群最为常用的移动社交工具。建立微博与微信公众账号，借助"微"平台进行展览信息的发布已经成为国内一流高校普遍采用的方式。

4.2 整合馆藏资源，实现在线展览是展览服务在"移动"时代的核心表现

对展览内容的构思、展品的遴选、再加工和处理是决定展览服务能否实

298

现预定效果的根本。"移动"时代引入的展览形式与技术的革新在完成与展览服务内容的有机结合之后才能够真正使展览服务保持其特殊的吸引力。

4.2.1 立足高校特点，拓展展览的服务内容 作为先进文化汇聚地的高校图书馆，在其发展历程中依托高校的教育与文化背景通常会累积相当数量的特色馆藏资源，对这些资源的发掘、整理和再加工可以为展览服务提供丰富的素材。与此同时，举办系列化的特色展览，可在为读者提供服务的同时，协助图书馆进一步加强相关资源的收集和整理，最终实现"以展征藏、以藏促展"的目的[1]。

2007 年 9 月，清华大学图书馆收到了著名"保钓"人士周本初先生保存了 30 多年的"保钓、统运"文献资料，从而开启了清华大学图书馆"保钓、统运"资料的特藏服务[9]。随着相关资料的不断丰富，2009 年，在发掘整理馆藏的基础上，图书馆推出了关于"保钓、统运实物资料"的长期展览。2010 年"清华大学图书馆保钓资料收藏研究中心"成立，每年长期推出"保钓、统运"主题的各类展览。展览的相关信息经过再处理，通过图书馆公告、微博、微信、人人网等渠道进行发布，手机图书馆的展览预告栏目也及时跟进各类展览信息的推送，见图 1。立体化的信息传播途径极大地提高了读者对各类活动的关注和参与程度，在实现爱国主义教育功能的同时，也吸引了"保钓人士"持续不断的捐赠，使图书馆得以逐步扩展补充特色馆藏，成为国内外收藏保钓资料最为丰富完整的机构。

与公共图书馆的定位不同，高校图书馆的展览服务在很大程度上要积极关注专业科技发展与前沿文化内容，把握展览的专业深度和社会的"热点"脉搏。哈佛大学的在线展览通常会涵盖不同学院带有相当专业性质的收藏与研究成果。在 2013 年的"辅助疗法：中医论著与植物药品"展览中[6]，哈佛大学图书馆医学院从收藏的两本中医药及植物药品专著出发，结合当下对医疗保健的需求，介绍了主流医学以外的两个辅助疗法分支：使用草药的自然疗法和针灸。历史悠久的馆藏与具有时代感的需求以及专业医药学知识有机地结合在了展览中，给读者以很大的启迪。

高校的特殊读者群体为图书馆展览服务的创新提供了独特的资源基础与受众环境。借助学生社团与专项俱乐部的特色资源，结合图书馆的馆藏支持，举办具有针对性的专项展览，使图书馆展览服务能力得到了大大提升。以清华大学学生科学技术协会为例，该协会在 2013 年推出了学术科技与创新创业文化月的系列展览，挖掘展示了众多的学生课外学术科技项目，推出了部分项目的创业思路与执行规划。展览的全程与讨论活动通过社交网络平台在全校师生间迅速而广泛地得到了传播。活动启发了师生们的创新思维，繁荣了

图1　清华大学手机图书馆"展览预告"

校园文化，营造出了良好的学术科技氛围。

4.2.2　适应技术变革，创新展览形式　由于受到时间、空间和参与便利性的各种影响，实体展览的受众数量具有很大的局限性。在移动时代，结合互联网技术实现展览的数字化成为展览形式拓展的基础。以清华大学图书馆百年馆庆网站的"数字展厅"为例，在馆庆纪念网站发布后很短的时间里，系列展览栏目通过 PC 和移动终端的点击量就高达 6 300 余次，远远超过了参观展厅的人数。在技术实现方面，数字展厅支持缩略图预览与全屏阅读的功能，使用 AD Gallery 实现电子相册的缩放展示，通过 JW Player 实现支持不同多媒体文件格式的影音点播[10]。清华大学推出的 TWIMS 无线移动数字图书馆系统结合移动客户端应用的设计开发，用户可以运用智能终端方便地访问展览动态、浏览展览内容，以及通过设置关键词筛选进行个性化定制和完成应用的推荐。适应不同移动终端操作系统的浏览界面为用户带来了良好的使用体验。

国家图书馆的"掌上国图"移动图书馆系统设置了专门的"在线展览"栏目，见图2。通过内容精编及图片、文字的 CSS 处理把大量的常规展览调整成了适应移动终端读取习惯的格式。其在线展览的内容涉及范围广泛、制作精美、结构严谨，并实现了系统化的更新。"掌上国图"还推出了基于不同展览专题、支持 ios 和 Android 系统的 App 应用，从而有效地提升了读者对相关展览的认识和了解。

图2　"掌上国图"在线展览

4.3　展览服务的"微"展台

移动媒体硬件在3D技术、体验式展览方面优势明显。例如新加坡亚洲文明博物馆在秦文化展览中推出集成了增强现实应用、定位游戏和互动技术等的 ACM Terracotta Warriors 综合多媒体平台，用户可以通过手机下载观看兵马俑拉弓、射箭等虚拟场景，还可以实现与兵马俑合影和进行主题游戏的尝试[11]。

随着移动互联网设备的广泛应用，微信等提供的"微"平台除了扮演展览服务"信息提供者"的角色，还正在逐步向"微"展台过渡。微信是腾讯公司推出的为智能手机提供即时通讯服务的免费应用程序，具备跨通信运营商、跨操作系统平台的服务能力。微信可以通过网络快速发送免费（需消耗少量网络流量）语音短信、视频、图片和文字，同时，也可以共享流媒体内容的资料，使用基于位置的社交定位插件。截至2013年11月，微信的注册用户量已经突破6亿[12]。"微"展台极强的即时多媒体信息交互与共享能力使它具备了在展览移动服务方面超越其他互联网媒介的巨大潜力。

在高校领域，北京大学和清华大学已经就"微"展台的使用进行了不少有益的尝试。两校图书馆均推出了"新书推介"和"馆藏展示"的公共微信专题栏目。清华大学图书馆微信定期展出经过特殊设计和编辑的微信内容，见图3、图4。在展览方面重点推出了"清华藏珍"、"特藏组曲"和"新书放送"栏目，并使"清图快讯"栏目成为展览信息预告的立体化投送渠道之一。

图3　清华大学图书馆官方微信的栏目设置　　图4　清华大学图书馆微信推送的展览信息

　　国家博物馆在"微"展台方面的发展非常迅速，对图书馆界具有相当的借鉴作用。国家博物馆使用"Socialbase"管理平台对微信进行专业化的技术支持。其微信菜单提供全面的展览信息与活动进展公布；支持不同移动软件版本的展览资讯可以明确为读者提供"正在展览"、"展览预告"、"展厅地图"和"展讯下载"等信息，见图5。在点击"微"平台的"阅读原文"菜单时，系统会自动链接展览的专题网站，其网站内容全部经过细致的安排处理以适应移动设备的阅读习惯和分辨率要求。在提供展品编号或扫描展品二维码后，读者还可以获取详细的展品信息与附带的语音导览服务，"微"展台的内容得到了有效的扩展。可以预见在不远的将来，"微"展台的技术和应用会为读者带来不断创新的展览体验。

　　"微"平台的开放和互动十分方便，在实际应用中通常要进行相关的设置，以避免信息的泛滥化。一般而言，微博或微信的管理者可以自主设定是否提供交互式信息（多媒体）应答以及以何种方式进行交互。微信公众平台通常选择设定有限的交互方式。例如国家博物馆的微信平台提供快捷菜单与微信对话菜单的自动切换，读者的互动信息可以方便地通过微信的对话方式

图 5　国家博物馆官方微信的栏目设置

反馈给微信管理者，而不会直接在公共微信上显示。清华大学图书馆的微信平台则采用约束性互动的形式，支持读者回复"帮助"信息后按照特定指令进一步查询包括展览动态、新书通告等在内的图书馆公告信息，咨询图书馆的服务或提供反馈。

5　结论与展望

"移动"时代的来临对高校图书馆的传统展览服务影响深刻，技术的进步为展览服务在内容、形式以及交互能力等各个方面带来了前所未有的提升机遇。只有紧紧跟随技术革新的脚步，积极探索适应移动时代要求的特色服务，图书馆的展览才能长久有效地发挥其在高校教育和综合服务领域的重要作用。

参考文献：

［1］　王世伟.图书馆展览服务初探［J］.图书馆杂志,2006,25(10):22－26.
［2］　李丹,申晓娟,王秀香,等.新起点　新视野　新任务——第五次全国公共图书馆(成人馆部分)评估定级标准解读［J］.中国图书馆学报,2013,39(2):4－17.
［3］　张磊.上海图书馆移动服务实践与创新［J］.图书情报工作,2013,57(4):11－15.
［4］　张蓓,张成昱,姜爱蓉,等.二维条码在移动图书馆服务拓展中的应用探索［J］.图书情报工作,2013,57(4):21－24.
［5］　王茜,张成昱.清华大学手机图书馆用户体验调研及可用性设计［J］.图书情报工作,2013,57(4):25－31.
［6］　Harvard University Library. Online exhibitions［EB/OL］.［2013－12－27］. http://lib.

harvard. edu/online – exhibitions.

[7]   Yale University Library. Exhibitions［EB/OL］.［2013 – 12 – 27］. http://www. library. yale. edu/librarynews/allexhibitions. html.

[8]   清华大学图书馆. 网上展厅［EB/OL］.［2013 – 12 – 27］. http://lib. tsinghua. edu. cn/a-bout/exhibition. html.

[9]   何玉,高瑄,晏凌,等.清华大学图书馆藏"保钓、统运"文献整理研究［J］.大学图书馆学报,2012,30(6):66 – 70.

[10]   庄玫,姚飞,姜爱蓉.高校大型纪念活动网站建设实践——以清华大学图书馆百年馆庆网站为例［J］.数字图书馆论坛,2013(10):44 – 47.

[11]   田蕊,龚惠玲,陈朝晖,等.基于移动技术的国外博物馆新型传播模式对图书馆服务的启示［J］.情报资料工作,2012,14(5):89 – 92.

[12]   百度百科. 微信介绍［EB/OL］.［2014 – 02 – 17］. http://baike. baidu. com/view/5117297. htm.

作者简介

庄玫,清华大学图书馆馆员,办公室副主任,硕士,E-mail:zhuangmei @lib. tsinghua. edu. cn;张蓓,清华大学图书馆副研究馆员;李洁芳,清华大学图书馆馆员。

304

移动学习与嵌入式学科服务深度融合的创新实践与特色[*]

——以上海交通大学图书馆为例

黄琴玲　郭晶　高协　李丽　余晓蔚

上海交通大学图书馆

随着计算机和通信技术的日新月异，图书馆用户的学习方式也千变万化。当前，移动学习（m-learning）已成为继电子化学习（e-learning）之后图书馆用户学习模式变化的一大趋势[1]，这无疑给全面助力高校教学的图书馆嵌入式学科服务带来了冲击和挑战。如何将嵌入式学科服务与移动学习模式紧密结合，以动态支撑学校的教学工作，需要学科馆员多加思考。

1　嵌入式学科服务与移动学习发展现状

嵌入式学科服务是"使得馆员走出图书馆并创造一种新的图书情报工作模式的独特创新。它强调馆员与需要馆员提供信息知识的群体或团队之间形成一种牢固的工作关系。"[2]从20世纪90年代初开始，国外的各类图书馆即尝试将图书馆员及其服务嵌入到用户中，其中，美国可谓是嵌入式学科服务的开创者[3]和典型代表，它以嵌入课堂和网络教学平台的嵌入式教学与嵌入师生学习研究过程的嵌入式科学研究为主要形式，强调项目营销和品牌建设，将馆员整合进用户的研究工作流程，利用技术构建嵌入式服务[4]。在我国高校图书馆界，嵌入式学科服务的相关研究亦蔚成风气，刘颖等指出嵌入式学科服务聚焦用户，以有机融入用户的物理空间或虚拟空间、为用户构建一个适应其个性化信息需求的信息保障环境为目标，主要以学科为单元提供集约化的深入信息服务[5]。初景利从多个方面阐述了学科馆员的不同认知水平和各类嵌入形式的特征与要

---

　*　本文系上海市哲学社会科学2013年规划课题"教学模式变革下高校图书馆嵌入式学科服务策略与实证研究"（项目编号：2013ETQ002）和上海市图书馆学会2013年科研课题"教学模式变革下高校图书馆嵌入式学科服务实证研究"（项目编号：2013CSTX10）研究成果之一。

求[3]。宋海艳等探讨了嵌入科研团队开展学科服务的诸多方式与实践[6]。

而移动学习也同样注重学习过程及其嵌入，这与嵌入式学科服务的理念不谋而合。移动学习是指"利用无线移动通信网络技术以及无线移动通信设备、个人数字助理等获取教育信息、教育资源和教育服务的一种新型学习形式，其目标是促使学习者能在任何时间、任何地点，以任何方式学习任何内容。"[7]欧美大学对于移动学习的研究起步较早，自1994年开始，卡耐基梅隆大学等高校便进行了移动学习的实践研究，随后相关研究和实践在全球高校中不断展开，如美国普渡大学、英国威斯敏斯特大学、意大利国家教育技术研究中心、芬兰赫尔辛基大学等分别开展了一系列移动学习服务与教育的典型项目实践[8]。伴随着信息技术的发展，自本世纪初开始，国内高校也掀起了移动学习的热潮。2004年北京大学开发了多个版本的移动教育平台，2006年上海电视大学成为国内首批手机远程教育试点单位之一，2007年中国移动开始与教育部合作推广面向高等教育等的校讯通业务与产品，而北京大学、清华大学和北京师范大学亦主持了教育部"移动教育"项目，进行了移动学习的相关尝试，但总体而言，将移动学习应用于教学的实践仍处于摸索阶段[8]，真正将移动学习与嵌入式学科服务全面深度融合的实践尚属少数。上海交通大学（以下简称"上交大"）图书馆依托Pad移动学习终端、无线网络环境、各类软件技术与相关的网络平台，将学科服务嵌入机械与动力工程（以下简称"机动"）学院"燃烧学"与"制造技术"两门本科精品课程的教学过程，推出了以移动学习为基础的嵌入式学科服务（以下简称"移动学习嵌入服务"），获得了阶段性的成果和实践经验。

2 移动学习嵌入服务实践探索

2.1 服务规划

服务规划是实现移动学习嵌入服务的前提条件和重要环节。作为机动学院申请并获得立项的上交大985三期重点建设项目"基于移动图书馆的学生学业促进中心"之子项目，移动学习嵌入服务由图书馆顶层领导牵头，以重点课程为突破口，以多方合作为契机，获得了馆内各部门与机动学院的全力配合，得到了文献资源、技术系统、人员团队等各方面的支持。

在与机动学院充分协商的基础上，图书馆最高领导层、机动学科服务团队（以下简称"机动学科点"）与馆内各部门主任群策群力，对移动学习嵌入服务进行了思考和规划：①服务宗旨方面，制定了"明确一条主线——创新人才培养，突出两大重点——嵌入课程、助力教学，履行三大职责——信息素养提升、专业信息提供、互动研讨支撑"的服务目标。②教学资源方面，由课程教师通过本人账号在图书馆与教务处、网络信息中心共建的教学参考资料（以下简称"教参"）系统中，添加书名、作者、出版社等图书信息；之后，图书馆根据教师添加的信息采购相关教参，并将其电子化或进行馆际互借，然后在教参系统和课程网站中设置全文链接，供师生课堂讨论与移动学习之用。课程参考视频、参考论文等资源的搜集和整理则由机动学科点配合课程教师共同完成，为移动学习提供了丰富多彩的课程资源。③技术与设备方面，重点的工作是升级移动终端系统，搭建两门课程的网站，并完善电子教参系统，为移动学习提供相关支撑。④信息素养教育方面，为每门课程嵌入2－3次"迷你"讲座，通过培训辅导促进学生养成移动学习的习惯，提高其查找、获取、利用学术资源等方面的能力。⑤服务交流平台方面，在邀请课程教师、助教加入机动QQ学科服务群的同时，安排1－2次机动学院基地值班活动，通过面对面的交流，了解课程教师的需求并吸纳其建议。如图1所示：

图1　移动学习嵌入服务规划

2.2　实践探索

2.2.1　依托技术，支撑服务——信息技术助力服务创新　依托各类信息技术及相关的平台与系统，为移动学习嵌入服务提供鼎力支持。通过签订外借协议的形式，将本馆购置并参与开发的Pad学习终端免费提供给课程师生，以支持其通过校内无线网络便捷地开展电子教参等资料的移动阅读与课堂内外的小组互动研讨活动。与学院密切合作，运用网页制作等软件，为两门课程量身定制课程网站[9-10]（见表1），使得师生能够通过该网站随时随地查看Flash版教学课件、电子教参、参考视频与参考论文等丰富多样的教学资源，开展泛在化的移动学习。同时，借助Swf软件定期将教师提供的学生Project课件转换为Flash并上传至课程网站，为学生提供优秀作业的虚拟展示平台，促进其分享经验、随时随地学习。图书馆还为课程教师配备了专用的FTP、

307

个人云存储系统，方便其随时上传与查阅各类教学资料。此外，在与学院的联络中充分运用 Email、QQ、移动小号等沟通方式，畅通交流渠道，及时了解师生的使用反馈与服务需求。

表1　上交大"制造技术"与"燃烧学"课程网站栏目设计

一级栏目	首页	课程概况	教学资料与课程实验	作业与习题自测管理	课程视频	互动与评价	下载与链接
二级栏目	课程简介；课程网站导航	课程信息；教学团队；教学大纲；教学方法与考核	教学大纲；教学用书；类似教参；课堂讲义；参考论文；参考视频；其他参考资料；课程实验	作业提交；优秀作业展示；章节习题；习题自测；实验报告；考试	课堂录像；实验录像	我要提问；师生调查	资料下载；相关链接；国内外相关开放课程；著名机械工程院系；专业论坛；学科专业信息；图书馆讲座

2.2.2　虚实结合，嵌入教学——服务内容创新与突破　通过"迷你"培训和课外辅导，嵌入课程的讲授过程，助力基于实体空间的课堂教学。"迷你"培训形式灵活，一反教师"一言堂"的做法，充分利用课间10分钟，以学生为中心，综合运用小组互动研讨、双语教学、实际动手等教学方法，在保证学生人手一台学习终端的情况下，现场手把手地为其提供电子教参阅读方法、图书馆资源查找与利用等辅导，进而提高其信息素养，适应移动学习模式；同时，与课程助教合作，将信息素养教育延伸至课外，即先由馆员为课程助教提供信息素养培训，再由助教基于 QQ 群、电子邮件群等为学生提供相关辅导和咨询解答，使得移动学习嵌入服务无处不在。

除此之外，图书馆注重虚实结合，善用系统、网站、软件等，嵌入学生基于网络虚拟空间的学习过程，支持以虚拟空间为基础的课程学习。通过改进电子教参系统、创建课程网站、提供 Pad 学习终端，帮助学生突破静态孤立的传统学习方式，建立动态合作的移动学习模式。在电子教参系统的完善方面，根据国外版权法的相关规定，若仅将电子书用于课程教学，并且只提供分章节的下载，则不被视为侵犯版权，图书馆遵照此法，将课程教师指定的有纸质版而无电子版的图书电子化，获得了完备的课程电子教参资源，供学生在移动学习中使用。此外，图书馆还将教学课件、电子教参全文、参考视频和参考论文编辑成 Flash 动画形式并上传至课程网站，推出了基于 Pad、PC、智能手机等终端的多类型资源之数字化移动学习服务，促进学生充分利用碎片化时间，实现移动、泛在学习。在此基础上，进一步开发课程网站系统，使学生能够在线完成自测习题并与同学、教师或馆员互动交流。

2.2.3　凝心聚智，共话服务——多种服务合作模式的运用　图书馆尝试运用各种服务协作模式，以集合各方力量，共同建设移动学习嵌入服务。首先，建立馆员－教师－助教协同服务模式。在课程教师提出教参、视频、信息素养教育、课程网站内容制作等具体的资源与服务需求之后，学科点即予以跟进，为其教学提供支持，而助教则辅助馆员和教师提供学习终端与电子教参使用指导、整理参考视频英文简介、编辑图片、发放与收集学习终端外借协议等（见表2），三方力量的汇集使得相关服务的开展卓有成效。其次，建立多部门协同联动协作机制。在馆内顶层领导的统一部署下，机动学科点联合馆内采访编目部、技术加工部、综合流通部、系统发展部，通过图书采购、纸质资源电子化、馆际互借等形式，为课程师生提供所需的电子教参，在此基础上建设课程网站系统，为多类型、个性化教参资料的移动学习提供进一步支撑。同时，为节约人力成本，提高工作效率，合作各方从19名项目组成员中选定6名核心成员，即来自图书馆各部门的4名业务骨干、机动学院2位课程主讲教师，由他们来承担移动学习嵌入服务项目中的主要工作，包括信息素养教育、课程网站制作、课程教学与相关教学资料的提供等。

表2　移动学习嵌入服务的团队合作情况

支持团队	人数	职务/身份	工作内容
机动学院教师	7	党委书记	"基于移动图书馆的学生学业促进中心"项目的申报与规划
		分管本科教学的副院长、主任	"基于移动图书馆的学生学业促进中心"项目的具体实施
		学生党总支书记、学生工作负责人	对学生正确使用学习终端进行引导和督促
		课程主讲教师	课程教学；教参资料、信息素养教育需求的提出；教学课件、参考论文等资料的提供
图书馆馆员	10	党委书记	移动学习嵌入服务子项目的前期联络与总体规划
		读者服务总部工学部、综合流通部、系统发展部、技术加工部、采访编目部主任	移动学习嵌入服务子项目的组织实施
		机动学科点、系统发展部、技术加工部业务骨干	信息素养教育；学科联络与咨询解答；课程教参资料的搜集和整理；纸质教参书的电子化；课程网站栏目设计、内容撰写与制作等
课程助教	2	研究生	移动学习终端、电子教参使用辅导；照片处理、参考视频内容简介整理；终端外借协议管理等

2.2.4 敢于宣传，乐于推广——服务营销攻略 酒香也怕巷子深，诚如现代营销学之父菲利普·科特勒所言："一家企业只有两项基本职能，创新和营销。"在图书馆界亦是如此，面对读者阅读习惯和学习方式的改变，对移动学习嵌入服务进行一定的宣传不可或缺。机动学科点通过采用适当的服务营销策略，力求服务宣传内容过目难忘，相关服务活动深入人心。在与学院举行不定期商讨会、参加学院会议时，向学院领导实时呈递嵌入式学科服务的成功案例资料，加深其对图书馆相关服务的了解；在各种途径的交流中，积极主动、有意识地向课程教师介绍学科点的嵌入式学科服务，征询和激发其对相关服务的需求；在课程网站中，不忘放置学科博客、LibGuides 链接、学科点服务简介等信息，以提高相关服务的能见度和可见度。

2.3 评价反馈

移动学习嵌入服务自 2013 年初实施以来取得了较好成效，获得了学院师生的充分肯定和认可。教师们一致认为图书馆的服务对其课程教学起到了强力支撑作用。课前，教师布置学生通过 Pad 等学习终端阅读电子教参，为课堂的小组讨论奠定了良好的基础；课后，他们通过课程网站发布阶段性的教学课件、参考视频、参考论文，使学生通过对这些资料循序渐进的学习，掌握了专业知识，拓展了专业视野。教师们还表示，期待今后能继续与图书馆合作，不断推进其课堂教学模式的改革。而学院分管本科教学的领导也提出，希望图书馆能对学院其他的课程给予类似的支持。

从 Pad 学习终端使用情况的问卷调查来看，约 70%的学生表示在课程中会随身携带学习终端，用于课堂学习、资料收集或小组研讨，并有约 82%的学生认为学习终端的使用对其课程学习很有帮助。从学生的课堂反馈来看，两门课程的学生均指出图书馆的服务改变了他们的学习方式，电子教参、参考视频等资料的使用带他们走进了移动学习的多彩世界，而相关的信息素养教育则为其信息素质提升提供了强力支持。

3 移动学习嵌入服务之特色

3.1 契合用户需求与课程特点

上交大图书馆机动学科点因用户需求而行，因课程特征制宜，强调移动学习嵌入服务与课程特色、用户需求的高度契合，拒绝闭门造车与"自娱自乐"。通过与"制造技术"、"燃烧学"两门试点课程教师充分沟通，了解到其仅需要与课程密切相关的参考资料以及最需要保持课程讲义、电子教参和参考视频的及时更新，基于此，学科点精心搜集和挑选了相关参考资源，并及时制作与上传课程资料。鉴于"制造技术"、"燃烧学"为机械工程类专业课程，注重实际动手项目，强调实践性教学，重视学生动手能力的培养，学科点在为两门课程设计网站时，不遗余力地为课程实验提供支持，不仅重视课程实验信息和资料的及时整理与电子化，而且将重要的实验制作成视频供学生课后学习观看；在信息素养培训中，亦强调理论讲授与上机动手操作的紧密结合。

3.2 探求全程融入和深度嵌入

关注服务的持续性与深度性，确保为试点课程提供有力支撑。学科点改变目前普遍存在的单次、短期嵌入课程之服务模式，融入课程的整个教学过程，力争提供持久、深入的嵌入式学科服务。在移动学习嵌入服务实践中，服务团队对课程网站的动态更新及对学生的相关辅导贯穿始终，实现了服务无处不在。在以助力教学为主要目标的同时，通过学术视频、学术论文、学科博文、专业论坛等专业信息的搜集与提供，兼顾对师生科研的支持，从而延伸了服务触角，拓展了服务深度。

3.3 注重服务内容与形式创新

同则死，异则生。在继承已有经验的基础上，机动学科点敢于打破常规，寻求服务内容和形式的与众不同。服务内容上，除了推出"迷你"信息素养培训与基于 Pad 终端的移动学习服务之外，学科点还为师生量身定制个性化的课程网站，以整合各类资料，为其提供课程资源的动态、全程导航，促进试点课程甚至是全院教师的教学方法改革。服务形式上，采用灵活多样的信息素养培训和不拘一格的咨询辅导形式。迷你信息素养培训以各类小型专题的形式在课间开展，其高效紧凑的课堂风格、注重上机演练的教学方式受到了学生的喜爱；咨询辅导则充分运用现代通信技术，将现场答疑与移动通讯、电子邮件、QQ 群、LibGuides 等形式的咨询有机结合，搭建立体全方位的学科咨询服务体系。

3.4 重视服务规划和宣传沟通

服务规划与宣传沟通是移动学习嵌入服务有序开展的重要保证。在整个服务实践中，从馆内高层领导到部门主任，均十分重视工作实施方案与阶段性服务计划的制定，并注意将相关规范性文件上传至 FTP，供馆员随时学习与查看，为后续工作有条不紊地开展提供了指南。同时，也非常注重服务营销与推广，通过名片、海报、宣传页、DV、网站、会议等方式向院领导和课程教师宣传学科点的相关服务，提高服务的影响力与知名度。此外，通过多种联络方式，加强与课程教师的沟通和交流，了解其在信息素养讲座、课程网站制作等方面的需求与建议，以便及时调整服务策略，改善服务效果。

3.5 挖掘团队力量与合作机会

著名企业家比尔·盖茨曾一针见血地指出："大成功靠团队，小成功靠个人。"盖茨的这一认识道出了团队协作的重要作用。上交大图书馆特别注重发挥团队优势，牢固把握合作机会，以凝聚各方智慧与力量，为相关服务的成功增添筹码。在移动学习嵌入服务中，该馆充分发挥馆内各部门馆员的专长，教材和教参的购买交由采编部馆员完成，课程资源的搜集整理、课程网站设计及学科联络工作由学科点承担，系统和软件的开发由系统发展部馆员负责，而各类资料的电子化则由技术加工部老师完成。同时，重视与机动学院的密切合作，邀请课程教师提供课堂讲义、参考视频、参考论文与优秀作业等信息，课程助教负责分析和撰写参考资料内容介绍，由此弥补了馆员在课程专业知识方面的欠缺与不足，通过优势互补巩固了服务效果。

4 移动学习嵌入服务未来发展展望

经过一个学期的实践探索，上交大图书馆开展的移动学习嵌入服务取得了良好实效，达到了预期的目标。然而，在接下来的工作中，仍有需要不断改进和持续创新的地方：

4.1 深度嵌入专业课程，全面提升信息素养

在移动学习嵌入服务中，学科点开展的嵌入式信息素养教育主要围绕电子教参阅读方法、图书馆资源的查找和利用而进行，与专业课程本身的结合还不够深入。将嵌入式教学与专业课程的授课深度融合，通过信息素养培训促进学生有效地检索、获取、利用、评价、管理学科专业资源，全面提高其信息素养，目前还缺乏足够的实践，而这方面的培训活动恰恰被课程教师认为是信息爆炸时代学生所最需要的。尝试将信息素养教育无缝嵌入到专业课程的教学当中，将会是移动学习嵌入服务下一步的工作重点。

4.2 完善学习终端设备，丰富课程参考资源

通过 Pad 学习终端服务反馈问卷调查，发现多数学生使用学习终端阅读电子教参的频率为 2－3 天一次或者更少，平均每次阅读的时间不超过 2 小时，由此可见，学生对于学习终端的使用程度还不够高，暂时还停留在碎片阅读、零星阅读的阶段。究其原因，主要还是学习终端在设备、功能和课程参考资源方面存在一些问题（见表3）。为了吸引学生更多地使用终端进行教参的移动学习，以后还需升级终端设备的性能，完善学习终端的功能，丰富课程参考资源的内容，从而切实加强对课程教学的支持力度，深化移动学习

嵌入服务的内涵。

表3　课程师生对 Pad 学习终端的改进建议

设备方面	功能方面	课程参考资源方面
加强终端的软件维护	开发更多相关的 App 应用程序	在 Pad 中内置更多的学习资料，或者可以通过终端直接获取
加快终端的启动速度	配备更多的常用软件	能离线阅读课件等资源
增强网络连接的稳定性	改善阅读体验，如改进课件浏览时的标记功能、提高触屏灵敏度等	对无法下载的资源给予标识

4.3　加大各方合作力度，深化课程网站建设

虽然"燃烧学"与"制造技术"两门课程的网站已基本建设完成，并倍受青睐，但是网站的功能离师生的期望与图书馆的服务目标还有一定的距离，如暂时还未提供课程参考资源的离线下载，在线提交作业、批改作业、习题自测等功能尚未开发好，师生之间、馆员与用户之间的互动功能尚且没有很好地实现，因此，今后还需要在强化馆内外合作的基础上，进一步加强课程网站建设，实现网站功能和内容的多样化。

4.4　增加支撑课程数量，扩大服务覆盖面

由于移动学习嵌入服务取得了较好效果，学院方面提出了增加支持课程数量的希望。对此，学科服务团队积极跟进，及时向馆领导反映学院需求，以获得相应的人力支持和资源保障，进而为扩大服务覆盖面和受益面创造条件。

上交大图书馆所探索的移动学习嵌入服务，充分发挥了嵌入式学科服务与移动学习之间有着天然联系的这一优势，以深度嵌入教学过程为抓手，基于移动学习强化对课程教学的支持，促进学院教学方法的改革，并尝试为课程教师和本科生提供科研支持，从而拓展嵌入式学科服务的广度和深度。同时，为确保服务的不断创新和可持续开展，在今后的工作中，该馆机动学科服务团队将多方改进相关服务，继续优化服务策略。近年来，与移动学习一脉相承的泛在学习（u-learning）在各高校逐渐风生水起，作为一种用户在任何时间、任何地点使用任何终端的智能学习环境[11]，它将对图书馆嵌入式学科服务与嵌入式馆员提出更高的要求和挑战。

参考文献:

[1] 莫梅锋,张锦秋.手机沉迷对大学生移动学习的影响与引导[J].现代远距离教育,2012(5):80-84.

[2] Shumaker D. The embedded librarian:Innovative strategies for taking knowledge where it's needed [M]. Medford:Information Today, 2012.

[3] 初景利.学科馆员对嵌入式学科服务的认知与解析[J].图书情报研究,2012,3(5):1-8,33.

[4] 李金芳.美国高校图书馆嵌入式学科服务的典型案例研究[J].图书馆杂志,2012,31(11):73-77.

[5] 刘颖,黄传惠.嵌入用户环境:图书馆学科服务新方向[J].图书情报知识,2010(1):52-59.

[6] 宋海艳,郭晶,潘卫.面向科研团队的嵌入式学科服务实践探索[J].图书情报工作,2012,56(1):27-30.

[7] 刘建设,李青,刘金梅.移动学习研究现状综述[J].电化教育研究,2007(7):21-25.

[8] 王军,王琴.移动学习在高校的应用现状和发展策略研究[J].中国电力教育,2013(8):118-120.

[9] 上海交通大学制造技术课程网站[EB/OL].[2013-09-03].http://jc. lib. sjtu. edu. cn/Course/course1/index. asp.

[10] 上海交通大学燃烧学课程网站[EB/OL].[2013-09-03].http://jc. lib. sjtu. edu. cn/Course/course2/index. asp.

[11] 潘基鑫,雷要曾,程璐璐,等.泛在学习理论研究综述[J].远程教育杂志,2010(2):93-98.

作者简介

黄琴玲,上海交通大学图书馆助理馆员,E-mail:qlhuang@lib. sjtu. edu. cn;郭晶,上海交通大学图书馆副研究馆员,副馆长;高协,上海交通大学图书馆助理馆员,读者服务总部工学部副主任;李丽,上海交通大学图书馆馆员,读者服务总部综合流通部主任;余晓蔚,上海交通大学图书馆副研究馆员,读者服务总部工学部主任。

国内外图书馆电子移动设备外借服务工作探析

朱宁

昆明理工大学图书馆

当今社会已成为一个"移动型"社会，越来越多的人使用诸如手机、平板电脑、笔记本电脑、电子书阅读器等移动设备进行学习、研究、娱乐、文献阅读等活动。图书馆在这种移动环境下做足准备了吗？除了近来不少图书馆推出热门的手机微信服务外，电子移动设备的外借服务工作进行得怎样？在国内，图书馆的外借设备种类较为单一，主要以电子书阅读器为主，国家图书馆于 2008 年率先开展了该设备的外借工作；在国外图书馆尤其是高校图书馆，外借设备种类繁多，大到摄像机，小到耳机，只要能满足教学科研和读者的需求，图书馆均可根据自身经费情况开展此项服务。笔者应用百度输入"图书馆 电子移动设备 电子书 笔记本电脑 平板电脑 外借"检索词，应用 google 输入"library mobile device ebook reader iPad laptop loan"检索词，分别从中英文检索结果中按公共或高校图书馆以及国别或地区代码进行链接阅读，挑选出 17 家外借操作规则较为规范成熟的中国大陆及美国、加拿大、英国、澳大利亚、香港地区具有代表性的公共和高校图书馆，从外借设备的种类、查询、预约、借还方式、使用区域、借阅期限、续借、超期罚金、联网打印、文件存储、电子图书下载与外借、维修与赔偿等方面进行了介绍，供图书馆同行借鉴，以促进和提高我国图书馆电子移动设备流通外借的服务意识增强与水平的提高。

1 移动电子设备的外借种类

1.1 公共图书馆

由于服务对象文化水平、年龄层次、兴趣或工作重点、数量、流动性等方面的不同，公共和高校图书馆在提供移动设备外借种类上存在很大的差异，这在国外尤其明显。国外大型公共图书馆可能会在一些分馆提供笔记本电脑

315

外借服务，中小型图书馆可能会提供电子书阅读器，甚至是笔记本电脑的外借，数量种类都很少，而国内公共图书馆提供外借电子移动设备的种类和数量较之国外公共图书馆来说相对较多，但主要是电子书阅读器。例如，上海图书馆对本馆读者提供电子书阅读器、平板电脑和 U 盘的外借服务[1]；广州图书馆提供 44 台电子阅读器的外借[2]。而美国纽约公共图书馆对本馆读者只提供笔记本电脑外借服务；加拿大多伦多公共图书馆对本馆读者只在其 Jane/Sheppard 分馆提供 10 台笔记本电脑的外借服务；美国旧金山公共图书馆、英国曼彻斯特公共图书馆、南澳大利亚公共图书馆等读者量大的大型公共图书馆，几乎不提供电子移动设备的外借，但在一些读者量较小的中小型图书馆则提供该类设备的外借，比如美国西蒙弗来德公共图书馆（Simon Fairfield Public Library），对该馆年满 18 周岁以上的读者提供电子书阅读器的外借服务。

1.2 高校图书馆

高校图书馆除了提供笔记本、平板电脑等主要设备外借服务外，还应根据学校教学科研活动的需求及自身实际情况，提供更为周到详细的其他电子移动设备的无偿外借与有偿租借服务。我国高校图书馆提供移动电子设备外借服务时，考虑的对象主要是读者个人，设备主要是电子书阅读器或者笔记本电脑，类型比较单一。例如，北京大学图书馆为本馆读者提供 150 台电子图书阅读器外借服务；暨南大学图书馆为本馆读者提供电子图书阅读器外借服务；华东师范大学图书馆为本馆读者提供笔记本电脑外借服务。国外高校图书馆移动电子设备外借服务考虑的对象可以是读者个人，也可以是小组团队或班级，设备以笔记本电脑、平板电脑外借为主，除提供上述主设备外，一般学生常用的耳机、鼠标、电源线、转换器、网线、U 盘等辅助电子设备也会提供外借，有的图书馆可能没有把这些辅助电子设备在图书馆网页公布出来，但学生往往可以在流通服务台获取这些服务。例如，美国伊利诺斯州立大学 Milner 图书馆对本校读者除提供 30 台笔记本电脑外借服务外，还提供 Ipad 、Ipod 3（主要用作图书馆指南导航语音讲解）、电源线、鼠标、交互式魔术笔、不同型号苹果移动设备连接器、耳机、照相机、多媒体投影仪、摄像机、8GB 的 SD 卡、三脚架、数字录音机、麦克风、盒式录音机、教室设备如计算器、教室遥控器、自动白板笔和橡皮擦等的外借服务[3]；美国里海大学（Lehigh University）图书馆对本校读者提供除笔记本电脑、平板电脑、电子书阅读器的外借服务外，还提供移动路由器（mobile hotspot）的租借服务。另外，国外高校图书馆通常为师生提供学习研究室的借用服务，供团队进行教学和科研活动，所以，与之配套的电子移动设备的外借服务也开展得如火如荼。比如，2010 年冬季学期，加拿大多伦多大学信息系"信息素质教育与评估"选修课程在学期结束前要对班级学生进行小组 PPT 展示的期末测评，主讲老师事先向信息系分馆预约了摄像机、笔记本电脑、投影仪等设备的外借服务，甚至要求在教室测评现场配备摄像技术人员，对教学测评活动提供全程技术支持与服务。

其实，在我国已有学者做过调查，手机因为阅读屏幕小，更适合碎片阅读而非长时间阅读[4]，不可能成为长篇文献阅读的主要移动设备。对于需要长时间进行深入阅读的搞学术研究的高校师生来说，利用屏幕更大的笔记本电脑、平板电脑进行阅读效果更好，图书馆若能提供该类设备的外借服务，则更符合读者的学术需求。出于市场化的考虑，图书出版一般是先纸本、后电子版的顺序，利用电子书阅读器往往不能阅读到最新的文献信息内容，因而更适合用于大众化的消遣性阅读，经费有限的公共图书馆把电子书阅读器作为主要外借电子设备不失为一种明智的选择。

2 移动电子设备的查询与借还

2.1 在馆状态的查询

目前国内外图书馆所提供的读者查询移动电子设备在馆状态的方式主要有三种：

- 通过图书馆网页 OPAC 目录检索。比如北京大学图书馆电子图书阅读器的借阅办法与普通纸本图书相同，在图书馆书目检索系统（OPAC）中输入检索词"电纸书"即可查询其馆藏信息和借阅状态等。香港大学图书馆笔记本电脑和平板电脑的在馆状态也是通过图书馆书目检索系统输入"Laptop Loaning Programme"（笔记本电脑外借项目）和"Tablet Loaning Programme"（平板电脑外借项目）即可知晓。

- 通过图书馆网页动态公布在馆情况或在线查询。比如美国伊利诺斯州立大学 Milner 图书馆，在本馆电子移动设备外借网页信息栏中动态公布一些设备的在馆状态，如图 1 所示：

图 1 列出了该馆某日某时其中二台平板电脑的在馆状态：馆藏地点为图书馆 2 楼流通台，馆藏号分别为 iPad 32GB 和 iPad 16GB（读者可让系统自动把馆藏号发送短信到自己手机上），iPad 编号 15 和 17，iPad 使用说明，15 号 iPad 在馆，17 号 iPad 已借出（2013 年 5 月 29 日到期）。

- 通过电话、现场等方式直接到外借处咨询。很多图书馆由于移动电子设备数量、种类相对较少，或按照"先来先借"原则办理借还手续，或不提

```
Location:      Floor 2 Circulation Desk
Call Number:   iPad 32GB
               Text me this call number
Copy:          15
Link to:       iPad user guide
Status:        Available


Location:      Floor 2 Circulation Desk
Call Number:   iPad 16GB
               Text me this call number
Copy:          17
Link to:       iPad user guide
Status:        c.17 - Checked out(Due: May 29, 2013)
```

图 1　Milner 图书馆部分平板电脑在馆状态信息栏[5]

供预约，均采用这种方式让读者了解设备的馆藏状态，国内外均有图书馆采用这种方便省事的查询方式，但对读者来说，查询的时间和地点受到了限制。

2.2　预约

国内外图书馆对移动电子设备是否开展预约服务情况不一，如果外借设备种类数量均很少，而读者需求又很大，那么此项服务的效果是很有限的。相反，如果设备种类数量较多，且又能根据读者需求情况对服务项目作出细化，效果就很好了。比如，多伦多大学图书馆在全市共有 71 个分馆，每个分馆开展移动设备外借服务的情况各不相同，安大略省教育学院分馆 OISE 的预约服务就颇具特色。OISE 图书馆为该学院师生提供 6 台笔记本电脑和 3 台 iPad2 的借还服务，如果由于教学科研活动需求，需要预定移动设备的话，则可通过"在线教育共享"（online Education Commons）服务项目，提前 48 小时在网上填写表单预约。预约设备有 4 种类型：①计算机类（笔记本电脑、投影仪）；②多媒体设备类（数字录音机、摄像机、麦克风、扬声器等）；③科研设备类（转录器、磁带录音机等）；④教学设备类（智能板、CD 播放器、DVD 播放器、数字静物摄影机、文档相机、数码影像摄录机、活动屏幕、幻灯片投影仪等）。预定表单除了填写个人信息外，其他选项要求非常具体，如：预定起止日期、预定起止时间段、使用频率（1 次、每天、每周、每个月）、预定电子设备（可多选）、该学院可预定的教室编号、活动人数、是否需要设备技术人员、其他特别要求等[6]。

2.3　借还办理原则与程序

由于移动电子设备较之纸质文献价格更为昂贵，管理更为严格、维护更为

318

繁琐，对其借还地点，国内外图书馆基本都采用"在什么地方借，就在什么地方还"的原则，不能像纸质图书那样通过在分馆，或者通过流动书箱、自助借还等方式跨校区、跨地区进行。而且，大多数图书馆采用的借阅原则基本是按"先来先借"的原则办理，当然也有例外，例如，北京大学图书馆电子图书阅读器就按教职工优先、学生读者向后顺延的原则办理；香港大学图书馆笔记本电脑和平板电脑，主馆按"先来先借"、分馆则以"分馆读者优先"的原则办理外借。在办理手续上，大多数图书馆是仅凭读者证或借阅证办理，只有广州图书馆额外要求读者交纳 1 500 元押金后方可办理电子书阅读器的外借。另外，很多提供外借的移动电子设备均具备远程访问图书馆或者其他网站数字资源的功能，图书馆对其他网站上的数字资源是否具有访问、下载、存储和再传播的权利呢？其实，图书馆对读者使用本馆外借的电子移动设备访问、利用其他网站数字资源的行为是很难控制的，一旦因为读者的行为造成侵权引发版权纠纷，图书馆可能会为此承担连带责任[7]。为此，国外很多图书馆在提供能联网访问下载数字资源的移动电子设备，如笔记本电脑、平板电脑、电子图书阅读器的外借服务时，都要求读者签署外借协议表单，遵守学校制定的信息技术使用规则，以分清双方责任。例如，加拿大多伦多公共图书馆、美国西蒙弗来德公共图书馆、香港大学图书馆，读者第一次外借移动设备时需签署协议表单才可办理外借；澳大利亚昆士兰技术大学（Queensland University of Technology）图书馆，每次借阅笔记本电脑均需签署借阅协议；英国利物浦大学图书馆、澳大利亚昆士兰技术大学图书馆、香港大学图书馆，读者使用笔记本电脑时均需遵守学校信息技术规则；香港大学图书馆办理借用手续时，读者需检查电脑和电源适配器等设备情况，发现损毁和故障当场向工作人员说明，以分清责任。而我国图书馆在提供移动电子设备外借服务时，法律保护意识不强，没有一家图书馆要求读者签署协议，情况稍好的只是在图书馆网页注明，要求读者遵守国家相关法律等事项。当然，在办理借还手续时，绝大多数图书馆都会要求读者和工作人员检查主设备完好情况，发现损毁和故障当场说明，以分清责任，华东师范大学图书馆对此就有明确规定。

3 移动电子设备的使用

3.1 使用区域与借阅期限

不同图书馆对不同类型外借移动电子设备的使用区域与借阅期限制定了不同的规则，一般来说，若是设备数量有限、读者需求量较大，则受到短期（以小时计算）借阅时间的限制，其使用区域一般是在图书馆内；若是设备数量与读者需求量较为均衡，则允许长期（以天计算）借阅，其使用区域则可以是馆内或馆外。例如，华东师范大学图书馆笔记本电脑外借时间为当天 8：00－21：00，每次借用以 4 小时为限，若无其他人借用，可续借一次，但须在当天规定时间内归还，仅限于图书馆参考阅览区内使用[8]；加拿大多伦多公共图书馆笔记本电脑外借时间 2 小时，可续借 1 小时，限分馆内使用[9]；美国伊利诺斯州立大学 Milner 图书馆笔记本电脑、Ipod 3、电源线、鼠标、交互式魔术笔、移动设备连接器、耳机、自动白板笔和橡皮擦外借时间均为 3小时，笔记本电脑逾期半小时收取 5 美元；美国纽约公共图书馆笔记本电脑外借时间仅 45 分钟[10]；多伦多大学安大略省分馆 OISE 分馆笔记本电脑和iPad2 的外借时间为 4 小时，当天闭馆前 15 分钟必须归还，不能续借，超期按0.5 元/小时收取逾期费；英国利物浦大学图书馆笔记本电脑外借时间为 4 小时，当天闭馆前 30 分钟必须归还，逾期 1 小时内罚金为 5 英镑，逾期 1 小时之后，罚金为 1 英镑/小时[11]，这些短期借阅的设备均限制在馆内使用。但澳大利亚昆士兰技术大学图书馆笔记本电脑外借时间虽为 4 小时，不能续借，却可在馆外使用，只需在闭馆前 1 小时归还，逾期的话，图书馆会向读者发出逾期通知，逾期 1 小时占用 10 点罚金（该馆对每位读者所有外借书籍或设备给予 500 点罚金限额，首次触及 500 点给予警告，之后触及，缴纳 20 澳元罚金）[12]。

上海图书馆规定所有外借移动电子设备（电子书阅读器、平板电脑、U盘）的借期为 28 天，不可续借，逾期支付 0.2－0.5 元/天逾期费；广州图书馆电子书阅读器借期 1 个月，可续借 1 次，续借期仍是 1 个月，逾期按 1 元/天收取逾期费[13]；北京大学图书馆电子书阅读器借期 1 个月，不可续借，逾期收取 0.2 元/天费用[14]；暨南大学图书馆电子书阅读器，借期 15 天，可续借2 次，每次 15 天，逾期收取 0.5 元/天[15]；美国伊利诺斯州立大学 Milner 图书馆 Ipad 借期 7 天，照相机、多媒体投影仪、摄像机、SD 卡、数字录音机、麦克风、盒式录音机借期 2 天，计算器、教室遥控器借期 16 周；香港大学图书馆笔记本电脑和平板电脑借期 1 天，需在当天闭馆前 30 分钟归还，不能续借，逾期收取罚金标准为 500 元/晚[16]，以上这些设备均可在馆内外使用。

但也有例外，美国里海大学图书馆笔记本电脑、平板电脑、电子书阅读器的外借时间为 4 小时，笔记本电脑可带出图书馆，平板电脑和电子书阅读器只能在馆内使用。另外，该馆还根据师生的实际需求，提供移动路由器（mobile hotspot）的租借服务，该设备备受外出旅游开会读者的喜爱，轻巧灵活，便于携带，可把用户手机变成类似 WiFi 热点的东西，也就是说把手机的流量作为WiFi 流量发射出去，支持 WiFi 的设备，平板电脑、笔记本、iPod touch 等均可共享 WAP、NET 或者 3G 流量，可同时提供 5 个移动设备的无线上网。外借期限在 5 天内，租费为 9.99 美元/天，超过 5 天，租费为4.99美元/天[17]。

3.2　联网打印与文件存储

我国图书馆提供笔记本电脑外借服务时，基本不能联网打印，国外图书馆提供笔记本电脑外借服务则基本能无线上网、联网打印或注明打印使用操作说明等事项。例如，美国伊利诺斯州立大学 Milner 图书馆外借的笔记本电脑可无线上网，开机后输入读者证账号、密码即可联网使用，读者个人文件信息只能存储在自带存储盘上，可以通过所借笔记本电脑无线打印文献，费用从读者证账号中扣除，若信号不好或找不到联网打印机，也可用存储盘到馆内其他台式电脑上打印；英国利物浦大学图书馆的读者使用外借笔记本电脑时，用读者证账号密码登陆无线网络，读者个人文件信息只能存储在自带存储盘上，可选择馆内任何联网打印机进行打印；澳大利亚昆士兰技术大学图书馆的读者使用外借的笔记本电脑时，读者个人文件信息只能存储在自带存储盘上，可联网打印，并附有操作说明[18]；香港大学图书馆和加拿大多伦多公共图书馆外借的笔记本电脑均可无线上网，若要打印需把打印内容存入自带存储盘上，到馆内台式电脑上进行打印。

3.3　电子图书的下载与外借

中外图书馆电子图书的下载与外借服务方式上存在很大的差异。我国绝大多数图书馆对于电子图书的外借服务还停留在将电子书作为众多所购买数据库中的一类文献库，让读者在 PC 机上在线或下载阅读，即便开展了电子图书阅读器外借服务的图书馆，也由于版权或电子书格式问题，读者只能从阅读器上阅读到内容较陈旧、学科覆盖范围较小的文献。比如，超星数字图书馆是我国目前规模最大、藏书量最多的中文数字图书馆，但它的大部分图书是对原有藏书的回溯建库，新书供应则显得不足，究其原因，主要是因为它没有很好地解决版权问题[19]。还比如，上海图书馆集中呈现了阿帕比、超星等厂商提供的最新出版的电子书，供居民下载借阅，但这些电子书格式多为 ceb格式，只能下载到 PC 机上阅读，除少部分电子书可在易博士电子书阅读器上阅读外，多数都不能在我国流行的电子阅读器上使用[20]。另外，在电子图书外借方式上，主要是将众多电子图书预装在阅读器上连同阅读器一块儿提供外借，或者也可通过阅读器登陆电子书平台下载图书，外借时间（包含续借）一般较长，约 1－2 个月，上海图书馆、广州图书馆、北京大学图书馆、暨南大学图书馆都属于这种情况。如果外借阅读器中的电子书采取的是预装方式，而阅读器制造商未能按合法程序取得授权，那么，预装的电子书就可能存在盗版等问题。比如，2009 年 12 月 11 日，广州市版权局等部门就在市场上查扣

321

了 26 部涉嫌盗版的汉王手持阅读器。若图书馆购买了含有盗版内容的手持阅读器，在性质上同入藏盗版纸质图书无异，也需要承担停止使用、封存电子书甚至是销毁手持阅读器的法律责任。

国外特别是大型公共图书馆，主要是将电子图书通过大型数据库商如 Over-Drive 提供的外借下载平台，向拥有不同类型移动电子设备的读者提供电子书外借服务。究其原因，主要是法律问题。比如全球电子书商巨头 Amazon 出于自身利益考虑，出台了一条政策，即禁止用户把数字内容或其任何部分以出售、租赁、传播、再授权或者其他权利的方式转让给第三方，这种情况令图书馆出借电子书阅读器存在一定的法律风险，有些图书馆干脆就停止了电子书阅读器的借阅服务。另外，有的出版商为保护电子书市场，规定外借电子书要在规定时间内使用，逾期作废[21]。这样一来，电子书外借时间也控制在 7 – 21 天左右，供读者选择。2011 年 Amazon 已宣布通过 OverDrive 向图书馆提供 Kindle 电子书借阅，而 OverDrive 目前已为全球超过 1 万 3 千家图书馆、零售商和学校提供数字分销服务，支持 Windows、Mac、iPod、iPhone、iPad、Sony 阅读器、NOOK、Android 以及黑莓等设备的使用。例如，美国纽约公共图书馆提供电子图书外借服务，但是不提供电子阅读器的外借，拥有不同类型电子移动设备如 Amazon Kindle 电子阅读器或装有 Kindle 阅读软件的平板电脑、手机以及 Kindle 云阅读器（阅读时无需下载软件）的读者可以在任何时间、任何能联网的地点登陆该馆电子图书平台，输入读者证卡号、密码，选择自己喜欢的电子图书下载阅读，电子图书的外借期限有三个选择：7 天、14 天、21 天，超过期限，下载的电子图书便无法阅读，必须重新再下载借出才能阅读。该馆网页附有不同类型移动电子设备如何下载借出电子图书的文字操作说明和电子图书数据库商 OverDrive 提供的操作录像，方便读者选择阅读和观看[22]；美国旧金山公共图书馆对本馆读者提供电子图书的外借服务，其操作模式和借阅期限与纽约公共图书馆一样，只不过电子图书学科覆盖范围更广，除了提供 OverDrive 数据库商一些受欢迎的小说或非小说类畅销书外，还提供 Ebsco 和 SafariTech 两家大型数据库商的专业学科电子图书供读者选择阅读[23]；加拿大多伦多公共图书馆也提供电子图书的外借服务，其操作模式和借阅期限与纽约公共图书馆一样，但是，一次外借册数上限为 15 册，馆内电子图书主要由 OverDrive 数据库商提供。另外像英国曼彻斯特公共图书馆，电子图书一次外借册数上限为 5 册[24]，南澳大利亚公共图书馆，电子图书一次外借册数上限为 6 册[25]，其操作模式和借阅期限也与纽约公共图书馆一样，馆内电子图书主要也是 OverDrive 数据库商提供。

4　维修与赔偿

中外图书馆对于损坏或丢失的外借移动电子设备，基本是按照产品维修价或原价的标准进行维护与赔偿。上海图书馆所有外借移动电子设备损坏或遗失按规定的维修价格标准或市场价赔偿，另付条码加工费 10 元；广州图书馆外借的电子书阅读器损坏按规定的维修价格标准赔偿；北京大学图书馆外借的电子图书阅读器遗失按原价 1 500 – 1 980 元不等赔偿，另付 20 元加工费；暨南大学图书馆外借的电子图书阅读器遗失按汉王 2 600 元、锦书 600 元赔偿，另须缴纳20 元加工费，配件损坏的赔偿标准为：显示屏 600 元、主板 620 元、电源适配器 35 元、耳机 15 元、SD 卡（4G）100 元、手写笔 98 元、皮套 30 元、USB 线10 元、按键 20 元／个、显示屏（明显划痕）50 – 600 元；华东师范大学图书馆外借的笔记本电脑若被拆卸、损坏，照价赔偿；美国西蒙弗来德公共图书馆外借的电子书阅读器损坏或遗失赔偿金为：阅读器 125 美元、电源适配器 30 美元、皮套 25 美元、USB 线 25 美元、手写笔 30 美元[26]；美国伊利诺斯州立大学Milner 图书馆外借的笔记本电脑若在闭馆前未归还即按遗失处理，将从读者证账号中扣除遗失赔偿金和加工费 25 美元；加拿大多伦多大学安大略省教育学院分馆 OISE 外借的笔记本电脑和 iPad 损坏按实际维修费赔偿，遗失按笔记本 1700 加元/台、iPad 900 加元/台赔偿[27]；英国利物浦大学图书馆外借的笔记本电脑破损赔偿 50 英镑，遗失或破损不能修理按 350 英镑赔偿；澳大利亚昆士兰技术大学图书馆外借的笔记本电脑损坏或遗失按修理费或原价赔偿；香港大学图书馆外借的笔记本电脑和平板电脑逾期 5 晚不还，作遗失处理。

5　结语

上述提供移动电子设备外借的国内外 14 家图书馆的服务简况见表 1，从中可以更加清晰地看出中外图书馆由于文化背景、教育体制、法律环境、服务对象等方面的差异所导致的在移动设备服务方式、服务意识和水平上的不同。为此，我国图书馆可以从两个方面对移动电子设备外借服务工作进行改善：一方面，高校图书馆应提高自身的服务意识与服务水平，外借移动电子设备的服务对象要充分考虑到班集体或科研团队，外借设备种类可以再丰富一些，外借笔记本电脑时要考虑到读者的打印需求；另一方面，图书馆应增强法律保护意识，敦促学校或上级部门出台相应的信息技术使用规则，为读者使用外借电子移动设备造就良好的法律环境。鉴于国内法律体系与环境较之国外悬殊颇大，图书馆界、出版界、数据库商等相关机构应联手合作，逐步采取仅提供外借下载平台、向拥有不同类型移动电子设备的读者提供电子

323

表 1 国内外图书馆电子移动设备外借情况

图书馆类型	图书馆名称	外借设备种类	设备查询方式	是否定点借还	借期	使用区域	是否预约	是否续借	是否联网	是否联网打印	逾期处理	遗失处理
公共图书馆	上海图书馆	电子图书阅读器、平板电脑、U盘	OPAC查询	是	28天	馆内外	是	否	是	否	0.2－0.5元/天	原价附10元加工费
	广州图书馆	电子图书阅读器	电话、现场	是	1个月	馆内外	未说明	是,1个月	是	否	1元/天	原价
	美国纽约公共图书馆	笔记本电脑	电话、现场	是	45分钟	馆内外	否	否	是	否	未说明	未说明
	美国西蒙弗里德公共图书馆	电子图书阅读器	电话、现场	是	3星期	馆内外	是	否	未说明	否	5美元/天	原价
	加拿大多伦多公共图书馆	笔记本电脑	电话、现场	是	2小时	馆内	未说明	是,1小时	是	否	未说明	未说明
高校图书馆	北京大学图书馆	电子图书阅读器	OPAC查询	是	1个月	馆内外	是	否	是	否	0.2元/天	原价附20元加工费
	暨南大学图书馆	电子图书阅读器	OPAC查询	是	15天	馆内外	是	2次,15天/次	是	否	0.5元/天	原价附20元加工费
	华东师范大学图书馆	笔记本电脑	电话、现场	是	4小时	馆内参考区域	未说明	1次	未说明	否	未说明	原价
	美国伊利诺斯州立大学Milner图书馆	笔记本电脑、平板电脑、设备附件、照相机,摄像机,投影仪、录音机等	网页动态公布	是	3小时,7天,48小时,16周不等	馆内馆外	未说明	未说明	是	是	5美元半小时	原价附25美元加工费
	美国里海大学图书馆	笔记本电脑、平板电子书阅读器、移动路由器	电话、现场	是	4小时	馆外馆内	未说明	未说明	是	未说明	未说明	未说明

图书馆类型	图书馆名称	外借设备种类	设备查询方式	是否定点借还	借期	使用区域	是否预约	是否续借	是否联网	是否联网打印	逾期处理	遗失处理
高校图书馆	加拿大多伦多大学安大略省教育学院分馆 OISE	笔记本电脑、平板电脑、计算机类、多媒体类、教学类、科研类设备	电话、现场	是	4 小时预约项目,未限时	馆内	预约项目	否	是	未说明	0.5 加元/小时	原价
	英国利物浦大学图书馆	笔记本电脑	电话、现场	是	4 小时	馆内	否	未说明	是	是	5 英镑/小时内,1 英镑/小时后	350 英镑
	澳大利亚昆士兰技术大学图书馆	笔记本电脑	电话、现场	是	4 小时	馆内外	否	否	是	是	10 点 罚金/小时	原价
	香港大学图书馆	笔记本电脑、平板电脑	OPAC 查询	是	1 天	馆内外	否	否	是	否	500 元/晚	原价

书外借的服务方式，让图书馆外借服务工作更趋向国际化。

参考文献：

［1］ 电子阅读终端外借服务［EB/OL］.［2013 - 04 - 19］. http://www. library. sh. cn / fwzn/wjfw/ index4. htm.

［2］ 谭绣文.走出电子书的困惑——广州图书馆数字移动阅读实践分析［J］.山东图书馆学刊,2012(3):70 - 73.

［3］ Mobile devices and equipment［EB/OL］.［2013 - 04 - 28］. http://library. illinoisstate. edu. /library - information/technology/mobiledeviceequipment. php.

［4］ 陈丹,李东岩.北京地区大学生掌上阅读状况调查分析［J］.科技与出版,2009(12):64 - 67.

［5］ iPad16GB［EB/OL］.［2013 - 05 - 22］. http://vufind. carli. illinois. edu/vf - isu/Record/ isu_1580758.

［6］ Book equipment［EB/OL］.［2013 - 04 - 28］. http://www. oise. utoronto. ca/ec/Services/ Book_Equipment/index. html.

［7］ 李汝峰.图书馆开展手持阅读器服务中的版权问题初探［J］.内蒙古科技与经济,2011 (16):74 - 75.

［8］ 笔记本电脑借用规则［EB/OL］.［2013 - 04 - 28］. http://www. lib. ecnu. edu. cn/about/ bylaw/pc_rule. php.

［9］ Borrow a laptop［EB/OL］.［2013 - 04 - 20］. http://www. torontopubliclibrary. ca/using - the - library/computer - services/borrow - a - laptop/.

［10］ Borrowing materials［EB/OL］.［2013 - 04 - 20］. http://www. nypl. org/help/borrowing - materials.

［11］ Laptop loan［EB/OL］.［2013 - 04 - 28］. http://www. liv. ac. uk/library/usinglaptop - loans. html.

［12］ QUT library borrowing conditions［EB/OL］.［2013 - 05 - 10］. http://www. library. qut. edu. au/services/borrowing/conditions. jsp#penalties.

［13］ 广州图书馆电子阅览室推出移动阅读器外借服务［EB/OL］.［2013 - 04 - 20］. http://www. gzlib. gov. cn/exhibition/huodong/other/other_detail. do? id = 329888.

［14］ 电纸书借阅服务［EB/OL］.［2013 - 04 - 28］. http://lib. pku. edu. cn/portal/fw/jyfw/ dianzhishu.

［15］ 电子书阅读器借阅须知(试行)［EB/OL］.［2013 - 04 - 28］. http://libgp. jnu. edu. cn/ libinfo/InfoOneSub. action? id = 37&subjectid = 2.

［16］ Laptop/Tablet loaning program［EB/OL］.［2013 - 05 - 10］. http://lib. hku. hk/techsup- port/laptoploan. html.

［17］ Laptop/Mobile device loaner programs［EB/OL］.［2013 - 04 - 28］. http://www. lehigh. edu/wireless/loaner. shtml.

[18]   Borrowing a laptop[EB/OL]. [2013 – 04 – 28]. http://www. library. qut. edu. au/serv-
        ices/borrowing/laptops. jsp.

[19]   彭蕾,赵乃. 国内最具影响的三种电子图书系统比较分析[J]. 图书馆理论与实践,
        2005(3):6 – 7.

[20]   谷俊娟. 美国公共图书馆电子书借阅服务模式的启示与思考[J]. 图书馆工作与研究,
        2012(10):34 – 37.

[21]   杨志刚,北新兴,庞弘燊,等. 电子书阅读器在国外图书馆的应用现状及存在问题[J].
        大学图书馆学报,2011(4):11 – 16.

[22]   e-ReadingRoom[EB/OL]. [2013 – 04 – 20]. http://www. nypl. org/blog/2011/09/22/li-
        brary-books-kindle.

[23]   eBooks frequently asked questions[EB/OL]. [2013 – 04 – 20]. http://sfpl. org/index.
        php? pg = 2000347001.

[24]   Down load an e-book or audio book[EB/OL]. [2013 – 04 – 20]. http://manchesterdown
        load. lib. overdrive. com/FF79FB93 – A278 – 04F7C – B85E – 282BB2209733/10/50/en/
        LendingPolicies. htm.

[25]   ebooks and audio books[EB/OL]. [2013 – 04 – 28]. http://www. libraries. sa. gov. au/
        page. aspx? u = 535.

[26]   eReader policy/ circulation agreement[EB/OL]. [2013 – 04 – 28]. http://douglaspublic
        library. org/douglas/aboutpolicies. asp.

[27]   Laptop & iPad loans[EB/OL]. [2013 – 04 – 28]. http://oise. library. utoronto. ca/serv-
        ices – laptop – ipad – loans.

作者简介

朱宁,昆明理工大学图书馆副研究馆员,E-mail:ningzhumail @
aliyun. com。

用 户 篇

移动图书馆平台的用户体验测评[*]

沈军威　倪峰　郑德俊

南京农业大学信息科技学院

1　引言

随着移动互联网的发展，移动图书馆服务得到迅速普及。笔者通过对"211"高校图书馆网站信息的调研发现，截止到 2014 年 8 月 31 日，有 89 所开通移动图书馆服务，占比达到 79.5%。良好的用户体验有助于形成用户对产品和服务的整体印象，而且用户对产品和服务的忠诚度，也更多地来自良好的体验带来的用户黏性，提供优质的用户体验成为产品和服务一个重要的、可持续的竞争优势。作为图书馆新兴的服务方式，移动图书馆平台用户体验的水平直接影响着用户对平台的接受程度及满意程度，可以说决定着移动图书馆平台的生存和发展。近年来，有关数字图书馆和移动图书馆平台用户体验的研究也日趋增多。王茜和张成昱[1]针对清华大学无线移动数字图书馆系统，尝试从用户体验视角分析用户对系统现有功能设置的满意程度，并在后续的研究[2]中，提出手机图书馆网站的可用性设计原则。邱明辉[3]通过用户体验测试的方法，从展示、组织和交互 3 个方面对 CNKI 中国博士学位论文全文数据库的新旧两种版本进行对比分析。曾满江等[4]以四川移动手机图书馆项目为例提出并实施一种基于渐进增强策略的用户体验优化方案。颜敏和曾永杰[5]从用户体验的角度出发设立 8 个指标对我国 94 所高校图书馆网页的外观、性能、结构与内容进行调查和评估。这些研究丰富了对移动图书馆服务平台用户体验的认知，但是针对移动图书馆服务平台用户体验的具体测评方式的相关研究成果比较鲜见，本研究在分析用户体验内涵的基础上，期望构建一套移动图书馆平台用户体验的测评指标，以有效、全面地测量用户体验。

尽管用户体验具有主观性，但是对于一个界定明确的群体而言，其用户

* 本文系国家社会科学基金项目"基于用户感知的移动图书馆服务质量评价及提升策略研究"（项目编号：13BTQ026）研究成果之一。

体验的共性是可以经过良好的设计实验来认识的。本研究借鉴可用性测试方法，选取国内典型移动图书馆平台的注册用户开展实证研究，为移动图书馆平台改进提供支持与参考。

2 移动图书馆平台用户体验测评指标的构建

2.1 移动图书馆平台用户体验的内涵分析

芬兰学者 C. Gronroos 界定顾客感知服务质量的概念时，认为服务或多或少地是一种主观体验过程[6]。1993 年 E. Gummesson 在提出 4Q 产品/服务质量模型时用到"服务体验"这一概念[7]，C. Gronroos 在 2002 年进一步解释道，顾客接受服务的方式及其在服务生产和服务消费过程中的体验，都会对顾客所感知的服务质量产生影响[8]。这种"服务体验"，后来逐渐发展成为"用户体验"（user experience）这一概念，它的核心成分是体验。体验是当主体达到情绪、体力、智力甚至是精神的某一特定水平时，他意识中产生的美好感觉[9]。L. Alben[10]认为用户体验涵盖用户与产品交互的各个方面，包括用户感受、对产品的理解、目标完成程度以及产品与使用环境的适应性。M. Hassenzahl 和 N. Tractinsky[11]认为用户体验是在交互过程中，用户内在状态（倾向、期望、需求、动机、情绪等）、系统特征（复杂度、目标、可用性、功能等）与特定情境（或环境）相互作用的产物。J. J. Garrett[12]也认为用户体验并不是指一件产品本身是如何工作的，而是指产品如何与外界发生联系并发挥作用的，也就是人们如何"接触"和"使用"它，以及在使用这个产品时的全部体验。

研究人员现在普遍认为用户体验是用户在使用一个产品或服务的过程中建立起来的一种主观心理感受，它是一个对用户在与产品交互的过程中形成的各种感觉、知觉、情绪、情感状态的动态记忆累积过程。参考既有的研究成果，本文认为移动图书馆平台的用户体验是用户在使用移动图书馆平台的整个过程中，对移动图书馆平台及其服务不断积累形成的感性心理状态和理性价值认知，它包括对移动图书馆平台的最初印象、使用过程中和使用后产生的各种情感体验。

2.2 移动图书馆平台用户体验的测评指标

用户体验评价是一种对用户感受的量化，这种量化需要建立合适的测评维度和测评指标。表 1 是既有用户体验研究中代表性研究成果的汇总。

表 1　用户体验主要维度的代表性研究成果

研究人员	研究成果
B. H. Schmitt[13]	在体验营销活动中提出战略体验模块（SEMs），包括感官体验、情感体验、思考体验、行动体验、关联体验 5 种体验形式，并指出为扩大体验感染力，要努力创造出包含两种或更多体验模块的混合式体验和全面体验。
V. Postrel[14]	认为用户体验包含 3 方面的内容：功能、内涵和愉悦。
D. Vyas 等人[15]	提出设计用户体验的 APEC（Aesthetic，Practical，Emotional，Cognitive）模型，即美感、实用、情感、认知模型。
D. A. Norman[16]	认为人的普遍体验可分为 3 个层次：本能层、行为层和反思层。
王晓艳、胡昌平[17]	依据信息系统（或产品）帮助用户完成任务的有效程度，将用户体验划分为功能体验、技术体验和美学体验 3 个层次。
T. Manfred、M. Sascha[18]	认为总的用户体验包含两个方面的要素：工具性质量和非工具性质量，前者包含产品的有用性和易用性，而后者包含产品的享乐性、审美性和愉悦感或乐趣。
J. J. Garrett[11]	将用户体验分为战略层、范围层、结构层、框架层、表现层 5 个维度。
李小青[19]	基于 D. A. Norman 的普遍体验分层理论，提出 Web 用户体验具体由以下 3 方面组成：视觉、品牌、浏览的本能层体验；使用的方便性和有效性、功能或内容、互动的行为层体验；回忆、品牌形象、情感、自我价值实现的反思层体验。
杨艾祥[20]	基于心理学家 H. A. Murray 所提出的人的社会心理需求理论，将用户体验划分为感官体验、交互体验、情感体验、浏览体验和信任体验 5 类基础体验。
胡昌平、邓胜利[21]	提出信息空间的用户体验层次推进模型，将用户体验分解为：易于找寻、可用性、有用、期望性、易于获取、可信性。
彭兆元[22]	论证用户体验具有层次性：产品对用户的直接影响反映在本能层面，通过认知的积累和深化，升华为行为层与反思层的体验和感受。

从表 1 来看，研究人员对用户体验的维度划分是存在差异的，有的研究者比较重视功能全面性、系统可用性的体验，有的研究者比较重视认知方面的体验、有的比较重视情感方面的体验，综合表 1，可以得到这样的印象：用户体验是一种复杂的主观心理感受，需要从多个维度进行测量。根据与使用移动图书馆平台的用户交流，笔者提出移动图书馆平台的用户体验应该从以下 6 个维度进行分析：①感官体验，即移动图书馆平台在视觉层面的组织形式；②认知体验，即用户对移动图书馆平台界面的理解程度；③技术体验，即移动图书馆平台在性能和效率上的表现；④服务体验，即移动图书馆平台对自身服务功能的实现程度；⑤情感体验，即用户在使用移动图书馆平台过

程中的整体感受；⑥价值体验，即移动图书馆平台及其服务对用户心理层面造成的影响。同时，在每一个维度下，构建 3–4 个既能反映该维度又可以被理解的观测题项，从而让移动图书馆平台用户体验的测评具有可操作性。具体的指标如图 1 所示：

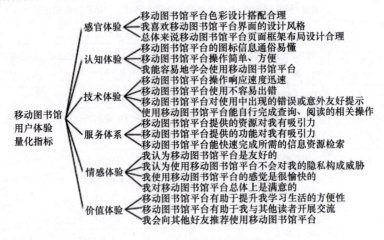

图 1　移动图书馆用户体验量化指标

3　移动图书馆平台的用户体验测评及结果分析

3.1　用户体验测试概况

3.1.1　测试对象　超星移动图书馆平台是目前国内比较具有代表性的移动图书馆平台，在国内高校图书馆和公共图书馆中被广泛采用。南京农业大学图书馆从 2012 年 5 月 11 日联合超星公司正式开通移动图书馆服务，是南京地区率先开通移动图书馆服务的高校[23]，经过一年多的发展，使用的超星移动图书馆平台既支持 WAP 访问，也提供 Android 和 iPhone 客户端，已积累一定数量的注册用户。2014 年 5 月，借助南京农业大学"腹有诗书气自华"读书月活动，课题组通过有奖方式，从南京农业大学移动图书馆的注册用户中征集 30 位测试对象，其中既有本科生，又有研究生，还有 2 名教师。

3.1.2　测试方式　用户使用自带的智能手机，从南京农业大学图书馆主页下载并安装移动图书馆客户端（如移动设备不支持客户端，则访问移动图书馆 WAP 版）后参加测试。每位用户执行测试任务，测试时间 1 小时左右。

完成测试任务后，用户填写调查问卷。问卷主要包括 3 个部分：一是个人信息及使用移动图书馆平台的基本情况；二是用户对超星移动图书馆平台的初始界面、查询借阅、多媒体资源、学术资源、阅读体验、总体感受的体验评价；三是对图1中的测评指标进行打分。用户打分采用李克特7级量表，1分代表完全不同意，7分代表完全同意。

3.1.3　测试任务　为达到有效测试的目的，测试任务的选取应该兼顾到移动图书馆平台服务的每一个部分，因此选取以下任务让用户完成：

（1）查询特定主题的纸本图书数量、特定作者的纸本馆藏信息、个人的图书借阅信息。

（2）查询特定名称的电子图书，下载到电子书架，并使用移动终端阅读、标注、发表评论，并与微博等平台进行分享操作。

（3）检索特定学者的特定论文，对该期刊论文申请进行"文献传递"，阅读该文，并进行标注、撤销等操作。

（4）试听"有声读物"模块，查看"视频"模块，选择特定内容进行视听阅读。

3.1.4　测试对象分层依据　用户对移动图书馆平台使用时间的长短会影响用户对平台的功能认知、操作熟练程度及问题感知。因此，课题组通过统计移动图书馆平台的后台数据，将用户注册之后使用移动图书馆平台服务是否超过两次，且注册后持续使用时间是否达到一个月作为分界标准，把测试用户分为新用户和深度用户两类，并对比分析这两种类别用户对移动图书馆平台体验的差异。

3.2　用户体验测试的基本数据统计

30位测试对象中，男性人数为9位，所占比例为30%；女性人数为21位，所占比例为70%。从学历构成来看，研究生6人，所占比例为20%；本科生24人，所占比例为80%。从所使用的移动设备的操作系统来看，有24位使用的是安卓（Android）系统，所占比例约为80%；有5人使用的是苹果iOS系统，使用其他操作系统的有1人。从访问时间来看，有7人每天使用时间在"1小时以下"，所占比例为23.3%，其他23位用户每天使用时间在"1小时以上"或"根据需要而定"。从注册使用移动图书馆平台的时间来看，持续使用时间超过一个月的调查对象有10人，所占比例为33.3%，其他注册用户持续使用时间均在一个月以下。

3.3　移动图书馆平台具体服务模块的用户体验认知分析

3.3.1　移动图书馆平台具体服务模块的用户体验结果　移动图书馆平台目前提供的服务可以分为3类："馆藏查询借阅"、"多媒体资源"、"学术资源"，而"初始界面"和"阅读效果"会影响到用户对移动图书馆平台及其服务的感知，因此单列成一个具体模块来测量用户的体验感受。问卷首先让用户对这5个方面的体验感受进行评价，同时，还让用户对使用移动图书馆平台的"总体印象"进行打分。具体结果如图2所示：

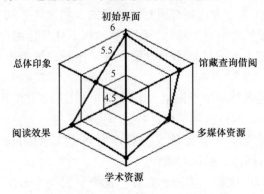

图2　移动图书馆平台服务模块用户体验评价雷达图

从图2可以看出，用户对移动图书馆平台的"初始界面"、"馆藏查询借阅"、"多媒体资源"、"学术资源"、"阅读效果"都给出较高的体验评价，尤其是在"初始界面"和"学术资源"两个服务模块上，用户体验较好。上述5个方面的体验感受均值达5.7，但对移动图书馆平台的"总体印象"测评值只有5.17，这种具体使用过程中的单项评价与用户对移动图书馆平台总体印象之间的差距，说明移动图书馆平台还需在各个服务模块之间的融合上多下功夫，以改善用户的总体印象。

3.3.2　不同类型用户对移动图书馆平台具体服务模块的体验评价　本文从性别、学历以及不同使用时间3个方面，分别分析不同类型用户对移动图书馆平台的"初始界面"、"馆藏查询借阅"、"多媒体资源"、"学术资源"、"阅读效果"、"总体印象"的体验差异，具体结果见图3。综合图3结果，无论是"总体印象"，还是5个具体服务模块，女性用户对移动图书馆平台的评价都要高于男性用户。研究生用户和深度用户对具体服务模块的评价低于本科生用户和新用户，但在"总体印象"上，研究生用户和深度用户反而好于本科生和新用户。女性用户更满意移动图书馆平台的"初始界面"，新用户在"学术资源"上的体验感受更好，同时，研究生在"馆藏查询借阅"上的体验要优于本科生。

独立样本t检验适用于两个群体平均数的差异检验，若F统计量达到显著水平，采用"不假设方差相等"栏的t值，反之，则采用"假设方差相等"

336

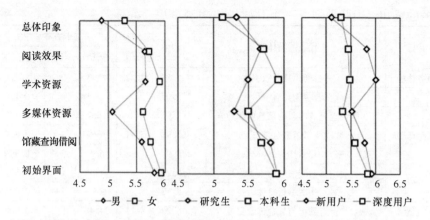

图3　不同类型用户对移动图书馆各个服务模块的体验评价对比

栏的 t 值，然后检验其显著性是否小于 0.05，决定是否显著。从结果看，男性和女性、研究生和本科生对移动图书馆各个服务模块以及总体印象上并无显著差异，只有深度用户对"学术资源"的评价要显著低于新用户（平均数差异 t 检验显著性 p 值 = 0.045 < 0.05）。

3.4　移动图书馆平台的用户体验水平及差异性分析

3.4.1　移动图书馆平台的用户体验测量结果分析　针对图 1 提出的移动图书馆用户体验测评指标体系，表 2 列出测试用户的评判结果。20 项观测指标均采用正面描述，得分越高，评价越正面。

表2　移动图书馆用户体验评价结果

指标	所代表的具体指标	均值	总体均值	卡方检验		
				卡方	df	渐进显著性
感官体验	平台色彩搭配合理	4.87	5.07	4.667	4	0.323
	喜欢平台界面的设计风格	4.9		9.6	5	0.087
	平台页面框架布局合理	5.43		1.733	3	0.63
认知体验	平台操作具有便捷性	5.57	5.51	10.667	4	**0.031**
	平台图标信息通俗易懂	5.8		15.667	4	**0.004**
	用户容易学会使用移动图书馆平台	5.17		10.4	5	0.065
技术体验	平台操作响应速度迅速	3.9	4.08	7.333	6	0.291
	平台不容易出错	4.8		4	4	0.406
	平台对使用中出现的错误或意外有提示	4.13		24	5	**0.000**
	使用时能自行完成查询、阅读的相关操作	3.47		10.6	6	0.102

337

指标	所代表的具体指标	均值	总体均值	卡方检验		
				卡方	df	渐进显著性
服务体验	平台资源具有吸引力	5.57	4.52	1.733	3	0.63
	平台功能具有吸引力	5.07		6.333	4	0.176
	能快速完成所需的信息资源检索	2.93		9.667	6	0.139
情感体验	移动图书馆平台是友好的	5.97	5.41	8.667	3	**0.034**
	平台不会对隐私构成威胁	4.93		16.4	5	**0.006**
	使用移动图书馆感觉很愉快	5.27		11	4	**0.027**
	对移动图书馆总体满意	5.47		6.8	3	0.079
价值体验	平台有助于与其他读者交流	4.23	5.11	24.4	5	**0.000**
	平台提升学习生活的方便性	5.4		12.333	4	**0.015**
	会向其他好友推荐使用	5.7		2.267	3	0.519

从表 2 看出,有 11 项观测指标的打分超过 5 分,说明注册用户普遍认为移动图书馆平台是友好的,平台的图标信息是通俗易懂的,平台资源具有吸引力,平台操作也是便捷的,对移动图书馆平台总体是满意的,同时也会向身边的同学朋友推荐使用移动图书馆平台。

而平台中与信息资源相关的"能快速完成所需的信息资源检索"指标得分最低,其他得分较低的指标主要集中在使用移动图书馆平台的交互操作方面,如"使用时能自行完成查询与阅读的相关操作"、"平台操作响应速度迅速"、"平台不容易出错"。

从用户体验 6 个维度的整体评价来看,用户的"认知体验"和"情感体验"都很好,而"技术体验"和"服务体验"两个方面是得分最低的,这说明移动图书馆平台还需要进一步加强自身的资源建设,提高交互操作性能,从而改善用户的整体体验。

卡方检验有助于分析用户在评价移动图书馆平台体验感受的具体测量题项时态度是否有一定的偏好倾向。从表 2 卡方检验结果来看,只有 8 个具体观测题项渐进显著性的 p 值小于 0.05(表 2 中用黑色加粗标注),达到显著水平,表示用户在评价体验感受时态度有显著差异。除了"平台对使用中出现的错误或意外有提示"和"平台有助于与其他读者交流"两个观测题项,用户的态度偏向于"一般"。其他 6 个观测题项,用户的态度偏向于"比较有必要"和"有必要",这也导致用户对这 6 个观测题项的打分较高。

3.4.2 用户使用时间的长短对对移动图书馆平台体验结果的影响 用户

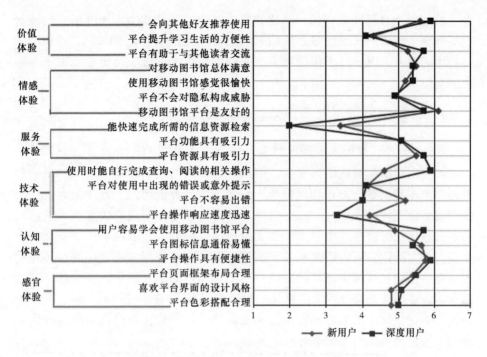

图 4　不同使用时间用户对移动图书馆平台主观评价均值

使用移动图书馆平台的时间长短会使用户的体验感受发生变化，而使用时间较长的用户感受将是移动图书馆平台应该关注的方向。图 4 的统计结果表明，使用不足一个月的新用户对移动图书馆平台使用的感受倾向于平台资源具有吸引力，平台操作相应迅速，平台不容易出错，平台是友好的，总体对移动图书馆平台是满意的。

　　而使用超过一个月的深度用户对移动图书馆平台的评价指标呈现明显的差异。整体而言，深度用户对"技术体验"、"服务体验"和"情感体验"3个方面的评价都要低于新用户，而在"感官体验"、"认知体验"和"价值体验"3 个方面则高于新用户。具体来说，深度用户一方面在使用时能较好地自行完成馆藏查询、阅读的相关操作，更加认同移动图书馆平台有助于与其他读者交流，也更愿意向其他好友推荐使用；另一方面，深度用户也更加关注在使用移动图书馆平台过程中存在的信息资源检索效率低、平台响应速度慢、容易出错等问题。

　　根据独立样本 t 检验结果，在"平台不容易出错上"的认知上，深度用户的评价显著低于新用户（平均数差异 t 检验显著性 p 值 = 0.010 < 0.05），而

在"使用时能自行完成查询、阅读的相关操作"的认知上，深度用户的评价则显著高于新用户（平均数差异t检验显著性p值=0.012<0.05），这说明随着使用的深入，用户对于移动图书馆平台操作愈加熟练，也更能发现平台存在的问题。

4　移动图书馆平台用户体验总结及改进建议

4.1　用户对移动图书馆平台的总体评价是积极的

根据用户体验测试结果来看，用户对移动图书馆平台的印象主要是平台资源内容丰富、平台操作相对便捷、登录方便、界面简约。具体而言，移动图书馆平台支持检索所在学校图书馆的馆藏信息，方便用户快速找到自己所需图书。用户可以通过免费下载和文献传递两种方式获取电子图书、期刊论文进行全文阅读，可以添加标签，阅读时提供书签和标注功能。平台还免费支持有声读物和视频资源，激发用户的阅读学习兴趣。用户既能个性定制信息资源，还能查找部分教学信息（如学分和课表）。在不受地理位置、查询时间约束方面，移动图书馆平台赢得测试者的一致肯定，并愿意向身边的同学朋友推荐使用移动图书馆平台。

4.2　移动图书馆平台需要进一步完善

尽管从本次用户体验测试结果来看，移动图书馆平台总体上受到肯定，但在"技术体验"、"服务体验"上还存在不足，结合对测试用户的访谈，本文提出如下改进建议：

4.2.1　注重不同模块间的融合体验　图2显示，用户整体体验明显不如对不同具体模块的体验，通过用户访谈，发现主要问题是不同模块之间的切换很不方便，因此移动图书馆平台有必要统一不同模块和不同页面的进退标识，进退标识应通用易识别，避免页面无法退出或迷航，减少用户正常访问过程中的时间耗费。同时，用户反映不同模块之间的名称存在理解困惑，而且各个模块之间需要在不同页面切换，移动图书馆平台需要整合不同的模块，尽可能在一个页面中显示主要的服务模块，减少用户翻页，也应该能让用户个性化定制服务模块，自定义排列组合显示顺序，还要减少界面中的专业术语。通过完善不同模块之间的融合，实现用户整体体验感受的提高。

4.2.2　改善用户与平台之间的交互操作　表2表明，用户在"技术体验"上的得分最低，因此要想提高用户的整体感受，需要着力弥补这个短板。技术体验反映的是用户通过移动图书馆平台满足需求时的交互操作，移动图书馆平台首先要保证稳定性和可用性，不会经常出现崩溃或差错，同时对于

340

用户自身产生的错误，要友好提醒用户，并能够智能理解用户的原本意图。另外，根据独立样本 t 检验结果，新用户在自行完成相关操作方面的体验明显不如深度用户，结合用户反馈，移动图书馆平台有必要在初始界面提供"使用简介"这样一个单独的模块，对移动图书馆平台的主要服务功能和具体操作进行介绍，同时提供常见问题的解决办法。还有必要举办移动图书馆平台使用的培训活动，这样也能够很好地宣传移动图书馆平台。

为了提高用户与平台之间的交互效率，移动图书馆平台应该减少用户输入的工作量，如使用过程中保存浏览记录，减少用户的重复输入。同时有必要在易用性和隐私保护方面取得平衡，当用户退出客户端时有提示，由用户决定是否保留历史记录。

4.2.3 立足服务，提高平台吸引力 服务体验也是用户评价较低的一个方面，做好自身服务，是移动图书馆平台提高用户体验感受的基础，而优质信息资源又是服务的基础。移动图书馆平台的生命力在于不受时间和地点的限制查询优质信息资源，为此移动图书馆平台要明确自己与互联网平台的差异，在资源的深度上，重视精品阅读资源、学术阅读资源的建设；在资源类型上，除重视文本型资源建设外，还应重视视听型学术资源、精品专题资源的建设。同时，允许用户个性化定制其感兴趣的资源，根据用户喜好进行相关信息资源的推送。另外，还需要优化信息资源的页面和处理技术，既增强信息资源在移动设备上的阅读便利，也减少数据下载流量耗费，避免下载不成功现象。

由于用户对"快速完成所需信息资源的检索"的评价最低，当务之急是进一步深化资源检索，增加有声读物和视频资源检索功能，方便用户快速便捷地找到自己所需的资源。同时不同类型的资源可以有不同的检索方式，如有声读物和视听资源除支持根据主题类别浏览检索外，还应提供检索框以实现用户通过关键词直接查找自己感兴趣的内容，逐步实现用户对资源进行关键字句的查询。

5 结语

细节决定成败。用户使用移动图书馆平台的过程，自始至终都是在体验平台的功能、内容及其服务，因此，从用户体验的角度做好平台设计是移动图书馆平台服务取得成功的关键。今后有必要从用户体验的角度，对目前现有的移动图书馆平台进行整体分析，以促进移动图书馆平台为用户提供更加个性化、智能化、多元化的移动信息服务。

参考文献:

[1] 王茜,张成昱.清华大学无线移动数字图书馆用户体验调研[J].大学图书馆学报,2010
(5):36-43.

[2] 王茜,张成昱.清华大学手机图书馆用户体验调研及可用性设计[J].图书情报工作,
2013,57(4):25-31.

[3] 邱明辉.基于用户体验的数字图书馆设计研究——以 CNKI 中国博士学位论文全文数
据库为例[J].情报杂志,2011(7):162-168.

[4] 曾满江,李勇文,刘娟,等.提升用户体验的移动图书馆网站优化研究——以四川移动
手机图书馆项目为例[J].现代图书情报技术,2012(1):85-91.

[5] 颜敏,曾永杰.基于用户体验的高校图书馆网站实证研究[J].图书馆学研究,2014
(2):26-30.

[6] Gronroos C. An applied service marketing theory[J]. European Journal of Marketing,
1982, 16(7):30-43.

[7] Gummesson E. Quality management in service organization [M]. New York:ISQA,
1993:229.

[8] Gronroos C.服务管理与营销:基于顾客关系的管理策略[M].韩经纶,译.北京:电子工
业出版社,2002:46.

[9] Pine B J,Gilmore J H.体验经济[M].夏业良,鲁炜,译.北京:机械工业出版社,2002:18
-19.

[10] Alben L. Quality of experience[J]. Interactions, 1996, 3(3): 11-15.

[11] Hassenzahl M, Tractinsky N. User experience - A research agenda[J]. Behavior and In-
formation Technology,2006, 25(2): 91-97.

[12] Garrett J J.用户体验的要素——以用户为中心的 Web 设计[M].范晓燕,译.北京:机
械工业出版社,2007:4.

[13] Schmitt B H.体验营销:如何增强公司及品牌的亲和力[M].刘银娜,高靖,梁丽娟,
译.北京:清华大学出版社,2004:60-65.

[14] Postrel V. The substance of style:How the rise of aesthetic value is remaking commerce,
culture, and consciousness[M]. New York:Harper Perennial, 2004:179-180.

[15] Vyas D, van der Veer G. APEC:A framework for designing experience[EB/OL]. [2014
-11-08].http://www. academia. edu/282319/APEC_A_Framework_for_Designing_Ex-
perience.

[16] Norman D A.情感化设计[M].付秋芳,程进三,译.北京:电子工业出版社,2005:5.

[17] 王晓艳,胡昌平.基于用户体验的信息构建[J].情报科学,2006,24(8):1235-1238.

[18] Manfred T,Sascha M. Usability, aesthetics and emotions in human-technology interaction
[J]. International Journal of Psychology,2007,42(4):253-264.

[19] 李小青.基于用户心理研究的用户体验设计[J].情报科学,2010,28(5):763-767.

［20］ 杨艾祥.下一站:用户体验［M］.北京:中国发展出版社,2010:1-30.

［21］ 胡昌平,邓胜利.数字化信息服务［M］.武汉:武汉大学出版社,2012:403.

［22］ 彭兆元.基于感性价值的移动互联网用户体验设计研究［D］.哈尔滨:哈尔滨工程大学,2013.

［23］ 丁枝秀.江苏省高校移动图书馆服务开展情况调查与分析［J］.现代情报,2013(8):89-92.

作者简介

　　沈军威,南京农业大学信息科技学院博士研究生;倪峰,南京农业大学图书馆馆长,副教授;郑德俊,南京农业大学信息科技学院教授,博士,通讯作者,E-mail:zdejun@njau.edu.cn。

高校移动图书馆大学生用户认知结构探索性研究[*]

贾东琴 董伟

天津工业大学图书馆

1 问题的提出

"第五媒体"的快速发展极大地提高了人们获取信息的速度和信息载体的便携程度，越来越多的用户通过智能手机、平板电脑等移动终端进行阅读和学习，在很大程度上满足了人们对非正式学习的需求。据中国新闻出版研究院公布的第十一次全国国民阅读调查数据，受数字媒介迅猛发展的影响，2013年我国成年国民对数字化阅读方式（网络在线阅读、手机阅读、电子阅读器阅读、光盘阅读、PDA/MP4/MP5阅读等）的接触率为50.1%，超过9成的网民表示上网进行与阅读相关的活动，其中49.9%的网民进行过移动阅读，此比例已超过进行网络在线阅读的比例（44.4%）[1]。可见，移动阅读已成为当下人们阅读生活的主要发展趋势。随着高校移动图书馆的出现和不断完善，移动图书馆逐渐成为移动学习和阅读的重要平台，发挥着辅助学习和阅读的重要作用。根据笔者对已有移动图书馆的访问和调查，可以发现，目前高校图书馆提供移动图书馆服务的比例已经过半，其服务内容也已经从传统的借还服务和书目查询等逐步拓展出了移动咨询、信息定制服务等更为个性化的服务项目。可以说，移动图书馆正逐步进入以先进移动网络技术为支撑、以用户需求为中心的精细化服务阶段[2]。对移动图书馆用户的研究已成为提升移动图书馆服务成效的主要途径，其中，为了能够更为准确地了解用户的使用情况和使用体验，从用户认知的角度对移动图书馆的用户体验进行探索，也成为提高用户使用移动图书馆效率和构建以用户体验为中心的移动图书馆服务的重要课题之一。

---

* 本文系天津市哲学社会科学基金项目"面向用户使用的高校移动图书馆服务优化策略研究"（项目编号：TJTQ13-011）研究成果之一。

正是在这一背景下，本研究通过收集和整理对使用过移动图书馆的高校大学生用户的访谈结果，提取出相应的构念，并借助社会网络分析方法中的凝聚子群分析和中心性分析方法，对组成移动图书馆认知结构的相关构念及其之间的关系进行探索，以期丰富移动图书馆的用户研究，并为移动图书馆的优化设计提供一定的参考。

2 研究现状

2.1 移动图书馆用户相关研究

国内外关于移动图书馆用户的研究主要集中于用户需求和用户行为方面。其中用户需求研究大多采用问卷调查方法进行，如 J. Cummings 等的研究表明：在拥有移动智能终端的学生群中，58.4% 的人愿意利用 PDA、智能手机等，通过移动图书馆的检索功能进行相关资源的查找[3]。N. Shahriza 等也发现，大部分高校学生喜欢通过移动终端访问移动图书馆，而图书馆信息提醒、书目查询、续借等功能是移动图书馆最基本、最重要的功能需求[4]。郑德俊等从访问目的、服务项目的重要性评价、平台的偏好以及对移动图书馆服务缺陷的感知等视角开展用户需求的调查，结果表明：用户对调查项目的重要性排序是不相同的，在使用方式的偏好和不满因素方面是有差异的，且不同性别、不同学历层次的用户也存在一定的差异[5]。

关于用户行为的研究，多是借助经典模型分析方法或实验研究方法等对移动图书馆用户的接受或使用行为进行探索。其中一些学者从不同的角度根据技术接受模型（TAM）对用户使用移动图书馆的调查结果进行了分析。T. T. Goh 通过对 90 名学生的实证调查，以 TAM 为理论基础，构建了基于移动图书馆目录系统的用户接受模型，探讨了男生和女生由于性别差异在接受和使用图书馆目录查询服务时所产生的差异[6]。余世英认为用户对移动图书馆的接受需要一个过程，其使用行为也会受到多方面因素的影响。他们在用户接受模型的基础上，引入相关性、系统帮助、可访问性、领域知识、自我效能、社会影响、感知愉悦性和感知成本 8 个外部变量，在问卷调查的基础上进行实证分析，以确定影响用户接受移动图书馆的主要影响因素[7]。另外一些学者借助实验研究的方法对用户的使用行为进行了探索，如 M. Pattuelli 等采用跟踪实验和访谈方法，对移动图书馆浏览器和阅读器的用户使用情况及其对用户使用行为的影响进行了探索性研究，结果发现移动图书馆中阅读器的便捷性，即随时随地可使用的便利性是促进学生使用它们的关键因素[8]。

综上所述，目前关于移动图书馆用户的研究，主要从实证角度、针对用户需求和行为进行，一般采用问卷调查、用户访谈以及实验的方法，而关于认知结构的研究比较少。本研究通过访谈的方法探索移动图书馆用户的认知结构属于移动图书馆用户研究的范畴，因此上述研究在一定程度上为本研究提供了借鉴。

2.2 用户认知测量相关研究

目前关于用户认知测量的研究主要从两个角度着手：一是通过调查问卷的量化方法进行研究；二是从质性研究的角度切入。

采用调查问卷量化测量方法的切入点一般是根据认知测量量表的设计对被调查者进行问卷调查，获取间接数据，然后结合一定样本量的相应数据统计特征，对所要研究的认知进行测量和分析。如王黎萤[9]、吕晓俊等[10]分别借助调查问卷，利用因子分析、结构方程模型等统计分析方法对团队创新相关认知特征以及企业员工心智与认知进行了测量和分析。

另外，目前已有一些学者通过深入访谈等质性研究方法对研究对象认知结构的相关特性进行测量和分析，取得了一定的成果。肖超[11]在访谈调查了12名网购消费者的基础上，借助 ZMET（隐喻抽取技术）、凯利方格法等分析方法，构建出相应的共识地图，从而挖掘用户的心智模型和认知特征。谢彦君等[12]也采用同样的方法分析了旅行者对东北乡村旅游的认知情况。此外，J. Mathieu 等通过访谈的方式获得了团队成员在工作中共享行为的心理构念，并借助社会网络分析对团队共享心理特征进行了探索[13]。

综上所述，两种认知测量的研究方法存在一定的差异，尽管大量的问卷调查可以保证研究具有一定的数据基础，但通过直接访谈等质性分析的方法可以更为直接触及用户的相关体验和认知行为，其所获取的相关特征信息更能客观地体现用户的特点。另外，一些学者提出，大量样本数据的平均化处理以及统计转换也有可能掩盖整体认知结构的一些特征信息[14]。因此，通过质性研究并结合一定的量化方法，对研究对象的认知特征信息进行深入挖掘和分析，并进行自下而上的模型和理论的构建，可以在一定程度上避免单纯量化研究的不足。

目前在移动图书馆的相关研究领域中，以特定对象认知结构为出发点对用户认知所进行的研究比较少，因此本研究拟在已有认知测量相关研究的基础上，从用户体验的角度，对使用移动图书馆的高校大学生进行质性研究，并借助社会网络分析方法探索大学生群体在使用移动图书馆时的认知结构，为今后探索如何提高大学生使用移动图书馆的效用和效率提供一定的前期指导。

3 研究设计

3.1 调查对象与访谈实施

本研究主要采用"便利取样"的方式，通过文献检索课程上征集或学生介绍等途径在天津工业大学、天津大学、南开大学征集调查对象。调查对象主要限定于通过文献检索课程介绍或调研人员告知之后才初步使用移动图书馆并且使用经历在一次以上的学生。同时，在选取样本时考虑同质性和异质性问题，同质性即选取的访谈样本都是在校的学生，异质性则是指尽可能地选取各个学科以及不同学历层次（包含硕士和本科）的学生作为样本，以保证结论可以反映不同用户的不同认知情况。关于质性研究的样本数量，理想的情况应以研究者所需的材料或信息达到饱和为界限，但是一般受客观条件限制，样本数量并不多。2014 年 4 月对访谈对象进行筛选，最终从天津工业大学、天津大学和南开大学确定了 15 名学生，其基本情况见表 1。访谈过程持续将近 1 个月，全部由笔者作为访谈员对调查对象进行面对面的半结构化访谈。

表 1　访谈对象的基本信息

访谈代码	性别	年级	专业	使用次数
F1	男	硕士二年级	管理科学与工程	2
F2	女	硕士一年级	图书馆学	4
F3	女	本科三年级	英语	3
F4	女	硕士二年级	教育学	2
F5	男	硕士二年级	图书馆学	4
F6	女	硕士二年级	管理科学与工程	4
F7	女	本科三年级	新闻学	3
F8	女	硕士二年级	情报学	3
F9	男	本科二年级	计算机科学	2
F10	女	本科二年级	化学	2
F11	男	本科二年级	信息管理与信息系统	3
F12	男	本科三年级	中文	2
F13	男	本科三年级	历史	2
F14	男	本科三年级	电子商务	2
F15	女	本科三年级	会计学	3

笔者通过现场和网上访谈相结合的方式对以上 15 位受访者进行了访谈，

在正式进入访谈之前对访谈者说明研究主题，整个访谈过程以开放式的形式，请受访者自由谈论他们以往使用移动图书馆的体验和感想，并让他们根据自己的使用经历，总结出几个能够代表他们对移动图书馆认知的典型词汇或者短语。受访者使用的主要是本人所在学校购买的移动图书馆系统。天津大学图书馆、南开大学图书馆和天津工业大学图书馆均采用了超星移动图书馆，因此调研过程中排除了用户认知结构受不同类型移动图书馆之间差异性影响的限制。

3.2 数据整理

笔者对 15 个受访者的访谈结果进行了整理，剔除了与本研究无关的一些回答和不够明确的回答，从而得到能够代表用户对移动图书馆认知的 215 个构念。由于不同的受访者在表达构念时所用的名词不尽相同，因此还需要对所有的构念进行统一处理，即对表达意义一致的构念进行合并，如将"搜索结果比较全面"和"检索全面性"统一为"检索全面性"，将"数据库种类"和"数据库覆盖率"统一为"数据库覆盖率"等，最终得到 123 个构念。

图 1 所示的构念一致性趋势显示，随着受访人数的增加，新增构念的数量却很少增加。受访者 F1 提出 31 个新构念，受访者 F2 提出 15 个新构念，而受访者 F10 – F15 所新增的构念已递减为 1 – 5 个，总体来看，新增构念的趋势为逐渐递减，说明 15 位受访者所提供的构念具有内在的一致性，同时也证明 15 位受访者所提供的构念基本可以揭示出用户对移动图书馆的认知。

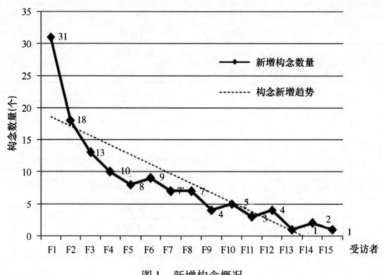

图 1　新增构念概况

为了进一步研究认知构念的典型性以及构念之间的关系，需要对构念及构念关系进行筛选。首先对构念进行筛选，筛选原则是对超过约三分之一（超过5人）的受访者提及的构念予以保留。之后还需对构念关系进行筛选，筛选原则是对超过约七分之一（超过2人）的受访者共同提及的构念关系予以保留，其余删除。被删除的构念及构念关系由于不具备代表性和普遍性，本研究不予考虑。经过上述两个步骤的筛选，最终得到42个构念，如表2所示：

表2　构念提取结果

编号	构念名称	编号	构念名称	编号	构念名称
1	辅助课堂学习	15	手机型号不匹配	29	系统安全性
2	屏幕尺寸	16	搜索结果排序合理	30	通讯资费
3	移动图书馆手机软件	17	检索全面性	31	提高学习效率
4	移动网络速度	18	检索查准率	32	学习方式轻松
5	显示舒适度	19	检索速度	33	资源用户评价
6	导航明确	20	数据库覆盖率	34	资源分类
7	适用资源推荐	21	反馈速度	35	界面清晰
8	信息资源丰富	22	在线及时咨询帮助	36	搜索框位置
9	续借便捷	23	可随时随地使用	37	页面布局合理
10	信息定制服务	24	容易学会使用	38	键盘按钮设置
11	还书提醒及时	25	系统响应速度	39	操作系统类型
12	背景颜色	26	死链接	40	电子书阅读
13	格式兼容性	27	手机二维码	41	用词易于理解
14	交互性良好	28	隐私安全	42	读者使用帮助

3.3 分析方法

本研究主要借助社会网络分析方法对组成移动图书馆认知结构的相关构念及其之间的关系进行分析，进而对移动图书馆的用户认知结构进行探索性研究。社会网络分析的核心是从"关系"的角度出发研究各种事物或现象的内部组成和结构，其分析单位是"关系"。对认知构念的典型性以及认知构念之间关系的分析在本质上属于一种网络分析，因此，对组成认知的相关构念的分析可以借助社会网络分析的方法来进行，从而进一步探索和发现用户对移动图书馆之认知结构的特征及其构成。刘军对社会网络分析的常用指标进行了介绍，其中包括对网络内部的节点属性进行分析的中心性指标以及对整体网络结构特征进行分析的凝聚子群指标等[15]。已有一些相关研究借助社会网络分析中的相关指标进行探索，如 J. Mathieu 等人通过访谈的方式获得团队成员在工作中共享行为的心理构念，并借助社会网络分析对从团队水平开展共享的心理特征进行了探索[13]。此外，白新文等也采用类似的方法对相关的认知结构进行了探索[16]。本研究主要采用社会网络的凝聚子群分析以及程度中心性分析方法对高校移动图书馆相关用户的认知结构进行探讨。

3.4 数据处理

由于这些构念是在访谈过程中出现频次较高的，它们从较大程度上揭示出特定用户对移动图书馆的基本认知。基于社会网络分析方法的认知分析的基础是将不同认知构念之间建立相应的联系，为了从整个群体的角度对认知进行分析，本研究将不同的认知构念在不同的受访者中共同出现的关系作为认知构念的社会网络分析的基础，因此要对选出的认知构念进行相应的预处理，并构建出基于共现关系的 42 * 42 的构念共现矩阵，如表 3 所示：

4 研究结果分析

在构念共现矩阵的基础上，本研究主要借助社会网络分析软件 UCINET对认知构念及其所形成的共现网络（见图 2）进行可视化分析。其中结点代表构念，连线代表构念间的共现关系。

4.1 基于凝聚子群的用户认知构成分析

凝聚子群分析作为社会网络分析方法中重要的结构分析方法，可以有效简化复杂的整体网络结构，有助于研究者发现网络中所存在的子结构及其之间的相互关系，并且能以可视化的方式对网络结构进行呈现。笔者根据 Everett 所提出的凝聚子群递进分析方法，采用区块模型对认知构念关系网络进行分析。所谓区块模型分析，是社会网络分析方法用以进行职位分析的一种手段，它把构成网络的全部个体划分为不同的群体，以分析具体网络的结构组成。具体而言，本研究对构念共识网络中的构念关系进行了 CONCOR 分析，它是以相关分析为基础发展出来的方法，两个节点间相关系数的计算公式为[14]：

$$r_{ij} = \frac{\sum (x_{ki} - \bar{x}._j)(x_{rj} - \bar{x}._j) + \sum (x_{ik} - \bar{x}._i)(x_{jk} - \bar{x}._j)}{\sqrt{\sum (x_{ki} - \bar{x}._j)^2 + (x_{jk} - \bar{x}._j)^2} \sqrt{(x_{kj} - \bar{x}._i)^2 (x_{jk} - \bar{x}._j)^2}} for\ i \neq k,\ j \neq k$$

式中 i 代表个体在矩阵中的行数，j 代表个体在矩阵中的列数，$x._i$ 表示指向 i 的个体平均数，k 表示节点，$x._j$ 表示指向 j 的个体平均数，x_i 是所有 i 外向关系的平均数，x_j 是所有 j 外向关系的平均数。如图 3 所示：通过对构念小团体的分析发现，用户对移动图书馆的认知主要由 4 个子群组成。其中各个子

350

表 3　构念共现矩阵（部分）

	辅助课堂学习	屏幕尺寸	移动图书馆手机软件	移动网络速度	显示舒适度	导航明确	适用资源推荐	信息资源丰富	续借便捷	信息定制服务	还书提醒及时	背景着色	格式兼容性
辅助课堂学习	4	0	0	0	0	0	0	0	0	0	0	0	0
屏幕尺寸	0	0	0	0	0	0	0	0	0	0	0	3	0
移动图书馆手机软件	0	0	4	3	0	0	0	0	0	0	0	0	0
移动网络速度	0	0	2	12	0	0	0	0	0	0	0	0	2
显示舒适度	0	2	0	0	0	0	0	0	0	0	0	0	0
导航明确	0	0	0	0	0	0	12	0	0	0	0	0	0
适用资源推荐	0	0	0	0	0	0	0	4	0	0	0	0	0
信息资源丰富	0	0	0	0	0	0	1	11	0	0	0	0	0
续借便捷	0	0	0	0	0	0	0	0	5	2	2	0	0
信息定制服务	0	0	0	0	0	0	0	0	2	9	2	0	0
还书提醒及时	0	0	0	0	0	0	0	0	2	2	5	0	0
背景颜色	0	3	0	0	0	0	0	0	0	0	0	3	0
格式兼容性	0	0	0	3	0	0	0	0	0	0	0	0	4

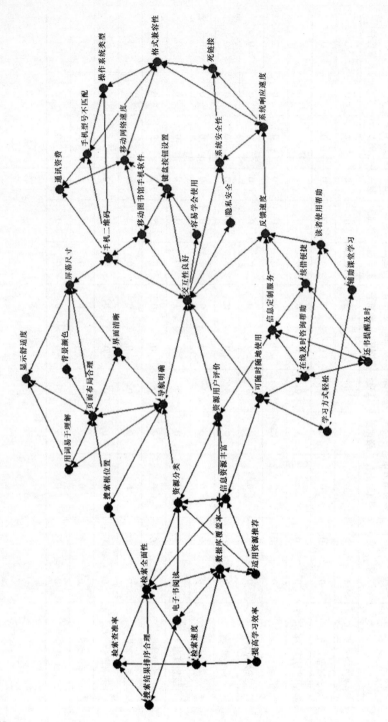

图2　构念共现关系网络

352

群的结点分别为：

子群 1 {1, 23, 10, 9, 22, 11, 21, 32, 42}

子群 2 {29, 3, 26, 4, 14, 13, 27, 15, 39, 24, 30, 25, 28, 38}

子群 3 {5, 37, 41, 2, 6, 36, 35, 12}

子群 4 {19, 7, 34, 8, 31, 33, 17, 18, 40, 20, 16}

同时，对 4 个子群的密度进行计算，可以得到子群的密度矩阵，如表 4 所示：

表 4　子群密度矩阵

序号	子群 1	子群 2	子群 3	子群 4
1	0.361	0.024	0.000	0.020
2	0.024	0.410	0.018	0.006
3	0.000	0.018	0.312	0.023
4	0.020	0.006	0.023	0.381

根据表 4 可以发现，子群 2 的密度最大，为 0.410，这表明该子群中的结点在整体认知结构中的联系最为紧密；子群 3 的密度最小，为 0.312，说明在该子群中的结点紧密程度较低，部分结点之间具有一定的独立性。总体来看，认知结构中的构念间具有较为明显的群集性，构念间的关系子群分布如图 3 所示：

为了进一步探讨不同子群间的关系，结合子群密度矩阵，对 4 个子群的社会网络结构进行绘制（见图 4），从中可看出，子群 2、子群 4 以及子群 1 合在一起构成了认知结构网络关联的主体部分，三者之间存在相互关联的关系，而子群 2 还直接关联了子群 3，这在一定程度上说明子群 2 在这个结构中处于核心支配地位。其中子群 2 包含：系统安全性、移动图书馆手机软件、移动网络速度、手机二维码、操作系统类型、通讯资费、容易学会使用、键盘按扭设置等，可以发现多数构念与目前移动图书馆所应用的软件以及网络设置等方面相关，主要反映了用户对移动图书馆系统和设备使用的认知，这也在一定程度上说明了系统和设备的应用处于整个认知结构的核心和基础地位。

子群 1 和子群 4 在这个网络中的地位相似，两个子群都与子群 2 进行关联，在一定程度上说明二者都是以移动图书馆的系统和设备为基础的，其中子群 1 包含信息定制服务、续借便捷、在线及时咨询帮助、还书提醒及时、读者使用帮助等，大部分构念主要体现了用户对移动图书馆服务内容的理解以及对服务使用的体验。子群 4 则包含适用资源推荐、资源分类、资源用户

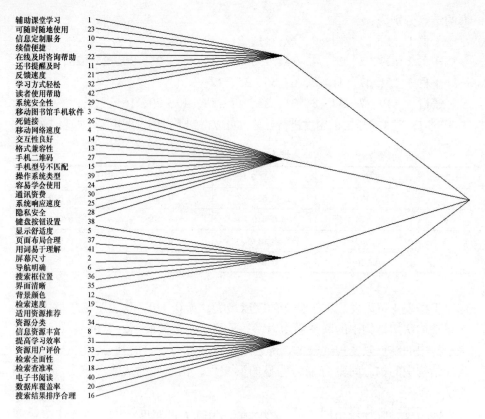

辅助课堂学习	1
可随时随地使用	23
信息定制服务	10
续借便捷	9
在线及时咨询帮助	22
还书提醒及时	11
反馈速度	21
学习方式轻松	32
读者使用帮助	42
系统安全性	29
移动图书馆手机软件	3
死链接	26
移动网络速度	4
交互性良好	14
格式兼容性	13
手机二维码	27
手机型号不匹配	15
操作系统类型	39
容易学会使用	24
通讯资费	30
系统响应速度	25
隐私安全	28
键盘按钮设置	38
显示舒适度	5
页面布局合理	37
用词易于理解	41
屏幕尺寸	2
导航明确	6
搜索框位置	36
界面清晰	35
背景颜色	12
检索速度	19
适用资源推荐	7
资源分类	34
信息资源丰富	8
提高学习效率	31
资源用户评价	33
检索全面性	17
检索查准率	18
电子书阅读	40
数据库覆盖率	20
搜索结果排序合理	16

图 3　构念子群

评价、检索全面性、搜索结果排序合理等构念，这些构念主要集中于用户对移动图书馆相关资源以及对资源进行查找的认知。另外，通过图 4 可以发现，子群 1 和子群 4 之间也存在直接的关联。

　　子群 3 虽然没有与子群 1 和子群 4 进行直接关联，但是也以子群 2 作为桥梁而参与到整个认知结构关系网络中，子群 3 对于整个网络的影响力度较其他子群小。子群 3 包括：页面布局合理、屏幕尺寸、界面清晰、导航明确、背景颜色，这些构念主要集中于用户对移动图书馆界面的认知。

4.2　子群内部构成分析

　　基于上述研究可知，不同子群在认知结构网络中的作用和地位并不相同。为了进一步了解不同子群中的构念分布情况，本研究通过社会网络分析中的程度中心性分析对子群内部构成做进一步分析。程度中心性用以衡量网络中哪个节点处于最中心的位置。所处的位置越趋于中心，则越有"权力"，其影

354

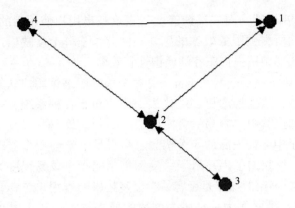

图 4　简化的子群关系

响力也越大[9]。由于程度中心性在网络结构中具有独特性质，通过计算不同子群中各个构念的程度中心性，可以在一定程度上揭示出不同子群的特征。表5反映了各个子群中心度较高的构念：

表5　各子群中心性居前3位的构念

	构念	中心性		构念	中心性
子群1	信息定制服务	12.195	子群3	页面布局合理	17.073
	可随时随地使用	11.195		导航明确	14.634
	反馈速度	10.756		屏幕尺寸	12.195
子群2	容易学会使用	24.390	子群4	资源分类	17.073
	手机二维码	14.634		信息资源丰富	14.634
	移动网络速度	12.195		检索全面性	12.195

　　4.2.1　子群1特征分析　子群1中的大部分构念主要体现了用户对移动图书馆服务相关内容的理解。通过表4可以发现，"信息定制服务"、"可随时随地使用"、"反馈速度"是子群1中最为核心的3个构念。信息定制服务即个性化推送服务，这在一定程度上说明该项服务是用户较为常用的服务，通过访谈调查，发现用户选择该项服务的原因在于该项服务较传统图书馆网站所提供的服务更为便捷，如F3认为"移动图书馆和学校图书馆网站一样，提供了一些资源的推送目录，可以借助手机通过目录来选择资源，我可以随时对资源进行订阅。"随时随地使用"也反映出用户对移动图书馆的"移动"性的认知，如F9认为"使用手机上的图书馆比原来的数字图书馆更加自由，

355

不会受到地点的限制"。而"反馈速度"也反映出用户使用后的体验和认知，即对移动图书馆所提供服务效率的感知。因此，子群 1 反映出用户的认知主要关注于移动图书馆所提供服务的便携性和效率。

4.2.2 子群 2 特征分析 子群 2 是整个移动图书馆用户认知结构中最为关键的构念群体，这些构念更多地代表了用户对于各种系统、软件以及手机设备使用的认知。其中"容易学会使用"、"手机二维码"以及"移动网络速度"是子群 2 里中心性最高的 3 个构念。是否易于学会操作移动图书馆是用户最为关心的，反映出了用户对于移动图书馆的操作难易程度的感知，用户 F4 认为"移动图书馆的操作是否容易学会直接影响着用户对移动图书馆使用的耐心"。手机二维码作为一种较为便捷的新兴技术，其应用在移动图书馆中，大大方便了用户对资源的使用，F10 认为"在特定的电子书借阅机上可以通过手机二维码借阅电子书，而且电子书的归还也是自动的"。移动网络速度也直接关系到用户对移动图书馆的访问和使用速度的感知，如 F5 认为"移动网络速度较快的环境下，使用移动图书馆较为顺畅"。以上 3 个构念直接关系到移动图书馆系统和设备是否易于掌握、资源是否易于使用和访问，因此，子群 2 反映了用户对移动图书馆系统和设备的易用性程度的认知。

4.2.3 子群 3 特征分析 子群 3 在整个认知结构中的参与度不如其他 3 个子群，其大部分的构念主要来源于用户对于移动图书馆使用界面的认知和印象。子群 3 中"页面布局合理"、"屏幕尺寸"、"导航明确"是中心性最高的 3 个构念。由于移动设备在系统界面以及屏幕尺寸方面与传统的计算机界面和屏幕尺寸存在一定的差别，因此不少受访用户在使用移动图书馆后表示对"页面布局"和"屏幕尺寸"等方面比较关注，F2、F7、F13 等均表示"系统界面较小，许多服务图标分布在多个分页上，翻页寻找比较麻烦；加之手机屏幕也较小，感觉输入不便，操作起来不够舒服"。另外，通过构念反映出来的移动图书馆系统界面中的另一个关键因素是导航的设计，它能够实现用户在网站间进行跳转的功能，并反映出所包含页面内容之间的关系；导航设计的内容主要包含了网站地图、上下文导航以及全局导航等。移动终端设备上的页面导航不同于传统网站，由于移动设备屏幕及浏览器的原因，不少移动图书馆设置的导航非常简单或者没有导航系统，这使得用户在移动图书馆的信息空间中没有明确的"方位感"，有不少受访者在访谈中反映出了对移动图书馆的导航的认知和体验，F11 表示"没有相应的网站地图，不好发现移动图书馆的整体布局，也不好定位我在移动图书馆中的位置"。导航设计的友好性也在一定程度上影响用户对移动图书馆的体验和认知。因此，子群 3 主要体现了用户对移动图书馆界面友好程度的感知。

4.2.4 子群4特征分析 子群4中排在前3位的构念是"资源分类"、"信息资源丰富"以及"检索全面性"，这3个构念反映出多数用户会从资源使用和查找的角度对移动图书馆进行认知。根据对用户的访谈可以发现，有效的资源组织以及类型划分的细化程度会影响他们对资源使用的效率和满意程度，F1、F7、F9等表示"移动图书馆中资源的类型较少，不容易找到自己想要的东西"。而F8、F10、F14等人则认为"移动图书馆中所涵盖的资源较多，尤其是电子书的阅读，但所能访问的学术数据库比较有限"。这也在一定程度上说明用户在体验移动图书馆后资源的丰富程度也是他们对移动图书馆认知的重要一环。此外，"检索全面性"反映了用户对信息资源查找的认知，信息资源检索的全面性直接关系到资源是否能够被有效地发现和使用，F6认为"通过移动图书馆的检索系统能够较为全面地找到自己所需要的电子书和相关资料等"。综上，子群4主要侧重于用户对资源利用有效性的认知。

总之，通过对子群关系和子群内部构成进行分析，可以在一定程度上说明多数用户对于移动图书馆的认知出发点以及重点是移动图书馆的"易用性"，并进一步明确在用户的认知结构中用户对系统和设备易用性的认知是整个结构网络的核心基础，它直接影响着用户对资源、服务及界面的认知。这也在一定程度上遵循了穆尔斯定律，即一个信息系统，如果使用户在获取信息时比不获取信息时更费心、更麻烦，那么这个系统不会得到利用[17]。同理，如果移动图书馆的系统或者设备的操作不容易学会或者比较复杂，那么用户将不会选择继续了解和使用这样的移动图书馆的服务和资源。

5 结语

5.1 研究结论

本研究通过对15名使用过移动图书馆的大学生的访谈结果进行收集和整理，提取出相应的构念，并借助社会网络分析方法中的凝聚子群分析和中心性分析方法，对组成移动图书馆认知结构的相关构念及其之间的关系进行探索。研究结果主要体现为两个方面：

（1）明确了用户对于移动图书馆的认知结构的组成。认知结构可以划分为4个子群：①子群1（服务）：用户对移动图书馆所提供服务的便携性和效率性的认知；②子群2（易用性）：用户对移动图书馆系统和设备易用性的认知；③子群3（界面）：用户对移动图书馆界面友好程度的认知；④子群4（资源）：用户对资源利用有效性的认知。

（2）探索了认知结构中各个子群之间的关系。子群2（易用性）在整个认知结构中处于绝对核心地位，直接与其他 3 个子群相互作用和相互影响，这在一定程度上表明用户对于易用性的认知是对其他方面认知的基础。子群 1（服务）和子群 4（资源）在受到子群 2 的影响和作用的同时，二者也存在相互作用和影响，因此在一定程度上，从用户认知的角度可以进一步说明移动图书馆的"服务"与"资源"之间的紧密关系。子群 3（界面）尽管通过与子群 2 的相互作用参与到认知结构网络中，间接与子群 1 和子群 4 建立了联系，但通过认知机构子群密度来看，其密度最小，这在一定程度上说明用户认知结构中对于界面的关注程度不如其他 3 个方面。

5.2　应用建议

（1）研究发现，目前用户对于移动图书馆的认知主要集中于系统和设备的易用性方面，这在一定程度上说明多数用户对于移动图书馆的认知出发点以及重点是对"技术"的应用和体验，即认知结构是以"技术"为导向的。这也在一定程度上说明：为了更好地满足用户的使用体验，移动图书馆目前的设计和开发仍然要以提高系统和设备的易用性作为重点，来改善用户的使用体验。

（2）研究还发现，移动图书馆的服务、资源以及界面等方面尚未能引起初始用户的共鸣和关注。在移动图书馆的开发与应用推广方面，需要关注以下问题：一方面，移动图书馆的设计和开发者，需要在提高移动图书馆易用性的基础上，进一步提高服务内容特色和效率，整合和丰富资源，增强移动图书馆应用系统界面的友好性；另一方面，图书馆作为移动图书馆服务的提供者与推广者，在为用户提供移动图书馆技术性操作指导的基础上，需要加强移动图书馆资源与服务的推广与宣传，并且要与移动图书馆开发者合作，结合本馆特色资源丰富移动图书馆资源体系。

5.3　研究的不足与展望

本研究虽然实现了最初的研究目标，但也存在一些局限性，需要在今后的研究中进一步完善。

首先，调查样本数量偏少。本研究仅仅是一项探索性研究，在后续研究中，将借助实证研究的方法对本研究所探索的移动图书馆用户认知结构各个构成之间的关系进行验证性分析。同时，随着用户对移动图书馆应用程度和熟知程度的提高，需要对 15 位被调查者进行持续调研，探寻他们对移动图书馆的认知结构是如何变化的以及影响其认知结构变化的因素有哪些，以期能够进一步丰富和完善移动图书馆用户认知的相关研究。

其次，应从用户认知的视角，创建移动图书馆服务模式，优化移动图书馆服务。

最后，本研究受客观条件限制，主要调研了超星移动图书馆用户的认知结构，在后续研究中，拟以移动图书馆可用性为切入点，对不同移动图书馆系统用户的认知进行比较分析。

参考文献：

［1］ 第十一次全国国民阅读调查［EB/OL］.［2014 – 08 – 10］. http://www. chuban. cc/yw/201404/t20140423_155079. html.

［2］ 邢军,徐春霞. 数字图书馆移动服务体系构建［J］. 国家图书馆学刊,2012（5）:81 – 88.

［3］ Cummings J, Merrill A. The use of handheld mobile devices:Their impact and implications for library services［J］. Library Hi Tech,2010,28(1): 22 – 40.

［4］ Use of mobil libraries［EB/OL］.［2014 – 07 – 20］. http//m – libraries2009. ubu. ca/.

［5］ 郑德俊,沈军威,张正慧. 移动图书馆服务的用户需求调查及发展建议［J］. 图书情报工作,2014,58(7):46 – 52.

［6］ Goh T T. Exploring gender differences in SMS-based mobile library search system adoption ［J］. Educational Technology & Society,2011,14(4): 192 – 206.

［7］ 余世英. 移动图书馆的用户接受模型实证研究. 图书馆建设,2014(1):21 – 27,32.

［8］ Pattuelli M, Rabina D. Forms, effects, function: L1S students attitudes towards portable e-book readers［C］//Aslib Proceedings. Britain:Emerald Group Publishing Limited,2010:228 – 244.

［9］ 王黎萤. 研发团队创造气氛、共享心智模型与团队创造力研究［D］. 杭州:浙江大学管理学院,2009.

［10］ 吕晓俊,俞文钊. 员工心智模式的实证研究［J］. 心理科学,2002,25(6): 736 – 737.

［11］ 肖超. 网购消费者的心智模型［D］. 成都:西南交通大学,2010.

［12］ 谢彦君,陈焕炯,潘莉,等. 东北地区乡村旅游中典型元素的识别与分析——基于ZMET(隐喻抽取技术)进行的质性研究［J］. 北京第二外国语学院学报,2009(1): 41 – 45.

［13］ Mlathieu J, Heffner T S, Goodwin G F. The influence of shared mental models on team process and performance［J］. Journal of Applied Psychology,2000,85(2):273 – 283.

［14］ Mohammed S, Klimosk I. The measurement of have no shared schema［J］. Organizational Research Method,2000,3 (2):123 – 165.

［15］ 刘军. 社会网络分析导论［M］. 北京:社会科学文献出版社,2004:100 – 121.

［16］ 白新文,王二平,周莹,等. 团队作业与团队互动两类共享心智模型的发展特征［J］. 心理学报,2006,38(4):598 – 606.

［17］ Moocrs C. Moocrs' law,or why some retrieval systems are used and others are not［J］. Bul-

letin of the American Society for Information Science and Technology, 1996, 23 (1): 22
- 23.

作者简介

　　贾东琴，天津工业大学图书馆馆员，博士，E-mail：jiajingqiu@163. com；
董伟，天津大学教育学院讲师，博士。

基于 QFD 的移动图书馆用户需求评估研究[*]

施国洪　张晓慧　夏前龙

江苏大学

1　引言

近 10 余年来，随着移动电子商务的日趋繁荣，移动信息服务也得到了快速发展并逐渐成为新信息环境下数字图书馆服务创新的一项重要举措。实践上，国内外越来越多的高校图书馆和公共图书馆启动了移动图书馆服务计划；理论上，移动图书馆也已成为国内外图情界讨论的热点话题之一，研究文献逐年攀升。移动图书馆是传统图书馆面向移动用户而为其提供的泛在信息服务，其服务的对象是移动用户，服务的目的是迎合用户需求的变化。尽管目前在实践与理论上已取得了一定的成果，但仍存在一些问题，尤其是移动服务提供方对用户的需求不够重视，缺乏必要的调研及评估等，从而使移动图书馆在实施过程中并未实现其服务的初衷，造成与用户需求的逐渐背离。

由于用户需求对移动图书馆服务事业的成功起着决定性作用，所以对其进行深入剖析和研究具有重要意义。梳理文献发现，目前关于移动图书馆用户需求的研究大部分采用问卷调查法、访谈法以及定性分析法，尚处于研究的起步阶段。例如，J. Seeholzer 和 J. A. Salem 采用焦点小组访谈法，调研了在校学生使用 WAP 的体验效果及感知态度，并通过分析学生需求和期望信息提出了改善图书馆移动网页的一些构想[1]。E. D. Cassidy 等对用户在使用各种移动社交技术访问图书馆服务时的偏好进行了调查，认为图书馆应注重研究本馆目标读者的需求，进而选择有效的移动技术为其提供服务[2]。S. Chandhok 和 P. Babbar 则基于问卷数据和访谈结果，剖析了远程学习者对移动图书馆服务类型及内容的需求情况，并提倡构建图书馆移动学习模型以改善

---

* 本文系国家社会科学基金项目"移动图书馆服务质量影响因素与提升策略研究"（项目编号：13BTQ029）研究成果之一。

远程教育服务系统[3]。国内学者周怡等通过对复旦大学移动图书馆目标用户的调查，分析了用户对移动图书馆服务的需求及满意程度，进而提出了移动图书馆系统建设的建议举措[4]。茆意宏则通过分类、分层随机抽样方式对图书馆移动信息服务用户需求进行调查研究，据此提出图书馆移动信息服务的内容模式、技术模式和服务策略[5]。

不难发现，目前国内外学者对移动图书馆用户需求的研究主要是在对调查或访谈结果进行描述统计分析的基础上提出相应的改善之策，缺乏较为深入的定量评估。基于此，本文将采用质量功能展开（quality function deployment，简称QFD）思想对移动图书馆用户需求进行问卷调查和定量评估，这是因为QFD在评估用户需求方面具有很强的适用性，是分析用户需求的有力工具，针对性更强，为实际管理者满足用户需求、提高用户满意度提供了更为具体的实现方向，缩减了优化和完善移动图书馆服务设计的成本和时间。此前已有一些学者[6-8]将QFD思想运用于图书馆环境下，但尚未见到有学者运用这一方法对移动图书馆用户需求进行过评估研究。本研究结合文献分析法和访谈法，研究设计移动图书馆用户需求评估指标；通过问卷调查法和独立配点法确定各需求指标的重要性和满意度加权得分，并通过小组讨论挖掘质量技术特性，构建质量屋，综合考虑质量特性的重要度和技术难度来确定亟需改善的用户需求项，从而为业界发掘和满足用户的重要需求提供快捷通道，同时为提升移动图书馆服务质量和用户满意度提供借鉴。

2 QFD与质量屋

20世纪60年代末70年代初，日本工业处于由模仿的产品开发模式转向自主创新开发模式的过渡阶段，日本质量专家赤尾洋二（Yoji Akao）正式提出QFD，即是一种通过分析顾客需求并将其转化为产品设计的质量分析工具[9-10]。20世纪90年代，华人学者熊伟教授将QFD理论介绍到国内，目前已在汽车、软件、教育、餐饮等多个行业得到成功应用。

QFD的设计过程是一种具有共同语言的开发设计，相邻两个阶段表现行为一致[11]，作为设计需求的应用系统，最核心的表现方法是质量屋（house of quality，HOQ）的构建。HOQ是QFD中最基本和最具战略性的阶段，是顾客声音（voice of customer，VOC）和工程技术人员声音（voice of technician，VOT）之间联系的"桥梁"[12]。一个完整的质量屋包括屋顶、天花板、左墙、房间、右墙、地板和地下室六大模块，结构如图1所示[13]：

其中，质量屋的屋顶是各需求评估指标之间的自相关矩阵；天花板是

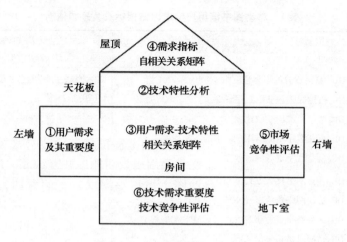

图1　质量屋结构

具体的技术特性分析，是将需求项逐级展开为易于实施的技术特性内容；房间是用户需求与技术特性之间的相关关系矩阵，有弱相关、相关和强相关3种关系，分别给予1分、3分、5分分值数量化，一般由专家评定打分；左墙和地下室分别包含用户需求和技术需求重要度内容，直观反映需求的内容和技术特性以及它们的重要程度；右墙是对未来的目标判断以及竞争性评估。

在实际操作中，通常使用简约式的质量屋，较少考虑需求指标自相关矩阵，同时习惯用技术难度评分来解释技术需求重要度评分，本研究也是通过构建简单质量屋来评估用户需求。

3　构建移动图书馆用户需求评估模型质量屋

3.1　质量需求的展开

移动图书馆用户需求呈现多层次、宽范围的特点，本研究在借鉴公共图书馆和大学图书馆用户需求感知指标的相关研究成果以及国际标准ISO11620指标体系的基础之上，结合移动图书馆的服务特征，并通过对专家的深度访谈和用户的群体访谈，从多层次视角将用户需求分为数字资源（主要是文献资源）、移动环境、馆员（主要是线上客服）、用户管理、辅助性功能服务5个一级需求维度以及相应的26个二级需求指标，如表1所示：

表1 移动图书馆用户需求评估指标及其来源依据

一级需求维度	二级需求指标 DR$_j$	二级需求指标来源依据
数字资源 CR$_1$	DR$_1$ 数字资源的丰富程度 DR$_2$ 可随时随地获取数字资源 DR$_3$ 数字资源的获取速度 DR$_4$ 所获数字资源与用户需求的匹配程度 DR$_5$ 所获数字资源的时效性	国际图联主持制定的国际标准 ISO 11620 指标体系[14]；张红霞[15]；K. Kiran 和 S. Diljit[16]
移动环境 CR$_2$	DR$_6$ 多种网络接入方式（VPN、校园网等） DR$_7$ 移动网络覆盖率（主要是 WIFI） DR$_8$ 多种数字资源获取方式（WAP、APP 等） DR$_9$ 访问时被拒绝率低 DR$_{10}$ 下载资源成本低 DR$_{11}$ 客户端界面导航清晰、合理、美观 DR$_{12}$ 客户端界面功能齐全，提供高级检索 DR$_{13}$ 移动终端兼容性、呈现性好	
馆员（客服）CR$_3$	DR$_{14}$ 馆员在各自功能领域内分工明确 DR$_{15}$ 用户可以通过多种方式联系馆员 DR$_{16}$ 馆员具有解决问题的知识和技能 DR$_{17}$ 馆员对用户的问题快速有效地响应 DR$_{18}$ 馆员能积极主动为用户解决问题	罗曼等[17]；施国洪等[18]；施国洪等[19]；F. C. Lane 等[20]
用户管理 CR$_4$	DR$_{19}$ 用户个人信息获得安全认证 DR$_{20}$ 获得属于本领域内的讨论板块 DR$_{21}$ 满足用户自由分享需求的程度 DR$_{22}$ 满足用户自由评价需求的程度 DR$_{23}$ 用户之间可以发起实时会话	S. Nikou 和 J. Mezei[21]；Chen Lishan[22]
辅助性功能服务 CR$_5$	DR$_{24}$ 提供馆内座位实时信息 DR$_{25}$ 开放多媒体课程资源 DR$_{26}$ 移动终端设备外借	龙泉等[23]；C. G. Barbara 等[24]

3.2 质量需求的升级

在研究设计了用户需求指标后，还需要确定哪些需求指标是关键指标，即亟需改善的用户需求项目，进而为业界制定切实可行的改进措施提供依据。首先，根据用户需求评估指标，本文设计了移动图书馆用户需求重要性和满

364

意度的调查问卷，并以五点法对 26 项二级指标的重要性和满意度进行打分，其中 1 分表示非常不满意或非常不重要，5 分表示非常满意或非常重要。在正式调查之前，研究小组对问卷进行预测试，不断修订和润色各个问项，以提高问卷的简洁性和可理解性。考虑到人力和财力的限制，本研究只选择南京大学（以下简称"南大"）师生作为调查对象，因为南大是较早开通客户端移动图书馆服务的高校之一，目前运行相对成熟，具有一定的代表性。然后在南大鼓楼校区和仙林校区随机调查了 120 位在校师生，结果发现只有 40% 左右的人听说过移动图书馆，这其中仅有 35 名被调查者使用过移动图书馆。为了保证调查结果的质量和信度，我们只选择使用过移动图书馆的师生填写问卷，剔除 3 份出现较多缺失值和明显随意性填答倾向的废卷，最终得到 32 份有效问卷。借助 SPSS 软件，分别从重要性和满意度两方面进行信度分析，其中重要性基于标准化项的 Cronbach's Alpha 值为 0.953，满意度基于标准化项的 Cronbach's Alpha 值为 0.927，说明均具有较高的可信性。

　　需求权重赋值对质量需求升级具有直接影响，根据专家建议，使用移动图书馆的频数越高，则相对熟悉并能感知移动图书馆服务内容，本研究决定依据原始有效数据，以填答人使用移动图书馆的频数作为参考，按照比例配给权重。权重总和设为 1.00，假设频数处于中等水平，以平均数计，每个填答人均为 0.03125 的权重系数。根据实际情况，频数为每周一次明显属于低频，则适当下调至 0.02；2 - 4 次频数的适当微调至 0.04；5 次以上的属于高频，则按照配给确定权重系数，如表 2 所示：

表 2　权重系数的确定

序号	频数	个数	权重系数	权重总和
1	1 次	17	0.02	0.34
2	2 - 4 次	11	0.04	0.44
3	5 - 7 次	2	0.05	0.10
4	>8 次	2	0.06	0.12
权重总和				1.00

　　在对每个被调查者填答结果权重赋值之后，采用独立配点法对重要性和满意度分别进行加权计算，获得重要性和满意度的分值。加权后重要性总分算法如下：设 x_{ij} 为第 i 个人对第 j 个需求的重要性评分，r_i 为第 i 个人的权重系数，其中 i = $\{1 < = i < = 32, i \in Z\}$，j = $\{1 < = j < = 26, j \in Z\}$，$a_j$ 为加权前重要性总分，A_j 为加权后重要性总分，则：

$$a_j = \sum_{i=1}^{n} x_{ij}, \quad A_j = \sum_{i=1}^{n} x_{ij} * r_i, \text{ 其中 } n = 32;$$

同理，加权后满意度总分算法如下：设 y_{ij} 为为第 i 个人对第 j 个需求的满意度评分，r_i 为第 i 个人的权重系数，同样 $i = \{1 < = i < = 32, i \in Z\}$，$j = \{1 < = j < = 26, j \in Z\}$，$b_j$ 为加权前满意度总分，B_j 为加权后满意度总分，则：

$$b_j = \sum_{i=1}^{n} y_{ij}, \quad B_j = \sum_{i=1}^{n} y_{ij} * r_i, \text{ 其中 } n = 32;$$

通过计算，得到每个需求项目的评分结果，如表3所示：

表3 重要性/满意度评分结果

项目	重要性/加权前	重要性/加权后	满意度/加权前	满意度/加权后
DR_1	140	4.34	120	3.79
DR_2	131	4.06	114	3.51
DR_3	139	4.35	112	3.60
DR_4	140	4.48	116	3.70
DR_5	139	4.36	123	3.96
DR_6	137	4.38	119	3.72
DR_7	143	4.46	126	3.97
DR_8	126	3.98	118	3.75
DR_9	135	4.29	122	3.95
DR_{10}	140	4.40	120	3.75
DR_{11}	134	4.19	120	3.86
DR_{12}	138	4.34	125	4.01
DR_{13}	139	4.33	120	3.91
DR_{14}	124	3.88	113	3.64
DR_{15}	123	3.91	117	3.82
DR_{16}	132	4.11	110	3.50
DR_{17}	137	4.32	104	3.36
DR_{18}	120	3.72	109	3.44
DR_{19}	141	4.45	131	4.17
DR_{20}	132	4.19	106	3.36
DR_{21}	126	4.03	108	3.38
DR_{22}	131	4.18	108	3.36
DR_{23}	107	3.46	97	3.00
DR_{24}	133	4.22	94	3.01
DR_{25}	129	4.10	110	3.44
DR_{26}	112	3.54	104	3.28

由表3的评分结果不难发现，各需求变量的重要性加权评分主要处于3.8 -4.5分之间，说明几乎各项需求都是用户比较关注的内容，且关注度差异较小；而各需求变量的满意度加权评分主要处于3.0 - 4.2分之间，满意度差值较大，说明不同的用户需求提升空间处于不同水平。以加权后的重要性分值与加权后的满意度分值为两大维度构建散点图，如图2所示：

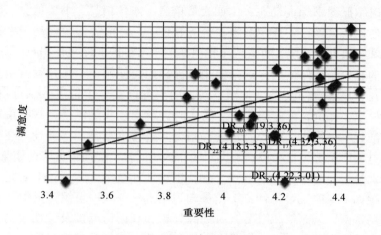

图2　调查项目重要性/满意度加权后总分散点图

图2中各点代表对应被调查的需求项当前所处的位置，呈散列分布状。可观察到大部分需求项处于右边区域，表明该区域位置的需求项目重要性比较高，满意度或高或低，用户内心对此有很大程度的期望，尤其是右下角区域的4个散点，分别是DR_{24}、DR_{17}、DR_{20}、DR_{22}，均存在高重要性低满意度的问题，由此说明本次小范围调研结果显示，该4项需求项是用户需求中亟需改善的重要内容。鉴于此，本研究将用户较为关注的但是其满意度较低的需求变量升级为DR_{24}、DR_{17}、DR_{20}、DR_{22}，即提供馆内座位实时信息、馆员对用户的问题快速有效地响应、获得属于本领域内的讨论板块、满足用户自由评价需求的程度4个方面。

3.3　构建质量屋

以DR_{24}、DR_{17}、DR_{20}、DR_{22} 4项二级需求为主要内容，参考专家意见，项目小组成员一起讨论了对应的质量特性，主要从环境和培训两方面展开，其中人员培训包括对馆员的培训和对用户的指导与培训。

环境是移动图书馆顺利开展的外部支撑条件，包含网络环境、软硬件设施环境、人因环境等方面。本研究针对4项质量需求内容将环境展开为以下6

项质量特性：①提升网速——通畅的网络是访问移动图书馆的首要条件，服务提供方为用户提供高速下载的网络通道，用户可以节约大量下载时间；②同步门禁系统数据——门禁系统常用于统计出入馆人流量，将该数据同步到移动设备，用户可以在移动设备上登陆客户端直接查询目前的人流量、座位数量信息；③添加小组件——在客户端软件上添加可以计时、计数的小组件，可以随时掌握图书馆内动态，比如人员信息、座位信息、书架信息、研讨室开放和使用信息等；④开发多版本系统软件——目前大多数移动图书馆只提供安卓和苹果 IOS 系统，可进一步推出适用于 Windows Phone、Bada、Symbian等系统的客户端软件供用户选择使用，提高用户使用率；⑤开发自由交流空间——在客户端软件上提供共享空间，用户可以实名申请进入，自由讨论、发言、分享、评价，可方便用户之间实时进行在线头脑风暴；⑥收集用户问题并标准化——将收集到的问题进行归类并进行标准化回答处理，在接受在线咨询过程中系统可自动识别同类问题，快速回复，提高馆员咨询作业效率。

培训是学习的特殊表现形式，兼具主动性和被动性特征，本研究从培训视角挖掘如下 4 项质量特性：①馆员知识培训——统一组织馆员学习移动图书馆使用指南，全面掌握图书馆内资源分布和利用情况以及移动图书馆的流程操作、注意事项等内容，提升专业知识素养；②馆员技能培训——尤其是后台端口的操作、服务技能的培训，使馆员掌握计算机操作基础知识，熟练处理移动用户递交的问题；③指导用户学习并使用移动图书馆——下发学习资料，提供视频学习课程；④开展交流会——移动图书馆服务人员与用户现场互动，接受用户的现场咨询。

根据以上用户需求质量（技术）特性的获取情况，构建质量屋模型，如图 3 所示：

左墙是质量需求及其重要度，结合表 3 数据和图 2 散点图直观获得。

房间是质量需求与质量特性之间的相关关系矩阵，项目小组邀请图书情报学专家对 4 项质量需求和 10 项质量特性的相关性逐一打分，设 j 为质量需求下标，j = {24，17，20，22}，k 为质量特性序号，k = {1 < = k <= 10，k ∈ Z}，关系系数设为 R_{jk}，不相关设为空格，弱相关设为 1 分，相关设为 3 分，强相关设为 5 分。

右墙是质量规划，是对市场现有状况及自身发展水平的有效评估，反映自身现状及未来的目标水平，其中规划质量是由项目小组结合调查结果与专家意见对移动图书馆质量需求提出的发展期望水平，同样以五点法为评分方法，取值 [1，5]，得分越高期望值越高。

水平提高率是规划质量在满意度水平上的提高率，用公式表达即水平提

368

图 3 用户需求质量屋

质量需求	重要度	质量特性										质量规划				
		环境						培训				满意度水平	规划质量	目标水平提高率	质量需求特性点	绝对权重1
		提升网速	同步门禁系统数据	添加小组件	开发多版本系统软件	开发自有交流空间	收集用户问题并标准化	馆员知识培训	馆员技能培训	指导用户学习	开展交流会					
DR$_{24}$	4.22	3	5	5							1	3.01	4	1.33	1.25	7.02
DR$_{17}$	4.32	5			1		5	5	3		3	3.36	5	1.49	1.30	8.37
DR$_{20}$	4.19				5	5	1			5		3.36	5	1.49	1.40	8.74
DR$_{22}$	4.18	1			5	5	4	1	2	5	1	3.36	4	1.19	1.20	5.97
技术难度		3	4	4	5	5	4	1	2	2	1					
绝对权重2		38.44	21.10	21.10	25.22	41.85	25.79	21.60	12.96	41.85	16.89					
相对权重		68.88	35.10	35.10	38.22	73.55	50.59	41.85	25.11	73.55	34.59					

369

高率=规划质量/满意度水平，意指在现有水平上到目标水平的进步情况。

质量需求特性点是指各项需求努力对移动图书馆质量提升的贡献程度，取值（0，2］，分值与贡献值成正比；绝对权重1是由重要度、水平提高率和质量需求特性点之积所得，设绝对权重1为 w_{1j}，水平提高率为 u_j，质量需求特性点为 t_j，则 $w_{1j} = A_j * u_j * t_j$。

地下室是技术实施难度及其重要性评估，其中技术难度是指该项质量特性的操作性难易程度，由项目小组根据现有的技术水平和实际操作经验讨论评分，取值［1，5］，得分高代表难度大，通常会认为在其他条件一致情况下优先考虑技术难度小的质量特性；绝对权重2是质量需求与质量特性相关系数与对应的需求重要度之积的和，相对权重是质量需求与质量特性相关系数与对应需求绝对权重1之积的和，设绝对权重2为 w_{2k}，相对权重为 w_k，则 $w_{2k} = \sum_{j=m} R_{jk} * A_j$，$w_k = \sum_{j=m} R_{jk} * w_{1j}$，其中 m＝24，17，20，22。

质量屋方法一般综合考虑相对权重和技术难度评估值来确定改善措施的切入点，优先选择相对权重值大而技术难度低的质量特性。综合图3的质量屋描述，从环境的角度来看，开发自有交流空间、提升网速的相对权重居于前两位，说明这两项措施的改善在较大程度上能对提升用户使用移动图书馆的环境产生推动作用，从而提升移动图书馆的综合质量。但同时考虑到开发自有交流空间的技术难度远超于提升网速的技术难度，且网速问题影响面更广，故认为首先需要改善网络速度，方便用户顺畅访问移动图书馆并能及时得到响应，继而考虑开发自有交流空间，为用户提供一个基于本领域研究内容的能自由分享、评价数字资源、获得视频学习、娱乐性学习通道的平台，丰富移动图书馆服务内容，增强用户体验感和满意度。而针对同步门禁系统数据、添加小组件和开发多版本系统软件来说，鉴于两者的重要度基本处于同一水平，故主要考虑技术难度，优先实现前两者的质量特性。

从培训的角度来看，各质量特性的技术难度均处于较低值，很容易实现，只需考虑相对权重，其中指导用户学习、馆员知识培训的相对权重明显高于其他两个质量特性的相对权重，可首要实现该质量特性，增强用户使用移动图书馆的积极主动性，同时提高馆员的知识水平，培训其操作和沟通技能，以高效地解答用户问题。

4 结论

移动图书馆建设是一项浩大工程，从无到有，从有到优，都是广大研究开发人员智慧的结晶。面对移动图书馆评价指标体系的缺失现象，本文综合运用访谈法和文献分析方法，在公共图书馆和大学图书馆质量评价指标基础之上设计了移动图书馆质量指标，突出互动性需求变量，基于南大调研数据得到升级后的质量需求，得出提供馆内座位实时信息、馆员对用户的问题快速有效地响应、获得属于本领域内的讨论板块、满足用户自由评价需求是亟需得到改善的需求项。同时将其逐层分解为易于实现的质量特性，建立移动图书馆用户需求评估质量屋，综合考虑质量需求重要度和技术特性实现难易程度，优先选择改善网速、开发自由交流空间等方面作为用户需求和整体质量评估的突破口。

就本研究而言，尚存在调查范围不够全面，用户需求评估不具有全国范围内的普遍适用性，接触面相对狭窄等缺陷。期望未来能在全国范围内进行大规模调研，获取更大范围内的一手数据资料，对用户需求做出更具普遍适用性的评估，为完善和提升移动图书馆服务质量创造条件。

参考文献：

［1］ Seeholzer J, Salem J A. Library on the go: A focus group study of the mobile Web and the academic library［J］. College & Research Libraries, 2011, 72(1): 9 – 20.

［2］ Cassidy E D, Britsch J, Griffin G, et al. Higher education and emerging technologies［J］. Reference & User Services Quarterly, 2011, 50(4): 380 – 391.

［3］ Chandhok S, Babbar P. M – learning in distance education libraries: A case scenario of Indira Gandhi National Open University［J］. The Electronic Library, 2011, 29(5): 637 – 650.

［4］ 周怡, 张敏, 李莹. 复旦大学移动图书馆用户需求及体验的调查与分析［J］. 上海高校图书情报工作研究, 2012(2): 28 – 34.

［5］ 茆意宏. 面向用户需求的图书馆移动信息服务［J］. 中国图书馆学报, 2012, 38(1): 76 – 86.

［6］ 王荣祥. 基于 QFD 的图书馆服务质量评估方法研究［J］. 图书情报工作, 2011, 55(5): 23 – 27.

［7］ 唐晓玲, 何燕. 基于 QFD 和 Kano 模型的数字图书馆质量评估研究［J］. 情报理论与实践, 2013, 36(6): 89 – 92.

［8］ 刁羽. QFD 技术在地方高校图书馆服务质量管理中的应用［J］. 图书馆理论与实践, 2014(1): 74 – 76.

［9］ Xie Min, Tan K C, Goh Thong Ngee. Advanced QFD applications［M］. Milwaukee: ASQ Quality Press, 2003.

［10］ Moskowitz H, Kim K J. QFD optimizer: A novice friendly quality function deployment decision support system for optimizing product designs［J］. Computers & Industrial Engineering, 1997, 32(3): 641 – 655.

[11]　文放怀.新产品开发管理体系——QFD 工具应用指南[M].深圳:海天出版社,2011:5 - 6.

[12]　李延来,唐加福,姚建明.质量屋构建的研究进展[J].机械工程学报,2009,45(3):57 - 70.

[13]　Houser J R, Clousing D. The house of quality[J]. Harvard Business Review, 1988, 66(3):63 - 73.

[14]　ISO 11620:2014. Information and documentation - library performance indicators[EB/OL]. [2014 - 06 - 21]. https://www. iso. org/obp/ui/#iso:std:iso:11620:ed - 3:v1. en.

[15]　张红霞.图书馆质量评估体系与国际标准[M].北京:国家图书馆出版社,2008:41 - 46.

[16]　Kiran K, Diljit S. Modeling web - based library service quality[J]. Library & Information Science Research,2012,34(3):184 - 196.

[17]　罗曼,陈定权,唐琼.图书馆质量管理体系研究[M].成都:西南交通大学出版社,2009:39 - 42.

[18]　施国洪,岳江君,陈敬贤.我国图书馆服务质量测评量表构建及实证研究[J].中国图书馆学报,2010,36(4):37 - 46.

[19]　施国洪,孟然然.高校图书馆服务价值测评模型构建与实证研究[J].图书馆理论与实践,2012(4):66 - 69.

[20]　Lane F C, Anderson B, Ponce H F, et al. Factorial invariance of LibQUAL +® as a measure of library service quality over time[J]. Library & Information Science Research, 2012, 34(1):22 - 30.

[21]　Nikou S, Mezei J. Evaluation of mobile services and substantial adoption factors with Analytic Hierarchy Process (AHP)[J]. Telecommunications Policy, 2013, 37(10):915 - 929.

[22]　Chen Lishan. Design and implementation of intelligent library system[J]. Library Collections, Acquisitions & Technical Services, 2008, 32(3/4):127 - 141.

[23]　龙泉,谢春枝,申艳.国外高校移动图书馆应用现状调查及启示[J].图书馆论坛,2013, 33(3):60 - 64.

[24]　Barbara C G, Roy W R, Brooke H. A library and the disciplines:A collaborative project assessing the impact of eBooks and mobile devices on student learning[J]. The Journal of Academic Librarianship, 2014, 40(3):1 - 8.

作者简介

施国洪,江苏大学管理学院教授,博士生导师;张晓慧,江苏大学管理学院硕士研究生,通讯作者,E-mail:xiaohui_ 0704@163. com;夏前龙,江苏大学管理学院硕士研究生。

移动图书馆服务的用户需求调查及发展建议[*]

郑德俊　沈军威　张正慧

南京农业大学信息管理系

1　引言

移动互联技术的发展，促进了移动用户数量的迅速增长。根据中国互联网络信息中心 2014 年 1 月发布的《第 33 次中国互联网络发展状况统计报告》，截至 2013 年 12 月，中国手机网民规模达到 5 亿，年增长率为 19.1%，继续保持上网第一大终端的地位，使用手机上网的人群比例由 2012 年底的 74.5% 提升至81.0%，远高于以其他设备上网的网民比例[1]。手机网民的增长使得依托手机等移动设备的移动图书馆服务得到了迅速发展。国内的移动图书馆服务可以追溯到 2003 年北京理工大学图书馆开通手机短信服务平台，2007 – 2010 年开展移动图书馆服务的图书馆逐年增加，自 2011 年之后，移动图书馆服务迅速发展，目前全国开通移动图书馆服务的图书馆有 100 多家。根据笔者在 2013 年 10 月份的统计，仅就全国"211"高校图书馆来看，开通移动图书馆服务的比例已达 70%，服务内容也从借还服务和馆藏查询向参考咨询、移动阅读、空间服务方面拓展。可以说，移动图书馆服务在经历了服务形式快速创新阶段后，正逐步进入以先进技术为支撑、以用户需求为导向的服务体验的精细化服务阶段[2]。如何走近用户，根据用户的需求开展信息服务已受到了很多学者的关注。例如茆意宏将用户需求分为信息内容需求和信息服务需求两种类型[3]，马春玲针对 3G 时代的天津地区用户认知、图书馆的利用意识和技能进行了调查[4]，宋鸯姣等针对长沙地区 5 所高校学生用户的服务需求、服务类型的选择倾向进行了调查[5]，叶莎莎等对已开通移动图书馆服务的机构（国外 127 家、国内 151 家）所涉及的移动服务项目进行了

＊ 本文系国家社会科学基金项目"基于用户感知的移动图书馆服务质量评价及提升策略研究"（项目编号：13BTQ026）研究成果之一。

对比分析[6]。但已有的用户调查范围不够广泛，调查项目不够深入，有的只侧重于移动图书馆服务项目本身，因此进一步开展用户需求调研将有助于找准用户需求，提高服务的针对性和有效性。

2 调研概况

本次调研采用问卷调查的方式，以高校图书馆用户为主要调研对象，调查内容涉及用户访问移动图书馆的主要目的、用户对移动图书馆所提供服务项目的认可程度、对用户对移动图书馆平台的偏好以及存在不满的原因。其中，用户对服务项目的认可程度、对资源类型的偏好采用李克特5分量表，1分表示很不重要或者很不喜欢，5分表示很重要或者很喜欢。

2013年5—7月，共计发放问卷600份，实际回收517份，其中有效问卷482份。问卷的涉及地理范围涵盖了北京、上海、江苏、浙江、广东、湖北、山东、河南、河北、陕西、黑龙江、辽宁、吉林、重庆、四川、贵州16个省市的高校，学校层次既有"211"重点高校，也有非"211"本科院校，同时也有少数高职院校。其中北京、上海、广州、重庆等地的样本量约占总数的50%，其他地区合计约占50%。本次调研使用 Excel 和 SPSS 20.0 统计软件进行统计分析。

3 用户对移动图书馆服务需求的分析

3.1 调查对象的基本情况

在482位调查对象中，男性比例为44.6%，女性比例为55.4%。其中学生为441人，占比91%（研究生182人，本科生259人），其他调研对象为教师用户。

在个人拥有的手持移动设备中，有415位拥有智能手机，拥有率为86%；有100位拥有 iPad 之类的平板电脑，拥有率为20.7%；有78位拥有 Kindle 等专业电子书阅读器或者 MP5、MP4 之类同样可以进行电子书阅读的移动设备，拥有率为16.2%。只有9人拥有不能上网的普通手机，占有率不足2%。

在使用移动设备每天访问互联网上平均花费的时间方面，多数被调查对象集中在"1—2小时"、"2—3小时"和"3小时以上"，所占比例达到84%。

3.2 用户访问移动图书馆的主要目的

用户访问移动图书馆的主要目的，排在前4位的是：查询或下载电子资源；查询借阅情况；办理借还服务；进行移动阅读。有16人表示是因为好奇，目的是了解移动图书馆的作用（约占3%）。此外，有126人表示没有访问过移动图书馆，占总人数的24%。根据该项调查结果，我们可以认为获取信息资源服务仍是移动图书馆最核心的期望。如图1所示：

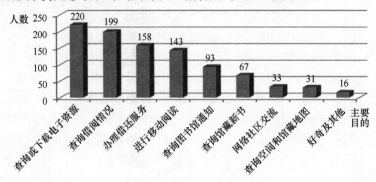

图1 访问移动图书馆的主要目的

3.3 用户对移动图书馆服务项目重要性的认知分析

3.3.1 移动图书馆服务项目重要性的总体分析 本次调研将移动图书馆提供的服务项目汇总为23个。各个服务项目的重要性依均值排序，调查结果如表1所示：

从表1中可以看出，23个题项的均值都高于3，说明用户对现有的23项移动图书馆服务项目整体上都是认可的，也认为是比较重要的。

从均值看，被用户认为最重要的服务项目都是功能实用和重视个性化服务的项目。排在前5位的依次是：获取图书馆消息通知（如借阅到期提醒、超期催还提醒、讲座活动、新书通报等）；提供个人借阅情况查询和续借；提供电子资源检索和全文阅读服务；提供馆藏书目查询；获取高校相关教学信息（如选课、考试、课程教学信息）。与图1结果对比，笔者认为"获取图书馆消息通知"属于移动图书馆最早的服务项目，也是最成熟的项目，而且它与移动设备的使用特点较吻合，因此在现实中，该服务项目的重要性位列榜首，而图1中"查询或下载电子资源"将是读者的长远需求和根本需求。

相对来说，服务项目重要性稍低的项目有：在移动图书馆平台开设读者网络交流社区；允许图书馆查询周边服务信息等。

标准差的大小显示的是用户在服务项目看法上的差异。从标准差来看，用户对服务项目重要性认识差异较大的前3项分别是：查询图书馆周边服务信息；查询图书馆的地理分布（位置、交通）；读者向图书馆荐购信息资源。

表 1 依均值排序的服务项目重要统计对比

调查编号	依均值排序	服务项目	均值	标准差	样本个数	卡方检验		
						卡方	df	渐近显著性
服务项目 1	1	获取图书馆消息通知(借阅到期、超期催还、讲座活动、新书通报等)	4.38	0.754	482	309.203	3	0.000
服务项目 2	2	个人借阅情况查询和续借	4.32	0.853	482	452.917	4	0.000
服务项目 13	3	提供电子资源和全文阅读服务	4.31	0.815	482	444.017	4	0.000
服务项目 12	4	提供馆藏书目查询	4.29	0.852	482	437.191	4	0.000
服务项目 16	5	可获取高校相关教学信息(如选课、考试、课程教学信息)	4.07	0.941	482	289.473	4	0.000
服务项目 18	6	允许用户个性化定制、查询和收藏自己感兴趣的信息资源	3.98	0.949	482	270.552	4	0.000
服务项目 19	7	用户可根据自己喜好进行个性化设置(设置阅读模式、屏幕显示大小等)	3.95	0.962	482	246.257	4	0.000
服务项目 6	8	获取图书馆的内部信息资源分布导航信息	3.94	0.943	482	264.577	4	0.000
服务项目 15	9	移动全文阅读时,支持划线、标注等多种利用方式	3.92	1.001	482	231.382	4	0.000
服务项目 7	10	查询图书馆座位空闲情况	3.91	1.032	482	211.133	4	0.000
服务项目 14	11	提供信息资源全文收听、收看服务	3.88	0.965	482	225.490	4	0.000
服务项目 10	12	获取与利用图书馆有关培训音频或视频资源	3.74	0.998	482	187.149	4	0.000
服务项目 22	13	允许查询用户对图书资源搜索利用的排行榜信息	3.73	0.945	482	198.768	4	0.000
服务项目 20	14	允许用户根据自己的爱好选择详简不同的检索结果显示界面	3.73	0.973	482	236.320	4	0.000
服务项目 21	15	允许用户根据自己的水平层次选择详简不同的检索界面	3.72	0.957	482	217.564	4	0.000
服务项目 17	16	移动阅读后支持发表阅读评论	3.71	0.953	482	244.826	4	0.000
服务项目 24	17	针对检索结果允许用户根据自己移动设备的大小选择单页显示或多页显示方式	3.69	1.023	482	175.573	4	0.000
服务项目 3	18	允许读者向图书馆推荐信息资源	3.66	1.04	482	182.544	4	0.000
服务项目 11	19	通过特定平台或通讯软件即时咨询图书馆员	3.65	1.037	482	171.589	4	0.000
服务项目 4	20	查询图书馆的地理分布(位置、交通)	3.62	1.079	482	150.137	4	0.000
服务项目 9	21	获得移动图书馆使用帮助	3.54	1.044	482	160.946	4	0.000
服务项目 8	22	访问图书馆设置的读者网络社区,与其他读者开展交流	3.34	1.016	482	188.000	4	0.000
服务项目 5	23	查询图书馆周边服务信息	3.32	1.082	482	135.137	4	0.000

卡方检验有助于分析用户对移动图书馆服务项目重要性的态度是否有一定的偏好。从卡方检验结果看，23 个服务项目的渐进显著性的 p 值都等于 0.000，小于 0.05，达到显著水平，表示用户对移动图书馆 23 个服务项目重要性的态度上有显著差异。从具体项目的观察数与期望数的对比上看，用户的态度偏向于"一般"、"喜欢"和"非常喜欢"。

　　3.3.2　用户对移动图书馆服务项目重要性认识的影响　不同用户群对移动图书馆服务项目的认知会存在差异，本文用独立样本 t 检验考察了不同性别、不同学历以及有无移动图书馆访问经历 3 种群体的用户对移动图书馆服务项目的重要性评价是否有显著不同。

　　（1）从性别上看，针对表 1 中 23 个服务项目，女性打分普遍高于男性。女性打分最高的是"获取高校相关教学信息（如选课、考试、课程教学信息）"，而男性与女性认知差距最大的服务项目是"允许用户个性化定制、查询和收藏自己感兴趣的信息资源"这一服务项目。

　　独立样本 t 检验采用 Levene 检验法来检验两组的方差是否相等，若 F 统计量达到显著水平，采用"不假设方差相等"栏的 t 值，反之，则采用"假设方差相等"栏的 t 值，然后检验其显著性是否小于 0.05，决定是否显著。根据独立样本 t 检验结果，在表 1 所涉及的服务项目 2、6、7、10、12、13、14、15、16、18 这 10 个服务项目上女性用户的重要性均值显著地高于男性。

　　（2）从学历上看，本科生对表 1 中 23 个服务项目的重要性打分相对统一，而研究生对各个服务项目的重要性打分的差异则比较明显。在"提供馆藏书目查询"服务项目上，研究生打分的平均值高于本科生；而打分差异最大的是"允许读者向图书馆荐购信息资源"这一服务项目，这可能与研究生的信息资源需求方向比较明确有关。根据独立样本 t 检验显示，研究生在表 1 中所涉及的 2、12、13 这 3 个服务项目上的重要性均值显著高于本科生，而本科生则在 4、9、16、19、23 这 5 个服务项目上显著高于研究生。

　　（3）从有无移动图书馆访问经历看，没有访问经历的用户平均打分普遍低于有过移动图书馆访问经历的用户。前者打分最低的是"查询图书馆周边服务信息"和"访问图书馆设置的读者网络社区与其他读者开展交流"。同时，两者打分差异最大的服务项目是"允许用户根据自己的层次选择详简不同的检索界面"。根据独立性 t 检验可以看出，针对表 1 中所涉及的服务项目，访问过移动图书馆的用户在 3、5、10、17、21、22、23 等 8 个服务项目上的重要性均值显著高于没有访问经历的用户。

4 用户对移动图书馆使用偏好分析

4.1 用户访问移动图书馆方式的偏好

目前，用户主要是通过浏览器访问 Wap 站点、Web 站点以及下载客户端这 3 种方式访问移动图书馆。除去 126 名没有移动图书馆访问经历的用户，其他用户访问图书馆的方式偏好比例（以有过移动图书馆访问经历的用户总数 356 为分母）如图 2 所示：

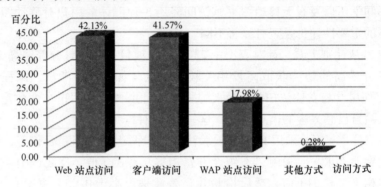

图 2　用户访问移动图书馆方式的偏好

从性别视角看，在没有移动图书馆访问经历的用户中，男性用户与女性用户在具体比例上基本相当。在有过移动图书馆访问经历的用户中，表现出明显差异的是在"客户端访问"差异上，在占比为 41.57% 的用户中，女性占 25.84%，男性占 15.73%，女性比例明显高于男性。

从学历上看，本科生更加偏爱通过浏览器访问移动图书馆 Web 站点，而研究生则偏爱通过下载客户端来访问移动图书馆。

4.2 用户对移动图书馆资源类型的偏好

本次调研将移动图书馆资源类型划分为普通电子型资源和视听型电子资源，每一种资源又大体进行了学术性资源和非学术性（含娱乐性资源）的区分。用户对移动图书馆不同类型资源的偏好排序（依均值排序），如表 2 所示：

378

表2　用户对移动图书馆信息资源的偏好

调查编号	信息资源类型	均值	标准差	样本个数
资源类型3	学术电子期刊全文	4.01	0.993	482
资源类型5	学位论文资源	4	0.965	482
资源类型2	热门书刊目录信息	3.93	0.945	482
资源类型1	国内外新闻资讯报导	3.89	0.997	482
资源类型4	学术性电子图书	3.88	0.943	482
资源类型8	励志、消遣性电子图书	3.8	1.01	482
资源类型10	学术视听资源	3.79	0.972	482
资源类型7	各类标准资源库（如国际标准、国家标准）	3.58	1.08	482
资源类型6	各种专利资源库	3.54	1.085	482
资源类型11	娱乐视听资源	3.51	1.072	482
资源类型9	娱乐性电子期刊全文	3.42	1.1	482

从表2看出，用户最为偏爱的仍然是学术型电子期刊全文资源和学位论文资源。而用户对通过移动图书馆阅读娱乐性电子期刊全文的期望目前相对比较低。

从用户偏好的差异性看，励志消遣类电子图书、各类标准资源库、各种专利资源库、娱乐视听资源、娱乐性电子期刊的用户偏好差异稍大一些。它虽然受用户的性别影响不大，但受用户的学历因素影响较大。研究生对学术电子期刊全文、学术性电子图书和学位论文资源的平均偏好值高于本科生。

在信息资源的形式方面，摘要型资源（占比36%）、全文型资源（占比34%）、目录型资源（占比30%）成降序排列。综合全体用户来看，全文型资源（特别是学术型资源）并没有成为用户的首选。但如果从学历层次上分析，研究生更加偏爱于全文型信息资源，而本科生则比较偏爱短小的信息资源类型，如目录型信息资源和摘要型信息资源。

4.3　用户对移动图书馆平台特征的偏好

在用户对移动图书馆平台风格的偏好上，简约是用户选择最多的风格，达到310人，所占比例达到64%。而文艺和古典也是用户选择较多的平台风格，两者加起来有113人，所占比例合计为23%。

在色彩搭配方面，有378位用户填写了他们心目中的色彩组配，有161人的色彩组配里包含蓝色，占到43%，其中认为应蓝白组配的为79人，比例达21%；认为应该以绿色为主的有48人，比例达13%。黑白色组配、暖色系、冷色系、清新也是用户提及次数较多的色彩搭配方式。

在显示方式的个性化定制方面，"允许用户自己定制检索结果显示方式"获得了多数用户的偏爱。从性别上看，男性对此的偏好并不明显，多数男性选择了"依系统自定"或"无所谓"，而女性用户则更偏爱"允许用户自己定制检索结果显示方式"。

5 用户对现有移动图书馆服务的不满及其选择态度

5.1 易引发用户不满的因素

本次调研总结了易引发用户对移动图书馆不满的 12 项因素，并设置了一道开放性问题，供用户自行填写。调查结果如图 3 所示：

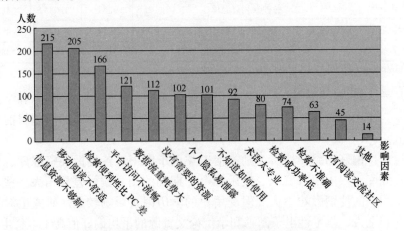

图 3 易引发用户不满的主要影响因素

从图 3 可以看出，引发用户不满的排在前 3 位的影响因素是：①信息资源不新颖，比不上互联网上的信息；②移动阅读不舒适，移动图书馆平台中的资源只是桌面电脑的简单转移，不够短小精悍；③服务平台的检索便利性比 PC 差。

其他相对比较重要的影响因素有：数据流量耗费大、没有需要的资源、个人隐私易泄露等。

由用户自行填写的不满问题多是关于资源下载方面的。有用户反映：使用移动图书馆下载资源时，多次在资源下载到 99% 后就无法继续下载，这让用户感到很"受伤"。

不同性别、不同学历用户的不满意因素会有所差别，具体如表 3 所示：

380

表3   不同类型用户对引发不满因素的排序

男性用户的排序	女性用户的排序	研究生的排序	本科生的排序
信息资源不新颖	信息资源不新颖	移动阅读不舒适	信息资源不新颖
移动阅读不舒适	移动阅读不舒适	信息资源不新颖	移动阅读不舒适
检索便利性比 PC 低	检索便利性比 PC 低	检索便利性比 PC 低	检索便利性比 PC 低
平台访问不流畅	数据流量耗费大	没有需要的资源	个人隐私易泄露
没有需要的资源	平台访问 不流畅	数据流量耗费大	平台访问不流畅
个人隐私易泄露	没有需要的资源	平台访问不流畅	术语太专业
数据流量耗费大	个人隐私易泄露	个人隐私易泄露	不知道如何使用
术语太专业	不知道如何使用	不知道如何使用	数据流量耗费大
不知道如何使用	术语太专业	检索成功率低	检索成功率低
检索成功率低	检索成功率低	检索不准确	没有需要的资源
检索不准确	检索不准确	没有阅读交流社区	检索不准确
没有阅读交流社区	没有阅读交流社区	术语太专业	没有阅读交流社区

从性别上看，男性用户与女性用户对易引发不满意的因素的排序大体相同，但女性对数据流量的耗费比较敏感。从学历上看，研究生和本科生对易引发不满意的因素的排序差异较大，主要有：①信息资源不够新，比不上互联网上的信息；②不知道如何使用，又不知如何获取帮助；③系统平台所用术语比较专业，不容易理解；④害怕个人隐私信息得不到保护。

5.2   用户对于注册成为移动图书馆正式用户的态度

在 482 位被调查用户中，有 356 人有过移动图书馆的访问经历，但注册成为移动图书馆正式用户的只有 46 人，不到总调查对象的 10%。本次问卷调查结果表明，329 人愿意尝试成为正式的注册用户，占调查对象总数的 68%。

6   基于调研结果的建议

6.1   移动图书馆服务平台改进建议——以优化用户体验为根本

6.1.1   与完善服务项目相关的建议

（1）开发与完善与图书馆利用有关的服务项目。表 1 中列举了国内外移动图书馆服务所涉及的项目，可以概括为信息资源利用和空间资源利用两大类型[7]，从服务项目品种上看，数量已较多。从标准差来看，用户对部分服务项目的重要性认识还存在差异，但依据卡方检验结果，用户的偏好仍可总结为"一般"、"喜欢"和"非常喜欢"。因此，移动图书馆服务项目的近期努力方向应侧重于完善现有的服务项目，重视项目整合，在深度上和便利性方面进行挖掘和开拓，将移动图书馆服务嵌入到用户日常的学习与生活服务之中。

（2）开拓与教学管理有关的服务项目。比尔·盖茨在2010年8月召开的世界经济合作与发展论坛上预言："未来5年，网络将成为最好的学校"[8]。因此，开拓与高校教学管理相关服务的项目将是移动图书馆服务项目创新的重要方向。本次问卷调查所设置的"获取高校相关教学信息（如选课、考试、课程教学信息）"得到用户的高度认同，已排在受关注服务项目的前5位。这说明与教学管理有关的服务项目已成为一个新的服务需求增长点。未来的发展方向为：在完善一般性的教学管理（选修课程、学分查询）的服务项目后，重视与教学改革建立关联，围绕移动学习进行服务项目设置。例如根据移动学习环境的特点和大学生对短小精悍的"轻内容"的需求，基于MOOC理念进行微课教学资源建设，适当控制每个移动学习内容单元的规模大小，并对移动学习内容进行编辑加工、浓缩。在形式上以文本为主，兼顾图像、视频、音频等多媒体方式提供服务[9]。

（3）优化用户体验，发展与用户参与、用户帮助有关的服务项目。优化用户体验是吸引用户使用移动图书馆的重要举措。本次调查中关于用户平台使用风格、色彩搭配、查询结果显示的个化性定制方面的调研数据可以用作改进用户体验的重要参考。此外，笔者还认为，发展用户参与、用户帮助的相关服务项目是优化用户体验的一种方向。

根据调查，目前移动图书馆正式用户少，用户交流社区还无法成形，相应的服务项目的需求重要性还没有被认识到。但从人际交流需求看，用户交流社区不可或缺。移动图书馆平台可考虑与网络读书社区平台相结合，例如与"豆瓣网"结合，推进用户在移动图书馆资源利用中进行信息交流与分享[10]，这种方式就是在服务传递的过程中，考虑用户的社会化交往需求，以增强用户的粘性。

用户参与的另一个方向是荐购资源（上传资源）服务项目。尽管本次调查综合结果还无法说明该服务项目的现实迫切性，但也并未否定其重要性，特别是研究生群体对"荐购服务"项目需求的重视程度相对较高。因此，用户荐购服务将是移动图书馆平台需要不断增强的服务项目，核心是提高荐购资源的可靠性并及时反馈或共享。例如，结合云计算技术，改进荐购模式，提高荐购效率[11]或许是移动图书馆用户荐购服务项目新的改进方向。从长远来看，用户荐购服务对于满足用户的需求具有重要意义。

调查中还发现，很多首次使用移动图书馆的用户愿意寻求相关的移动图书馆使用帮助项目。发展用户帮助相关的服务项目（例如提供用户在线培训视频和使用手册），将有助于吸引更多的用户利用移动图书馆，提高影响力。

6.1.2 与服务资源建设相关的建议 根据本次调查，发现信息资源仍是移动图书馆的核心资源。信息资源不新颖是引发移动图书馆用户不满的首要因素。从资源的偏好来看，不同性别、不同学历层次的用户是存在一定差异的，为了满足不同性别、不同学历的用户的偏好，应把丰富信息资源类型作为资源建设改进方向，这种改进应结合用户所关注的移动设备的阅读特点（可移动、碎片化）进行，具体来说，可从以下方面着手：

（1）在大众阅读方面，配合国家为提高公民素质对全民阅读的推广和立法推进，图书馆应与移动图书馆平台供应商或相关建设机构合作，着力推出一批适合移动阅读的资源（经典与热点并存，前者侧重于传统文化的精华传承，后者应突出对崇尚新知、新科学方面内容的传递，适应用户选择的多元化和阅读的个性化趋势[12]）。同时，根据智能手机和平板电脑的不同特点，推出不同的版本，保证阅读清晰，并支持对文本的标记、转存等功能。

（2）在学术阅读方面，在全面将台式电脑资源转移到移动图书馆平台的基础上，着重整理特色资源，诸如面向临时或短暂查询的工具性资源：学术规范、相关格式、相关标准等；整理学术名流和学术新秀的代表性成果、代表性观点、活动轨迹等以供学术研究参考。

（3）增加与其他资源的链接接口：适当汇总、整理互联网平台上的免费资源，建立与报纸信息、天气信息等资源的即时关联，添加重要网络地址的链接服务。

6.2 移动图书馆服务推广建议——以推广形式创新为核心

调查发现，很多用户没用过移动图书馆，有些用户虽有访问经历，但真正成为移动图书馆注册用户的比例比较小。虽然有大量的用户愿意进行注册尝试，但如何促使用户真正将此意愿转化为现实，还需要各图书馆与移动图书馆服务商共同努力，其中宣传推广是必要的。

（1）有效选择推广对象。重视对高校新加入用户的推广。高校新入学的学生受台式电脑的使用习惯影响小，他们是未来支持移动图书馆推广的重要对象。此外，图书馆应有意识地培育部分学历层次高或职称层次比较高的用户，因为他们的榜样力量是巨大的。

（2）扩大推广范围与区域。与高校教学管理相结合，拓宽推广范围与区域。以前的宣传始终局限于图书馆区域，未来的推广应走出图书馆，在新生入学报到现场、重大节日活动现场、学生住宿生活区域等开展移动图书馆注册宣传和利用宣传。

（3）创新推广形式。除设立展板、咨询台之外，还可以张贴海报、利用电子展示屏、编排与播放与移动图书馆有关的微电影、开展移动阅读征文、移动图书馆资源检索比赛等方式进行推介，在鼓励偶尔访问用户注册成为正式用户时，应注意减轻他们的负担，避免繁琐的手续，支持用户通过二维码扫描技术下载客户端或语音注册等方式成为正式用户，扩大移动图书馆的用户范围。

（4）其他。对非注册用户展示或免费开放部分热门资源，以吸引用户。与科学研究相结合，联合相关学者，合理提供移动图书馆平台中的用户访问数据开展科学研究活动。连续定期发布用户使用报告，以吸引更多学者关注移动图书馆的发展。

本文针对移动图书馆的需求调查结果，为现实中移动图书馆服务平台的改进提供了一定的参考依据。但本文的调查未明确区分潜在用户和注册用户，因此用户需求调查数据有可能存在一些偏差。专门针对正式注册用户开展调查，分析其需求类型及持续使用动力将是笔者下一步的探索方向。

参考文献：

[1] 中国互联网络信息中心. 中国互联网络发展状况统计报告[EB/OL]. [2014 - 01 - 15]. http://www. cnnic. net. cn/hlwfzyj/hlwxzbg/hlwtjbg/201301/t20130115_38508. htm, 2013 - 01 - 17.

[2] 邢军, 徐春霞. 数字图书馆移动服务体系构建[J]. 国家图书馆学刊, 2012(5):81 - 88.

[3] 茆意宏. 面向用户需求的图书馆移动信息服务[J]. 中国图书馆学报, 2012(1):76 - 86.

[4] 马春玲. 3G 时代移动图书馆需求调查研究[J]. 图书馆工作与研究, 2012(3):37 - 39.

[5] 宋鸾姣, 李利. 面向智能手机的移动图书馆服务需求调查分析[J]. 图书馆, 2012(5):75 - 76.

[6] 叶莎莎, 杜杏叶. 国内外移动图书馆的应用发展综述[J]. 图书情报工作, 2013, 57(6):141 - 147.

[7] 吴建中. 转型与超越:图书馆变革[M]. 上海:上海大学出版社, 2012.

[8] Siegler M G. Bill Gates: In five years the best education will come from the Web[EB/OL]. [2014 - 03 - 20]. http://techcrunch. com/2010/08/06/bill - gates - education/, 2010 - 08 - 06.

[9] 茆意宏, 魏雅雯. 大学生移动学习需求的实证分析[J]. 图书情报工作, 2013, 57(8):82 - 85.

[10] 沈奎林, 杜瑾. 利用 Mashup 提升图书馆服务能力——以豆瓣网和南京大学图书馆 OPAC 结合为例[J]. 现代图书情报技术, 2010(10):87 - 90.

[11] 史艳芬, 徐咏华. 基于云服务的图书馆读者荐购系统模式研究[J]. 图书馆, 2013(3):

111 – 113.

[12]　柳斌杰. 全民阅读为实现中国梦夯实文化基础[N]. 中国新闻出版报, 2014 – 01 – 13 (3).

作者简介

郑德俊, 南京农业大学信息科技学院教授, 博士, E-mail: zdejun@ njau. edu. cn; 沈军威, 南京农业大学公共管理学院信息资源管理专业博士研究生; 张正慧, 南京农业大学图书馆馆员。

大学生移动学习需求的实证分析[*]

茆意宏　魏雅雯

南京农业大学信息科学技术学院

1　引言

随着移动互联网的崛起，移动学习逐渐成为网络学习的重点发展方向。国外的移动学习研究主要集中在欧洲和北美的部分经济发达国家，其研究时间较早，研究范围及内容也比较广泛和深入[1]。我国对移动学习的研究始于 21 世纪初，先后推出了一些移动教育实验项目，如教育部的"移动教育"项目、"移动教育理论与实践"试点项目、北京大学移动教育实验室、中央民族大学的"移动数字校园"等。总的看来，目前国内移动学习的研究热点集中在技术的可行性分析[2]、系统终端软件的研发[3-4]和理论研究[5-6]等方面。移动教育并不仅仅是新技术的应用，在移动互联网环境下，学生的学习需求与学习行为会呈现出新的特点，移动教育需要做出相应的调整。因此，有必要对学生的移动学习需求与行为特征进行调查分析。大学生是移动学习的重要主体之一，目前国内关于大学生移动学习行为的研究成果主要集中于大学生对移动学习的认识与态度[7-8]、需求[9-10]、行为现状[11-13]等方面，研究内容相对简单。本文拟在阐述移动学习需求理论框架的基础上，从移动学习内容与服务需求两个方面对大学生移动学习的需求进行实证分析，以期能为高校及高校图书馆开展或改进移动服务提供参考。

2　移动学习需求的理论框架

心理学研究表明人的行为是由动机引起和支配的，动机则是由需求引

---

　　[*] 本文系国家社会科学基金项目"移动互联网用户阅读行为与服务策略研究"（项目编号：12BTQ022）和南京农业大学教育教学改革研究项目"基于移动互联网的大学生移动学习行为与高校移动教育"（项目编号：2011Y029）研究成果之一。

起的。需求是主体的"内在条件"对某种对象事物的缺乏[14]，是人们对某种客观事物或某种目标的渴求与欲望。库尔梭认为，"问题或主题的知识"与"必须解决问题所需要的知识"两者之间所产生的不足就是用户的信息需求[15]。

根据德尔文的"意义建构"理论，用户的信息需求会随着所处情境转换而改变，情境是指意义建构时的时空环境。情境是移动学习的核心结构，移动通信技术创造更广阔的、更分散的学习情境，移动学习者总是跨越不同地点、跨越不同情境、在不同的转换中进行着学习[16]。根据时间与空间的影响不同，移动环境下用户的学习需求可以分为与时间相关的需求和与空间相关的需求。

时间相关性需求是指移动学习用户在"临时"、"实时"、"片断闲暇时间"或"无聊时"等时间状态下需要连接移动学习资源、进行移动学习，可以统称为即时性需求。临时性的需求是指移动学习用户在移动过程中受到某种启发或激发而临时生成的对移动学习的需求，如想查询工具书、查询专业知识与百科知识、咨询与交流等。实时性的需求是指移动学习用户在移动过程中对时效性强的信息与知识的需求，比如时政新闻、实时课堂（直播）、查询教务信息、使用数字图书馆、预定讲座、参与移动学习社区等。"片断闲暇时间"或"无聊时"都是指用户在移动过程中有时间而无事可做时，这时候用户的需求大都是利用片断时间进行学习、了解专业信息，也可以浏览资讯、阅读文学或打发时间无聊。空间相关性需求是移动学习用户在移动环境下对有关地理知识、与地理位置相关的其他知识的需求。由于大学生的日常生活环境主要在校园，其移动学习的需求也主要是时间相关性需求。

信息服务包括信息服务者、用户、信息内容、信息技术与系统、信息服务策略等组成要素。移动学习用户的需求除了学习内容需求之外，还包括对相应学习服务系统与服务方式的需求。用户对移动学习技术与系统的需求主要包括对移动终端和应用软件的需求。移动终端包括手机、平板电脑、电子阅读器等；应用软件包括短信息、WAP 或者客户端软件等。用户对移动学习服务方式的需求是指用户对个性化服务、互动服务等服务方式的需求。

综上所述，移动学习需求的主要内涵如表 1 所示：

表 1   移动学习需求的框架

需求类型		需求内容
移动学习内容需求	时间相关性需求	移动学习内容属性（专业课程学习、外语学习、查询教务信息、咨询交流、课程作业、课程考试/测试、数字图书馆、文学阅读、百科知识、工具书查询、时政新闻、各类考试认证信息、科技动态信息、就业信息等）
		移动学习内容载体（文本、图片、音频、视频、动画、游戏）
		移动学习内容长短等
	空间相关性需求	地理知识、与地理位置相关的其他知识
移动学习服务需求	技术与系统需求	对手机、电子阅读器、平板电脑等移动终端的需求
		对短信息、多媒体信息（彩信）、WAP 或者客户端等软件的需求
	服务方式需求	用户订阅查询、个性化推送、社区服务、收费与否等

3   研究方法

笔者依据表 1 所示的移动学习需求框架和大学生学习的特点设计了高校学生移动学习需求调查问卷，并在南京农业大学选择约 100 名大学生进行预调查，根据反馈信息，并结合部分专家的意见修改确定问卷。2012 年 10 月 30 日，笔者通过知己知彼网发布在线问卷，通过在线宣传、邀约，面向全国高校大学生进行抽样调查，截止到 2012 年 12 月 18 日，共收回有效问卷 730 份。调查对象来自南京、北京、上海、天津、杭州、沈阳、大连、哈尔滨、太原、成都、青岛等地区的高校，其中男生 368 人（占总数的 50.41%），女生 362 人（占总数的 49.59%），男女比例平衡；调查对象的年龄主要在 19 - 25 岁（占总数的79.59%），其次是 26 - 30 岁（占总数的15.34%）；调查对象以本科生（占总数的 47.26%）和硕士研究生（占总数的 35.21%）为主，还包括专科生（占总数的 1.23%）、博士生（占总数的 16.30%），专业涉及文、理、工、农、医等。调查问卷的 Cronbach's Alpha 系数为 0.842，具有较高的信度。

4   数据与分析

4.1   基本情况

统计数据显示，在全部 730 份有效问卷中，明确需要移动学习服务的大学生为 508 人，占 69.59%，明确不需要移动学习服务的大学生为 222 人，占

30.41%。这一数据从整体上说明大部分大学生是需要移动学习服务的。

统计 222 人明确不需要移动学习服务的原因，选择"没有必要，因为我可以很方便使用电脑上网"的有 146 人，占 65.77%；选择"不了解移动学习服务"的有 71 人，占 31.98%；选择"移动设备购买费用高"的有 31 人，占 13.96%；选择"移动终端操作不方便"的有 30 人，占 13.51%；选择"担心移动通信费"的有 33 人，占 14.86%；选择"手机不支持"的有 25 人，占 11.26%。可以看出，大部分明确不需要移动学习服务的大学生主要是因为他们可以利用电脑上网学习。当然，数据也说明不少大学生之所以选择不需要移动学习服务，也是因为他们不了解、不习惯移动学习服务。

4.2 移动学习内容需求

从表 2 的统计数据可以看出大学生对移动学习内容的需求态度。其中，需求最强烈的移动学习内容有外语学习、就业信息、数字图书馆、专业课程学习，非常需要率都超过 50%；其次是工具书查询、百科知识、文学阅读、时政新闻、科技动态信息、考试认证信息、咨询交流、查询教务信息等，大学生选择非常需要和比较需要的比例都超过了 60%。可见，作为一种辅助学习方式，大学生移动学习的内容需求是比较广泛的，包括各种与日常课堂学习紧密相关的即时性内容，也包括各种课外学习的即时性内容。

表 2　大学生对移动学习内容的需要态度（单位:%）

移动学习内容	非常需要	比较需要	一般需要	不太需要	完全不需要
外语学习	62.60	27.76	7.68	1.57	0.39
就业信息	62.60	27.56	7.48	1.57	0.79
数字图书馆	53.54	30.71	12.40	2.76	0.59
工具书查询	47.83	34.45	13.98	3.35	0.39
专业课程学习	50.39	30.91	13.97	4.53	0.20
百科知识	42.91	36.42	15.94	3.94	0.79
文学阅读	40.94	35.24	19.49	3.74	0.59
时政新闻	36.81	38.39	19.29	4.72	0.79
科技动态信息	33.27	38.19	21.26	6.69	0.59
考试认证信息	37.01	33.27	22.44	6.69	0.59
咨询交流	33.66	34.25	26.97	4.53	0.59
查询教务信息	32.87	34.25	26.18	5.52	1.18
课程考试/测试	23.43	31.69	29.53	12.99	2.36
课程作业	21.65	33.07	31.89	11.42	1.97

表3 的统计数据显示，文本是大学生最需要的移动学习内容载体，非常需要率达 54.13%；其次是图片、视频、音频，大学生选择非常需要和比较需要的比例都在 80% 左右。可见，大学生对移动学习内容载体的需求中，文本是最主要的载体，其次是图片、视频、音频。

表 3   大学生对移动学习内容载体的需要态度（单位:%）

移动学习内容载体	非常需要	比较需要	一般需要	不太需要	完全不需要
文本	54.13	33.07	11.81	0.79	0.20
图片	38.97	41.34	16.34	3.15	0.20
音频	34.45	39.57	19.88	4.92	1.18
视频	43.31	32.87	19.49	3.35	0.98
动画	26.38	32.28	26.18	12.01	3.15
游戏	13.58	17.91	30.51	26.58	11.42

图 1 的数据显示了大学生希望每次利用移动学习内容的时间长度，37.8% 的大学生希望每次的移动学习能在 20 分钟内完成，44.49% 的大学生希望能在 40 分钟内完成，14.76% 的大学生希望能在 60 分钟内完成。总的看来，大部分大学生希望每次可以在 30－40 分钟内完成移动学习。

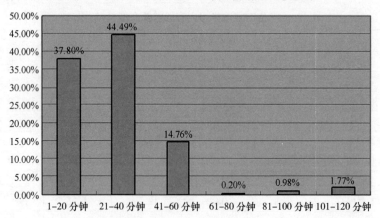

图 1   大学生对移动学习时间的需要态度

4.3   移动学习服务需求

图 2 的数据显示，在大学生移动学习所需要的移动终端中，74.02% 的大学生选择智能手机，52.56% 的大学生选择平板电脑，35.83% 的大学生选择

电子书阅读器，31.89%的大学生选择 MP3/MP4/MP5，25.39%的大学生选择普通手机。说明智能手机与平板电脑是大学生最需要的移动学习终端。根据本次调查中大学生现拥有移动设备情况的统计数据，智能手机、普通手机、MP3/MP4/MP5 的拥有率与需求率基本一致，而平板电脑和电子书阅读器的拥有率则远低于需求率。

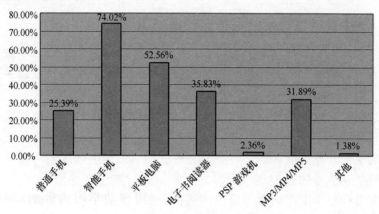

图 2　大学生对移动学习终端的需要态度

表 4 的数据显示了大学生对移动学习服务技术的需要态度。从中可以看出，大学生最需要的服务技术是客户端软件，非常需要和比较需要的选择率达 71.65%，其次是 WAP 服务、短信息服务，非常需要和比较需要的选择率都超过 60%。

表 4　大学生对移动学习服务的技术方式的需要态度

技术方式	非常需要	比较需要	一般需要	不太需要	非常不需要
短信息服务	29.33	34.65	23.42	10.83	1.77
多媒体信息（彩信）	16.14	27.56	34.06	18.70	3.54
WAP 服务	30.71	34.84	25.99	7.48	0.98
客户端软件	36.02	35.63	20.08	6.50	1.77

在服务方式的选择上，23.23%的大学生选择"学校和社会能根据您的个性化需求推送学习服务"，29.92%的大学生选择"自己订阅或查询所需学习的内容"，46.85%的大学生选择"上述两种服务都需要"，说明大多数学生既希望学校和社会教育机构能主动提供个性化的移动学习服务，也希望由自己

来订阅或查询学习内容。在是否需要移动学习社区方面，92.13%的大学生希望移动学习服务能"配套建立学习网络社区"，只有7.87%的大学生选择不需要。在对待移动学习收费的态度上，83.27%的大学生希望移动学习服务是免费服务，15.16%的大学生选择希望部分收费，只有1.57%的大学生选择收费服务。

5 基于大学生移动学习需求的图书馆服务

移动学习作为一种新型学习模式，实现了随时随地的学习与交流，有利于提高学习者的学习兴趣，有利于学习者充分利用零碎时间，有利于促进学生之间、师生之间的互动交流。作为移动学习服务的重要组成部分，图书馆应适时加强移动服务，特别是移动阅读服务。目前国内外许多高校纷纷在试点开展移动图书馆服务。总的看来，技术实现是当前高校图书馆开展移动学习服务的主要任务。但移动学习服务能否成功，大学生的体验与满意度是关键。随着移动学习服务的逐渐普及，服务功能与质量将逐渐成为主要问题。根据本文对高校学生移动学习需求的调查分析，笔者以为，高校图书馆需要基于大学生的移动学习需求特征，有针对性地开展服务。

• 目前我国高校图书馆移动学习服务仍处于起步阶段。高校图书馆应积极顺应大学生的移动学习需求，在网络与数字阅读学习的基础上，开展移动阅读服务，补充、延伸、拓展现行高校图书馆服务。特别是在当前大学生以娱乐化移动阅读为主的背景下，高校图书馆应基于大学生的移动学习需求特征，发挥移动学习阅读服务的优势，开展移动学习阅读服务，引领大学生从沉迷娱乐阅读中走出来，提高学习兴趣。

• 配合校园教育、课堂教育等现行主流教育模式，通过移动学习阅读服务，提供即时性的外语学习、就业信息、专业课程学习与交流、工具书查询等服务，为校园与课堂教育提供有益的补充；同时，利用移动学习阅读服务提供即时性的百科知识、文学阅读、时政新闻、科技动态信息、考试认证信息、咨询交流等服务，丰富、拓展学生的课外学习内容。

• 目前高校图书馆大多是将数字图书馆内容直接照搬到移动终端上，并没有根据大学生的移动学习需求与移动终端的特点对移动阅读内容进行调整。根据本文对大学生移动学习需求的调查分析结果，高校图书馆应根据移动学习环境的特点和大学生对"轻内容"的需求，适当控制每个移动学习内容单元的规模，并对移动学习内容进行适当编辑加工、浓缩，以适应移动学习的需求；形式上应以文本为主，兼顾视频、音频等多媒体。

• 针对大学生以智能手机、平板电脑为主要移动学习阅读终端的需求，重点开发基于智能手机和平板电脑的移动学习客户端软件、WAP 网站，同时兼顾其他移动终端。

- 根据大学生对即时性和个性化移动学习阅读的需求，即时开展移动学习服务，并根据大学生的个性化学习需求，通过分类订阅、用户行为特征挖掘等手段，有针对性地为大学生提供个性化的学习内容。

- 根据大学生对移动学习交流的需求，自建或利用公共平台建立移动学习社区，鼓励大学生之间开展日常学习交流，鼓励老师、图书馆员利用移动学习平台及时与大学生互动、交流，即时帮助大学生解决学习中的疑难问题。

- 充分发挥高校图书馆移动学习服务平台与其他学习平台的不同优势，将高校图书馆移动学习服务和现有校园与课堂教育、网络学习服务进行分工协调，共同为大学生服务。

参考文献：

［1］ 任海峰,赵君.移动学习国内外研究现状分析[J].成人教育,2010(1):95－96.

［2］ 李凡,殷旭彪.移动学习在大学生学习中的应用[J].软件导刊(教育技术),2010(11):63－64.

［3］ 张珑,王建华,张军,等.移动学习在高等学校教学改革中的应用[J].计算机教育,2010(6):34－38.

［4］ 冯长丽.基于 WEB 的大学生移动学习课程设计研究[D].哈尔滨:哈尔滨师范大学,2012.

［5］ 陈金灿.大学生利用移动学习环境进行学习的探讨[J].内江师范学院学报,2009(3):113－115.

［6］ 莫梅锋,张锦秋.手机沉迷对大学生移动学习的影响与引导[J].现代远距离教育,2012(5):80－84.

［7］ 王伟,钟绍春,吕森林.大学生移动学习实证研究[J].开放教育研究,2009(2):81－86.

［8］ 郭睿南,邱靖,徐明通,等.农科大学生移动学习模型的构建与实践[J].农业网络信息,2012(9):132－135.

［9］ 张顾寅,郑燕林.大学生移动学习需求调查与分析[J].软件导刊(教育技术),2011(5):26－28.

［10］ 季亚婷.大学生对移动学习的需求和认识[J].新闻世界,2010(S2):175－176.

［11］ 陶祎,张光泽,刘星星,等.大学生利用智能手机开展移动学习的现状研究[J].武汉冶金管理干部学院学报,2012(3):42－45.

［12］ 张浩,杨凌霞,陈盼.大学生移动学习现状调查与分析[J].软件导刊(教育技术),2010(1):48－50.

［13］ 张钰梅,王学明.大学生移动学习现状调查研究[J].计算机教育,2012(5):17－20.

［14］ 孙继先,郑晓辉.需求社会论[M].北京:高等教育出版社,2004.

[15] Kuhlthau C C. Inside the search process:Information seeking from the user's perspective [J]. Journal of the American Society for Information Science,1991,42(5):361 –371.

[16] 詹青龙,张静然,邵银娟,等.移动学习的理论研究和实践探索——与迈克·沙尔普斯 教授的对话[J].中国电化教育,2010(3):1 –7.

作者简介

　　茆意宏,南京农业大学信息科学技术学院副教授,E-mail：maoyh @ njau. edu. cn；魏雅雯,南京农业大学信息科学技术学院本科生。

综合性大学在校生移动阅读行为特征研究[*]

——基于用户体验的视角

钱鸥　李翔翔

武汉大学信息管理学院

1　研究背景与目标

智能手机等移动设备正在对社会阅读行为产生很大的影响。所谓移动阅读，是指利用手机、电子阅读器、MP3、MP4、PSP、平板电脑等移动设备进行的电子阅读行为[1]。其内容包括各种传统阅读内容如图书、报纸、手机报、各种互动资讯等在移动设备上的移植，还包括利用新型的信息获取方式（新闻客户端、微博等）获取并阅读的各类信息[2]。根据中国新闻出版研究院公布的第十次全国国民阅读调查数据，2012 年有 97.9% 的网民表示上网进行与阅读相关的活动，其中 38.4% 的网民进行过移动阅读，已超过进行网络在线阅读的比例（32.6%）[3]。可见，移动阅读已成为当下人们阅读生活的主要发展趋势。我国工业和信息化部发布的数据显示，2013 年 7 月份移动互联网用户总数达到 8.20 亿户，渗透率达到 69.2%[4]。国内移动阅读产业也发展迅速。

移动阅读服务是图书馆提高资源利用效率的有效尝试，不仅能满足人们基本的阅读需求，而且能为图书馆争取大量新生代读者。目前图书馆主要以两种方式提供移动阅读服务：一种是图书馆购置一定数量的阅读器，内置部分数字资源，将阅读器提供给读者借阅，读者将阅读器借出后还可从图书馆下载其他数字资源。在美国，Sparta 公共图书馆 2007 年 12 月率先购买了 2 台 Kindle、1 台 Sony Reader 电子阅读器，开始为用户提供服务[5]，随后在各公

＊ 本文系 2009 年国家社会科学基金重大项目"我国公共部门信息资源增值利用对策研究"（项目编号：09&ZD039）研究成果之一。

共图书馆和高校图书馆普及。在国内，国家图书馆最早开始此项服务，随后，上海图书馆、北京大学图书馆等多家图书馆都推出了类似服务。另一种方式是图书馆允许读者利用自有的移动设备，通过移动图书馆下载、借阅图书馆的数字资源。*Library Journal* 在 2011 年移动图书馆调查中发现美国 65% 的高校图书馆已经提供或准备提供移动图书馆服务[6]。另外，根据重庆大学魏群义[7]等的调研，截至 2012 年 4 月，我国 31 家省级公共图书馆中，重庆图书馆、陕西省图书馆、广西图书馆等 12 个省级公共图书馆通过与中华数字书苑、龙源期刊网等内容供应商合作，向读者提供数字资源检索以及部分免费资源。但在高校图书馆中，此类移动阅读服务并不普及。39 所"985"高校中开通数字资源在线阅读服务的只有北京大学、复旦大学、同济大学、武汉大学、西安交通大学、华南理工大学 6 所高校的图书馆。

在移动阅读服务的研究与报道方面，公共图书馆移动阅读服务报道很多，而高校图书馆的报道较少。随着移动互联网的迅速发展，移动阅读在大学生中也迅速普及。高校图书馆移动阅读服务研究是高校图书馆的现实需求，对促进高校图书馆开拓新的服务模式具有战略性意义。

笔者从用户体验的视角出发，对综合性高校图书馆的移动阅读服务进行实证性研究，以期获得在校生移动阅读行为的第一手资料，并为综合性高校图书馆开展移动阅读服务设计提供有价值的建议。

2 相关研究综述

国外对于移动阅读的研究主要集中于两个方面：一是用户对移动阅读设备的认知和体验，二是移动设备对用户阅读行为的影响。

对于移动阅读设备体验的研究主要包括对其功能、性能的评估和对其内容的偏好。在功能认知方面，J. Demski[8]回顾了普林斯顿大学、亚利桑那州立大学和西北密苏里大学 3 所大学提供电子阅读器进行学术性内容阅读的相关研究，希望电子阅读器提供文本突出显示、快速浏览、信息比较等功能。D. T. Clark 等[9]采用实验和焦点小组的方式研究了用户对 Kindle 的认知和使用情况，发现电子阅读器内置的词典功能和最近一次阅读页数的记录功能受到了用户的欢迎。在内容偏好方面，D. T. Clark 等[9]通过调查发现 Kindle 阅读器的分辨率和黑白颜色限制了学术文章中图表的阅读，自然科学类文章的读者尤其感到局限。大部分用户认为比起学术性文章，Kindle 阅读器更适合看小说。

在电子阅读器对用户阅读行为的影响研究中，G. Kathrin 等[10]通过对比实验研究电子阅读器对德国学生阅读行为的影响，发现：用户的个人偏好和阅读习惯决定了他们对阅读设备的选择和阅读速度；阅读内容对阅读的速度也有较大影响，例如学术性文章的阅读效率明显低于其他类型的文献；总体而言，电子阅读器对阅读行为的影响较小，实验中仅发现用户在电子阅读器上的阅读效率略高于在电脑上的阅读，但最根本的影响因素仍是用户自身的阅读习惯。

在手机等新兴移动阅读设备的用户行为研究方面，相比于电子阅读器的阅读体验，手机等移动设备更具便携性，用户对其交互功能更为熟悉。例如M. C. Pattuelli 等[11]在调查中发现用户更熟悉手机、iPod 等移动设备的交互与功能，用户在手机等移动设备上的行为习惯甚至使他们对 Kindle 等电子阅读器上的部分功能感到不适。

如表 1 所示：

表 1　国外移动阅读行为研究总结

作者	研究对象	研究内容	研究方法	研究结论
Liu　　Ziming (2005)[12]	美国 30 – 45 岁用户	10 年间人们阅读行为的变化	问卷调查	人们将更多时间用于电子阅读；用户在电子阅读设备上更习惯于浏览、关键定位、一次性阅读、非线性阅读和选择性阅读；更少地进行深入、集中精神和持续性的阅读
D. T. Clark, S. P. Goodwin, T. Samuelson 和 C. Catherine（2008）[9]	美国德克萨斯 A&M 大学图书馆用户	用户对 Kindle 的认知和使用情况	跟踪实验	Kindle 适合读小说，但是由于电子阅读器内容、屏幕、图片展示等方面的限制，使学术性文章的阅读受到限制
M. C. Pattuelli 和 D. Rabina (2010)[11]	美国 20 名图书馆学专业学生	Kindle2 阅读器在图书馆用户中的使用情况以及对阅读行为的影响	跟踪实验、日志分析	电子阅读器的便携性、随时随地可使用的便利性是促进学生使用它们的关键因素，并且弥补了电子阅读器本身存在的功能方面的缺陷
G. Kathrin, K. Yevgeniya, M. Diana 和 D. Paul (2011)[10]	德国学生	各类阅读设备对阅读行为的影响	对比实验	用户的个人偏好和阅读习惯决定了他们对阅读设备的选择和阅读速度。其次，阅读内容对阅读的速度也有较大影响

作者	研究对象	研究内容	研究方法	研究结论
Lai Jung-Yu 和 Chang Chih-Yen (2011)[13]	台湾的高中生、本科生、研究生	学生对电子阅读器的态度及影响他们使用的因素	调查问卷、TAM 模型	电子阅读器的便捷性、兼容性和信息丰富度对学生的使用均有影响
J. Jung, S. Chan-Olmsted, B. Park 和 Y. Kim (2012)[14]	韩国全国的电子阅读器用户	用户个人背景、设备使用经历、个性等对其在电子阅读器的认知、兴趣和使用动机方面的影响	问卷调查	电子阅读器使用与年龄、教育、收入、对印刷文献的需求、电子设备的拥有情况、个人创造力和电子阅读器的特性相关
A. J. Rockinson-Szapkiw, J. Courduff, Carter K. 和 D. Bennett (2012)[15]	538 名美国学生	学生在课程中利用不同电子设备和传统印刷文献进行阅读和学习的情况	问卷调查	平板电脑、电脑与印刷文献在学生阅读上的效果相当,而平板电脑所具有的便携性、注释等功能使其克服了电脑在电子文献阅读方面的不足
E. Sung 和 R. E. Mayer (2012)[16]	韩国与美国大学生	学生对移动设备和台式电脑的态度及两个国家学生的态度差异	问卷调查	美国学生认为台式机更快速、准确、逼真,而韩国学生认为移动设备更开放,更有吸引力,更令人兴奋,更刺激阅读

通过对我国关于移动阅读和移动阅读行为的文献的统计(以中国知网为检索平台,以"移动阅读"、"手机阅读"为检索词,进行主题相关度筛选,得到342条记录,以"移动阅读行为"为检索词,获得3条记录)发现:我国自2001年开始出现移动阅读方面的研究文献,其中,期刊论文308篇,硕士学位论文31篇,博士学位论文2篇,会议论文1篇。从文献分布情况来看,2001年仅1篇期刊论文,2002-2003年无相关研究文献,2004年开始缓慢增长,2009年开始呈现大幅度增长,2012年文献发表量达到最高峰,全年共137篇(见图1)。可见,近几年对于移动阅读的研究热度较高。通过对文献内容的调研发现,研究内容主要集中在移动阅读与技术、移动阅读发展趋势、影响移动阅读绩效的指标等方面。

然而,关于移动阅读行为的研究很少,相关研究主要是从移动阅读行为研究方法和技术两方面展开。袁曦临[17]等通过对基于 Pad 的阅读过程的实验研究,了解移动阅读环境下读者的阅读行为及其阅读体验,认为移动阅读从

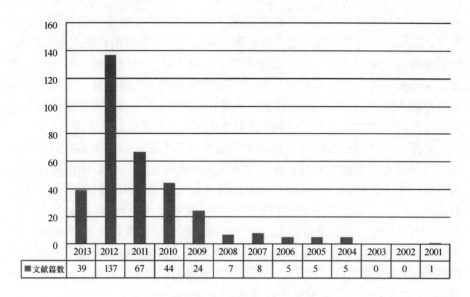

■文献篇数	2013	2012	2011	2010	2009	2008	2007	2006	2005	2004	2003	2002	2001
	39	137	67	44	24	7	8	5	5	5	0	0	1

图1　国内移动阅读研究文献的年份分布

（检索时间：2013 年 6 月）

根本上讲更适合于浅阅读，并就图书馆开展移动阅读精选、导读和推广服务提出建议。王俊等[18]采用阅读指数，调查了数字化期刊的移动阅读过程中读者的阅读意识、阅读倾向、阅读场所、阅读时间和阅读满意度等，对数字期刊在 Pad 上的阅读进行了综合分析。周伟华[19]在其硕士论文中探讨移动阅读服务系统的研究与设计，针对移动阅读的特点建立了一种优化的用户兴趣模型，侧重于技术研究。可见，我国移动阅读行为研究无论是在理论方面还是在实践研究方面都处于初期摸索阶段，有着很大的研究空间和需求。

3　研究方法

3.1　研究问题

由文献综述可知，当前移动阅读是主旋律，而基于用户体验的综合性高校图书馆移动阅读服务研究较少，针对在校生利用移动阅读服务行为的研究更是空白。基于移动阅读行为研究和图书馆服务现实的需要，笔者提出以下研究问题：①在校生移动阅读有哪些行为特征？②图书馆移动阅读服务设计如何优化？

3.2　研究设计

2009 年 11 月武汉大学 WAP 移动图书馆上线，上线之初仅提供简单的书目检索、信息发布及个人信息查询功能。随着移动技术的发展和智能手机的普及，武汉大学与超星移动图书馆合作，开始提供更丰富的移动图书馆服务，包括在线阅读电子图书、在线检索中英文文献、图书批注评论、添加个人书签、文献传递等功能。该校全校师生可以通过手机、平板电脑等移动设备随时随地接入移动图书馆。由于目前全国仅有 6 所"985"高校提供移动阅读服务，本次研究以武汉大学的移动阅读服务作为研究对象具有代表性。

参考国内外用户阅读行为相关文献中的研究维度，结合移动图书馆的特性，本研究采取实验的方式，从 4 个维度考察在校生体验移动阅读服务的行为特点：①阅读时间，包括用户每日阅读的频次、每日阅读的总时长；②获取方式，包括文献获取方式（浏览、搜索、参考书评等）、日均文献下载数量；③阅读内容，包括文献类型选择（图书、期刊、视频等）、内容偏好（学术类、休闲娱乐类、科普类等）、文献阅读方式（在线阅读、全文下载或文献传递）；④阅读便利度，包括时间成本（下载移动图书馆的时间、加载图书的时间）、地点限制（阅读地点是否受 WiFi 限制）。

3.3 实验步骤

3.3.1 实验前——调查用户移动阅读的经历 实验前通过问卷对参与实验的对象进行基本信息调查，包括以下内容：用户的基本信息（性别、学历、学科背景）；用户进行移动阅读的经历（使用年限、频率、阅读的内容、获取方式、阅读动机等）；用户使用武汉大学移动图书馆的经历（知晓度、下载情况等）。

3.3.2 实验中——跟踪记录用户阅读体验行为 每位实验对象下载安装武汉大学移动图书馆 APP；实验对象在实验期间使用 APP 进行移动阅读，每日填写阅读情况表单并反馈。实验对象每日需要记录以下内容：阅读时间、阅读地点、获取方式、阅读内容等。

3.3.3 实验后——深入了解用户阅读体验及其满意度 根据实验中用户反馈的阅读情况，在实验后通过抽样访谈的方式，了解实验对象阅读行为背后的原因、阅读中遇到的问题、阅读体验及满意度等。

3.4 实验样本

在实验对象选择方面，考虑到学校图书馆的使用权限问题，将本次实验的对象确定为武汉大学的全日制大学生，包括本科生和研究生。实验拟征集在校生 30 名，进行为期 10 天的移动阅读体验。通过网络邀请和推荐的形式，最终邀请到 27 名参与者，其中 3 人因移动图书馆 APP 文件太大、手机存储空间有限而实验失败，因此实际参与者有 24 人，以 T1，T2，…，T24 表示。

在研究样本的人口统计变量方面，就性别而言，男性 11 人，女性 13 人，分别占 45.83% 和 54.17%；就学历而言，本科生 10 人，占 41.67%，硕士研究生 11 人，占 45.83%，博士研究生 3 人，占 12.50%；就学科背景而言，人文社会科学类学生 11 人，占 45.83%，理工科学生 11 人，占 45.83%，医学院学生 2 人，占 8.33%。本次实验中，包括的实验对象的性别比例较为平均，覆盖了各层次学历和学科背景的学生。如表 2 所示：

表 2　实验对象基本情况

类别		人数（个）	百分比（%）
性别	男	11	45.83
	女	13	54.17
学历	本科生	10	41.67
	硕士研究生	11	45.83
	博士研究生	3	12.50
学科背景	人文社科	11	45.83
	理工科	11	45.83
	医学	2	8.33

实验对象均有智能手机的使用经历，更熟悉智能手机的操作方式。此外，实验对象有平均 3 年的利用手机进行移动阅读的经历，其中仅有 5 人曾使用过武汉大学移动阅读服务，对研究在校大学生的移动阅读体验影响较小。

3.5　信效度分析

笔者利用 SPSS 软件中 analyzes-scale-reliability analysis 功能模块，进行 Cronbach's α 系数检验，结果如表 3 所示。Cronbach's α 系数为 0.844，表明本研究调查问卷具有较好的内部一致性，信度较高。

表 3　变量信度检验结果

Cronbach's Alpha	N of Items
.844	13

在记录量表设计中，笔者严格遵循规范的设计原则，在听取有关专家意见的基础上，在正式实验前，选取了 5 名同学进行预测试，检验问卷填答情况和信效度，修订形成了正式实验记录问卷，保证了问卷的有效性。实验数据又通过 SPSS 分析，观测变量的结构效度，检验结果如表 4 所示：

表 4　变量效度检验结果

观测变量	T 值	Sig.（P）
q1	7.119	***
q2	6.237	***
q3	7.433	***
q4	8.012	***
q5	7.727	***
q6	9.209	***
q7	6.987	***
q8	7.260	***
q9	9.314	***
q10	9.097	***
q11	9.015	***
q12	9.251	***
q13	9.066	***

注：* 表示 $P < 0.05$，** 表示 $P < 0.01$，*** 表示 $P < 0.001$

由表 4 可知，所有问项的各观测变量的 T 值绝对值都在 2.58 以上，且 P 值均小于 0.001，检验达到显著，具有较好的收敛效度。

4　基于用户体验的综合性高校移动阅读服务

4.1　借阅方式与借阅机会

4.1.1　借阅方式　研究发现，较之于传统阅读，在校生进行移动阅读可大大节省获取资源的时间成本，具有很大的便易性。传统阅读中，用户需到图书馆的实体建筑中，通过搜索、浏览查找所需图书，再进行借阅，经历一系列程序。而在移动阅读中，用户只需安装移动图书馆客户端就可进行阅读。在实验中测试发现，用户下载客户端、注册读者账号、安装软件的平均时间仅 7 分钟。假定图书质量成本相差不大，根据齐普夫最小努力法则，用户总会倾向于选择那些较便易的阅读获取方式。

但是由于移动阅读服务中文献需在线阅读，在网络不稳定的情况下，会出现软件崩溃、图书加载缓慢和突然闪退等问题。在访谈中，用户反馈等待时间平均为 48 秒，而移动 APP 的运行效率较低，有 77.80% 的实验对象认为图书加载速度过慢。其中男性的平均忍受时间为 85 秒，而女性的平均忍受时间为 35 秒；本科生的忍耐时间为 53 秒，硕士研究生的忍耐时间为 33 秒，博士研究生的忍耐时间为 96 秒；理工科学生的忍耐时间约 57 秒，人文社科学生的忍耐时间约 52 秒。说明性别对学生的等待时间有一定影响，而学历和学科背景的相关性较低。如表 5 所示：

表5　学生忍受软件加载的等待时间

实验对象编号	忍受等待时间（秒）	性别	学历	学科背景
T2	60	男	硕士研究生	理工科
T6	12	女	博士研究生	人文社会科学
T9	3	女	硕士研究生	人文社会科学
T10	60	女	硕士研究生	理工科
T11	10	女	硕士研究生	人文社会科学
T14	180	男	博士研究生	人文社会科学
T21	90	女	本科生	理工科
T22	15	男	本科生	理工科

4.1.2　借阅机会　在图书馆实体馆藏中，同学们利用频次较高的书相对比较集中，还有很大一部分图书利用率极低；同时，一本书在一个时间点内只能服务于一位用户，一位用户每次可借阅的图书数量也是有限的。而在移动服务中，电子资源可以无限复制，且暂时没有对并发用户的限制；同时，对用户下载图书、期刊、视频都没有限制，因而用户从移动服务中获取资源的机会大大高于传统模式。实验中发现，在校生在 10 天的实验过程中图书下载总量为平均每人 12 本，单日下载量最高为 6 本。

此外，对于本馆目前未提供的图书，用户可通过文献传递的方式获得。在实验中，有 14 位实验对象曾通过文献传递的方式获取图书，占总人数的 58.3%。实验者体验后表示，使用电子资源的文献传递非常便利，只要点击按钮即可获取，而实体书的文献传递需通过申请，等待较长的一段时间才可获得。但也有用户反映，文献传递每天阅读的页数和保存日期有限，因而使用这一服务时有所顾虑。

4.2　阅读时间

4.2.1　日均阅读时长　通过跟踪记录发现，在校生每天利用移动阅读服务进行阅读的平均时长约为 34 分钟。由图 2 可知，其中大部分同学的阅读时长为 20 – 40 分钟，占 58.3%；阅读时间低于 20 分钟的有 6 人，占 25.0%，而阅读时间超过 60 分钟的仅有 3 人，占12.5%。

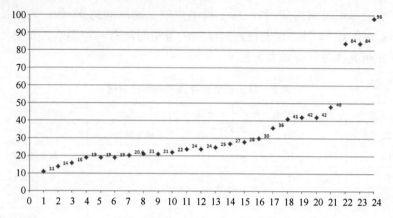

图 2　在校生移动阅读服务体验的日均阅读时长

阅读时间超过 60 分钟的人群中，就学历而言，包括博士研究生、硕士研究生、本科生各 1 人；就学科背景而言，包括理工科学生 1 人，人文社会科学类学生 2 人；阅读的文献内容以小说、新闻为主（见表 6）。说明学历背景对阅读时长并没有明显影响，而休闲娱乐类文献对学生的黏性较强。

表 6　阅读时间超过 60 分钟的学生的阅读情况

实验对象编号	阅读时长	学历	学科背景	阅读文献	阅读地点
T3	84 分钟	博士研究生	理工科	期刊、报纸	寝室、实验室
T11	98 分钟	硕士研究生	人文社会科学	小说	寝室
T23	84 分钟	本科生	人文社会科学	小说、经济著作	寝室、家

4.2.2　日均阅读频率　通过实验发现，在校生每天进行移动阅读的频率平均为1.6次。由图 3 中的散点分布可知，用户每日阅读的次数主要集中于 1－2 次，占75.0%；每日阅读频率超过 3 次的人数仅 3 人，而日均阅读不足 1 次的亦有 3 人，各占 12.5%。

与实验前所得数据相比，在校生在日常生活中的移动阅读频率略高于实验中的频率，但日常移动阅读内容的频率较为分散，而实验中则较为集中。

在校生每日移动阅读的频率平均为 1.8 次，其中每天阅读 3 次以上和每天阅读 1－3 次的学生各占33.3%；每周阅读 4－6 次的有 3 人，占 12.5%；每周阅读 1－3 次的有 5 人，占 20.8%。而实验中记录的每日阅读频率集中于

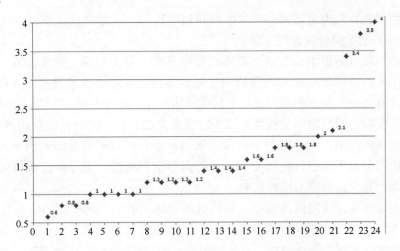

图3 在校生移动阅读服务体验的日均阅读频率

每天1-3次，且在实验期间没有出现每周阅读频率低于3次的学生（见图4）。

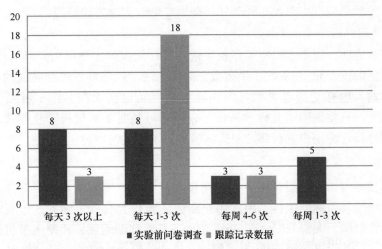

■实验前问卷调查 ■跟踪记录数据

图4 在校生日常移动阅读和实验中移动阅读体验的频率对比

4.3 阅读内容

武汉大学移动阅读服务为用户提供了各种类型的文献，包括图书、期刊、新闻、视频等。通过研究发现，大学生最常阅读的文献仍为图书，在全部实验对象中，有79%的学生曾阅读过图书；新闻内容受关注比例也较高，有近

60%的调查对象看过新闻；学术性期刊和视频的阅读率较低，分别有33.3%和25%的学生阅读过此类文献。

进一步分析表明，大学生阅读的图书类型主要为小说、杂文、游记等休闲娱乐性内容，而对学术性强的内容较少阅读。通过访谈了解到，所有的对象均没有阅读完整本图书。仅有2位受访者表示自己分别坚持阅读一本图书，但由于实验时间的限制而在实验结束时没有完成阅读。66.7%的受访者表示，如果是纸质图书，会看完整本后再阅读另一本；33.3%的受访者表示，即使是纸质图书也不会进行完整阅读，表明大学生的阅读行为受阅读载体的影响程度高于其个人阅读习惯的影响。

实验发现，新闻因其短小、简练且更新快而吸引了不少读者。在记录中有5人每天都阅读新闻，其中有2人只对新闻内容感兴趣，而不阅读其他类型的文献。在期刊阅读方面，在8位阅读了期刊的用户中，1人对期刊表示满意，认为期刊是移动阅读服务中最具价值的部分；有2人在访谈中反映软件性能不稳定，导致期刊下载后无法查看，而影响了体验。在视频阅读方面，发现用户主要出于好奇心理而点击视频，且阅读中如果视频的加载速度较慢或用户对视频内容不喜欢，就会停止阅读，之后不会再次使用。

4.4　阅读地点

研究表明，寝室、教室是在校生进行移动阅读的主要场所。91.67%的学生在寝室阅读，33.33%的学生在教室阅读。同学们在寝室进行阅读的时间主要是睡前，也有受访者表示习惯在睡醒之后利用移动图书馆了解新闻资讯（见图5）。只要是网络允许的条件下，同学可随时随地进行碎片阅读，地点的自由选择性为用户进行移动阅读体验提供了很大的便利。

4.5　上网方式

高校图书馆移动阅读服务为免费服务，用户的通信资费一般按照手机运营商的通信收费标准执行，因此用户阅读体验行为与其上网方式也有密切联系。实验表明，大部分同学在WiFi环境下开展移动阅读，而使用手机流量的用户较少。其中仅使用WiFi方式阅读的有16人，占67%；同时使用过WiFi和手机流量的用户有7人，占29%；仅有1人使用手机流量进行阅读。在后期访谈中，用户均表示自己的阅读体验行为会受到WiFi的限制。手机上网阅读耗费的流量较大，会占用甚至超出同学们每月固定的流量额度，受访者表示不希望在阅读时耗费流量，也不希望承担因此而造成的通信费。与前人的研究相比，本次实验发现，虽然手机的便携性较高，但是用户受WiFi热点的限制，并不能完全达到随时随地阅读的理想状态。

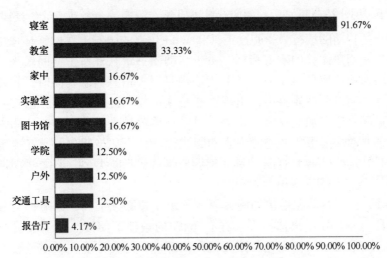

图 5　在校生移动阅读服务体验进行的地点

5　图书馆移动阅读服务设计优化策略分析

基于上述分析，综合性高校图书馆今后应该立足于在校生的移动阅读行为特征，优化移动阅读服务设计，为用户提供更优质丰富的服务。

5.1　创建吸引学生群体的、高效的用户体验方式，增强用户认知

与传统阅读相比，移动阅读的便利性受到用户的认可，对提高图书馆的资源利用率、降低用户获取文献的成本有着重要意义。

在调查中发现，有 70.8% 的用户知道图书馆的移动阅读服务，但仅有 29.2% 的用户下载使用了这一服务。大部分用户由于对移动阅读服务的内容及使用方法不了解，因而没有尝试过。为此，高校图书馆应利用"世界读书日"、"读者服务月"等活动加大宣传推广力度，创建吸引学生群体的、高效的用户体验方式，以不断扩大用户群体。

另外，用户在使用过程中对文献传递、书评等服务项目并不了解，因此图书馆需提供必要的用户培训。可利用图书馆的讲坛等活动平台，设置移动图书馆使用培训课程、拍摄操作视频等，让读者了解移动图书馆的功能、使用方法及注意事项等，扩大使用移动图书馆的用户群体，加深用户的阅读体验与认知。

5.2 设计符合用户认知的阅读服务系统，构建适合移动阅读的校园环境

用户的移动阅读行为受阅读工具和 WiFi 热点的限制。在网络环境中，交互友好性是用户体验的重要指标。由于移动图书馆软件所占空间较大，用户不能低门槛地获取信息工具，从而无法满足用户信息需求；同时，软件存在不稳定性，用户反馈体验中常出现突然终止情况，再次启动则无法打开之前阅读的页面，还有加载速度缓慢等，对用户体验带来了消极影响。图书馆应努力完善移动阅读服务系统的内容和版式设计，优化与用户的交互速度与时效，提升稳定性，更为便捷、完整、系统地满足不同类型、不同层次用户的需求。

此外，由于移动图书馆的阅读服务要求用户必须上网，为不耗费额外的手机流量，大部分用户选择了仅在有 WiFi 的条件下阅读。为了吸引更多用户，建议图书馆和高校优化校园无线网络环境，尤其是应在寝室、教室等学生进行移动阅读的主要场所实现网络的免费覆盖。

5.3 丰富移动阅读平台的服务内容，开展个性化服务

现有的移动阅读服务平台内容相对简单，今后可通过用户的浏览、检索等的历史轨迹进行用户阅读行为分析，从而形成用户阅读习惯图谱，并据此了解和推测用户的信息需求与学习状况，主动感知用户的场景及时间变化，利用导航、标签等功能针对性地开展定制推送、个性化咨询等智能化延伸服务，丰富服务内容，传递增值信息，实现信息服务的时效性、精准性和灵活性，有效提高用户对图书馆信息资源的利用率和满意度，实现个性化服务。

5.4 以用户服务为中心，开展用户移动阅读素养提升教育

用户的信息需求直接影响着移动阅读服务的品质。只有把握这一原则来设计系统功能和提供信息产品和服务，才能真正从用户角度出发满足其信息需求，才能提高图书馆资源利用效率。研究发现，一方面，大学生在移动阅读中对休闲娱乐性的内容有一定偏好，图书馆可根据用户需求，提供部分轻松的读物，吸引读者，同时也要丰富文献类型，提供时效性较强的新闻和趣味性较强的视频，满足不同层次用户的需求。另一方面，图书馆也具有阅读引导的职责。学术性图书和电子期刊是图书馆的重要资源，对在校生的日常学习也有巨大价值，但是同学们对这类资源的利用意识淡薄。此外，同学们存在课堂中看小说、新闻的行为，在一定程度上影响了正常的学习。图书馆应开展用户的移动阅读行为引导与教育，使其能够选择合理的阅读内容和阅读时间，并针对硕士和博士研究生提供学术性资源利用方面的指导，提升在校生移动阅读素养，这对提高图书馆资源利用效率有着重要作用。

参考文献：

［1］ 付跃安，黄晓斌. 试论我国图书馆移动阅读服务发展对策［J］. 图书馆工作与研究，2012(3)：33 – 36.

［2］ 鄢小燕，张苏闽，谢黎. 基于移动阅读特征的图书馆移动服务思考［J］. 图书馆论坛，2012(5)：130 – 134.

［3］ 中国新闻出版研究院. 第十次全国国民阅读调查［EB/OL］.［2013 – 05 – 10］. http://cips. chuban. cc/yjsdt/201304/t20130419_140027. html.

［4］ 中国工业和信息化部. 2013 年 7 月份通信业经济运行情况［EB/OL］.［2013 – 09 – 10］. http://www. miit. gov. cn/n11293472/n11293832/n11294132/n12858447/15594768. html.

［5］ Library Journal . A New Jersey Library Starts Lending Kindles.［EB/OL］.［2013 – 05 – 10］. http://www. libraryjournal. com/article/CA6512445. html.

［6］ Thomas L C . The State of Mobile in Libraries 2012.［EB/OL］.［2013 – 05 – 11］. http://www. thedigitalshift. com/2012/02/mobile/the – state – of – mobile – in – libraries – 2012/.

［7］ 魏群义，侯桂，楠，霍然等. 国内移动图书馆应用与发展现状研究——以"985"高校和省级公共图书馆为调研对象［J］. 图书馆杂志 2013(1)：114 – 117.

［8］ Demski J. The device versus the book［EB/OL］.［2013 – 04 – 02］. http://campustechnology. com.

［9］ Clark D T, Goodwin S P, Samuelson T, et al. A qualitative assessment of the Kindle e – book reader：Results from initial focus groups［J］. Performance Measurement and Metrics，2008，9(2)：118 – 129.

［10］ Kathrin G, Yevgeniya K, Diana M, et al. Reading in 2110 – reading behavior and reading devices：A case study［J］. Electronic Library，2011：288 – 302.

［11］ Pattuelli M C, Rabina D. Forms, effects, function：LIS students´attitudes towards portable e – book readers［C］//Aslib Proceedings. Emerald Group Publishing Limited，2010：228 – 244.

［12］ Liu Ziming. Reading behavior in the digital environment：Changes in reading behavior over the past ten years［J］. Journal of Documentation，2005，61(6)：700 – 712.

［13］ Lai Jung-yu, Chang Chich – yen. User attitudes toward dedicated e-book readers for reading：The effects of convenience, compatibility and media richness［J］. Online Information Review，2011，35(4)：558 – 580.

［14］ Jung J, Chan-Olmsted S, Park B, et al. Factors affecting e – book reader awareness, interest, and intention to use［J］. New Media & Society，2012，14(2)：204 – 224.

［15］ Rockinson-Szapkiw A J, Courduff J, Carter K, et al. Electronic versus traditional print textbooks：A comparison study on the influence of university students' learning［J］. Computers & Education，2012，63(11)：259 – 266.

［16］ Sung E, Mayer R E. Students' beliefs about mobile devices versus personal computers in South Korea and the United States［J］. Computers & Education, 2012, 59（4）: 1328 –1338.

［17］ 袁曦临,王骏,孙雅楠.基于 PAD 的移动阅读行为及阅读体验实证研究［J］. 图书馆杂志,2013(3):22 –27.

［18］ 王骏, 袁曦临. 东南大学图书馆数字化期刊阅读行为研究——基于超星 pad 学习终端［J］. 图书馆杂志, 2012(8): 17 –20.

［19］ 周伟华.基于个性化推荐的移动阅读服务系统的研究与设计［D］.北京:北京邮电大学, 2011.

作者简介

钱鸥, 武汉大学信息管理学院硕士研究生, E-mail: nancy_ ou_ g@ whu. edu. cn; 李翔翔, 台湾大学图书资讯学系硕士研究生。

基于用户日志的移动搜索行为分析[*]

王继民　李雷明子　孟凡　郑玉凤

北京大学信息管理系

1　引言

近年来，伴随着互联网和移动通信技术的飞速发展，移动搜索也蓬勃兴起。移动搜索通常是指在移动通信网络中，用户利用各种移动终端、通过多种接入方式（SMS、Wap、IVR 等）搜索 Web 或 Wap 站点网页内容、移动增值服务内容以及本地信息，以实现信息随时随地获取的搜索方式。在近一两年的互联网日志中，来自移动客户端的用户日志比例有显著增加的趋势。和传统 PC（personal computer）用户一样，移动互联网用户也会进行登陆、查询、浏览、点击、下载、退出等一系列操作，但由于终端设备、网络环境、搜索情境的诸多不同，移动搜索和 PC 搜索的用户行为存在较大差异[1]。

Web 用户日志记录了用户与系统交互的整个过程。刘颖等研究了 Web 日志数据预处理方法和用户访问路径提取与分析[2]，钱鹏等基于图书馆用户检索日志分析了用户的检索策略[3]，张卫丰等利用用户查询日志分析查询语义相关性[4]，王熠等通过电子政务网站评价指标体系对站点日均点击次数、信息更新频率、网站信息页停留时间比率等进行了分析[5]，朱志国等对 Web 历史访问数据进行了动态演化挖掘研究[6]，马少平、王继民等分别对搜狗日志、天网日志的中文搜索用户行为进行了研究[7-8]，吴瑞对模糊泛化的 Web 网页之间关联规则提取方法进行了实证研究[9]。

近几年，国外学者对移动搜索引擎日志的研究不断涌现。来自 Google 实验室的 M. Kamvar 和 S. Baluja 等人于 2005、2007、2009 年先后发表了三篇重要的移动搜索日志研究论文[10-12]，关注了移动查询字符串的长度、查询内容以及查询串与移动设备之间的关系，研究显示，移动搜索用户行为沿着和传

* 本文系国家社会科学基金项目"互联网用户查询日志挖掘技术及其应用研究"（项目编号：10BTQ050）研究成果之一。

411

统 PC 搜索行为初期类似的发展轨迹变化，高端智能手机（如 iPhone）和 PC 的搜索行为更加接近。R. Baeza-Yates 和 J. Yi 等学者也先后对 Yahoo! 的移动搜索日志进行了分析[13-15]，比较了美国和其他国家用户的搜索模式以及用户在不同搜索应用（如语音搜索）中的行为特点；此外，K. Church 等人还通过移动运营商提供的日志分析了与用户查询相关的浏览和点击行为特征[16-18]。现有的移动搜索日志研究显示，当前移动搜索用户所输入查询串的多样性较低，但在演化中呈现逐步增高的趋势；移动终端设备对用户行为模式有较大的影响；搜索内容中，导航型（即用户查找指定的站点和主页）和信息型（搜索特定页面内容，如人名、路线、天气等）较多，而事务型（搜索带有探索性质的内容，需要多步访问，如下载等）较少；搜索主题中，成人和娱乐内容占比最大；相比较 PC 搜索来说，对结果的点击也更为稀疏。在国内，移动搜索用户日志分析的研究工作开展得相对较少。

笔者基于国内某大型学术类网站服务器的一批用户查询与浏览日志进行实证研究，主要采用 Web 日志挖掘的一般流程和方法，通过区分、对比移动搜索日志和传统 PC 搜索日志来发现移动搜索用户的特征与规律，并对移动网站和移动搜索引擎的设计和改进提供一些具有参考价值的建议。

2 数据集和预处理

2.1 数据集

本研究的数据集来自国内某大型学术类网站服务器一周共计 7 天的用户查询与浏览日志数据，时间为 2011 年 11 月上旬。数据包含来自传统 PC 电脑和移动终端的共计 400 余万条请求记录，其中来自移动终端的请求约占总请求的 4.16%。

该批日志的格式符合 W3C 标准[19]，具体的数据项包括：日期和时间（date & time）、请求类型（cs-method）、请求路径 URL（cs-uri-stem）、请求查询串（cs-uri-query）、用户 IP（c-iphttp）、协议类型（cs-version）、移动客户端代理（cs-user-agent）、引用来源（cs-referer）、状态代码（sc-status）、收发字节数等。考虑到商业机密和隐私保护，笔者只对部分信息进行分析和结果展示。

2.2 数据预处理

2.2.1 数据清洗
数据清理的主要工作包括：删除空记录；删除两天交接时文件记录中存在的一些不完整的记录；删除状态代码为 4xx（客户端错误）和 5xx（服务器错误）的记录；删除和用户操作无关的请求（如自动下

412

载网页上的图片）；删除来自蜘蛛、爬虫等搜索引擎类程序的访问记录。经过清理，得到可用性较强的日志记录300余万条。

2.2.2　移动端和PC端日志的区分　在区分来自移动用户和传统PC用户的数据时，笔者主要使用"user-agent"和"referrer"两个字段，根据不同用户代理（用户的操作系统、浏览器等）以及跳转URL类型来源进行识别。在后面的分析中，笔者将对移动端数据和PC端数据分别进行统计分析，采用对比方法来识别移动搜索用户行为模式的特点。

2.2.3　用户识别和会话识别　综合考察IP地址和user-agent两个数据项，可以对独立用户和会话进行识别。同时，根据文献[11,16]中的相关方法，笔者进一步把会话分为两类：搜索会话和浏览会话。搜索会话（search session）是指在会话中至少提交过一次查询串（query）的会话，而没有搜索行为发生的会话则定义为浏览会话（browsing session）。根据这样的定义，本批数据中，搜索会话约占总会话数的77%，下文中对移动搜索用户行为的分析将主要围绕"搜索会话"展开。

3　移动搜索用户行为分析

3.1　查询串分析

笔者通过编程提取日志中用户输入的查询串，去掉乱码、空值等得到有效的查询串共71 936个，其中，不同的查询串（去重）共计43 782个，占比60.86%。

3.1.1　查询串基本指标统计　首先，笔者考察了移动搜索查询串的中英文类型比例。统计显示，纯中文查询串的比例为94.97%，纯英文的为2.26%，其余为中英文混合、数字等，说明我国移动用户以中文查询为主，辅助以英文的表达。

考察移动搜索查询串的长度时使用"query中用空格区分的子查询串个数"和"包含的字节数"两项指标。本批移动搜索日志中，大约93%的查询串中不包括空格，即只有一个查询子串，5%的用户会用空格区分两个关键词进行查询。查询串中平均包含汉字个数为5.32，一个汉字的长度是2个字节，则查询串平均字节数为10.64（中位数为10，众数为6，标准差为5.44）；而PC端的平均汉字个数为6.31，平均字节数为12.63（中位数为10，众数为6，标准差为7.24）。移动端和PC端用户查询串长度的中位数相同，显示两者搜索内容的差异性不大，但移动端查询串长度的标准差5.44，明显小于PC端的7.24。这表明，就查询内容而言，PC端用户查询的随意性更强，无意义的查询（如单字查询等）较多，而移动端的查询则相对规范一些。总体来看，我国移动用户输入的查询串长度并没有因输入终端不同而减少输入内容。国外的研究也显示了相同的结果，即移动搜索和传统 PC 搜索在查询串包含单词数量上相差不大[11]。

3.1.2　查询输入用时分布　统计用户从打开搜索框页面到按下 search 发起按钮所使用的时间，结果显示，超过 80% 的字符串在 40 秒内输入完成；移动用户发起搜索的平均用时为 24.3 秒，短于文献［8］统计的美国移动用户的输入时长 39.8 秒。

3.1.3　查询推荐的使用　查询推荐（query suggestion）技术被广泛应用于各大主流的搜索引擎，为用户明确搜索意图提供思路，为修改查询提供参考，同时帮助搜索引擎进行更精确的定位，提高搜索结果的质量。本批数据中，移动搜索用户中使用查询推荐的比例大约是 5%，即有大约 5% 的移动搜索用户通过点击搜索结果列表下方的"相关搜索"（查询推荐）或通过下拉框的搜索提示来完成查询串的输入。移动用户使用查询推荐功能的比例不高，这可能是目前的移动搜索查询推荐的交互方式并不适应移动端较小的屏幕，不能及时地给予用户相关提示，也可能是移动用户能够更谨慎和完善地描述其信息需求，或移动搜索返回结果基本满足用户的信息需求。

3.2　用户查询时间分布

分析用户对系统访问的时间分布有利于系统资源的优化配置[8]，同时也可以反映用户的行为规律。笔者以 1 小时为间隔，分别考察移动用户和 PC 用户一天中提交搜索请求的分布情况，结果见图 1，其中横轴为以小时为单位的时间点，纵轴表示该时段请求数量占一天本类所有请求的比例。图 1 显示，移动用户和 PC 用户提交请求数量的总体时间分布大致相同，即在 0 时至 8 时点处于低谷，而在 10 时、15－16 时及 21 时出现三个高峰，这些高峰和低谷的出现与用户普遍的作息规律密切相关；不同的是，移动用户在一天内的波动要小于 PC 用户，即波峰和波谷的差距并不如 PC 明显。笔者认为这是由移动设备的便捷性决定的：PC 用户上网易受到地点的限制，而移动用户则可随时随地搜索。该特征与文献［20］中学术网站用户行为分析结果以及百度移动搜索分析结果[21]基本一致。

把时间段扩展到一周，可以得到一些新的结论。首先考察一周中每一天移动端访问在总访问量中所占比例：在周一到周五，移动搜索请求占比相对稳定，而在周六、周日，移动搜索比例明显上升，一定程度上说明目前的移动搜索在非工作时段使用频率比例更高。整体来看，在一周的用户请求中，PC 用户请求时间的分布波动得更大一些，移动搜索相对均匀。

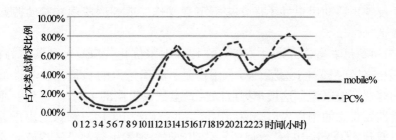

图1 一天内不同时段移动和PC用户请求占比情况比较

3.3 用户会话分析

3.3.1 移动搜索会话和传统PC搜索会话的比较 参照文献［16］的方法，本研究统计了移动搜索会话和传统PC搜索会话中的常见指标：平均包含请求数、平均会话时长和平均产生的流量，结果见表1。其中，"会话时长"是用户在某一会话中，从提交第一个查询到提交最后一个查询之间的差值，平均流量是用户在搜索中收发的字节数。

表1 移动搜索会话和PC搜索会话各类指标对比

统计指标	移动搜索	PC搜索
平均包含查询数	1.8	4.4
平均会话时间（秒）	45	148
平均流量（KB）	78	236

由表1可知，移动搜索的请求数量、查询时间和流量都普遍低于PC的指标。这反映了移动用户在搜索时，倾向于比较快速地完成搜索任务；也可能是设备性能和网络流量限制了移动搜索用户的搜索使用。

3.3.2 会话包含查询串分析 对于"移动搜索会话"，笔者重点考察了每个会话包含的查询串个数。统计显示，该批日志的移动搜索会话平均包括1.24个查询串，PC搜索会话平均包含1.3个查询串；此外，搜狗[7]和天网[22]同一个会话中查询个数分别为1.75个、1.5个。这表明对于在会话中查询串提交的个数，移动搜索和PC搜索差距并不大。

3.3.3 会话中包含下载行为的分析 信息下载行为是用户信息行为中的一个重要组成部分，通常是在用户完成"事务型"（transactional）信息搜索时产生的操作之一[23]。统计显示，对于移动搜索会话，包含下载请求的占到总数的3.33%，远远低于PC搜索会话中下载占11.68%的比例。这也在一定

415

程度上反映出移动用户并不经常进行下载操作，事务型搜索在移动搜索中的比重较低。

3.3.4 用户会话的入口分析 在搜索引擎优化（SEO）和网站分析中，用户跳转来源（即对于会话任务，用户是从哪里进入的）是一项非常重要的分析内容。一般来说，这项指标可以从日志记录里面的 referrer 得到。通过分析该批网站日志的用户入口来源和比例，并把传统 PC 用户和移动用户进行对比可以看到：①无论是 PC 数据还是移动数据，搜索引擎都是网站最大的流量来源，分别占 92.25% 和 96.81%，空值（如通过网址导航、书签跳转和直接输入网址等）分别占比 3.79% 和 2.14%。②搜索引擎在移动用户入口中占据更高的比重，这在一定程度上说明移动搜索引擎是移动用户获取信息的主要入口。

进一步，对移动搜索引擎的入口进行了细分。在移动搜索引擎的选择中，百度仍然是用户使用最多的搜索引擎，来源占比 80.11%（包括 m.baidu.com、wap.baidu.com、www.baidu.com），其次是 UC 手机浏览器自带的搜索引擎"搜索大全"，占比 15.71%，然后是谷歌、搜狗等。这说明，移动用户仍然延续了在 PC 上的搜索引擎选择偏好，对百度的认可度较高，但移动浏览器默认的搜索引擎可以较大程度地影响移动搜索的市场份额。调查显示，UC 手机浏览器产品市场份额在国内最大[24]。

3.4 移动搜索设备分析

移动智能终端设备给用户带来很好的上网体验，日渐丰富的移动互联网内容和应用也引领着移动终端设备的快速升级[16]。在这里，笔者考察了可以较好支持用户移动搜索行为的移动终端设备的特征，即观察搜索行为最为活跃的会话对应的设备特征共性是哪些。分别抽取了在搜索会话中提交查询串数量、提交请求数量、下载数量、会话时长最多的搜索行为对应的移动设备型号，并取其设备型号的交集。可以发现这些移动终端设备的操作系统、屏幕大小、屏幕分辨率、输入方式有一些共同特征，如表 2 所示：

表 2　频繁搜索用户的移动智能终端设备特征

型号	操作系统	屏幕大小（寸）	分辨率	输入方式
A	iOS	3.5	320×480	触屏
B	Android 2.3	3.2	480×320	触屏
C	Android 2.2	3.7	800×480	触屏
D	iOS（iPad）	9.7	2 048×1 536	触屏

型号	操作系统	屏幕大小（寸）	分辨率	输入方式
E	iOS	3.5	960 ×640	触屏
F	Android 2.2	3.7	854 ×480	触屏
G	Android 2.0	3.7	854 ×480	触屏
I	Symbian S60	3.2	640 ×360	触屏
J	Symbian S60	2.4	240 ×320	12-key 键盘
K	Android 2.2	4.0	800 ×480	触屏

表 2 显示，移动搜索行为最活跃用户所使用的、排序前 10 的移动终端设备全部是智能终端（即智能操作系统），系统包括苹果的 iOS 系统、Google 公司的 Android 系统和诺基亚的 Symbian S60 系统；设备的屏幕普遍较大，3 寸以上屏幕是主流；屏幕的分辨率较高；输入方式以触屏输入为主，来自平板电脑（如 iPad）的搜索量很大。与文献［16］中 2007 年的研究结果作比较，结果显示：近些年移动搜索用户的终端设备性能大大提升，智能操作系统、大而清晰的屏幕和输入方式、方便的移动智能终端设备对用户的移动搜索行为产生积极的影响。

4　结论

4.1　我国移动搜索用户的行为特征

本研究对 2011 年 11 月的一批网站日志进行了分析，通过和 PC 用户的对比，从查询串、会话、用户设备等多个维度分析了移动搜索用户行为，得到了我国移动搜索用户的一些特征。

● 我国移动搜索用户在输入字符串时，以中文查询为主，辅助以英文表达，纯中文字符的查询串占比约 95%。约 93% 的查询串中不包含空格，即只包含一个查询子串。

● 移动搜索用户输入的查询串长度和 PC 端输入的长度相差不大，平均 5 - 6 个汉字。这些查询串的输入平均时间约为 24 秒，其中超过 80% 的字符串是用户在 40 秒内输入完成的。

● 移动搜索用户中有 5% 的用户使用查询推荐功能，即用户通过点击搜索列表下方的"相关搜索"或在输入时点击提示下拉框来完成查询串的输入，低于 PC 用户 8% 的查询推荐使用比例。

● 与 PC 搜索相比，移动搜索请求在一天的波峰波谷之间的差距相对较小，即一天中提交的请求时间分布相对更加均匀，说明移动搜索和工作时间的相关程度不如 PC 搜索密切。

- 在会话中，移动搜索的平均请求数量、平均查询时间、平均流量和下载频率都低于 PC 搜索，其各项指标数值约是 PC 搜索会话的三分之一。但会话中平均提交的查询串个数和 PC 相差不多，介于 1.2 与 1.3 之间。
- 移动搜索引擎是移动用户进行信息获取的主要入口，在搜索引擎的选择上，百度是我国移动用户使用最多的搜索引擎，占比约 80%。其次，移动浏览器默认的搜索引擎直接影响着移动搜索引擎的市场份额。
- 移动搜索用户所使用的移动终端设备的共有特征是：多数为智能操作系统、屏幕较大、分辨率较高、以触屏输入方式为主。

4.2 改进移动搜索服务的方法

基于我国移动搜索用户行为特征的发现，本研究提出几点改进移动搜索服务的建议。

4.2.1 优化查询推荐服务 移动用户的查询意图大多临时产生，其查询请求多用自然语言表达，移动搜索端的一系列算法优化以及自然语言处理技术的应用，将有助于提供更好的查询推荐服务。

4.2.2 优化结果排序 移动用户的不同查询串分布较为集中，少部分查询串被多次输入；移动用户的查询时间分布较为碎片化，且花在每次查询上的时间较少。因此，可以优化高频检索词的排序，提高用户检索命中率。

4.2.3 提供个性化服务 搜索内容受限于移动智能终端的屏幕大小，移动用户对无效信息的容忍度较低，对搜索质量提出了更高的要求。手机自带的 GPS、相机和话筒等辅助设备为多媒体互联网活动提供了前提条件，网站和搜索引擎可以充分利用用户日志记录发现用户兴趣，结合用户地理位置信息等丰富搜索上下文环境，为用户提供更加个性化的服务。

随着移动用户数量的快速增长，移动搜索日志挖掘已成为用户行为分析领域的热点研究方向之一。由于移动搜索用户的搜索主要集中在碎片时间，信息需求的地域性强，而移动智能终端设备能够记录用户的地理位置信息，将用户查询日志与用户地理位置等数据信息相结合进行用户行为分析是未来移动搜索用户行为研究的一个重要方向。

参考文献：

［1］ Bouidghaghen O，Tamine-Lechani L，Boughanem M. Dynamically personalizing search results for mobile users［M］. Andreasen T，Yager R R，Bulskov H，et al. Berlin：Springer Flexible Query Answering Systems. Berlin:Springer, 2009:99 – 110.

[2] 刘颖,彭赓,吕本富,等. 基于 Web 日志的用户访问路径提取与分析[J]. 情报学报, 2009, 28(4):548 – 556.

[3] 钱鹏,袁芳. 电子资源检索策略日志分析与读者培训——以 INSPEC 为例[J]. 图书情报知识,2004(6):50 – 51.

[4] 张卫丰,张迎周,周国强. 基于语义和直值程度的相关查询客观度量[J]. 情报学报, 2012,31(6):574 – 582.

[5] 王熠,王锁柱. 基于 Web 日志分析的电子政务网站综合评价方法[J]. 情报科学, 2007,25(10): 1495 – 1498.

[6] 朱志国,邓贵仕. 持久偏爱的 Web 用户访问路径信息挖掘方法[J]. 情报学报,2010, 29(2): 208 – 214.

[7] 余慧佳,刘奕群,张敏,等. 基于大规模日志分析的网络搜索引擎用户行为研究[C]. 第三届学生计算语言学研讨会.北京:中国中文信息学会,2006.

[8] 王继民,陈翀,彭波. 大规模中文搜索引擎的用户日志分析[J]. 华南理工大学学报 (自然科学版), 2004, 32(S): 1 – 5.

[9] 吴瑞. Web 日志中模糊泛化关联规则的提取[J]. 情报学报,2011,30(2):192 – 196.

[10] Kamvar M, Baluja S. A large scale study of wireless search behavior: Google mobile search [C]//Proceedings of the SIGCHI Conference on Human Factors in Computing Systems. New York:ACM,2006.

[11] Kamvar M, Baluja S. Deciphering trends in mobile search[J]. Computer, 2007, 40(8): 58 – 62.

[12] Kamvar M, Kellar M, Patel R, et al. Computers and iphones and mobile phones, oh my!: A logs-based comparison of search users on different devices[C]//Proceedings of the 18th International Conference on World Wide Web. New York:ACM,2009.

[13] Baeza-Yates R, Dupret G, Velasco J. A study of mobile search queries in Japan[C]//Proceedings of the International World Wide Web Conference. New York:ACM,2007.

[14] Yi J, Maghoul F, Pedersen J. Deciphering mobile search patterns: A study of yahoo! mobile search queries[C]//Proceeding of the 17th International Conference on World Wide Web. New York: ACM,2008.

[15] Yi J, Maghoul F. Mobile search pattern evolution:The trend and the impact of voice queries[C]//Proceedings of the 20th International Conference Companion on World Wide Web. New York: ACM,2011.

[16] Church K, Smyth B, Cotter P, et al. Mobile information access: A study of emerging search behavior on the mobile Internet[J]. ACM Transactions on the Web (TWEB), 2007, 1(1): 4.

[17] Church K, Smyth B, Bradley K, et al. A large scale study of European mobile search behaviour[C]//Proceedings of the 10th International Conference on Human Computer Inter-

action with Mobile Devices and Services. New York:ACM,2008.

[18]　Church K, Oliver N. Understanding portal-based mobile search:A case study[C]//Proceedings of the 2nd International Workshop on Research in the Large. New York: ACM, 2011.

[19]　Logging Control in W3C httpd[EB/OL]. [2013 – 03 – 05]. http://www. w3. org/Daemon/ User/Config/Logging. html#common_logfile_format.

[20]　王建冬, 王继民. 基于日志挖掘的高校用户期刊数据库检索行为研究[J]. 北京大学学报（自然科学版）, 2012, 48(1):29 – 36.

[21]　百度移动云计算事业部. 移动互联网发展趋势报告 2011Q4[EB/OL]. [2013 – 03 – 05]. http://open. shouji. baidu. com/? page = mireport.

[22]　王继民, 孟涛. 中文 Web 查询演化的主要趋势[J]. 情报学报, 2007, 26(4):515 – 521.

[23]　Jansen B J, Spink A, Bateman J, et al. Real life information retrieval:A study of user queries on the Web[J]. SIGIR Forum, 1998, 31(1):5.

[24]　易观智库. 中国手机浏览器市场 2011 年度报告[EB/OL]. [2012 – 12 – 25]. http:// www. enfodesk. com/SMinisite/index/taginfolist/tag_id/3039. html.

作者简介

王继民, 北京大学信息管理系副教授, 博士, E-mail: wjm@pku. edu. cn; 李雷明子, 北京大学信息管理系硕士研究生; 孟凡, 中国科学院大学管理学院硕士研究生; 郑玉凤, 北京大学信息管理系硕士研究生。

基于个体特征的用户移动阅读行为的差异分析[*]

——以辽宁师范大学师生为例

高春玲　卢小君　郑永宝

辽宁师范大学管理学院

　　人类的阅读行为依存于承载信息符号的媒介形态，媒介形态是阅读行为得以存在的基础[1]。随着数字时代的到来，阅读载体逐渐从纸质媒介延伸到电子媒介领域，阅读内容也实现了纸质资源向电子资源的过渡，媒介形态以及阅读内容的变迁引发了人们阅读需求与行为的嬗变。随着移动终端的逐渐普及，用户阅读时间、空间无限延伸，随时随地的移动阅读已成趋势。

　　移动阅读离不开阅读主体、阅读客体、阅读手段、阅读环境等要素[2]，阅读主体的阅读内容、阅读手段以及阅读时境一直是电信运营商、数字内容提供商、咨询公司等机构的关注焦点。洞悉用户的阅读需求和阅读行为，就能拥有移动阅读产业链条上的话语权。而用户的阅读行为主要受个体因素、社会因素和自然因素三大因素影响，主要由用户个体特征状态和阅读能力以及阅读素养决定。

　　教师和学生是高校图书馆的主要服务对象，对于图书馆阅读服务来说，师生这一阅读群体的个体特征和行为特征是图书馆研究的主要课题。基于移动阅读要素的阐述，图书馆的读者即阅读主体，图书馆的资源则是阅读客体。本研究主要从教学主体（教师与学生）与图书馆两大调研对象出发，基于读者和读物两大维度，研究移动互联网迅猛发展以及移动终端日渐普及的社会环境背景下，不同性别、年龄、文化程度和专业背景等的大学师生个体的移动阅读行为所呈现出的差异。通过对高校师生移动阅读行为和阅读习惯的准确把握，调整

---

　　* 本文系国家社会科学基金项目"移动阅读与图书馆延伸服务研究"（项目号：10CTQ004）和辽宁省教育科学规划课题"指尖上的书香——移动学习环境下大学生学习行为与服务策略研究"（项目编号：JG12DB340）研究成果之一。

与完善图书馆阅读资源的组织与供给，有针对性地提供图书馆移动阅读服务。

1　研究方法与对象

1.1　研究方法

本研究采取问卷调查的社会调查方法。问卷包括 4 个部分：①调查对象的基本信息；②用户移动阅读行为特征；③设施特征因素，包括网络设施条件\移动终端设备性能；④用户移动阅读图书馆电子资源意愿特征分析。

其中，前两部分主要调研高校师生的用户个体特征以及移动阅读行为，用户个体特征主要是指用户性别、年龄、学历等方面反映用户基本信息的个体特征变量；用户移动阅读行为则是指在对用户移动阅读终端设备持有情况进行了解的基础上，通过对用户阅读时境等信息的把握，主要从用户阅读目的、阅读内容、阅读方式、阅读内容呈现方式、读物篇幅以及读物形态来综合研究目标用户的移动阅读行为。

问卷中设置了"用户是否具有移动阅读经历"题项，结果具有移动阅读经历的被试共有 2 468 人（由此可见用户移动阅读现象非常普遍），本文重点跟踪具有移动阅读经历的被试的阅读行为。

1.2　研究对象的抽取

本研究选取辽宁师范大学教师与学生（以下简称"本校师生"）作为研究对象进行实证分析。采取分层随机抽样方法，抽取辽宁师范大学 18 周岁以上的 3 000 名师生作为样本：首先根据学校专业设置特点，先按照院系、专业进行分层抽样，然后再按比例分别从其结果中随机抽选相应的子样本，这样抽成的样本总体就更能代表实际总体，由此样本获得的平均结果会更接近总体平均值。

本研究于 2012 年 5 月 1 日 –7 月 3 日期间发放调查问卷共 3 000 份。用户在填答问卷的过程中，如果对问卷的内容存在疑惑，则由问卷发放人员当场为其解释，从而在一定程度上保证了问卷填答的质量。问卷采用 SPSS17.0 进行数据管理与统计分析[3]。最后，具有移动阅读经历的调查对象中，回收的有效问卷为 2 468 份，有效回收率为 89.5%。其中，男性 570 人（23.1%），女性 1 898 人（76.9%）；18 –23 周岁者 1 263 人（51.2%），24 –29 周岁者 1 034 人（41.9%），30 –39 周岁者 104 人（4.2%），40 周岁以上者 67 人（2.7%）；学生 2 194 人（88.9%），教师 274 人（11.1%）；专科生 79 人（3.2%），本科生 1 201 人（48.7%），硕士生 1 102 人（44.7%），博士生及以上学历者 86 人（3.4%）。

2 用户移动阅读行为的描述性分析

碎片化是当前社会的一个重要特征。在碎片化阅读成为常态的时代背景下，鉴于移动设备具有便携性和与网络互连的特性，用户希望通过移动设备可以随时随地获取信息资讯，阅读行为主要呈现自发性、零散化、片段式等特点。在2 685 名被调查者中，有2 468 人（91.9%）有移动阅读的经历，其阅读目的主要为获取生活资讯类信息（30%）、查找与学习有关的资源(24.3%)等信息和查找与工作有关的资源（8.6%）；阅读内容主要包括新闻（35.6%）、社交网站和博客文章（20.7%）、文学作品（19.4%）和专业学术资源（15.2%）等；阅读方式中速读、泛读的比例较高，分别为27.9%和26.4%，而精读的比例仅为9.8%，一定程度上体现了移动阅读跳跃式、微阅读的特点；读物内容呈现方式以文字＋图片为主（61.9%），纯文字阅读次之（25.7%），视听阅读占7.7%，纯图片阅读占4.7%；对读物篇幅的要求以短篇为主（39.3%），中篇占27.7%，长篇或连载占12.9%，对篇幅没有要求的用户占20.1%；在读物形态选择方面，用户比较热衷网页资源（43.2%），其次是电子图书（21.7%）、电子杂志（13.4%）、视听资源（11.9%）和电子报纸（9.8%）。

3 用户移动阅读行为的差异分析

由于阅读目的、阅读内容、阅读方式、阅读内容呈现方式、读物篇幅、读物形态等变量属于离散变量，所以本研究采用列联表分析和卡方检验分析方法，比较不同性别、年龄、文化程度和专业背景的个体在阅读目的方面的差异。

3.1 基于性别的差异分析

3.1.1 男性 男性更倾向于使用移动设备获取生活资讯类信息，并热衷于阅读新闻类内容。同时，男性使用移动设备查找与工作有关的资源的比例、"精读"和"只读重点篇章"的比例、"纯图片阅读"的比例和"阅读长篇或连载"的比例都显著高于女性。

3.1.2 女性 女性更倾向于使用移动设备阅读休闲娱乐类内容，阅读博客文章、社交网站资源的比例和采用"泛读"和"视内容而决定"的阅读方式的比例都要显著高于男性。

有关性别的差异分析如表1所示：

表 1　基于性别的差异分析

用户阅读行为		男性	女性	χ^2
阅读目的（%）	查找与工作有关的资源	16.3	6.2	$\chi^2 = 84.645$， p < 0.001
	查找与学习有关的资源	22.7	24.8	
	获取生活资讯类信息	35.1	28.4	
	休闲娱乐	25.8	40.6	
阅读方式（%）	精读	15.2	8.1	$\chi^2 = 47.267$， p < 0.001
	速读	29.4	27.6	
	泛读	23.6	27.2	
	只读重点篇章	12.4	8.3	
	视内容而定	19.4	28.7	
阅读读物篇幅（%）	短篇	38.3	39.5	$\chi^2 = 19.304$， p < 0.001
	中篇	22.7	29.3	
	长篇或连载	17.4	11.6	
	无所谓	21.6	19.7	
阅读内容（%）	新闻	43.6		$\chi^2 = 44.083$， p < 0.001
	专业学术资源	18.6		
	文学作品	17.1		
	影视动漫	4.8		
	社交网站、论坛、博客资源	13.2		
	电子邮件	2.7		
阅读内容呈现方式（%）	文字 + 图片	60.8		$\chi^2 = 23.870$， p < 0.001
	纯文字阅读	24.2		
	纯图片阅读	8.4		
	视听阅读	6.6		

注：模型中用户阅读行为变量共包括 27 个。限于篇幅，本表只列出对因变量具有显著影响力的部分阅读行为变量（以下同）。

3.2　基于文化程度的差异分析

3.2.1　专科学历的个体　专科学历的个体（包括在读专科生）更倾向于使用移动设备获取生活资讯类信息，阅读影视动漫作品和电子杂志的比例显著高于其他个体；"纯图片阅读"的比例显著高于本科和硕士学历的个体。

3.2.2　本科学历的个体　本科学历的个体（包括在读本科生）使用移动

424

设备阅读文学作品和社交网站内容，阅读中篇文献以及"纯文字阅读"的比例显著高于其他个体。另外，本科学历的个体更倾向于使用移动设备进行休闲娱乐型的阅读。

3.2.3 硕士及以上学历的个体　硕士学历的个体（包括在读硕士研究生）使用移动设备查找与学习有关资源的比例显著高于其他个体。博士及以上学历的个体（包括在读博士研究生）查找与工作有关的资源的比例、阅读专业学术资源和短篇文献的比例显著高于其他个体，而阅读视听资源和休闲娱乐资源的比例显著低于其他个体。

以上不同文化程度的个体在阅读方式方面不存在显著差异。有关文化程度的差异详见表2：

表2　基于文化程度的差异分析

用户阅读行为		专科	本科	硕士	博士及以上	χ^2
阅读目的（%）	查找与工作有关的资源	11.7	8.1	7.5	29.2	$\chi^2 = 117.965$, $p < 0.001$
	查找与学习有关的资源	19.5	23.2	26.1	19.4	
	获取生活资讯类信息	40.3	23.7	35.7	38.9	
	休闲娱乐	28.6	44.9	30.7	12.5	
阅读内容（%）	新闻	43.6	30.7	40.5	36.6	$\chi^2 = 93.712$, $p < 0.001$
	专业学术资源	11.5	13.0	16.3	35.2	
	文学作品	14.1	22.4	16.8	9.9	
	影视动漫	11.5	6.8	4.5	2.8	
	社交网站、博客资源	16.7	23.0	19.4	7.0	
	电子邮件	2.6	4.1	2.5	8.5	
阅读读物篇幅（%）	短篇	38.2	37.1	40.7	58.3	$\chi^2 = 32.434$, $p < 0.001$
	中篇	25.0	32.0	24.1	18.1	
	长篇或连载	13.2	12.9	13.0	11.1	
	无所谓	23.7	18.0	22.3	12.5	

3.3　基于年龄的差异分析

由于高校师生年龄和文化程度具有正相关性，基于年龄的阅读差异和基于文化程度的差异分析结果相似度较高，此处仅对不同年龄的一些显著差异进行阐述：

18-23周岁的个体更倾向于使用移动设备进行休闲娱乐型阅读，阅读文学作品和博客文章以及社交网站资源的比例显著高于30周岁以上个体。

24周岁以上的个体更倾向于使用移动设备获取生活资讯类信息，30周岁以上的个体使用移动设备查找与工作有关的资源、阅读专业学术资源的比例显著高于 24 周岁以下个体。其中，30 – 39 周岁个体使用移动设备阅读新闻的比例最高；40 周岁及以上个体浏览视听资源的比例显著低于其他个体。

不同年龄的个体在 90% 的置信度上存在着阅读方式的显著差异，而在阅读内容呈现方式方面不存在显著差异。限于篇幅，此处不再列表赘述。

3.4　基于身份特征的差异分析

由表 3 不难看出，本校教师和学生在阅读目的、阅读内容、阅读方式以及阅读读物形态方面都表现出比较显著的差异。教师多数出于查找工作有关的资源和生活资讯类信息的目的进行阅读，阅读内容大部分是专业学术资源和新闻，阅读方式以精读为主，读物形态在阅读电子杂志方面表现突出；而学生基本出于阅读与学习有关的资源以及休闲娱乐的目的，阅读内容以文学作品和影视动漫为主，泛读和"视内容而定"的阅读方式比较显著，读物形态主要集中于电子图书和视听资源。教师和学生在阅读读物篇幅和阅读内容呈现方式方面没有表现出显著的差异。

表 3　基于身份特征的差异分析

用户阅读行为		学生	教师	χ^2
阅读目的（%）	查找与工作有关的资源	6.3	26.5	$\chi^2 = 140.8$, $p < 0.001$
	查找与学习有关的资源	25.1	16.9	
	获取生活资讯类信息	29.4	35.4	
	休闲娱乐	39.2	21.2	
阅读读物形态（%）	网页	43.5	41.4	$\chi^2 = 37.319$, $p < 0.001$
	电子报纸	9.7	10.3	
	电子杂志	12.1	23.8	
	电子图书	21.9	19.9	
	视听资源	12.7	4.6	
阅读内容（%）	新闻	34.8	42.3	$\chi^2 = 50.096$, $p < 0.001$
	专业学术资源	13.8	26.2	
	文学作品	20.2	12.3	
	影视动漫	6.0	3.8	
	社交网站、论坛、博客资源	21.9	11.2	
	电子邮件	3.3	4.2	
阅读内容方式（%）	精读	9.1	15.2	$\chi^2 = 23.331$, $p < 0.001$
	泛读	26.6	24.0	
	只读重点篇章	9.2	9.9	
	视内容而定	27.8	17.1	

以上重点揭示了在校师生的移动阅读行为在个体性别、年龄、职业、文化程度方面的差异。可以看出，专业性学术作品以及休闲性阅读是本校师生的两大主要需求，男性更愿意阅读新闻资讯类信息，而女性更愿意阅读文学作品以及社交娱乐类信息；随着年龄增加、文化程度提升，师生对休闲娱乐类资源、视听资源、博客以及文学作品的阅读需求在降低，而对专业学术资源的阅读需求在增加，查找与工作有关的资源的阅读目的也越来越突出。

4　思考与建议

教师和学生是高校图书馆阅读活动中的两大阅读主体，关注其阅读需求、有效开展阅读服务，是图书馆义不容辞的社会责任。

4.1　细分目标用户群体，明确用户阅读需求

在目标受众分众化的时代，锁定用户移动阅读需求，系统、全面地了解本校师生群体的移动阅读行为，并提供个性化、人性化阅读内容服务，越来越凸显为图书馆移动阅读服务的路径依赖。通过调研可知，本校师生主要围绕生活需求、工作需求、学习需求三大方面进行移动阅读，即，获取生活资讯类信息、查找与学习有关的资源和查找与工作有关的资源。因此，根据用户的阅读需求，可将师生细分为学习研究型读者、生存发展型读者和休闲娱乐型读者。

《2012年中国网民社交网站应用研究报告》的研究发现，专科及以上学历的用户在社交网络上的活跃度和黏度比较高（23.6%），20-29周岁用户对社交网络的应用占比最高（34.1%），而男性和女性相差不大（约为54：46）[4]。本次社交网络应用的调研结果和中国互联网络信息中心（CNNIC）的研究发现基本吻合，女性阅读社交网站和博客文章的活跃度比男性高（23.1%-13.2%），学生社交网络应用黏度比教师高（21.9%-11.2%），而女性和学生更倾向于阅读休闲娱乐类内容（40.6%-39.2%）。图书馆应顺应师生阅读需求以及阅读习惯，加强社交媒体（social media）在图书馆服务中的应用，将图书馆新闻、校园大事、讲座与培训信息、新书通报等资讯信息通过社交媒体呈现出来，同时也提供生活资讯类信息，譬如天气信息、社会安全等预警信息以及推广和普及休闲娱乐型阅读活动，一方面充实与完善图书馆博客和社交网站内容，彰显图书馆的资源优势及服务意识，另一方面也提高师生的阅读素养，满足师生的阅读需求。

4.2　提供阅读推荐和导读服务，提高用户阅读质量

4.2.1　做好阅读推荐工作

- 以文化程度为例，专科生、本科生、硕士研究生和博士研究生的阅读

需求和阅读偏好存在差异，专科生倾向于影视动漫和电子杂志等休闲类内容、图片阅读的比例较高，图书馆购买数字资源时可以有针对性地购买视频、音频资源，此外，图书馆也可以将服务内容等整合成视频资料，如清华大学图书馆在推广图书馆服务内容、推广移动阅读模式方面已经做出了努力与尝试[5-6]。本科学历的个体倾向于阅读文学作品和社交网络内容，图书馆可以加大与数字内容提供商的合作，满足读者的阅读需求，如2013年2月盛大文学与上海图书馆合作，读者使用上海图书馆读者证登录"市民数字阅读门户"，选择"网络文学"板块，即可与盛大文学通行证绑定，选择自己喜爱的网络文学作品，进行免费借阅[7]。硕士生及以上学历的个体查找学习和工作信息的比例显著增加，图书馆可以为此用户群体提供公务员报考和与考博相关的学习资源；为硕士毕业生和博士毕业生提供有关就业指导、个人职业生涯规划等信息。

- 以身份特征为例，图书馆可以通过移动阅读平台，为在校生提供与学习有关的资源，如四、六级等外语学习、考研以及考博、职业资格认证等相关信息；为教师群体提供学科前沿动态信息推送服务，帮助其更好地完成教学和科研任务等。

4.2.2　对用户的阅读行为进行正向引导　通过调研可知，用户精读比重较小，速读和泛读的比例较高，阅读行为大多零散化，跳跃式、碎片化的松散阅读和微阅读模式已经成为用户的主要阅读特征，并且阅读娱乐化倾向明显，因此图书馆导读工作必不可少。通过个性化的图书推荐活动，逐渐引导目标阅读群体进行深度阅读，让移动阅读逐步从基础的大众、个人行为，过渡到基于知识与情感教育的、培育专业精神与素养的交互式社群阅读，直至高端的研究型学术阅读和专业阅读，使图书馆阅读活动成为一种长效服务机制。

4.3　知"彼"知"己"，并推"彼"及"己"，明确图书馆自身阅读
　　服务方向与服务地位

PEW研究中心下属的"互联网和美国生活"项目2012年10月发布的《美国年轻人阅读和利用图书馆的习惯》[8]指出，当前环境下，电子书的迅速普及使美国人的阅读习惯发生了显著变化：41%的30周岁以下的年轻人更愿意通过手机阅读电子书，47%的年轻人阅读长篇电子书、电子杂志或者电子报纸等，年轻人的阅读兴趣以及对移动技术的应用情况为图书馆指明了未来服务的方向。但是报告也指出大多数的年轻人仍然不知道从图书馆可以借阅电子书，很多人希望能够在预装的电子书阅读器上进行阅读。该项目于2013

年1月发布的《数字时代的图书馆服务》报告[9]则指出，大约64%的美国人非常希望使用"亚马逊式"的个性化电子书、音频、视频资源推荐服务。

2013年4月18日，中国新闻出版研究院公布的"第十次全国国民阅读调查"数据指出，2012年我国18-70周岁国民数字化阅读方式（网络在线阅读、手机阅读、电子阅读器阅读、光盘阅读、PDA/MP4/MP5阅读等）的接触率较以往为40.3%，其中手机阅读的接触率有所上升，电子书的阅读量增幅较为明显[10]。

美国年轻人的阅读习惯以及我国国民大众的阅读行为向图书馆昭示着数字阅读、移动阅读的大趋势已势不可挡。本调查中师生的阅读倾向更是从微观方面对图书馆服务提出了个性化需求，因此图书馆应该加大电子资源的采购力度，根据师生的移动阅读需求，制定结构合理的采购计划，兼顾学习、工作、生活资讯、休闲娱乐等内容；同时推广图书馆社交媒体的覆盖面，加大原创数字资源的开发力度。

本次调研通过问卷调查方式，获取本校师生移动阅读行为的第一手资料，比较全面地了解了不同个体特征的用户在移动阅读行为方面的差异变化。同时，应该看到，用户的移动阅读行为除了主要受个体因素影响以外，还受社会因素和自然因素影响，因此对不同个体特征的用户移动阅读行为的把握不应仅限于此问卷调查，还可以通过被试的问卷填答情况，选取一些有代表性的被试继续进行深入访谈，密切关注用户阅读行为路径，深入挖掘与分析各相关变量之间的关系，这也是本研究后期需要进一步开展的工作。同时，本次抽样中教师的比例比较小，进一步关注这一群体的移动阅读行为，对图书馆系统、全面地开展移动阅读服务都有非常重要的意义。作为后续研究，笔者还将进一步考察在校师生移动阅读的影响因素以及意愿分析，并进一步探讨图书馆移动阅读服务的内容模式、技术模式以及具体服务策略。

参考文献：

[1] 杨军.媒介形态变迁与阅读行为的嬗变——以印刷媒介与网络媒介为例的考察[J].图书馆工作与研究,2006(2):90-92.

[2] 易观国际.中国手机阅读市场用户研究报告2011[EB/OL].[2012-12-10].http://download.eguan.cn/download.php? aid = 115877&path =/admin/attachurl/110920/05.pdf.

[3] 吴明隆.问卷统计分析实务——SPSS操作与指南[M].重庆:重庆大学出版社,2010:130.

[4] 中国互联网络信息中心.2012年中国网民社交网站应用研究报告[EB/OL].[2013-

04 – 20]. http://www. cnnic. cn/hlwfzyj/hlwxzbg/mtbg/201302/
P020130219611651054576. pdf.

[5] 《爱上图书馆》系列短剧[EB/OL].[2013 – 04 – 20]. http://lib. tsinghua. edu. cn/dra/
news/annoucement/3301.

[6] 媒体上的清华图书馆[EB/OL].[2013 – 04 – 20]. http://www. lib. tsinghua. edu. cn/a-
bout/tulinmedia. html.

[7] 网络小说最受图书馆读者青睐,盛大文学与上海图书馆展开深入合作[EB/OL].
[2013 – 04 – 20]. http://www. cloudary. com. cn/News/1021761.

[8] Younger Americans' reading and library habits[EB/OL].[2013 – 04 – 20]. http://librar-
ies. pewinternet. org/2012/10/23/younger-americans-reading-and-library-habits/.

[9] Library services in the digital age[EB/OL].[2013 – 04 – 20]. http://libraries. pewinter-
net. org/2013/01/22/library-services/.

[10] 第十次全国国民阅读调查[EB/OL].[2013 – 04 – 20]. http://www. chuban. cc/yw/
201304/t20130419_140027. html.

作者简介

高春玲,辽宁师范大学管理学院讲师,E-mail:spring_ gcl@163. com;卢
小君,大连理工大学公共管理与法学学院讲师;郑永宝,辽宁师范大学生命
科学学院助理馆员。